Educação e Transdisciplinaridade III

Educação e

Transdisciplinaridade III

Organizadores:

Amâncio Friaça
Luiza Klein Alonso
Mariana Lacombe
Vitoria Mendonça de Barros

TRIOM

Centro de Estudos Marina e Martin Harvey

2ª Edição

São Paulo, 2008

TRIOM – Centro de Estudos Marina e Martin Harvey
Editorial e Comercial Ltda.
Rua Araçari, 218
01453-020 – São Paulo – SP – Brasil
Tel/fax: (11) 3168-8380
editora@triom.com.br / www.triom.com.br

Amâncio Friaça • Américo Sommerman • Adriana Caccuri,
Marly Segreto, Monica Osório Simons e Teresa Cristina F. Bongiovanni •
• Daniel Silva • Derly Barbosa • Ecleide Cunico Furlanetto •
• Dora Fraiman Blatyta e Edith Rubinstein • Ignacio Gerber •
• Josinete Aparecida da Silva Bastos e Yara Boaventura da Silva •
• Luiz Eduardo V. Berni • Luiza Klein Alonso •
• Maria Elisa de Mattos Pires Ferreira • Maria F. de Mello •
• Mariana Guimarães Masset Lacombe • Marise Lafourcade Rayel •
• Oldair Soares Ammom • Silvana Cappanari •
• Silvia Fichmann • Vitoria Mendonça de Barros •

Organização: Amâncio Friaça, Luiza Klein Alonso,
Mariana Lacombe Rayel e Vitoria Mendonça de Barros
Preparação dos originais e revisão: Ruth Cunha Cintra
Concepção original da capa: Edson Fogaça
Capa, diagramação e fotolitos: Casa de Tipos Bureau e Editora Ltda.

Edição patrocinada por Vitoria Mendonça de Barros,
assim como a 1ª edição, que foi lançada por ocasião do II Congresso
Mundial de Transdisciplinaridade realizado em setembro de 2005,
em Vitória do Espírito Santo, Brasil.

Dados Internacionais de Catalogação na Publicação (CIP)
(Câmara Brasileira do Livro, SP, Brasil)

Encontro Catalisador do CETRANS-Centro de Educação
Transdisciplinar 3: 2001: São Paulo
Educação e transdisciplinaridade III / [organização
Amâncio Friaça... [et al.]]. -- São Paulo: TRIOM, 2005.

Vários autores.
Outros organizadores: Luiza Klein Alonso, Mariana Lacombe, Vitoria
Mendonça de Barros
Bibliografia.
ISBN 85-85464-64-X

1. Educação - Finalidades e objetivos
2. Interdisciplinaridade e conhecimento I. Friaça, Amâncio. II. Alonso,
Luiza Klein. III. Lacombe, Mariana. IV. Barros, Vitoria Mendonça de. V.
Título.

05-5883 CDD-370.1

Índices para catálogo sistemático:

1. Educação e transdisciplinaridade 370.1
2. Transdisciplinaridde e educação 370.1

Sumário

Prefácio

Do grupo objeto ao grupo sujeito, o eco da profundidade.
René Barbier

Onde está a sombra
de um objeto apoiado no muro?
Onde está a imagem
de um espelho apoiado na noite?
Onde está a vida
de uma criatura apoiada nela mesma?
Onde está o império
de um homem apoiado na morte?
Onde está a luz
de um deus apoiado no nada?
Nestes espaços sem espaço
está talvez o que procuramos.
Roberto Juarroz, em *Poésie et Réalité*

Este livro, que temos a honra de apresentar, é o resultado do III Encontro Catalisador do CETRANS – Centro de Educação Transdisciplinar – realizado em São Paulo, em maio de 2001, quando ainda estávamos abrigados na Escola do Futuro da USP – Núcleo de Pesquisa das Novas Tecnologias de Comunicação Aplicadas à Educação, onde durante 6 anos trabalhamos no projeto "A Evolução Transdisciplinar na Educação – Contribuindo para o Desenvolvimento Sustentável da Sociedade e do Ser Humano".

Educação e Transdisciplinaridade III foi dividido em 5 *Motivos*, acrescidos do Prefácio, Introdução e Conclusão. Os *Motivos* são: Costura – fundamentos da Transdisciplinaridade –, Descostura – apreciações do processo educacional que mostram as resistências institucionais e como contorná-las –, Arremate – experiências concretas de exercício da transdisciplinaridade –, Forma e Vazio – indagações, dúvidas e algumas questões de natureza Transdisciplinar – e, por último, Poética. Cada *Motivo* e cada artigo olhará a Transdisciplinaridade de um ângulo diferente e, consequentemente, tratará de assuntos aparentemente desconexos, mas sempre ligados ou pelo sentido, ou pelo imaginário, ou pela intuição, e pelos conceitos derivados dos três pilares da Transdisciplinaridade: complexidade, existência de diferentes níveis de realidade e um terceiro termo incluído.

Algumas idéias introdutórias poderão ajudar o leitor a seguir e a compreender os caminhos que percorremos. Para nós, a Transdisciplinaridade é uma nova teoria do conhecimento, mas é também, uma nova maneira de olhar e compreender o mundo que inclui o diálogo respeitoso entre as diferentes áreas do saber, o diálogo entre as culturas e as religiões do presente e do passado, do Oriente e do Ocidente.

Esse novo olhar tem o poder de transformar o indivíduo em sujeito, e invoca a capacidade de articular a multirreferencialidade e a multidimensionalidade do ser humano e do mundo. Essa articulação nos revela uma nova atitude que implica no desvelar dos diferentes níveis de realidade e percepção do sujeito: o físico, o sensível, a intuição, o intelectivo, o mítico-simbólico, o imaginal e o transcendental, o que, certamente pode ajudar na compreensão do Ser Humano e do Mundo.

Esta obra representa o esforço coletivo do grupo do CETRANS para elaborar este livro, utilizando um novo modo de fazer em conjunto, a *perlaboração*[1], durante a qual todos os artigos foram lidos por todo o grupo, e cada artigo em particular foi submetido à apreciação desse grupo, comentado oralmente ou por escrito, e foi modificado em função dos comentários de cada um. A maioria dos artigos foi *perlaborado* mais de uma vez, sempre tendo em vista manter o rigor dos conceitos, ainda que, dando liberdade para a imaginação e a intuição de cada pessoa que participou desse novo processo transdisciplinar de e*laboração* do conhecimento.

Escolhemos este novo modo de *fazer em conjunto* porque entendemos que *um fazer transdisciplinar* tem, necessariamente, que ser uma obra individual e coletiva, onde cada membro do grupo interfere respeitosamente no texto

[1] Mariana Lacombe, em *Perlaborar ou a Consciência do Não Intencional*, em Cadernos de Psicopedagogia, vol. 3, número 5, dezembro 2003, Ed. Unisa - Memnon.

do outro com o intuito de, por um lado, dar uma estrutura orgânica ao livro como um todo e, por outro, melhorá-lo e torná-lo mais compreensível para todo tipo de leitor que, deliberadamente ou *por acaso*, venha a lê-lo.

Pensamos, então, numa forma de trabalhar este livro que nos relembrasse o trabalho dos artesãos que tecem um tapete, onde muitas mãos podem tecê-lo e muitos fios se entrelaçam num vai e vem para formar sua trama e urdidura, num processo onde muitas cores e formas se unem para embelezá-lo.

Trabalhando desta maneira, esperamos que *Educação e Transdisciplinaridade III* possa trazer ao leitor não só os conceitos transdisciplinares, as práticas e pesquisas permeadas pela Transdisciplinaridade, mas, principalmente, uma percepção que revele o coração de todos e de cada um que colaborou para que ele se concretizasse.

Mariana Lacombe e Vitoria Mendonça de Barros
Maio de 2005

Introdução

Nada se edifica sobre a pedra. Tudo sobre a areia. Mas nosso dever é edificar tudo como se areia fosse pedra.

Jorge Luis Borges

Neste terceiro livro sobre Transdisciplinaridade[2], escrito por autores e pesquisadores brasileiros, nossos artigos deixam de ser individuais e passam a ter um caráter eminentemente participativo, porque os membros do CETRANS que os escreveram, procuraram fazê-lo de uma forma nova, muito mais complexa, levando em conta todas as experiências que tínhamos vivido em conjunto desde o 1º Encontro Catalisador. Essa nova maneira de fazer, exigiu de nós uma mudança profunda nos diversos níveis do nosso Ser, do nosso estar e do nosso conviver, sustentada pela busca mútua de sentido, repleta de idas e vindas, às vezes até de voltas e reviravoltas em estranhos labirintos ou monólogos interiores, cuja saída, no entanto, torna-se possível através do firme propósito de abrir espaço para a alteridade, e o reconhecimento do que nela existe de ágape e de sublime.

O vai e vem, ao longo das semanas e meses, foi tecendo uma sensação coletiva: somos objetos e sujeitos de uma nova tapeçaria, que se fez a muitas mãos. Este livro nos levou a repensar as velhas formas e tentamos realizá-lo com criatividade, seja no âmbito individual ou do grupo. Patrick Paul nos mostra no seu novo livro *Formation du Sujet et Transdisciplinarité* que "O trabalho da tecelagem é um trabalho de criação, porque tecer é criar formas novas"[3], e nós, com certeza, criamos as nossas novas formas que se expressaram nos nossos artigos.

A criação desses artigos se aproximou do processo de criação da tecelagem. Este é um processo complexo, com

---

[2] Os dois primeiros livros, Educação e Transdisciplinaridade I e II, foram frutos dos dois Encontros Catalisadores que o CETRANS realizou em 1999 e 2000.

[3] Patrick Paul, *Formation du Sujet et Transdisciplinarité*, Paris, Harmattan, 2003, p. 191.

etapas bem definidas: escolher, separar e cardar a lã; depois fiá-la, formando os fios através da inversão da polaridade, de tal modo a juntar, reunir o que fora separado, fazendo da multiplicidade e da descontinuidade um todo harmônico e uno, que torna o fio apto a ser usado; e, finalmente, tecer os fios, entrelaçando e entrecruzando-os, formando a trama e a urdidura que dão a forma ao tecido ou ao tapete, todo este processo se assemelhando ao que fizemos juntos nestes oito anos: escolhemos e separamos o que queríamos escrever, os autores que poderiam fazer a diferença, as idéias, a bibliografia; construímos o nosso fio, reunindo as idéias, discutindo-as com o grupo e formando um todo coerente, e, finalmente, tecemos o nosso livro, entrelaçando e entrecruzando as palavras, os símbolos, os argumentos, no plano horizontal e no vertical, criando assim nossa própria trama e urdidura. Neste processo entrelaçamos e entrecruzamos nossos fios, manifestando o invisível através do visível, e assim fizemos "aparecer o *tecido*, a *textura*, o *texto*, ou melhor, o *contexto*".[4]

Simbolicamente, afirma Paul, "O trabalho de tecer, como moldura onde se juntam as forças do cosmo, simboliza a estrutura e o movimento do universo. O tecer, tal como o jogo de damas, se presta ao jogo de forças contrárias que se opõem e que devem se neutralizar. No mundo dos homens, tomado pelas dificuldades do mundo, os jogos do destino e da inteligência se ligam e se opõem."[5] Existe metaforicamente, portanto, uma ligação entre o Céu e a Terra através do *axis mundi,* que se assemelha ao mastro do navio ou à coluna onde, em tempos passados, ficavam presos os fios da urdidura para facilitar o trabalho do tecelão.

No contexto do nosso livro, tendo a tecelagem como o fio condutor que reúne nossas idéias e a imagem do tecer como metáfora construtora, as Moiras ou *Môirai* surgem naturalmente, pois elas têm "os três aspectos da *mulher que tece*"[6]: Cloto, a que tece o fio, a fiandeira; Láquesis, a que escolhe, mede o fio e sorteia; e finalmente, Átropo, a que fixa a trama e torna irrevogável o que foi fiado. Elas são as figuras míticas do destino que cuidam dos homens

---

[4] Idem, p. 187.
[5] Idem, p. 188.
[6] Idem, p. 188.

aqui na terra. E o que, para nós, neste livro, elas podem significar? Qual o seu significado? Que influências elas podem exercer na vida de cada pessoa?

As Moiras ou as *Môirai*, na *Teogonia* de Hesíodo, têm uma dupla linhagem:

A) São filhas de Zeus e *Thémis*, geradas da união do masculino com o feminino pela ação de Eros. Este par também gerou as Horas, suas irmãs. As Horas são três: Equidade, Justiça e Paz. Estas funcionam como instauradoras da distribuição dos bens sociais, as boas relações entre os homens e a ordem que mantém o ritmo das forças produtivas da Natureza, enquanto as Moiras, que se apresentavam também numa trindade, fixam aos mortais os lotes de bem e de mal que lhes foram conferidos quando Zeus fez a Grande Partilha, depois de ter destronado seu pai, Cronos. Ao fazer a Grande Partilha com seus irmãos e através dos diversos casamentos, Zeus deu a cada deus, herói ou mortal, sua moira. É ela que distribui aquilo que a cada um coube por sorte ou destino, pois ela representa o destino individual, e cada ser possui sua parte, seu quinhão[7], de vida, de felicidade, de desventura, um lote de opulência e de valor partilhado.

B) São filhas cissiparidas da Noite, ou seja, geradas sem pai, através da mãe que se divide para dar origem a elas. Elas representam todas as coerções e imposições que alguém pode padecer e sentir, e são as controladoras do destino, da vida e da morte de todos os seres; como filhas da Noite e netas de Caos, "são potências de cisão, de desagregação, da violência e da morte".

Observamos que as Moiras geradas da união pela atração de dois seres de gênero diferente, e as geradas por cisão, separação, possuem naturezas e âmbitos também diferentes, os quais em nenhum momento se tocam ou se misturam. Essa dupla filiação representa uma oposição e miticamente indica que toda afirmação implica numa negação, isto é, os pares de opostos sempre aparecem, e, como na nossa vida, eles coexistem.

O poder sobre a vida e o destino que pertencia às Moiras em seu duplo aspecto, como filhas da Noite ou como filhas de Zeus e *Thémis*, chamado pelos gregos de *Fatalidade*,

---

[7] *O Mundo como Função de Musas*, Jaa Torrano comenta a *Teogonia*, de Hesíodo, São Paulo, Iluminuras, 1992, p. 62.

significando lote ou lotes, não era concebido como uma transcendência, algo que provinha dos deuses, mas como imanência, isto é, uma "condição constitutiva do próprio ser em que ela se exprime, e não uma imposição que se exercesse sobre o ser a que ela acompanhasse. (...) A *Fatalidade* se deu à visão grega como uma partilha ou lote: sua coerção sobre os entes se deu como a impossibilidade de cada ente (divino ou humano) ultrapassar a esfera que lhe era própria sem que com isso transgredisse a esfera que constituía os privilégios (*timé*) de outro Deus."[8] Ao transgredir ou ultrapassar na ação, a esfera, o âmbito que um deus, herói ou mortal tenha recebido ou partilhado com Zeus, o ser comete *hybris*, que é um ato descomedido, que atinge o âmago da lei divina, dos valores maiores, e que penetra na esfera de Zeus ou de outro deus cujo âmbito já está definido, sendo por isso punido, não por deuses, mas por sua própria *moira*, seu destino. Não existe culpa quando alguém comete *hybris*, mas sim a conscientização do ser que errou e que tenta, às vezes sem sucesso, modificar sua atitude e ação, em suma seu destino.

Esse poder da *Fatalidade* só diminuiu quando Zeus, o deus que centra em si a Totalidade Cósmica do espírito e, portanto é o espírito ordenador que detém a grande percepção e o poder sobre o imprevisível, e seu filho Apolo, o deus da luz e da mantéia[9], trouxeram dos céus a revelação do eterno e incorruptível espírito humano, que como *daimon*, o dom divino, o espírito alado que detém o poder benéfico, é uma força que modela o homem a partir do seu interior e não aceita atribuições de fora, nos elevando e nos oferecendo a possibilidade do conhecimento noético.[10] Esse tipo de conhecimento ordenador da natureza, mais sutil que qualquer outra forma de conhecer e que vai do sensível ao inteligível, do mortal para o imortal, é um *daimon*, um dom divino do qual todos os homens participam.

Assim, o homem que se salva é aquele que vive em

---

[8] *O Mundo como Função de Musas*, Jaa Torrano comenta a *Teogonia*, de Hesíodo, São Paulo, Iluminuras, 1992, p. 52.

[9] Mantéia significa poder de adivinhar o futuro e fazer previsões.

[10] Segundo Jaa Torrano, a palavra noética tem sua origem na palavra grega Nóos, que significa percepção e pode ser traduzida também por espírito, porque indica a totalidade percipiente do espírito e da consciência, é o conhecimento intuitivo que percebe o fundamento dos fenômenos e dá lucidez para compreendê-los.

harmonia com o seu *daimon* e sua *moira*, isto é, consegue vislumbrar e unir sua realidade interna ou espiritual com a realidade exterior, o desenvolvimento da individualidade e seu destino. É essa união da realidade interior com a exterior que dá um sentido à vida do homem, apesar de todas as tensões que ele vivencia entre seu destino e a sua historicidade, seu destino e sua liberdade, entre o masculino e o feminino, entre a natureza e a lei...

Nós, formadores do projeto CETRANS, vivenciamos todas essas tensões que apareceram quando tentamos, mais de uma vez, unir duas realidades, a interna e a externa. Adotando uma nova forma de tecer, o trabalho tecido foi feito, desfeito e refeito na continuidade dos encontros e das interações virtuais. A metáfora da tecelagem ilustra bem a dimensão artesanal, de fiação, de composição das relações, amarrando ali, soltando um fio acolá, num ir e vir de costura e descostura dos *Motivos*, o que tornou possível a elaboração desta obra transdisciplinar.

Como na Odisséia, na qual Ulisses se perde nos mares, vaga à deriva, resiste às sereias, enquanto Penélope passa noites em claro aguardando um possível navio no horizonte, o encontro com o outro, como núpcias tardias, outonais, se fez presente. São tantos os "outros" na transdisciplinaridade: o outro das ciências exatas, o outro das humanas, o outro das tradições de sabedoria, o outro do feminino, o outro do masculino, o outro da tecnologia, o outro da arte, o outro do sentido..., e precisamos incluir todos em nós. Para que isso ocorra, como na Odisséia, precisamos da coragem, da temeridade dos navegadores, de sua capacidade de resistir ao encanto das sereias, e da paciência ardente de Penélope.

É certo que, ao longo do tempo, a perlaboração do livro consolida-se como um fazer que busca refletir as profundezas da alma, preocupado em não ocultar o verdadeiro, em sair do aparente, em realizar um processo efetivo e afetivo de auto e co-formação, em escutar e se escutar, ver e se ver, em aprender a partir e aprender a chegar. Heroicamente, ousa-se modificar o destino traçado pela Moira, nosso quinhão, nossa parte, em seu aspecto mais negativo e repressivo, no que diz respeito à construção do conhecimento que insiste na produção automática e na fragmentação da tarefa como forma de otimizar e objetivar resultados.

O trabalho realizado neste livro se assemelha mais aos processos de criação coletivo de tapeçarias múltiplas. A história que nomeia e dá sentido ao trabalho é apenas o ponto de partida; é no silêncio da vida interior, a partir da qual torna-se possível estar consigo, que o desafio do diálogo com o outro pode se concretizar. A partir dessa "cultura da conversa", o sonho de cada um de nós, constituindo-se numa utopia pragmática, tomou forma, coragem de criar uma nova proposta para a formação do ser humano, compreendido e respeitado na sua integralidade. O livro é apenas mapa, espaço físico, mandala feita de areia fugaz, que se constrói, se desconstrói e se reconstrói, testemunho da existência de nossos territórios subjetivos que hoje desenham um arquipélago de sentido.

Amâncio, Luiza, Mariana e Vitoria

Motivo 1

Costura: *Fundamentos da Transdisciplinaridade*

Costura

Para separar uma história de vida de uma história de vida imaginal, devemos nos apoiar reciprocamente sobre sua relação de complementaridade. Na medida em que a trama se opõe à urdidura, como o horizontal ao vertical, somente um acontecimento vivido de modo diacrônico mas religado de maneira aberta à sua verticalidade sincrônica pode se tornar Motivo de paradoxo, de metáfora, de fecundação, de significação.

(...) Mas se na nossa pesquisa procuramos buscar as rupturas do pensamento formativo, podemos supor que estas mesmas rupturas são consideradas como tendo o mesmo número de véus e de vacuidades as separando e religando, assim tecendo os níveis de realidade.

(...) Se a definição de tecelagem permite acessar a compreensão da função real, no tecer propriamente dito, a arte de fiar (a fiandeira e seu fuso), o papel do tempo, favorável e desfavorável, exprime com precisão a arte real que tece o vínculo e restaura a relação entre o céu e a terra. Enfim, fiar supõe a constituição de dois fios diferentes, em relação às funções e às temporalidades complementares, o fio da trama e o fio da urdidura.

Patrick Paul, em *Formation du Sujet et Transdisciplinarité – Histoire de vie professionnelle et imaginale*

Tecelão *Ashanti*
tecendo tiras para um tecido *kente*
African Textiles, de John Gillow

Trans *é esse mastro em pé onde a vigia pode criar* terra. *A equipagem retoma a coragem. Esta vigia é a consciência, o navio é a questão.*

O pensamento transdisciplinar religa a consciência ao imaginário. No final a questão se torna visão.

Michel Random, Colóquio de Arrábida, 1994

Escolhemos a imagem da tecelagem para compor as partes deste livro, e as denominamos Motivos. A arte de tecer, de entrelaçar os fios da trama e da urdidura, cruzando o plano vertical com o plano horizontal de modo a compor a tela, simbolicamente nos permite desvelar e mostrar os fundamentos da Transdisciplinaridade: a complexidade, os níveis de realidade e o terceiro incluído.

E é interessante notar que a palavra *fio* e o ato de tecer aparecem em diversas culturas e, principalmente, as tradicionais. Em sânscrito, *sutra* significa literalmente *fio*: um livro pode ser formado por um conjunto de sutras, assim como um tecido é formado por um conjunto de fios. A palavra *sutra* e a palavra latina *sutura* provêm da mesma raiz indo-européia, com o mesmo sentido de *costurar*. É bastante significativo que na cultura islâmica a palavra árabe *surat*, que designa os capítulos do Corão, seja composta dos mesmos elementos literais que o sânscrito *sutra*, embora sua etimologia (desconhecida) não seja a mesma.

O simbolismo do tecido também se relaciona ao uso de cordões com nós como sistemas de escrita. Na China, este sistema era empregado na alta Antiguidade. Entre os incas, havia o sistema dos *quipos*, que eram utilizados não apenas para fins de contabilidade, mas que constituíam os Anais do Império Inca, exprimindo em uma espécie de ideografia com combinações de nós e fios de várias cores, conceitos e imagens elaboradas. Neste livro, usamos essa simbologia, isto é, a do fio, do tecer, da trama e da urdidura, da costura e da descostura, do arremate e alguns outros semelhantes, para que o leitor pudesse compreender que esse trabalho se constituiu num processo dinâmico de trocas e descobertas que foi se tecendo e sendo tecido por nós, nos três Encontros Catalisadores, nas nossas reuniões presenciais e interações virtuais, nas sessões temáticas e nas trocas pessoais, que foram muitas. Nossas histórias de vida e nossas histórias de vida *imaginais*, durante esses oito anos em que trabalhamos juntos e convivemos intensamente, se intercruzaram como os fios de um tapete. A nossa obra coletivamente tecida é *Educação e Transdisciplinaridade III*.

Patrick Paul usa *o ato de tecer* como um modelo, para as histórias de vida que foram utilizadas como instrumento de formação do sujeito:

> *A autobiografia horizontal cristaliza os acontecimentos da vida como se fossem marcas, impressões; por outro lado, a autobiografia vertical e imaginal parece poder dissolver essas mesmas marcas e impressões ao reter o significado simbólico e, inversamente, orientar em direção a uma verdadeira busca de si mesmo ao manifestar o Eidós.*[11] *Mas a imagem verdadeira, que podemos associar a procura da identidade como procura da sua própria forma, não aparece senão através do coração, dos entrelaçamentos que associam os fios da trama da existência aos fios da urdidura do mundo onírico e imaginal.*
>
> *Trata-se, então, de ligar nossa terra ao nosso céu, de fixar o jogo dialético entre horizontalidade e verticalidade.*[12]

A arte de *tecer* se compõe de 3 partes, segundo Patrick Paul: a arte de cultivar, escolher e separar a lã; a arte de fiar que, ao contrário da primeira, junta, reúne aquilo que estava separado e associa num só fio através da torção, a multiplicidade das pastilhas oferecidas pela lã, de certa maneira, invertendo as polaridades de modo a reunir o que foi separado; a terceira, é o tecer propriamente dito, a fabricação do tecido ou tapete, através do entrelaçamento dos fios da trama com os fios da urdidura, formando os planos horizontal e vertical, simbolicamente entrecruzando-os, religando o céu e a terra.

Tudo que se falou sobre o fio e seu uso na confecção de tecidos, nos ajuda a compreender como *costuramos, descosturamos, arrematamos e vimos surgir novas formas,* como unimos esses *Motivos* à *poética do cantador,* que canta não

[11] A etimologia da palavra história, tem uma relação com a palavra ver, em grego Idea, que significa aspecto, forma que distingue e, em Platão, tem o sentido de forma ideal concebida pelo pensamento; assim Eidós se torna a forma e Eidolon, a imagem.

[12] Citação tirada do livro *Formation du Sujet et Transdisciplinarité,* Paris, L'Harmattan, 2003, p. 186.

só as suas dores e alegrias, mas a sua vida, a realidade que o circunda. Esse tecido, executado com carinho e rigor, precisou do cultivo, da escolha e da separação da matéria prima; precisou do fiar, do juntar e do associar de muitos fios para formar um fio mais forte e resistente e, finalmente, tecido por muitas mãos que entrelaçaram os fios da trama com os da urdidura, criando assim o plano vertical e o horizontal. Tudo isso contribuiu para que este livro tivesse exatamente este formato.

Sinteticamente, o primeiro movimento do ritmo experienciado pelo nosso grupo constituído por 40 pesquisadores de áreas totalmente diversas, como astrofísica, medicina, engenharia, pedagogia, psicologia, enfermagem, ciências sociais, arte e filosofia entre outras, fora os conselheiros e os interlocutores internacionais, foi tentar entender a partir de que conceitos, de que experiências afetivas, de que intuições e emoções poderíamos nos utilizar para *costurar* nossas áreas de conhecimento, para a maioria de nós, ainda originalmente estanques. Do paradigma que nos foi apresentado pelos pesquisadores internacionais durante os dois primeiros Encontros Catalisadores do CETRANS, em busca da evolução transdisciplinar da educação, três fios foram se destacando pela beleza da cor e pela a orientação do percurso:

1. *O fio vermelho da Complexidade*

> *Paciência, tenacidade, partilha, compaixão, descomedimento, vigor, dor, alegria, coragem, excessos, solidão, incertezas e generosidades, talvez sejam, mais que palavras, sentimentos que juntos sussurram em coro às portas de nossa mente e de nossos corpos, em busca de uma ética da cumplicidade, da complexidade e da (com)paixão.*
>
> Maria da Conceição de Almeida
> em *Ética, Solidariedade e Complexidade*

Devemos considerar a complexidade do ser humano, de seus desejos, de suas organizações, de suas relações com os outros, de sua relação com o conhecimento recebido e o conhecimento elaborado, além da complexidade da realidade na qual estamos inseridos.

2. O fio azul turquesa dos Níveis de Realidade

Em minhas próprias palavras, eu diria que a Alegria é a rede de informação do cosmo, que faz com que o cosmo funcione e seja tal qual é. Esta rede é erótica, ela é o Eros do mundo. Enquanto rede de informação do cosmo, a Alegria não pode ser saturada. Ela não pode ter níveis, pois ela é a dinâmica da totalidade dos níveis de Realidade e de percepção. Esta rede – o sagrado agindo – pode, em princípio, tudo curar, pois nela está inscrita a ordem do mundo.

Basarab Nicolescu e Michel Camus,
em *Les Racines de la Liberté*

Aprendemos juntos que existem vários níveis do que se percebe e do que realmente acontece com o ser humano e o Mundo. O Ser não pode ser reduzido a um objeto limitado, visível, observável, mensurável, embora inegavelmente ele seja também tudo isso. O Mundo, por sua vez, também não pode ser reduzido à experiência intelectual e nivelado só pelo que se vê, se toca e pelo concreto, pois existem outras realidades muito mais sutis que nossos olhos não vêem, mas que são percebidas pelo coração que é o olho, através do qual os níveis se revelam. De fato, este livro, como outras obras, testemunha que nesse Mundo atua, a-conscientemente, o ilimitado, o experienciável, assim como o incomensurável e o dificilmente dizível.

3. O fio multicor da Lógica do Terceiro Incluído

O terceiro secretamente incluído é o guardião do nosso irredutível mistério, o único fundamento possível da tolerância e da dignidade humana. Sem esse terceiro tudo são cinzas.

Basarab Nicolescu e Michel Camus
em *Les Racines de la Liberté*

Abrindo-se para novas lógicas que contemplam a complexidade do ser humano, por causa dos diferentes níveis que nele atuam, o pesquisador-formador transdisciplinar é convidado a tecer mediações e inclusões em si, e a auxiliar os outros a fazê-las de forma a permitir a emergência do sentido ético em sua vida, um sentido que possa nortear sua práxis dentro das organizações e, por conseguinte, auxiliar essas organizações a ganhar um sentido humano, ético, sustentável, mostrando sua presença na sociedade.

De fato, o *terceiro incluído* no diálogo transdisciplinar é o sentido encontrado juntos, sentido aberto, inacabado, questionável e no entanto bússola, farol, *Motivo* que nos impele a tecer esta obra coletiva.

Os artigos aqui apresentados estudam estes três fios condutores de forma a situar melhor o leitor dentro do que se propõe a ser este novo paradigma transdisciplinar.

Américo Sommerman

Editor: Polar Editorial. Tradutor de autores clássicos da tradição ocidental: Plotino, Jacob Boehme e de alguns dos expoentes do pensamento transdisciplinar: Basarab Nicolescu, Patrick Paul, Gaston Pineau, Pascal Galvani. Coordenador por cinco anos do projeto A Evolução Transdisciplinar na Educação e do Centro de Educação Transdisciplinar (CETRANS) da Escola do Futuro da Universidade de São Paulo. Mestre em Ciências da Educação pela Universidade Nova de Lisboa. Membro do CIRET – Centre International de Recherches et Études Transdisciplinaires (Centro Internacional de Pesquisas e Estudos Transdisciplinares). Co-organizador dos livros Educação e Transdisciplinaridade I e II, Brasília: UNESCO, 2000, e São Paulo: TRIOM/UNESCO, 2002.

polareditorial@uol.com.br

Os Diferentes Níveis de Realidade e a Tradição Ocidental

Um diálogo transdisciplinar entre ciência e a sabedoria

Resumo: Este artigo tem em vista contribuir para a reflexão sobre um dos três pilares atuais da metodologia transdisciplinar: os diferentes níveis de realidade.

Partindo de um pequeno histórico da reentrada do conceito de níveis de realidade na ciência no início do século XX, da emergência da transdisciplinaridade na década de 70 e da definição que dois grandes autores da tradição ocidental, Plotino e Jacob Boehme, dão dos diferentes níveis de realidade, pretendo mostrar: (1) a similaridade da descrição desses dois autores, (2) a clareza da descrição de ambos, (3) a similaridade entre essa descrição e a que é dada por todas as grandes tradições de sabedoria, (4) a pertinência da contribuição desses dois autores, e das tradições, para a reflexão sobre esse pilar da metodologia da transdisciplinaridade, e (5) a pertinência e a possibilidade de um diálogo transdisciplinar sobre os diferentes níveis de realidade entre a ciência contemporânea e as tradições.

O conceito central deste artigo é o de "diferentes níveis de realidade", um dos três pilares atuais da metodologia da pesquisa transdisciplinar[1]. Como os outros dois pilares – a complexidade e a lógica do terceiro incluído –, este também proveio da ciência, mais exatamente, da física quântica, de onde também emergiu a lógica do terceiro incluído, enquanto a complexidade emergiu de várias ciências exatas e humanas.[2] O avanço tecnológico permitiu, no início do século XX, que a física penetrasse o interior do átomo, quando constatou que as leis e as lógicas presentes nessa escala eram diferentes das encontradas na escala macroscópica.

---

[1] *Carta da Transdisciplinaridade*: Artigo 2.

[2] Cf. Nicolescu, 2002, p. 45.

No entanto, a percepção da realidade como estratificada em níveis diferentes esteve presente em todas as culturas[3], em todas as épocas. No Ocidente, essa visão de mundo foi hegemônica até o século XIII e, no Oriente, ela ainda prevalece em várias culturas.[4]

Nos últimos sete séculos a elite intelectual do Ocidente passou por grandes transformações ou rupturas na teoria do conhecimento, que fizeram com que o pensamento ocidental passasse de uma teoria do conhecimento tradicional (multidimensional), que imperou até o século XIII, a uma teoria dualista no século XVII, e, por fim, a uma teoria reducionista, positivista e empirista, ou ao monismo materialista no século XIX.[5]

Como vimos, o reaparecimento desse conceito de níveis de realidade ocorreu no começo do século XX, quando o monismo materialista ou o reducionismo epistemológico, que afirmava a existência de um único nível de realidade, aquele percebido pelos nossos sentidos, foi invalidado pelo próprio empirismo científico, uma vez que a física comprovou a existência de, no mínimo, dois níveis de realidade, regidos por leis e lógicas distintas: o nível macrofísico (o das grandes escalas) e o nível microfísico (o do interior do átomo).

Essa descoberta levou a uma nova grande ruptura epistemológica; no entanto, dessa vez, a ruptura se deu no sentido inverso das duas anteriores. As rupturas que a antecederam reduziram os níveis do sujeito e os níveis de realidade de quatro para dois (dualismo) e, depois, para um (monismo), enquanto que a ruptura epistemológica do século XX comprovou a existência de pelo menos dois níveis de realidade.

Até o século XIII, no Ocidente, o ser humano era considerado como sendo constituído por quatro elementos principais: espírito, alma imortal, alma mortal e corpo, correspondentes, respectivamente, ao mundo divino, ao mundo anímico, ao mundo sideral, ao mundo sensível. A partir do século XVII, começaram a se tornar hegemônicas na elite

---

3 Neste artigo o termo 'cultura' deve ser entendido em seu sentido antropológico amplo: "Conjunto de padrões de comportamento, crenças, conhecimentos, costumes etc. que distinguem um grupo social". Dicionário Eletrônico Houaiss da Língua Portuguesa, 2002.

4 Ver Eliade, 1996; Paul, 1997; Coll, 2000; Sommerman, 2003.

5 Ver Sommerman, 2000, 2001, 2002, 2003; Durand, 1996; Paul, 1999 e 2003.

intelectual do Ocidente a cosmologia, a antropologia e a epistemologia dualistas, que viam o ser humano como constituído apenas de espírito e corpo, correspondentes, respectivamente, ao mundo divino e ao mundo sensível. No século XIX a redução tornou-se total, pois a antropologia dominante nesses meios excluiu o espírito e a cosmologia dominante descartou o mundo divino.

Portanto, se as rupturas anteriores foram na direção da redução da estratificação vertical da realidade e de uma complexificação crescente da dimensão horizontal, esta última ruptura foi na direção de uma nova ampliação, estratificação e complexificação vertical.

Além disso, se naquele momento houve a comprovação empírica de pelo menos dois níveis de realidade, que implicavam a existência de pelo menos dois níveis de materialidade – o que invalidou tanto a visão do monismo materialista como o dualismo matéria/espírito –, a partir do fim da década de 20 começou a ser formulada uma teoria que, se comprovada, abrirá um campo definitivo de diálogo entre a ciência e a tradição, entre as culturas do presente e do passado, do Ocidente e do Oriente, uma vez que essa teoria, que é uma das mais pesquisada na física nos últimos vinte anos, requer um espaço-tempo multidimensional com dez dimensões. Trata-se da Teoria das Cordas ou das Supercordas.

O primeiro passo na direção da Teoria das Cordas foi dado pelo matemático alemão Theodor Kaluza, em 1919. Apoiando-se na teoria do matemático alemão Georg Bernhard Reimann, apresentada em 1854, que mostrava que a geometria de Euclides era incompleta (só continuava sendo viável nos limites das superfícies planas, mas era incorreta no mundo das superfícies curvas), Theodor Kaluza envia a Einstein um artigo no qual unia a teoria da gravidade deste com a teoria da luz de Maxwell, introduzindo a quinta dimensão (quatro de espaço e uma de tempo).[6] Essa teoria é conhecida nos meios científicos como Teoria Kaluza-Klein e o próprio Einstein a utilizou para tentar unificar a gravitação e o eletromagnetismo, pois, embora nos tempos de Einstein a força forte e a força fraca ainda

---

[6] Cf. Kaku., 2000, p. 119.

não tivessem sido descobertas, para ele a existência de duas forças diferentes – a gravidade e o eletromagnetismo – já era algo profundamente perturbador.[7]

Em 1985, o físico Heinz Pagels escreveu: "Hoje, em contraste com a década de 1920, os físicos se vêem desafiados a fazer mais do que unificar a gravidade com o eletromagnetismo apenas – eles querem unificar a gravidade também com as interações forte e fraca. Isso requer ainda mais dimensões, além da quinta".[8]

É justamente nessa direção que a Teoria das Cordas aponta. Ela foi formulada no CERN (*Conseil Européen pour la Recherche Nucléaire*)[9], em 1968, por dois físicos teóricos, Gabriel Veneziano e Mahiko Suzuki. Em 1974, como esta teoria não conseguia dar conta com toda a clareza da relatividade especial e da unificação da força gravitacional, o físico Claude Lovelace descobriu que essa dificuldade seria solucionada se a Teoria das Cordas tivesse uma característica chamada supersimetria.[10] Foi nesse momento que surgiu a Teoria das Supercordas, pois as cordas com supersimetria passaram a ser chamadas de supercordas. Se para a Teoria das Cordas (ou da corda bosônica, que descreve *spins* inteiros) o universo só se torna coerente[11] com 26 dimensões do espaço-tempo, para uma Teoria das Supercordas (que descreve *spins* tanto integrais quanto semi-inteiros) o universo se torna coerente com 10 dimensões.[12]

Conforme Michio Kaku, um dos pioneiros da Teoria das Supercordas: "Nossos laboratórios tridimensionais são jaulas estéreis de jardim zoológico para as leis da física. Mas quando formulamos as leis de um espaço-tempo multidi-

---

[7] "Isso o levou a uma viagem de trinta anos em busca da chamada *teoria do campo unificado*, que ele esperava que viesse a mostrar que essas duas forças são, na verdade, manifestações de um único e grande princípio fundamental. (...) Mais de cinquenta anos depois, o seu sonho de encontrar uma teoria unificada tornou-se o Santo Graal da física moderna. E uma proporção considerável da comunidade da física e da matemática está cada vez mais convencida de que a teoria das cordas é capaz de dar a resposta." (Greene, 2002, p. 30)

[8] Citado por Kaku, 2000, p. 159.

[9] O CERN, organização européia para a pesquisa nuclear, é o maior centro de física de partículas do mundo.

[10] "As partículas da natureza são divididas em dois tipos, bósons (ex.: o fóton e o bóson de Higgs) e férmions (ex.: elétrons e quarks), e a supersimetria implicaria uma relação entre as massas dos bósons e as massas dos férmions" (Berkovits, 2004, p. 50). Há uma evidência, ainda não comprovada, dessa supersimetria.

[11] Ou seja, permite a unificação das quatro forças fundamentais (forte, fraca, eletromagnética e gravitacional) e a resolução da incompatibilidade entre a mecânica quântica e a relatividade geral.

[12] Ibid., p. 180 e 188.

mensional, seu *habitat* natural, vemos seu verdadeiro esplendor e poder; as leis se tornam simples e poderosas".[13] E o físico teórico Brian Greene afirma que

> A teoria das cordas acrescenta um novo nível microscópico – o do laço vibrante – à progressão já conhecida do átomo aos prótons, nêutrons, elétrons e quarks. (...) a simples substituição dos componentes materiais de tipo partícula puntiforme por cordas resolve a incompatibilidade entre a mecânica quântica e a relatividade geral. A teoria das cordas desata, portanto, o nó górdio da física teórica contemporânea. (...) Desse modo, longe de constituir um conjunto caótico de dados experimentalmente verificados, as propriedades das partículas, na teoria das cordas, são manifestações de uma única característica física: os padrões ressonantes de vibração – ou seja, a "música" – dos laços fundamentais das cordas. (...) A partir de um único princípio – o de que no nível mais microscópico tudo consiste de combinações de cordas que vibram – a teoria das cordas oferece um esquema explicativo capaz de englobar todas as forças e toda a matéria. Ela afirma, por exemplo, que as propriedades que observamos nas partículas, são reflexos das diversas maneiras em que uma corda pode vibrar. Assim como as cordas de um piano ou de um violino têm frequências ressonantes em que vibram de maneira especial – e que os nossos ouvidos percebem como as notas musicais e os seus tons harmônicos –, o mesmo também ocorre com os laços da teoria das cordas. Vemos, no entanto, que em vez de produzir notas musicais, os tipos de vibração preferidos pelas cordas na teoria das cordas dão lugar a partículas cujas massas e cargas de força são determinadas pelo padrão oscilatório da corda. (...) Se a teoria das cordas estiver certa, o tecido microscópico do nosso universo é um labirinto multidimensional ricamente urdido, no qual as cordas do universo retorcem-se e vibram sem cessar, dando ritmo às leis do cosmos. (...) Os físicos do mundo inteiro estão desenvolvendo técnicas novas e

---

[13] Ibid., p. 31.

> poderosas com vistas a transcender os numerosos métodos aproximativos usados até agora, e com a sua atuação conjunta têm conseguido agrupar os elementos dispersos do quebra-cabeça da teoria das cordas em uma progressão impressionante.[14]

Greene diz ainda que uma teoria unificada na física (chamada de TST: Teoria sobre Tudo), já batizada de Teoria M[15], que se apoiaria na Teoria das Cordas ou Supercordas, não significará de modo algum a resolução completa das questões colocadas pela biologia, geologia, química, ou mesmo pela própria física, pois a complexidade do universo é tal que a descoberta de uma teoria definitiva sobre o "universo em seu nível mais microscópico" não determinaria o fim dos avanços científicos, mas, muito pelo contrário, "proporcionaria o mais firme dos alicerces para a *construção* da nossa compreensão do mundo".[16]

Vemos, com isso, que a Teoria das Cordas acrescenta mais um nível microscópico, subquântico, o do laço vibrante, por trás ou por baixo do nível quântico, que seria regido por outras leis e outra lógica. E embora não haja ainda comprovação empírica dessa teoria, há evidências indiretas de que ela se aproxima de uma explicação mais ampla do Universo, o que, para a sequ ência desta reflexão, é relevante, pois sua comprovação indicaria a existência de um terceiro nível, regido por uma lei e uma lógica diferentes não só daquelas do nível macrofísico (das grandes escalas), como daquelas do nível quântico, o que reforça a possibilidade de um diálogo transdisciplinar entre as disciplinas, as culturas, as religiões, as tradições espirituais.

Se isso não bastasse, em 1998 ocorreu uma descoberta "que constitui a maior surpresa científica do final do século: o conteúdo da energia do Universo é dominado pelo vácuo e não pela matéria".[17] Constatou-se que o vácuo é responsável por 70% da energia do Universo (contra 30% provenien-

---

[14] 2001, p. 29-35.

[15] Nome dado pelo físico Edward Witten, onde o M significaria Magia, Mistério, Mãe, Matriz ou Membrana. Essa Teoria M, que propõe um espaço de 11 dimensões, formula a unificação das cinco teorias das supercordas existentes.

[16] Ibid., p. 32.

[17] Friaça, O Vácuo e o Espaço Transdisciplinar, neste volume.

te da matéria, dos quais apenas 3% resultam da matéria macroscópica). Isso fez com que o conceito de "vazio vazio" da física clássica fosse substituído pelo de "vazio cheio"[18], conceito esse que, como observa Friaça, pode encontrar seus análogos nas tradições espirituais do Oriente e do Ocidente[19] (retornarei a essa questão adiante) e pode corresponder a mais um nível de realidade – por trás ou por baixo dos outros dois que emergiram ao longo do último século – ou ao que está além de todos os níveis de realidade, dimensão essa chamada por Nicolescu de "zona de não-resistência absoluta".[20]

Portanto, por trás do nível físico ou macroscópico (ao qual a ciência reduziu a realidade no século XIX), estão emergindo três níveis na ciência: o nível microfísico ou quântico, o nível das cordas (a ser comprovado) e o nível do "vácuo cheio" (cheio de potencialidade), cada um deles regidos por lógicas e leis diferentes.

Com todos esses dados que foram emergindo no século passado, não só na física e na matemática, mas na geometria, na biologia, na genética, na antropologia, na medicina etc, foi surgindo um pedido de um novo diálogo entre as ciências, que levasse em conta a enorme complexidade que se revelava por toda parte e que mostrava a necessidade de uma ultrapassagem das fronteiras disciplinares. A constatação de diferentes níveis de realidade, a formulação de diferentes lógicas, a constatação da complexidade do Real e a constatação da impossibilidade de excluir o sujeito e suas diferentes dimensões demandou o aparecimento de posições epistemológicas mais flexíveis e abertas. Isso levou, na década de 50, ao surgimento das abordagens multidisciplinar e interdisciplinar. Na década de 70, surgiu o termo "transdisciplinar", que sugeria uma abordagem que incluiria não só o que se encontra entre e através das disciplinas (nas fronteiras e nos limites entre elas), mas o que se encontra além delas: nas artes e nas culturas tradicionais ou sapienciais. Tudo isso fez com que, na década de 80, surgisse uma busca da transdisciplinaridade, o que levou, na década de 90, à definição da metodologia transdisciplinar. A definição dessa

---

[18] Cf. ibid.
[19] Cf. Ibid.
[20] Nicolescu, op. cit. p. 59-62.

metodologia permite esperar um grande desenvolvimento de pesquisas, projetos e práticas transdisciplinares nas primeiras décadas deste novo século.

Como vimos, se é verdade que os três pilares atuais da metodologia transdisciplinar – os diferentes níveis de realidade, a lógica do terceiro incluído e a complexidade de cada nível de realidade – emergem predominantemente dos dados da ciência contemporânea, no entanto, eles já estavam presentes, em maior ou menor grau, em outras culturas e na nossa própria cultura. Com isso, o círculo está se fechando, a redução da redução levou a uma inesperada ampliação e a busca de uma simplificação máxima dessa redução levou à explosão de uma complexidade imensa. Diante disso, como o pensamento transdisciplinar – cujo campo epistemológico é, como vimos, mais amplo do que o da ciência clássica – permite e pede e não pode prescindir de um diálogo entre as ciências, as artes e as tradições espirituais ou sapienciais, é importante analisarmos o que as tradições têm a dizer sobre o primeiro desses pilares, posto que elas sempre tiveram e ainda têm muito a nos dizer a seu respeito.

Para isso, tomarei como interlocutores dois grandes nomes da filosofia e da tradição espiritual ou sapiencial do Ocidente: Plotino (205-270 d.C.) e Jacob Boehme (1575-1624). Escolhi esses dois autores por vários motivos. O primeiro e principal foi o fato de eles estarem entre os autores que escreveram com mais clareza sobre os diferentes níveis de realidade e sobre os diferentes níveis do ser humano. Outros motivos dessa escolha foram: porque, no que diz respeito à definição do conceito de alma, tão obscuro nos últimos séculos, ambos são os autores por excelência, pois tratam dessa questão com uma clareza e um detalhamento máximos; porque Plotino foi um autor fundamental para toda a alta mística (ou teologia mística) cristã a partir do século IV, para grande parte da mística islâmica e também para uma parte da mística judaica[21], e – depois de ter caído no esquecimento por algum tempo – foi um dos autores de referência do primeiro Renascimento italiano; porque Jacob Boehme foi fundamental para os autores do Romantismo

---

[21] Ver a esse respeito meu artigo *A influência de Plotino e dos neoplatônicos* (2002).

alemão, que foi um movimento de retomada da multidimensionalidade e sacralidade do cosmo; porque os princípios teogônicos (que dizem respeito ao surgimento dos primeiros princípios no Absoluto), cosmogônicos (concernentes à criação do Universo e das criaturas) e antropológicos (sobre a origem, estrutura e finalidade da natureza humana), que ambos descrevem, encontram analogias muito precisas em todas ou quase todas as outras grandes tradições sapienciais da humanidade, tais como as três tradições abraâmicas citadas (cristianismo, islamismo e judaísmo), o hinduísmo, as tradições dos índios norte americanos e brasileiros (especialmente tupis e tupi-garanis) etc.

Plotino nasceu no Egito e foi um discípulo indireto de Platão. É considerado o maior dos neoplatônicos.[22] Jacob Boehme nasceu na Alemanha e é um místico e metafísico cristão. Embora tenha sido um sapateiro, é considerado um dos maiores gênios metafísicos da humanidade[23].

Para indicar a facilidade do dialogo entre os princípios por eles descritos e aqueles descritos pelas outras tradições, bem como para dar uma idéia de como eles definem os *diferentes níveis de realidade*, citarei aqui algumas passagens das obras de ambos.

Eis como Plotino descreve o desdobramento dos primeiros princípios no início do tratado intitulado *Sobre a origem e ordem dos seres que vêm depois do primeiro*:

> O Uno é todas as coisas e não é nenhuma delas. Ele é o princípio de todas as coisas; e, se não é nenhuma delas, no entanto é todas as coisas de um modo transcendente, pois, de certo modo, elas estão no Uno. Ou melhor, nem todas estão nele, mas estarão. Então, como todas as coisas provêm do Uno, que é simples e não tem em si multiplicidade alguma e nem mesmo dualidade alguma? É pelo fato de nada haver nele que todas as coisas provêm dele. Para que o Ser possa existir, o Uno não é Ser, mas sim o gerador do Ser. Podemos

[22] Para dados mais amplos sobre Plotino, ver *Tratados das Enéadas*, São Paulo, Polar, 2002.

[23] Para maiores dados sobre a vida e a obra de Jacob Boehme, ver as minhas traduções de suas obras: *A Aurora Nascente*, São Paulo, Paulus, 1998; *A Sabedoria Divina*, São Paulo, Attar, 1994; *A Revelação do Grande Mistério Divino*, São Paulo, Polar, 1998; e a obra de Basarab Nicolescu, *Ciência, Sentido e Evolução: a Cosmologia de Jacob Boehme*, São Paulo, Attar, 1995.

> dizer que este é o primeiro ato da geração: nada possuindo e nada buscando em sua perfeição, o Uno transbordou e sua superabundância produziu algo diverso dele mesmo. O que foi produzido voltou-se de novo para a sua origem e, contemplando-a e sendo por ela preenchido, tornou-se a Inteligência. O ato de ter-se detido e se voltado para o Uno deu origem ao Ser; o ato de ter contemplado o Uno deu origem à Inteligência. O ato de ter-se detido e se voltado para o Uno a fim de contemplá-lo tornou-o simultaneamente Inteligência e Ser. Desse modo, tornando-se semelhante ao Uno por contemplá-lo, repetiu o ato do Uno e emitiu um grande poder. Esse segundo transbordamento, o da essência da Inteligência, é a alma, que veio assim à existência, mas a Inteligência permaneceu inalterada. A alma surgiu como uma idéia e um ato da Inteligência imóvel – que também proveio de uma origem (o Uno) que permaneceu imóvel e inalterada –, mas a operação da alma não é imóvel, pois ela gera a sua própria imagem (ou hipóstase) pelo movimento: a contemplação do que lhe deu origem a preenche e, empreendendo um movimento no sentido contrário (descendente), ela gera a sua imagem (ou hipóstase). Essa imagem da alma são os sentidos e o princípio vegetativo.[24]

Vemos, nesse trecho, como Plotino estabelece com clareza a existência de diferentes níveis do Ser. O primeiro princípio, na verdade, é colocado como além do Ser, que Plotino chama de Uno. Portanto, do Uno – que pode corresponder ao vácuo citado por Friaça[25] e à zona de não-resistência e de transparência absoluta a que Nicolescu faz referência[26] –, provém o Ser; do Ser provém a Inteligência divina; da Inteligência divina provém a Alma imortal; da Alma imortal provém as almas perecíveis (alma concupiscível e alma vegetativa).

No tratado *Sobre a contemplação divina*, Boehme também fala desse desdobramento ou manifestação do Absoluto, e as semelhanças entre ambos saltam aos olhos:

---

[24] Plotino, *Tratados das Enéadas*, São Paulo, Polar Editorial, 2002, p. 63-65.

[25] Friaça, O Vácuo e o Espaço Transdisciplinar, neste volume.

[26] Nicolescu, op. cit, p. 55.

O início de todos os seres foi o Verbo ou a Palavra, como sopro exalado de Deus. Desde a eternidade Deus é o eterno UM e assim permanecerá eternamente, mas o Verbo é o afluxo da Vontade divina ou o Conhecimento divino. Pois assim como os pensamentos afluem da mente e esta não perde sua unidade, assim também ocorre com o eterno UM no afluxo da Vontade. Está dito: *No início era o Verbo*, pois o Verbo, como afluxo da Vontade de Deus, é o eterno início e assim permanece eternamente, uma vez que ele é a revelação do eterno UM, através da qual a Força divina é levada ao conhecimento de algo. Nós entendemos o Verbo como a revelação da Vontade de Deus. E entendemos Deus como o Deus oculto, isto é, o eterno UM, a partir do qual brota eternamente o Verbo. Assim, o Verbo é o afluxo do divino UM e, como sua revelação, é o próprio Deus. Esse afluxo emana de Deus e o que flui dele (Verbo) é a Sabedoria (a Sófia, a Virgem), que é o início e a causa de todas as forças, cores, virtudes e qualidades. Dessa revelação das forças (a Sófia), na qual a Vontade do eterno UM se contempla, flui a Inteligência e o Conhecimento de todas as coisas (*ichts*). Como mediante a Sabedoria o eterno UM contempla-se em algo, toma-se de um desejo pela [manifestação de sua] imagem e semelhança. Essa semelhança é o *Mysterium Magnum*, isto é, o criador de todos os seres e criaturas, pois ele é o *separator* no afluxo da Vontade, é o que torna divisível a Vontade do eterno UM. Ele é a divisibilidade da Vontade, a partir da qual as forças e qualidades se manifestam. Essas forças, por sua vez, também são um afluxo de si mesmas, no qual cada uma delas se conduz a uma vontade individual, conforme suas diferentes virtudes. Advém daí a multiplicidade das vontades, como também a vida criatural da eternidade, isto é, os anjos e as almas.[27]

Portanto, vemos a correspondência entre os níveis do Ser em Plotino e em Jacob Boehme. Em Boehme, o primeiro princípio ou Deus também é o eterno UM ou Uno; a

[27] Jacob Boehme, 1998, p. 61-63.

Palavra como sopro exalado do Um tem analogia com o transbordamento ou emanação do Uno em Plotino; a Vontade do eterno UM em Boehme corresponde ao Ser em Plotino, de cuja contemplação resulta, para ambos, a Inteligência divina; o transbordamento ou emanação da Inteligência produz, segundo Boehme, o *Mysterium Magnum*, que corresponde à Alma do Mundo (a Alma que contém em si todas as almas individuais) em Plotino.

Eis uma das passagens onde Plotino fala do Primeiro Princípio ou do Absoluto:

> Tudo o que existe abaixo do Primeiro tem de provir dele, quer imediatamente, quer através de intermediários. Tem de haver uma ordem de segundo grau e uma ordem de terceiro grau, na qual a segunda volta-se à primeira e a terceira à segunda. Antes de todas as coisas, tem de existir o Simples, diferente de tudo o que dele advém, auto-existente, e no entanto capaz de estar presente nessas outras ordens. Ele tem de ser uma autêntica unidade: não apenas algo elaborado em uma unidade, e que seria uma falsificação da unidade. Não é possível conhecê-lo ou falar a respeito dele. Ele é descrito como "além do Ser" ou "Sobre-Ser". Pois, se ele não fosse algo simples, além de toda coincidência e composição, não seria o primeiro princípio. Intocado pela multiplicidade, ele é auto-suficiente e o absolutamente primeiro, enquanto o que vem depois precisa do que vem antes, e tudo o que não é simples precisa do simples em si mesmo, como o próprio fundamento de sua existência composta.[28]

Eis como Boehme descreve o início do processo teogônico nos dois primeiros textos do tratado intitulado *Mysterium Pansophicum*:

> O Sem-fundo (*Ungrund*) é um eterno Nada, mas cria um eterno início como uma atração (ou desejo). Pois no Nada há uma atração por algo, mas como nada há com que possa criar algo, a própria atração o cria.

[28] Plotino, op. cit., p. 55.

No entanto, a atração também é um Nada ou apenas uma desejosa busca. Essa é a eterna origem da magia (divina), que cria em si, onde nada há. Cria algo de Nada, e apenas em si mesma, embora essa atração nada mais seja que um simples desejo. Ela nada tem e nada há a partir do qual possa criar algo, tampouco um lugar onde possa encontrá-lo ou repousar.

Posto que no Nada há uma atração (ou desejo), ela cria em si mesma a Vontade para algo. Essa Vontade é um espírito, ou um pensamento, que sai da atração e busca a atração. E como encontra sua mãe, a atração, então a Vontade é um mago em sua mãe, pois encontrou algo no Nada, isto é, sua mãe, passando a ter um lugar onde habitar.

E compreenda aqui que a Vontade é um espírito, diferentemente da desejosa atração, pois a Vontade é uma vida imperceptível e incognoscível, mas a atração, ao contrário, é encontrada pela Vontade e é uma essência nesta. Assim, entende-se que a atração é uma magia e a Vontade um mago; que a Vontade é maior que sua mãe que a gerou, pois é senhora dela, e que a mãe é muda, mas a Vontade é uma vida sem origem. Embora a atração seja de fato causadora da Vontade, é desprovida de conhecimento e inteligência, enquanto a Vontade é a inteligência da atração.[29]

Vemos uma clara analogia entre o Uno, o Simples, o Sobre-Ser de Plotino e o Sem-fundo (*Ungrund*) de Boehme, cuja Vontade o qualifica como Ser ¾ ou cujo Bem superabundante faz com que transborde ou hipostasie-se como Ser ¾ do qual emergirão os múltiplos inteligíveis (Forças primordiais, deuses ou arcanjos), em seguida, os múltiplos criaturais celestes (as almas e os anjos), e, depois, a multiplicidade dos seres. Outros grandes nomes da tradição cristã também falam do Sobre-Ser (Pseudo-Dionísio Areopagita, sec. V; Eckhart, sec. XII etc), bem como toda a mística judaica, que fala do Infinito, do Ilimitado (*Ain Sof*), que está para além do aspecto de Deus que se auto-define

[29] Jacob Boehme, *A Revelação do Grande Mistério Divino*, 1998, p. 81-84.

como Eu Sou[30], ou como o SER por excelência.

Diante disso, mesmo um diálogo com o Budismo é muito facilitado, pois quando este nega que o primeiro Princípio seja um Deus Pessoal, é fácil ver que as tradições abrahâmicas[31], quando entendidas em sua profundidade, concordam com essa afirmação.

As analogias com a tradição tupi-guarani, por exemplo, também são imediatas e extraordinárias. Citarei alguns trechos da obra *Tupã Tenondé*, que é uma transcrição feita por Kaka Werá da tradição oral tupi-guarani a respeito da criação do Universo:

> Nosso Pai Primeiro criou-se por si mesmo na Vazia Noite iniciada. (...) Nosso Pai, o Grande Mistério, o primeiro, antes de haver-se criado, no curso de sua evolução, sua futura morada, sustenta-se no Vazio. Antes que existisse sol ele existia pelo reflexo de seu próprio coração e fazia-se servir de sol dentro de sua própria divindade. (...) O verdadeiro Grande Espírito, o primeiro, existia diante dos ventos primeiros de onde ancorava-se no vazio-noite feito coruja produzindo silêncios. E fez que se girassem as manifestações de si diante da noite, vestido de espaço. Antes de haver o verdadeiro Pai, o Uno, criado no curso de sua evolução, sua morada, antes de haver criado a Terra Primeira, existia em meio aos primeiros ventos (...).[32]

Nesse texto, também vemos o Pai primeiro ou o Ser primeiro emergir do Sobre-Ser ou Não-Ser (o Vazio ou Vácuo cheio), do mesmo modo que Boehme diz que a primeira Vontade que emerge do Sem-Fundo é a primeira Pessoa da Santíssima Trindade, ou seja, o Pai, e do mesmo modo que Plotino chama de Pai a primeira hipóstase do Uno.[33]

No caso do hinduismo, as analogias com todos esses princípios são imediatas, mas não as citarei aqui, uma vez que a diversidade terminológica complexificaria demasiadamente e dificultaria a compreensão. Podemos ver tam-

---

[30] Êxodo 3:14.

[31] Que têm sua origem no patriarca Abraão: judaísmo, cristianismo e islamismo.

[32] Kaka Werá Jacupé, 2001, p. 25-31.

[33] Plotino, op. cit., p. 69.

bém, no artigo de Friaça[34], como o nível do Sobre-Ser ou Não-Ser (o Nada ou Sem-Fundo de Boehme e o Infinito, *Ain Sof*, da tradição judaica) que pode corresponder, ao menos analogicamente, ao vácuo cheio encontrado pela astrofísica atual, têm seus correspondentes explicitados em tradições orientais como o budismo e o taoísmo.

Reintroduzindo, para finalizar, um gancho para o diálogo entre a ciência contemporânea e a tradição, há uma citação de Michio Kaku que nos permite supor que esta nova abertura realmente se aproxima.

> A introdução de dimensões múltiplas pode ser essencial para desvendar os segredos da Criação. Segundo essa teoria, antes do *Big Bang* nosso cosmo era de fato um perfeito universo de dez dimensões, um mundo em que a viagem interdimensional era possível. Contudo, esse mundo de dez dimensões era instável, e acabou por 'rachar' em dois, gerando dois universos separados: um de quatro e um de seis dimensões. O universo em que vivemos nasceu nesse cataclisma cósmico.[35]

Embora seja preciso tomar muito cuidado para não tirar conclusões apressadas e não fazer corresponderem coisas que não são realmente correspondentes, quando ouço falar das dez dimensões de que trata a Teorias das Supercordas, é difícil não lembrar das dez esferas (*sefirás*) ou atributos da Árvore da Vida da tradição judaica[36], que dão origem a quatro níveis de realidade (o Mundo Divino, o Mundo Anímico ou Angélico, o Mundo Psíquico ou Sideral e o Mundo Material). E, quando leio sobre essa rachadura que teria ocorrido no universo instável de dez dimensões, provocando um cataclisma que teria gerado nosso universo de quatro dimensões e causado o enrolamento das outras seis no interior das quatro, é difícil não lembrar que a cosmogonia da tradição judaica descreve a formação deste mundo sensível como resultado de um cataclisma cósmico que teria dividido a Árvore da Vida em duas partes, sendo que as quatro

---

[34] Op. cit., p.
[35] Kaku, op. cit, p. 46.
[36] A Árvore da Vida da tradição judaica é o esquema simbólico clássico que representa os diferentes atributos, as diferentes forças e os diferentes níveis do cosmo.

sefirás (atributos, forças) da parte de baixo da *Árvore* teriam manifestado este mundo que vemos e as outras seis passaram a estar ocultas no interior dessas quatro!

Essas novas descobertas da ciência e a aproximação espacial cada vez maior entre as diferentes culturas, apoiadas nos três pilares atuais da pesquisa transdisciplinar, podem abrir novos espaços de diálogo entre os diferentes saberes e entre os diferentes olhares, e isso pode contribuir não só para a diminuição de muitos sofrimentos e conflitos no interior de cada ser humano e no tecido da sociedade – uma vez que ambos estão interligados —, como pode cooperar para o reencantamento do mundo. Este artigo foi escrito com essa perspectiva e com a intenção de abrir novas passarelas para esse diálogo no interior do sujeito, entre os sujeitos, entre os saberes e entre as culturas.

Referências Bibliográficas

BOEHME, J. *A Revelação do Grande Mistério Divino*. São Paulo: Polar, 1998a.

______. *A Aurora Nascente*. São Paulo: Paulus, 1998b.

______. *La triple vie de l'homme*. Paris: Aubier-Montaigne, 1997.

COLL, A. N. *As culturas não são disciplinas – o transcultural existe?* In: *Educação e Transdisciplinaridade II*. São Paulo: TRIOM/ UNESCO, 2002.

Colóquio A Ciência Diante das Fronteiras do Conhecimento. Documento: A Declaração de Veneza, 1986. Disponível em <http:// www.cetrans.com.br>. Acesso em 28 de outubro de 2004.

Congresso de Arrábida. Documento: A Carta da Transdisciplinaridade, 1994. Disponível em <http://www.cetrans.com.br>. Acesso em 28 de outubro de 2004.

Congresso Ciência e Tradição: Perspectivas Transdisciplinares para o Século XXI. Documento: Comunicado Final, 1991. Disponível em <http://www.cetrans.com.br>. Acesso em 28 de outubro de 2004.

Congresso de Locarno. Documento: *Síntese do Congresso de Locarno*, 1997. Disponível em <http://www.cetrans.com.br>. Acesso em 28 de outubro de 2004.

Dicionário Eletrônico Houaiss da Língua Portuguesa. Rio de Janeiro: Objetiva, 2002.

DURAND, G. *Science de l'homme et tradition – le nouvel esprit anthropologique*. Paris: Albin-Michel, 1996.

ELIADE, M. *Imagens e Símbolos*. São Paulo: Martins Fontes, 1996.

FRIAÇA, A. *O Vácuo e o Espaço Transdisciplinar*, neste volume.

GREENE, B. *O Universo Elegante*. São Paulo: Companhia das Letras, 2001.

JECUPÉ, K. W. *Tupã Tenondé*. São Paulo: Peirópolis, 2001.

KAKU, M. *Hiperespaço*. Rio de Janeiro: Rocco, 2000.

NICOLESCU, B. *O Manifesto da Transdisciplinaridade.* São Paulo: TRIOM, 2001.

PAUL, P. *Os Diferentes Níveis de Realidade entre Ciência e Tradição.* 1999. Disponível em <http://www.cetrans.com.br>. Acesso em 28 de outubro de 2004.

______. *Formation du sujet et transdisciplinarité.* Paris/Montreal: L'Harmattan, 2003.

PLOTINO. *Tratados das Enéadas.* São Paulo: Polar, 2000.

SOMMERMAN, A. *Os Diferentes Níveis de Realidade.* 2001. Disponível em <http://www.cetrans.com.br>. Acesso em 28 de outubro de 2004.

______. A Influência de Plotino e dos Neoplatônicos. In: *Tratados das Enéadas*, São Paulo: Polar, 2002.

______. Pedagogia da alternância e transdisciplinaridade. In: *Alternância e Desenvolvimento.* Brasília: UNEFAB, 2002.

______. Unidimensionalité versus multidimensionalité. In *Le sacré aujord'hui*, Monaco, Rocher.

______. *Formação e Transdisciplinaridade: uma pesquisa sobre as emergências formativas do CETRANS.* Dissertação de mestrado em Ciências da Educação na Faculdade de Ciências e Tecnologia da Universidade Nova de Lisboa, 2003.

DANIEL JOSÉ DA SILVA

Engenheiro Civil, formado pela Universidade Federal de Santa Catarina, em 1976. Especialista em Hidrologia e Recursos Hídricos pelo Instituto de Hidrologia de Madrid, Espanha, em 1978, e pelo Instituto de Pesquisas Hidráulicas/UFRGS de Porto Alegre, em 1983. Aperfeiçoamento em Planejamento e Manejo de Bacias Hidrográficas, pelo CIDIAT, de Mérida, Venezuela, em 1984. Mestre em Sociologia Política, pela UFSC, em 1991, e Doutor em Engenharia de Produção com o tema Planejamento Estratégico do Desenvolvimento Sustentável, também pela UFSC, em 1998.
É professor com dedicação exclusiva do Departamento de Engenharia Sanitária e Ambiental da UFSC, desde 1979, e do Programa de Pós-Graduação em Engenharia Ambiental da UFSC, desde 1998.
Atualmente coordena o Grupo Transdisciplinar de Pesquisas Estratégicas para o Desenvolvimento Sustentável, GTPEDS, através do qual orienta trabalhos de doutorado, mestrado e graduação, em temas associados à gestão de bacias hidrográficas e unidades de conservação.

Email: danieljs@ens.ufsc.br
Home: www.ens.ufsc.br / www.danieljs.prof.ufsc.br
Sites de projetos em 04/11/2004:
www.caminhodasaguas.ufsc.br
www.montanhas.ufsc.br
www.aguiferoguarani.ufsc.br
www.seminario.ens.ufsc.br

O Complexo como uma Episteme Transdisciplinar

1. Introdução

A complexidade é um dos pilares da Transdisciplinaridade, conforme proposto por Basarab Nicolescu, junto com os níveis de realidade e a lógica do terceiro incluído. Mas enquanto teoria, a complexidade possui uma história que perpassa diversos campos do saber, incluindo o científico. E, neste em particular, a complexidade atua como uma teoria que permite ao cientista conceber a realidade dos fenômenos em diversas dimensões. Esta concepção será tanto mais transdisciplinar quanto for a episteme do pesquisador. Se esta concepção possuir uma episteme reducionista e fragmentadora, a complexidade resultante trará esta marca. O objetivo deste artigo é contribuir para a construção de uma episteme transdisciplinar do complexo. Para tanto vamos apresentar um percorrido pela evolução da teoria da complexidade, em especial os momentos inovadores da física quântica, da cibernética e das ciências humanas; destacar os principais conceitos com os quais caracteriza-se o comportamento dos sistemas complexos, tais como o organizacional, o relacional e o termodinâmico; e concluir com uma idéia de raciocínio complexo capaz de permitir ao cientista apreender o comportamento complexo de um sistema. Este raciocínio complexo é proposto como uma emergência de três tipos diferentes e complementares de raciocínio: o ecológico, o estratégico e o difuso. Concluímos apresentando três breves argumentos para o diálogo com os outros pilares. Primeiro apontando as diferenças entre dimensões de complexidade e níveis de realidade, o primeiro de natureza fenomenológico e o segundo de natureza físico-espiritual. Depois, indicamos a natureza ternária da lógica do complexo, cujo elemento T está contemplado na dimensão da emergência do fenômeno. Por fim, sugerimos que a episteme do complexo, dado por seu raciocínio, permite ao pesquisador transdisciplinar ir ao encontro da atitude transdisciplinar, entendida como o grande legado da transdisciplinaridade com o qual podemos contar hoje para a construção de um mundo melhor.

2. O Complexo como uma Episteme

A complexidade é um adjetivo qualificador do comportamento de um sistema. Nesta frase está toda a complexidade da complexidade de um sistema. Então vamos entendê-la da mesma forma como se saboreia uma sopa bem quente no inverno, pelas bordas. A primeira associação é entre complexidade e sistema. Complexidade é uma palavra que surge já associada à palavra sistema. No sentido que nós damos a elas hoje, ambas são filhas da modernidade, mais especificamente, da revolução científica provocada pelas descobertas da física quântica, no início do século XX. Sempre que você pensar em complexidade, ou em algo complexo, este algo é um sistema. E um sistema é um conjunto de elementos organizados que cumprem uma finalidade. A segunda associação é na verdade uma mediação. Trata-se da inclusão da palavra comportamento. É esta mediação que vai revelar o que queremos passar com o título deste item. Não é o sistema que é complexo. É o seu comportamento e, por consequência, sua estrutura, organização e finalidade. O sistema tem uma realidade ontológica, podendo ser vista por outras ontologias que não a minha. Quando eu vejo de forma complexa o comportamento de um sistema, sou eu que vejo, não o sistema. Esta capacidade de ver a complexidade no comportamento de um sistema é uma episteme, não é um conceito. Conceito é o sistema. Episteme é o recurso cognitivo que me permite construir o contexto dos conceitos que utilizo, e os limites de sua aplicação. É uma teoria. Complexidade é uma teoria, não só um conceito. Neste sentido, é necessário que o pesquisador se qualifique no entendimento da complexidade como teoria, ou ele continuará tendo sérias dificuldades de transcender sua especialização e contribuir de forma mais efetiva e integrada com os demais especialistas na construção de um mundo melhor.

E por que esta necessidade de trabalhar a complexidade como uma episteme? Porque quando coloco o argumento do comportamento como uma mediação, estou incluindo um terceiro, o que media. Não há mediação sem um terceiro. E este, no nosso caso, é o sujeito observador, é o pesquisador que assume sua conectividade com o sistema objeto da observação. Com isto estabelece-se uma relação entre o sujeito observador, a teoria e o objeto observado. ***Cognição, episteme e ontologia***. ***A cognição*** é a capacidade biológica do aprender com o operar. Ela em si é uma complexidade, resultante do operar dos sistemas autopoiéticos de primeira ordem, as células, e de segunda ordem, os sistemas neurológicos e imunológicos. A cognição é responsável pelo vivo aprender a viver, pela aprendizagem. ***A episteme***, por sua vez, é um recurso cognitivo de sistemas autopoiéticos de terceira ordem, o humano, permitindo a estes a construção de um conhecimento sobre o mundo que lhes rodeia. Episteme são as teorias que dão sentido e limitação aos conceitos, metodologias e tecnologias que utilizamos no cotidiano de nossas especialidades na intervenção e construção do mundo. As coisas do mundo são ***as ontologias***, aquilo que possui sua própria natureza e que existe independente de minha cognição e episteme.

E como vamos trabalhar a epistemologia da complexidade? Através de três momentos: primeiro fornecendo uma idéia do estado da arte da teoria, agrupado por meio de três visões históricas: a quântica, a cibernética e a humanista, situando, ao final do artigo, os principais autores e obras. Segundo, com um aprofundamento sobre as categorias científicas que permitem a leitura complexa do comportamento de um sistema, e por fim, com a discussão de uma tipologia de raciocínio complexo, baseado na articulação dos raciocínios ecológico, estratégico e difuso.

3. As Teorias sobre o Complexo

O Complexo Quântico

Demócrito nos legou a idéia de que todas as coisas do universo seriam constituídas de um tijolo fundamental (*tomo*) indivisível (*a*). Daí vem a palavra *átomo* (*a+tomo*). No final do século XIX e no início do século XX, os físicos consolidam este conceito ao descrever, experimental e matematicamente, o interior da realidade atômica. E o que aconteceu foi algo desconcertante. As teorias com as quais os físicos pesquisavam o comportamento das partículas subatômicas não explicavam os fenômenos observados. Eles exigiram novas teorias e a partir delas é que foi possível o encontro de equações matemáticas explicadoras das forças atuantes naquele mundo do muito pequeno. Nascia a teoria do complexo, daquilo que poderia explicar que o que existe para o observador, existe na medida em que outros elementos e forças estejam simultaneamente presentes. Nascia a idéia de relação. Aquele tijolo fundamental indivisível, na verdade, era um sistema de relações. O tijolo não era maciço. Era vazio. Dentro, o que havia eram "entidades" girando em altas velocidades em torno de centros absolutamente vazios. E, para aumentar o desconforto, essas "entidades" ora se comportavam como matéria, passível de ser detectada, e ora se comportavam como não matéria, deixando apenas um registro de sua passagem ondulatória. E mais, que saindo deste mundo, a própria energia não se movimentava de forma contínua, mas em pacotes, em golfadas, em quantidades, em quantas, daí o adjetivo quântico. E mais ainda: no interior deste mundo também o tempo nos prega uma peça. Simplesmente relativiza-se, associando-se ao espaço no qual é medido. O resultado disto tudo, é claro, foi uma grande crise, pessoal, científica e filosófica. Dos pesquisadores, um se suicidou, outro enlouqueceu, outro subiu as montanhas à procura de Deus, outro simplesmente negou tudo e morreu dizendo algo como: "*onde já se viu, que teoria maluca, Deus não joga dados*".

Vamos caracterizar o complexo quântico através das palavras: ***estrutura, indeterminação e conectividade***, e com elas iniciar a tomar nossa sopa pelas bordas. Para entender o comportamento complexo de um sistema atômico foi necessário ver que os três elementos constituintes do sistema, o próton, o nêutron e o elétron, formavam uma estrutura descontínua, resultante de seus acoplamentos e inter-relações. Não havia somatórios ou justaposições, nem colagem ou qualquer outra forma de composição contínua. Esta nova idéia de estrutura nos permite ver a existência das unidades elementares condicionadas umas às outras, de tal sorte que, somente quando todas estão reunidas, a especificidade de uma revela-se, revelando a especificidade do sistema. A segunda idéia complexa foi a da indeterminação na identificação dos elementos, isoladamente. Quando você isola qualquer uma das três partículas do átomo, elas deixam de comportar-se somente como partículas e revelam-se também como ondas, elas próprias, um outro mundo vazio, com uma estrutura interna e um comportamento que depende dos instrumentos que você utiliza. Existe uma incerteza permanente dentro de um sistema cujo comportamento é complexo, sempre que se deseja analisar suas partes. Finalmente a terceira idéia, a de conectividade. No mundo do muito pequeno, que prenche todos os outros mundos, tudo possui uma conexão, uma pertinência física. Ela é dada pelo sentido da rotação das partículas e sua complementaridade independe de distâncias e tempos. É a causalidade não local, própria dos fenômenos que possuem uma sincronicidade, que ocorre sem a continuidade física, espacial e temporal exigida pela mecânica clássica.

O Complexo Cibernético

Em meados do século XX acontece o segundo grande avanço da teoria da complexidade, desta feita por um conjunto de pesquisadores que se reuniram em torno de uma nova ciência chamada *cibernética*, cujo objeto era o estudo do comportamento das máquinas e do humano. A pretensão era poder criar uma máquina que pensasse e se comportasse com as qualidades da inteligência humana, e o modelo de cópia foi o cérebro humano. Novamente os pesquisadores depararam-se com limitações teóricas para esta representação. Numa máquina, o controle, por exemplo, está fora dela; no humano, faz parte de sua própria constituição. O que move uma máquina são as diversas engrenagens de sua estrutura, que é fixa em seu desenho original. No humano, são proteínas que fluem num mar de possibilidades de trajeto. E finalmente, o que era que fazia com que o humano voltasse atrás quando entendia que tinha dado um passo errado? Como fazer uma máquina agir assim? A solução acabou vindo de dentro do próprio grupo de cientistas. A composição especialista desses pesquisadores era pluridisciplinar, de modo que um especialista de uma área estudava e incorporava o domínio linguístico de outra área, dando ao complexo cibernético uma característica interdisciplinar entre ciências humanas, biológicas e físicas, até então não observada na produção de conhecimento. O fazer científico nunca mais foi o mesmo depois da cibernética, nem a sociedade.

Vamos caracterizar o complexo cibernético através das palavras: ***organização, informação e retroalimentação***, e com elas continuar a tomar nossa sopa. Para entender o comportamento complexo de um sistema cibernético, foi necessária uma teoria que além de ver a estrutura com a qual os elementos constituintes do sistema se relacionavam, era necessário também enxergar o próprio sistema como um todo, cumprindo uma finalidade com inteligência. Era preciso um novo conceito tanto de sistema quanto de organização. O primeiro incorporando o segundo e este adquirindo uma característica teleológica. E para dotar uma máquina de organização inteligente era preciso ir mais longe na teoria. Foi então que um jovem pesquisador, em sua dissertação de mestrado, propôs a teoria que iria dar não só as respostas às questões cibernéticas como definir os campos posteriores de avanço das pesquisas. Foi a teoria da informação. Com esta teoria ficavam resolvidas as três questões principais: uma organização é um sistema que possui uma estrutura processadora de informação. Informação é um sinal simples de conectividade na linha da estrutura. Se a linha estiver aberta, a informação passa e é processada. Se estiver fechada, nada acontece. E mais: a capacidade de voltar atrás foi chamada de retroalimentação e isto significava dotar o sistema de caminhos paralelos através dos quais a informação poderia retornar a um ponto anteriormente já ultrapassado, refazendo o trajeto original, sempre que alguma condição de limite, contorno ou controle estivesse previamente especificada na estrutura da rede.

É claro que a cibernética nunca conseguiu construir um autômato com a inteligência do humano, pelo menos até agora. Mas permitiu a criação do controle remoto e do circuito eletrônico, e adjetivou este tipo de maquinaria de inteligência artificial. Mas isto não importa, ou ainda bem. O que importa é que o advento das descobertas científicas da cibernética abriu a possibilidade de uma nova fronteira científica, a das ciências cognitivas, e estas se encarregaram de fazer um novo avanço na teoria da complexidade, desta vez centrando o estudo não mais em átomos ou máquinas, mas no humano e na forma como ele constrói sua ontologia no mundo.

O Complexo Humanista

E aí, como está sua sopa? Continua quente? Porque a partir de agora vamos precisar de muito tato para continuar pelas bordas. Do grupo inicial de pesquisadores cibernéticos, saíram alguns cujas questões de pesquisa não se encaixavam mais no propósito do autômato inteligente. E foi a nossa sorte. Porque estes cientistas reformularam as perguntas a partir de um novo foco. O vivo, no geral, e o humano, no particular. Mas é claro que eles traziam, de forma interdisciplinar, todos os conceitos fundamentais dos dois momentos anteriores, o quântico e o cibernético.

As perguntas que estes cientistas fizeram foram marcadas pela genialidade própria das pequenas perguntas, simples, diretas e radicais, para cujas respostas, na maior parte das vezes, utiliza-se todo o tempo restante de nossas vidas. Por exemplo, na vida, o que é o vivo? No vivo, o que é o humano? Neste, o que é o cérebro e a consciência? Como caracterizá-los? A busca das repostas a estas perguntas levou novamente os pesquisadores a criar teorias que permitissem a aplicação dos novos conceitos. Vocês estão percebendo a estreita relação entre teoria e conceitos, entre episteme e conhecimento, entre filosofia e ciência. Esta é uma das muitas recorrências do pensar complexo: a prática científica no campo da complexidade exige do pesquisador uma dialógica entre ciência e consciência da qual não se pode fugir.

Então vamos continuar a tomar nossa sopa quentinha e gostosa com mais três palavras-chave da teoria da complexidade dadas por esta visão humanista. São elas: ***autonomia, emergência e relação.*** O olhar humanista sobre o legado cibernético nos deu o conceito complexo de autonomia. Para este conceito foi necessário construir uma teoria da autonomia, que tem na autopoiésis uma de suas maiores contribuições. ***A autonomia*** é a característica que possui o vivo em administrar seu próprio viver. Ela compreende três capacidades: a de se auto-organizar, a de se autodeterminar e a de se autocriar. A auto-organização é a autonomia frente ao ambiente, é a característica que permite ao vivo distinguir-se como unidade única diante das demais unidades e buscar sua realização teleológica; a autodeterminação é a autonomia de construir, determinar e operar as estruturas internas de sua constituição, bem como as mudanças necessárias para manter a organização frente ao ambiente, e a autocriação é a essência misteriosa da replicação da vida. ***A emergência*** é o segundo grande conceito que nos ajuda a compreender a complexidade do vivo em geral e do humano em particular. Ele requer do observador um dos mais elevados níveis dialógicos de raciocínio. Temos que entender que a emergência é uma qualidade da matéria ou do fenômeno que estamos observando e que diz respeito somente àquela dimensão de realidade, não estando presente em outras dimensões onde apenas partes destes fenômenos estejam representadas. Entretanto, ligando todas as partes nas diversas dimensões, existe um 'padrão que liga', dando nexo a esta fenomenologia emergencial. Este padrão que liga é o 'sagrado' que emerge como uma irredutibilidade do vivo e do humano e dos lugares por eles ocupados ao longo do tempo, exatamente, o ambiente. Por fim, ***relação*** é a palavra com a qual vamos concluir esta introdução ao complexo. Se você ama, ou já amou, se você odeia, ou já odiou, você entenderá o que eu vou dizer sobre relação. Numa relação o que existe de material são as unidades que se relacionam. A relação propriamente dita é um fenômeno não material, é uma emergência. Que recorre sobre as unidades, que recorre sobre a relação. A teoria da complexidade se ocupa das relações sobre unidades com capacidade de aprender com o operar de suas relações.

4. O Comportamento do Complexo

Não acredito, você pegou outra sopa? Em principio, sopa é como sobremesa, não se repete. A não ser que só tenhamos sopa, é claro. Bem, então vou te dar um outro método de tomar uma sopa quente e gostosa, além do tomar pelas bordas. Você pega a colher, dá uma mexida pelo meio e depois um rasante, de uma borda à outra, pela superfície da sopa. Ela virá mais quentinha, mas você terá sempre uma idéia de toda ela. Esta é a forma de nos aprofundamos numa sopa, tomando-a por camadas.

Depois de muito mexer pelo meio e pelas bordas, organizei este aprofundamento sobre o comportamento do complexo em três camadas. Assim que você tomar uma, a outra surgirá. Vamos nos deter na natureza organizacional das três unidades fundamentais do complexo num ambiente: a física, dada pelo átomo, a biológica, dada pela célula, e a humana, pelo cérebro. A seguir vamos detalhar a natureza relacional dentro, entre e fora destas unidades e por fim, vamos abordar o comportamento termodinâmico destas unidades em suas relações. Vamos nessa?

O Comportamento Organizacional

Vejamos agora o que caracteriza o comportamento complexo de um sistema. Primeiro, como a estrutura interna se forma, depois como esta estrutura funciona e, finalmente, como acontece o resultado deste operar estrutural, dando o sentido da organização sistêmica. (Pense no átomo, na célula e no cérebro humano como sistemas.)

A lógica estrutural: os elementos de um sistema com comportamento complexo formam a estrutura interna do sistema através de um ***acoplamento estético***. Neste acoplamento, as distintas formas dos elementos encontram uma única posição nos campos de influência de cada elemento, na qual existe uma coerência perfeita entre distâncias, energias e movimentos. Este mesmo raciocínio se aplica para o acoplamento do sistema com o ambiente que o cerca. A força destes acoplamentos é que fornece a estabilidade e permanência que caracteriza os fenômenos complexos.

A lógica difusa: o acoplamento estrutural dos elementos de um sistema acontece pela ***pertinência*** existente entre esses elementos. Elementos sem pertinência estética, de distância, energia e movimento, simplesmente não se acoplam. Daí o seu funcionamento difuso, isto é, valorizador de todas as possibilidades de relações e co-relações, que são relações de relações, entre os diversos elementos, através da dinâmica possibilitada pelo acoplamento estrutural. Dentro de um sistema com comportamento complexo, tanto existem relações com características binárias, baseadas numa pertinência exclusiva entre dois elementos, como relações difusas, baseada nas pertinências múltiplas de seus elementos e de suas relações.

A lógica organizacional: o operar complexo de um sistema, determinado por seu acoplamento estrutural e por sua lógica difusa, resulta sempre numa ***emergência*** utilitária, distinta das qualidades de cada um dos seus elementos constituintes. É esta emergência organizacional que ocupa uma ontologia teleológica no ambiente, exteriorizando uma qualidade e imanência que irá, por sua vez, relacionar-se com outras emergências organizacionais. Em sistemas físicos, uma mudança na estrutura acarreta sempre uma mudança na organização. Em sistemas biológicos e sociais, não. Nestes casos, a ordem do complexo é exatamente mudar a estrutura sempre que a organização assim o exigir. O comportamento complexo de um sistema inclui a existência de uma lógica interna ao sistema e outra externa ao sistema. Enquanto a primeira é do tipo estrutural e estruturante, a segunda é organizacional e organizante.

O Comportamento Relacional

As relações no interior da unidade = a lógica das unidades. O comportamento complexo de uma unidade sistêmica, isto é, a sua lógica, é determinada pela estética do acoplamento estrutural de seus elementos, por suas relações de pertinências, binárias e múltiplas, e por sua emergência organizacional. Esta é uma lógica interna, de determinação e individuação frente ao ambiente e as demais unidades existentes nesse ambiente. Reconhecer um sistema como uma unidade que resulta da união de elementos e que só é o que é por possuir uma lógica interna de determinação e organização, é o primeiro passo para a construção de uma episteme dialógica. Para o pesquisador, isto implica em jamais esquecer a relação entre constituintes e constituído, entre as partes e o todo, entre os elementos e a unidade, e que cada um deles, em sua singularidade, é uma entidade em si mesma, não passível de redução, exclusão ou indiferença. A complexidade de um sistema está, em primeiro lugar, na complexidade de suas unidades constituintes, elas próprias unidades complexas.

As relações entre as unidades = a lógica do ambiente. Diferente da unidade, que sempre possui uma delimitação no espaço, o ambiente estende-se por todo o espaço que lhe é possível, sendo seu único limitador a existência de outro ambiente com características diferentes e/ou complementares, permitindo a aplicação da idéia de sistema de sistemas, ou sistema de ambientes. O comportamento complexo de um ambiente pode então ser explicado pela existência de um movimento de relações difusas, onde as emergências organizacionais de cada unidade atuam como condições iniciais de ontogenias dentro do campo epigênico de possibilidades dadas pelo ambiente. As determinações num ambiente já não são mais exclusivas de um acoplamento estrutural interno, mas, sim, externo e sujeito à deriva do ambiente como um todo. O acoplamento estrutural, a difusibilidade e a emergência são agora comportamentos externos às unidades e integram-se à estética, ao movimento e à qualidade emergencial do ambiente, sob pena de serem dissipadas ou ficarem indiferentes à dinâmica predominante no ambiente. A distinção entre as lógicas das unidades e do ambiente permite ao pesquisador não esquecer a indissociabilidade entre unidade e ambiente, bem como reconhecer suas determinações próprias, não mais as reduzindo uma à outra. Não há como uma unidade existir sem o ambiente que a cerca.

As relações entre as relações = a lógica do complexo. Está claro que tanto unidade quanto ambiente são realidades relacionais. A unidade é um resultado relacional dos elementos que a constituem, enquanto o ambiente tem parte de sua organização determinada pelas relações entre as organizações das diversas unidades que o compõem. Todas essas relações são relações de pertinência. Portanto, a relação unidade-ambiente é uma relação de relações de pertinências múltiplas. A lógica do complexo é a lógica ternária que permite explicitar essas pertinências. Se pensarmos que unidade e ambiente são dimensões diferentes de realidade, existirá um terceiro elemento que estará excluído destas duas dimensões por força da lógica binária utilizada em sua descrição. Para incluí-lo, devemos explicitar um novo nível de realidade. A episteme do complexo, portanto, propõe um terceiro elemento estabilizador e agregador, existente tanto na lógica estrutural da unidade quanto na lógica organizacional do ambiente, que, uma vez explicitado, permite uma nova visão da realidade, baseado na identificação da pertinência entre essas dimensões relacionais. Esta pertinência é o "padrão que liga", é o "sagrado" que encanta, é o nexo do complexo, é a química do processo. E sobre ela falaremos a seguir.

O Comportamento Termodinâmico

Para fecharmos este aprofundamento sobre o comportamento do complexo, é necessário falarmos da química do calor e da energia que permeia todo o movimento das unidades e sistemas complexos. E vamos fazer isto através de três conceitos da termodinâmica: as estruturas dissipativas, o estado de não equilíbrio e as bifurcações em busca da estabilidade.

As estruturas dissipativas: As estruturas das quais falamos até agora são fechadas apenas para dentro, na medida certa para o processamento da autonomia do sistema e individuação frente ao ambiente. Com respeito ao externo, elas são estruturas abertas, recebendo energia e devolvendo entropia. Uma estrutura complexa é uma estrutura dissipativa. Este conceito está associado ao conceito de entropia, que por sua vez consiste no segundo princípio da termodinâmica, a ciência que estuda a transmissão do calor. O primeiro princípio fala da conservação total da energia dentro de um sistema fechado. Estamos falando de dois tipos de energia, aquela que está associada ao movimento, chamada cinética, e aquela que está associada à posição, chamada potencial. A soma destas duas energias dentro de um sistema é uma constante. Já o segundo princípio diz que existe uma perda inexorável de energia, na forma de calor, na medida em que o sistema se atualiza, se movimenta, realiza sua ontologia. E que este movimento dissipatório vai sempre na direção do aumento da desordem interna do sistema. A entropia é a medida da desordem nos sistemas. Seu valor é dado em termos probabilísticos e é sempre positivo, pois resulta do quadrado de uma função reversível (positiva ou negativa). Nas estruturas dissipativas, esta desordem é intercambiada com o ambiente externo ao sistema e a equação da entropia passa a ser expressa como o somatório da entropia interna do sistema mais o fluxo de entropia entre o sistema e o ambiente. Nesta situação a entropia interna pode agora assumir valores negativos, isto é, ter um movimento em sua deriva natural que vá em direção à ordem. A esta entropia negativa, chamamos neguentropia. Complicado? Então pense no crescimento de uma criança, ou de uma araucária.

O estado de não equilíbrio: O estado de equilíbrio de um sistema exige que a velocidade, a aceleração e a temperatura dos elementos constituintes de sua estrutura sejam constantes ou zero. Quando estas características variam no espaço e no tempo, estamos diante de um estado de não equilíbrio. As estruturas dissipativas estão em um estado de não equilíbrio. E neste estado acontecem duas situações que marcam o comportamento do complexo: o não equilíbrio de uma estrutura obriga-a a um movimento de eterna instabilidade, no qual o estabelecimento de relações de intercâmbio com outras estruturas é necessário para a continuidade do movimento. A outra situação é a bifurcação em busca da sustentabilidade. É este comportamento que permite uma estrutura dissipativa agregar ordem em seu devir.

As bifurcações em busca da estabilidade: A bifurcação no devir de um sistema, acontece sempre que a instabilidade de seu movimento aumenta ou diminui além dos limites ótimos de seu operar. O que é importante frisar é que esta capacidade de bifurcação está associada à própria estabilidade e permanência da ontologia do sistema e de sua função teleológica. Ter claro esta relação entre bifurcação e estabilidade na episteme do pesquisador ambiental, significa estar atento para as condições de não equilíbrio do ambiente no qual estamos intervindo, e que ele pode escapar de nossas mãos quando mais pensamos que o temos sob controle.

5. O Raciocínio Complexo

Bem, espero que você tenha acabado de tomar sua sopa, pois agora vamos concluir este nosso percorrido pela teoria da complexidade, abordando o núcleo de virtuosidade da questão: *como apreender o comportamento complexo de um sistema.* Vimos o histórico da teoria e uma introdução ao vocabulário de seu domínio linguístico. O histórico serve para dar contexto, para permitir sua inserção no tema, para torná-lo(a) um(a) pesquisador(a) que já não sente estranheza com o complexo, enfim, para que você se considere um(a) iniciado(a). O vocabulário é para você experimentar, aplicar em suas pesquisas e seu mundo de vida e de trabalho e principalmente para reler as relações que você mantém com o mundo e o(a) mantém preso(a) a ele. Mas eu preciso lhe dizer que isto tudo não basta. Que sua inserção definitiva no mundo da complexidade depende, ainda e sobretudo, da forma como você raciocina. E a forma como você raciocina é uma mescla de biologia e episteme.

Do ponto de vista biológico, o raciocínio é dado pela ***lógica*** com que são construídos os circuitos neurológicos que você utiliza para processar sua inteligência, para realizar um pensamento ou para fazer valer sua consciência, refletindo sobre um conhecimento já processado. ***Inteligência, pensamento e consciência*** constituem o núcleo de virtuosidade da complexidade do humano. O raciocínio é o modo como este núcleo opera. A base biofisicoquímica do raciocínio é dada pela rede formada pelas centenas ou milhares de caminhos neurológicos que você utiliza, dos milhões e bilhões de possibilidades que você tem, e que determinam sua rede neural. Do ponto de vista epistêmico, o raciocínio é determinado pela cultura e pela linguagem desta cultura. A lógica construtiva dos circuitos neurológicos de seu raciocínio é determinada pela lógica dos circuitos culturais e linguísticos nos quais você vive. A forma como você pensa, sente e fala aquilo que você sabe, acaba determinando a estrutura cognitiva (rede de neurônios) que você usa para aprender aquilo que você **não sabe**. E aí, aquilo que você não sabe acaba aprendendo da mesma forma com a qual você já aprendeu o que já sabe. A rede neural que determina o seu raciocínio se amplia sempre com a mesma lógica. Eu diria que, na verdade, o que acontece é um adensamento da rede e não necessariamente uma ampliação. O que é importante frisar é que a superespecialização não provoca uma expansão da consciência. Para sua inserção na teoria da complexidade você precisa ampliar sua rede neural. Você precisa expandir sua consciência. E a expansão da consciência acontece quando, na reflexão de seus conhecimentos, você pode utilizar mais de uma lógica de raciocínio. E para isto é necessário desenvolver sua capacidade cognitiva para um tipo complexo de raciocínio. Biologia para isto você tem, mas veja, não é a determinação biológica complexa de seu sistema neurológico que faz você ter um raciocínio complexo, mas sim a relação deste sistema com uma episteme complexa. Aqui chegamos, espero, ao âmago da questão. Se existe uma utilidade maior no estudo da complexidade, nós que estamos, desde a Engenharia Ambiental, preocupados em construir um mundo mais sustentável, esta deve ser a complexificação de nosso raciocínio, epistêmica e biologicamente, habilitando-nos a perceber as diversas relações que hoje não enxergamos em nossas intervenções tecnológicas e metodológicas.

Convido vocês agora a me acompanharem numa incursão sobre o mundo do raciocínio complexo. Fique o tempo que você quiser, saia quando se sentir cansado. Utilizarei três formas cognitivas já conhecidas da maioria de vocês, o que espero, facilite a compreensão. São elas o raciocínio ecológico, o estratégico e o difuso.

O Raciocínio Ecológico

Como funciona a cabeça de um pesquisador ou de um praticante do mundo da ecologia e/ou dos ecossistemas? Pelas leis naturais que explicam o funcionamento relacional dos ecossistemas que ele aprende na escola ou na vida. São quatro estas leis e vamos comentar cada uma delas e ver suas lógicas epistêmicas e biológicas.

Primeira lei: a homeostase. A homeostase é o equilíbrio dinâmico de uma espécie ao longo do tempo. Significa a quantidade de indivíduos existentes no ecossistema. A representação desta variável no tempo é uma onda harmônica de altos e baixos, fixando-se, geralmente, numa faixa de variação. Qual é a explicação biológica desta onda? Como acontecem estes altos e baixos? Os altos, isto é, o crescimento do número de indivíduos é explicado pelo ***princípio da plenitude biológica*** e significa que todo sistema vivo traz impresso em sua biologia a sua própria e permanente replicação. A limitação desta replicação acontece apenas pelas determinações biológicas do próprio ser, seja por sua longevidade ou potencialidade de fecundação. Este princípio impõe um destino a todos os seres vivos, qual seja o de produzir vida ao máximo permitido por suas determinações internas. Os baixos na onda representam o decréscimo da quantidade de indivíduos e é explicado pela resiliência.

Segunda lei: a resiliência. Quando o número de indivíduos de uma espécie cresce acima da quantidade de alimentos disponíveis no ecossistema, ocorre um estresse. No inicio o ecossistema responde positivamente, oferecendo mais alimento para a espécie, que em seu operar de plenitude biológica não reconhece a finitude dos recursos e acaba reduzindo-os abaixo da quantidade necessária para a permanência de todos os indivíduos. O que ocorre em seguida é a redução do número de indivíduos e o relaxamento da pressão sobre os recursos. A esta limitação do número de indivíduos de uma espécie num ecossistema em função dos recursos disponíveis chamamos de resiliência ou ***capacidade de suporte***. É desta lei que surge a idéia de sustentabilidade e que forma a episteme do conceito de desenvolvimento sustentável.

Terceira lei: a emergência. A ecologia se distingue da biologia por tratar-se de uma ciência das relações. Enquanto a biologia estuda o fenômeno da vida na própria vida, a ecologia estudo o fenômeno da vida a partir daquilo que emerge das relações entre os vivos e entre estes e a natureza que os suporta. A este espaço no qual diversas espécies vivem cooperativamente entre si e com a natureza, chamamos ***ecossistema***, que significa o sistema com a complexidade necessária para gerar, manter e regular a vida em todas as suas relações, formas e necessidades. A principal lei representativa dos ecossistemas é dada pelo ***princípio das propriedades emergentes,*** que explica como surgem os diversos níveis de complexidade num sistema, a partir das qualidades que emergem do acoplamento dos constituintes básicos. Pense no mar, num mangue, numa duna, na mata atlântica, numa floresta de araucária, e experimente identificar pelo menos dois níveis de complexidade, nos quais as qualidades dos constituintes básicos de cada nível não estão presentes no outro nível.

Quarta lei: a neguentropia. Pela segunda lei da

termodinâmica, o balanço energético em qualquer sistema fechado é sempre negativo. Ao movimentar-se, o sistema irá perder parte de sua energia na forma de calor. Na natureza, esta lei continua valendo, mas à sua formulação inicial é agregada uma parcela de energia que não é dissipada, sendo utilizada na fixação do carbono, nos vegetais, e de proteínas, nos animais, permitindo seus crescimentos. A este balanço energético sempre positivo da vida, agregador de ordem e beleza, chamamos neguentropia.

O que nos revela esta revisão da lógica biológica do raciocínio ecológico: ***que a idéia de sustentabilidade não está impressa na biologia do vivo***. O primeiro nível de cognição do vivo acontece no seu operar biológico. É a cognição como uma função biológica, plenamente explicada pelo paradigma da autopoiésis. O segundo nível acontece no operar do ecossistema, ou seja, nas relações. É a cognição como um processo pedagógico. A idéia de sustentabilidade é construída neste nível de cognição. Mas como idéia, ela é uma prerrogativa dos humanos, exigindo um terceiro nível cognitivo, o da geração de idéias. Esta é a cognição como uma episteme do observador. Concluindo, não nos basta conhecer a lógica biológica do raciocínio ecológico, é necessário associarmos a ele a episteme da sustentabilidade.

O Raciocínio Estratégico

Como funciona a cabeça de um pesquisador ou de um praticante do mundo das estratégias, sejam elas de pequenos ou grandes negócios? Pelo raciocínio dialógico que permite analisar os ambientes interno e externo da organização, definindo o melhor caminho para o sucesso de seus negócios. O raciocínio estratégico caracteriza-se pela capacidade cognitiva de identificar riscos e oportunidades ambientais na formulação e adequação de estratégias com vistas à consecução de uma missão. É fácil identificar nesta frase o ciclo de virtuosidade deste tipo de raciocínio: a existência de uma ***missão***, em torno da qual realiza-se um ***diagnóstico estratégico*** e com o qual formulam-se ***estratégias*** de ação. Vamos detalhar um pouco a lógica epistêmica dialógica deste ciclo.

A missão e a visão de sucesso. O objeto de trabalho

de um planejador é a linha do tempo dada pelo passado, presente e futuro. Considere estes estados como dimensões de realidade, cada um com sua lógica de acontecimentos. No planejamento tradicional o planejador não necessita trabalhar simultaneamente com as lógicas destas realidades. O futuro é, via de regra, uma extensão do presente com dados do passado. No planejamento estratégico, o futuro fica determinado pela visão de sucesso da consecução de uma missão, que é projetada no presente da organização, alterando a continuidade do passado. Trabalhar o presente com uma idéia de futuridade exige a consideração simultânea de duas lógicas, a que reconhece as limitações e contingências do passado e do presente, e as potencialidades e riscos do futuro. Esta é a função epistêmica da idéia de missão e visão de sucesso num processo de planejamento estratégico: fazer com que os participantes iniciem a prática de um raciocínio dialógico entre o presente e o futuro que resulte no sucesso de seus investimentos.

O diagnóstico estratégico. A análise dos ambientes interno e externo da organização ou da função para a qual se está realizando o planejamento estratégico é o momento de consolidação do raciocínio dialógico, pois é nesta etapa do processo que precisamos pensar em detalhes a lógica que determina os pontos fortes e fracos do mundo interno da organização e a lógica que possibilita as oportunidades e ameaças do mundo externo no qual está inserida a organização. Enquanto a primeira está associada a uma dinâmica cultural da organização, sobre a qual é possível um controle privilegiado e permanente, seja através de valores ou de formalizações, a segunda está sujeita à dinâmica cultural da sociedade e do mercado, sem condições de controle permanente. Não esqueçamos, entretanto, que a essência da dialógica praticada no diagnóstico é conhecer para melhor instrumentalizar.

As estratégias. A formulação de estratégias não obedece a um raciocínio dialógico propriamente dito, pelo menos como vimos caracterizando-o. Na formulação de estratégias, o que acontece é um momento de síntese no qual todo o conhecimento do planejador/participante é solicitado. As estratégias surgem não por um diálogo entre lógicas racionais distintas, mas sim por um diálogo entre as percepções intuitivas sobre as diferentes dimensões de realidade vivenciadas pelo observador. Não é uma dialógica racional, mas intuitiva. Com a formulação, implementação e adequação das estratégias, inaugura-se uma nova dialógica no processo de planejamento estratégico, qual seja a da comunicação entre a lógica disjuntiva e esquartejadora do racional e a lógica unicista e agregadora do intuitivo. Enquanto a primeira está baseada no diagnóstico estratégico, a segunda se alimenta do ***sagrado*** do participante ou da organização. Mas lembrem-se, tudo isto com um único sentido: a busca do sucesso.

O que nos revela esta revisão da lógica dialógica do raciocínio estratégico: ***que a idéia de substantividade do outro não faz parte da dialógica estratégica***. Em todos os momentos do raciocínio estratégico, a episteme determinante dos circuitos neurológicos é a instrumentalidade do outro, seja ele a pessoa, o mercado, a natureza. E todos, inclusive a mãe do estrategista, são passíveis de priorização e, portanto de descarte. O raciocínio dialógico do planejamento estratégico distingue apenas entre o importante e o urgente. O primeiro é priorizável e o segundo é operacional. Falta a esta dialógica um fundamento ético capaz de relacionar o importante com o fundamental, sendo este não passível de priorização e de descarte, e do urgente com o emergente, sendo este não passível de redução e de indiferença. Pense nas pessoas e na natureza como fundamentais e na fome e na violência como emergências, e exercite as limitações do raciocínio estratégico utilizado pelas grandes e pequenas organizações públicas, privadas e sociais com as quais você se relaciona. Concluindo, não nos basta conhecer e apreender a lógica dialógica do raciocínio estratégico, é necessário associarmos a ela a episteme da substantividade do outro.

O Raciocínio Difuso

Como funciona a cabeça de um pesquisador ou de um praticante do mundo dos sistemas difusos? Pela matemática, que explica o comportamento de fenômenos dessa natureza, que vão desde a regulação e o controle de um termostato de uma geladeira até a medição da intensidade de um furação. Os fenômenos difusos são realidades em estado de não equilíbrio, incertas, ambíguas, para as quais as variáveis numéricas binárias não são suficientes. Estes fenômenos são trabalhados através de variáveis linguísticas, do tipo *forte/fraco, alto/baixo, muito/pouco.* Para melhor compreender esse tipo de raciocínio, vamos destacar três de seus comportamentos: as ***relações de pertinências***, a ***lógica difusa*** e o ***contorno difuso*** dos sistemas.

Vamos fazer um paralelo com a lógica binária da teoria dos conjuntos tradicional para melhor entender a ***pertinência*** como variável explicativa de um conjunto difuso. Esta teoria diz que um elemento de um conjunto só pode assumir duas posições: a de estar contido no conjunto e a de não estar contido no conjunto. Se para o primeiro caso assumimos o valor 1 e para o segundo o valor 0, temos a famosa lógica binária do computador, na qual todo o processamento acontece como uma escolha entre duas alternativas, o 0 e o 1. A estrutura racional desta lógica consiste na premissa de que a existência de um elemento num determinado conjunto implica, necessariamente, a sua não existência em um outro conjunto qualquer. Considere, por exemplo, o conjunto dos números pares e ímpares: o número 3 ao fazer parte do segundo não poderá jamais pertencer ao primeiro. Esta premissa evita a contradição de um objeto ser e não ser, estar e não estar ao mesmo tempo em espaços diferentes. A ***lógica difusa*** rompe com esta premissa. Ela é interbinária, acontece no interior do intervalo [0,1]. Sua estrutura racional está baseada na ***lei dos meios excluídos***, na qual as variáveis adotadas para a explicação da realidade explicam apenas parte dela. A lei dos meios excluídos considera a realidade como sendo passível de ser representada por níveis ou graus de existência variada. A possibilidade de um elemento existir parcialmente num conjunto é a ***pertinência difusa*** do elemento com respeito ao conjunto. A dinâmica de um sistema com este tipo de comportamento determina também um contorno impreciso, onde as fronteiras entre o interno e o externo formam zonas de transição. É o que chamamos de ***contorno difuso.***

O que nos revela esta revisão da lógica do raciocínio difuso: ***que as idéias de pertinência, de lógica e contornos difusos constituem uma episteme poderosa para***

o paradigma da sustentabilidade, mas esta articulação precisa ser processada por cada pesquisador, pois não está dada em nenhuma das pontas.

Vamos exercitar esta articulação. Considere a existência de três conjuntos difusos: *X*, formado por pessoas; *A*, formado pelos ecossistemas ocupados pelas pessoas do conjunto *X*, e *U* representando o Universo onde acontecem as existências de *A* e *X*. Considerar o problema da degradação ambiental no conjunto *A*, ou de seu complemento, a conservação da natureza, como um fenômeno difuso para o qual uma variável do tipo "*a identidade das pessoas com os ecossistemas locais e o Universo*" — enquanto variável linguística com valores variando de 'muito alta' a 'muito baixa'— possa ser explicativa do fenômeno. Com o raciocínio difuso podemos entender as pessoas (x_i) como possuindo uma pertinência com os ecossistemas locais que ocupam $(\mu_A(x_i))$ e com o Universo $(x_i \in U)$ do qual fazem parte. Vamos propor esta pertinência como um fenômeno material, revelador da existência de parte de si no outro. O que significa isto? Fisicamente, que somos todos partes de um mesmo todo, constituído dos mesmos componentes primários, átomos e moléculas, todos fazendo parte da ontogenia e ontologia de cada ser em particular e da epigênese geral do Universo. Revelar a pertinência de cada ser com a natureza local que ocupa e o Universo nada mais é do que reconhecer que os mesmos átomos e moléculas e as respectivas estéticas de acoplamentos que nos determinam também determinam a organização e a beleza da natureza e do Universo. Vamos aproximar os três conjuntos e provocar um espaço comum de convivência das pertinências múltiplas de cada um. Surge um ***Domínio de Pertinências Múltiplas Comuns***, com duas dimensões: a do somatório das pertinências do número finito de pessoas que ocupam o ecossistema local e a da integral das pertinências do número não finito de pessoas que ocupam o Universo. Este domínio é um conjunto difuso de descrições linguísticas realizadas por um observador a partir de sua própria episteme. Assim, um domínio como este de pertinências múltiplas comum é um *domínio linguístico*, e como tal, constitui-se em um fenômeno não material. Podemos propor, então, que o *Domínio de Pertinências Múltiplas Comuns* é a ***AFINIDA-***

DE identificada a partir do reconhecimento coletivo das pertinências múltiplas. Ela surge como um fenômeno espiritual, resultante do reconhecimento da existência material de parte de si no outro. Ela pode ser entendida também como a emergência da ***PERTINÊNCIA***.

6. Conclusão

Para finalizar, gostaríamos de propor um breve diálogo sobre as considerações expostas no texto com os outros dois pilares da Transdiciplinaridade: os níveis de realidade e a lógica do terceiro incluído, bem como com a idéia de atitude transdisciplinar.

a) As dimensões de complexidade de um fenômeno não são sinônimos de níveis de realidade. Para Basarab Nicolescu, existem apenas dois níveis físicos de realidade, o micro, dado pela realidade dos fenômenos atômicos, e o macro, que compreende todos os demais fenômenos naturais e sociais. Níveis de realidade acima destes dois são de natureza sutil, e podem ser entendidos como transcendências dos níveis materiais, como a psique e a religiosidade humana. O critério utilizado por Basarab para definir estes dois níveis é a distinção das leis físicas que governam os fenômenos nestas duas escalas. As leis de um nível não se aplicam ao outro. Já na complexidade, as dimensões estão relacionadas com os diferentes comportamentos observados nas estruturas interna e externa do sistema, bem como em suas emergências. Seguindo esta ordem, teríamos no mínimo três dimensões para cada fenômeno. E infinitos fenômenos. As dimensões de complexidade são de natureza fenomenológica e não física somente. Já o princípio epistêmico de definição dos níveis de realidade, qual seja, a existência de leis incompatíveis entre si, pode ser aplicado às dimensões de complexidade, e mais ainda, à tipologia dos fenômenos. As dimensões de complexidade dizem respeito a toda sorte de fenômenos, sejam eles de natureza, fisica, biológica ou humana.

b) A lógica do comportamento complexo de um fenômeno é ternária, com a inclusão do terceiro elemento na dimensão de sua emergência. Isto acontece pela possibilidade de trabalhar os fenômenos com a visão *fractal* dada pela Teoria do Caos, teoria esta integrante da Complexidade. São os fractais presentes nas diversas dimensões de complexidade que constituem a *verticalidade de acessamento cognitivo* do sujeito transdisciplinar, ou seja, a *zona de não resistência,* que por sua vez constitui o sagrado do processo. Com esta associação fica mais fácil entender a *irredutibilidade do sagrado,* já que os fractais são a representação estética mínima da ética de um fenômeno. Vale lembrar que o sagrado, do ponto de vista da complexidade, também se constitui em uma relação, que acontece entre o sagrado do humano que interage e o sagrado do ambiente interagido. A pertinência entre ambos os sagrados leva à transcendência do humano. O contrário favorece a profanação do ambiente.

c) A episteme do complexo, dada pelo raciocínio complexo, acontece e resulta na construção de uma rede neurológica de cognição e aprendizagem de natureza dialógica, cujo resultado humanista e humanizador é a atitude transdisciplinar, conforme proposto por Basarab: o rigor linguístico, a abertura e a tolerância. A principal utilidade da Teoria da Complexidade é dotar o pesquisador de uma episteme dialógica, permitindo a transcendência do modo disjuntivo de pensar, sentir e julgar que está na raiz de uma atitude disciplinar. A linguagem como instrumento substantivo de entendimento humano e mediação de conflitos, a abertura cognitiva aos novos conceitos e idéias e a tolerância e o respeito ao diferente e as diferenças, constituem o grande legado transdisciplinar a todas as gerações envolvidas e desejosas de um mundo melhor.

Referências Bibliográficas

BARROW, John D. *A Origem do Universo*. Rio de Janeiro: Rocco, 1994.

CAPRA, Fritjof. *As Conexões Ocultas*. São Paulo: Cultrix, 2002.

________. *Sabedoria Incomum*. São Paulo: Cultrix, 1988.

________. *A Teia da Vida*. São Paulo: Cultrix, 1996.

________. *O Ponto de Mutação*. São Paulo: Ed. Cultrix, 1986.

________; RAST, D. S. *Pertencendo ao Universo*. São Paulo: Cultrix, 1991.

CARVALHO, E.; MENDONÇA, T. (orgs) *Ensaios de Complexidade 2*. Porto Alegre: Sulina, 2002.

COVENEY, P.; HIGHFIELD, R. *A Flecha do Tempo*. São Paulo: Siciliano, 1993.

DAVIES, Paul. C. W. *Os Três Últimos Minutos*. Rio de Janeiro: Rocco, 1994.

DIRAC, Paul; SALAM, Adum, HEISENBERG, Werner. *A Unificação das Forças Fundamentais*. Rio de Janeiro: Jorge Zahar, 1993.

EINSTEIN, Albert; GRUNBAUM, Eddington y otros. *La teoria de la relatividad*. Madrid: Alianza Editorial, 1968.

ELIADE, Mircea. *O Sagrado e o Profano*. São Paulo: Martins Fontes, 2001.

GRIBBIN, J. *No Início: antes e depois do Big-Bang*. Rio de Janeiro: Campus, 1995.

HAWKING, Stephen. *O Fim da Física*. Lisboa: Gradiva, 1994.

LEWIN, R. *Complexidade: a vida no limite do caos*. Rio de Janeiro: Rocco, 1994.

MARGULIS, L.; SAGAN, D. *O que é vida?* Rio de Janeiro: Jorge Zahar, 2002.

MORIN, Edgar. *O Método I: a natureza da natureza*. Lisboa: Europa América, 1977.

________ et al. *O Problema Epistemológico da Complexidade.* Portugal: Publicações Europa América, 1984.

________. *O Método III: o conhecimento do conhecimento.* Portugal: Publicações Europa América, 1986.

________. *O Método IV: As Idéias.* Portugal: Publicações Europa América, 1991.

________. et al. *O Pensar Complexo: Edgar Morin e a Crise da Modernidade.* Rio de Janeiro: Garamond, 1999.

________. *O Método II: a vida da vida.* Portugal: Publicações Europa América, 1999.

________. *Ciência com Consciência.* Rio de Janeiro: Bertrand Brasil, 2000.

________. *O Método 5: A Humanidade da Humanidade.* Porto Alegre: Sulina, 2002.

________; LE MOIGNE, J. L. *A Inteligência da Complexidade.* São Paulo: Peirópolis, 2000.

NICOLESCU, Basarab. *O Manifesto da Transdisciplinaridade.* São Paulo: TRIOM, 1999.

NUSSENZVEIG, H. Moysés. *Complexidade & Caos.* Rio de Janeiro: Ed. UFRJ, 1999.

POPPER, Karl R. *A Teoria dos Quantas e o Cismo na Física.* Lisboa: Dom Quixote, 1989.

PRIGOGINE, Ilya. *O Nascimento do Tempo.* Roma: Theoria s.r.l., 1990.

________. *Temps à devenir: à propôs de l'histoire du temps.* Québec: Fides, 1994.

________. *O Fim das Certezas: tempo, caos e as leis da natureza.* São Paulo: UNESP, 1996.

________. *As Leis do Caos.* São Paulo: Munesp, 2002.

PRIGOGINE, Ilya; STENGERS, I. *Entre o Tempo e a Realidade.* São Paulo: Cia. das Letras, 1992.

________. *A Nova Aliança: metamorfose da ciência.* Brasília: UNB, 1984.

SELLERI, Franco. *Paradoxos e Realidade. Ensaio sobre os Fundamentos da Microfísica*. Lisboa: Fragmentos, 1987.

SCHRÖDINGER, E. *Mi Concepcion Del Mundo*. Barcelona: Tusquest, 1988.

________. *O que é vida. O aspecto físico da célula viva*. São Paulo: Unesp, 1992.

SILVA, Daniel J. *Uma Abordagem Cognitiva ao Planejamento Estratégico do Planejamento Sustentável*. Tese de Doutorado. Florianóplis: UFSC/PPGEPS, 1998.

________. O Paradigma Transdisciplinar: uma perspectiva metodológica para a pesquisa ambiental. In: PHILIPPI, Arlindo (Eds.), *Interdisciplinaridade em Ciências Ambientais*. São Paulo: Signus, 2000.

TOBEN, Bob; WOLF, Fred Alan. *Espaço-Tempo e Além*. São Paulo: Cultrix, 1985.

MARIA F. DE MELLO

Pesquisadora da Escola do Futuro da Universidade de São Paulo; membro ativo do Centro Internacional de Pesquisa e Estudos Transdisciplinares (CIRET), de Paris; co-fundadora do Centro de Educação Transdisciplinar (CETRANS), Brasil, 1998. Anteriormente, docente e chefe do Departamento de Linguística da Pontifícia Universidade Católica de São Paulo e docente da PUC – Rio de Janeiro; co-coordenadora do programa de ensino e de treinamento de professores na Associação Alumni-SP; também com atividade profissional na indústria. Formação: Mestre em Linguística; cursou pós-graduação em Literatura Inglesa na Michigan State University, graduou-se em Letras Anglo-Germânicas na USP e fez ensino fundamental e médio em escola pública de Itapeva, São Paulo.

Esperança e entusiasmo são características presentes em minhas atuações. Gosto de inovar; preciso sentir o movimento e avançar. Aprendo muito *em relação e com as relações*; este processo formativo é infindável. Acredito que a vida oferece o absurdo e, também, a bênção. Laços profundos com as famílias de sangue e não-de-sangue me inspiram, me apaziguam e me ajudam a evoluir. Silêncio e contemplação me nutrem. Questões de natureza espiritual e do mistério da vida me tocam desde tenra idade. Poder contribuir para veicular algo que possa vir a ser de valia para os outros é para mim um moto inspirador.

Acredito que a transdisciplinaridade pode de maneira significativa contribuir para a evolução do ser humano e da sociedade.

maria@cetrans.com.br

REFLEXÕES ACERCA DO *MUNDUS IMAGINALIS*

Um Nível de Realidade

> *...Assim como na dialética do amor começamos das belezas sensuais para nos elevarmos até encontrarmos o princípio único de toda a beleza e de todas as idéias, assim os adeptos da ciência hierática tomam como seu ponto inicial as coisas da aparência e das simpatias que elas manifestam entre si e com os poderes invisíveis.* – Proclo[1]

Neste artigo, minha intenção é inicialmente tecer considerações de âmbito amplo sobre o *Mundus Imaginalis* e, em seguida, iniciar uma leitura deste nível de realidade a partir da semiótica de Charles S. Peirce.

O que aqui escrevo é o resultado de um processo fértil de reflexão, de vivência e de investigação sobre um dos pilares da transdisciplinaridade, os Níveis de Realidade, e, mais especificamente, sobre um desses níveis, aquele que diz respeito ao imaginário. Vale dizer que nele o imaginário é abordado enquanto percepção, conhecimento e consciência imaginativos.

O que nele expresso está relacionado à minha necessidade intrínseca em compreender a mediação entre a realidade sensível, aquela percebida pelos nossos cinco órgãos

---

[1] Proclo Diadoco, filósofo grego, neoplatônico, nascido em 411 d.C. em Constantinopla, agora Istambul, faleceu em Atenas em 485. Ele estudou em Alexandria e ensinou em Atenas. Esta citação foi traduzida do compêndio Commentary on the Chaldean Oracles, que foi traduzido do grego e publicado por Joseph Bidez no seu Catalogue des manuscrits alchimiques Grecs VI (Brussels:Maurice Lambertin 1928), p. 148). Ela faz parte da chamada Prece do Heliotropo, que traduz e integra os Poderes Divinos e o lugar mortal através da Simpatia e da Similaridade. Diz a prece... "Como pode ser que o girassol (heliotropia) se move de acordo com o sol, e a giralua (selenotropia) de acordo com a lua, cada qual, de acordo com sua habilidade, girando com as luminárias do mundo... Assim o girassol se move com o que lhe faz abrir o mais que possa e, se uma pessoa pudesse ouvir como ele faz o ar vibrar, ao girar de um lado para outro, ela poderia tomar consciência pelo som, que ele está fazendo um hino ao Rei, do tipo que uma planta pode cantar."

do sentido, e aquela que não se faz presente através deles, mas que é igualmente real, pois que é profundamente sentida e/ou vivenciada interiormente. Através dos anos, essa necessidade tem me levado a perguntar muitas e muitas vezes: Qual o sentido de minha vida? Como acessar uma compreensão mais ampla da existência do humano? Creio que estas perguntas brotam porque essencialmente sempre aspirei e aspiro ser feliz, sentir-me livre, Ser.

Neste percurso, a minha investigação se alimentou da leitura, explorou referenciais cognitivos e existenciais, voltou-se para diálogos e práticas que pudessem favorecer a compreensão de como se dava essa mediação, entre o mundo exterior, apreendido pelos órgãos dos cinco sentidos e o mundo interior, apreendido pela imaginação, pela intuição, pela contemplação e pelo silêncio. Esta busca foi se tornando mais clara e urgente à medida que minha prática profissional voltou-se, prioritariamente, para o processo formativo de pessoas que se interessavam pela transdisciplinaridade, que queriam inclui-la em suas ações e, também, aspiravam por vivenciar a articulação entre o mundo exterior e o mundo interior em suas existências. Assim, percebi que as indagações que eu me fazia eram as mesmas de muitas delas, apenas as expressavam de formas diferentes. Também constatei que a bibliografia que elucidava aspectos dessas questões era, muitas vezes, de extrema complexidade, de difícil acesso e compreensão para muitos que apresentavam um interesse genuíno sobre esse tema, e, também, porque a maior parte dela não havia sido traduzida para o português. Por outro lado, comumente, práticas religiosas deixavam de elucidar seus fiéis nos aspectos que tratavam desse universo simbólico e multidimensional, parte nuclear de seus ensinamentos.

As palavras-chave deste artigo são: *Mundus Imaginalis e mediação – semiose – representação.* As questões aqui tratadas poderão ser aprofundadas em pesquisas futuras.

... Um termo, um homem

Segundo autores que têm trabalhado sobre este conceito desde o sec. XII, este nível de realidade, o *Mundus*

Imaginalis[2], o Mundo Imaginal, é o canal de mediação entre o mundo visível e invisível, entre a *manifestação* e os *princípios criacionais* [3] em potência, entre o *prazer* e o *júbilo*. Nesta reflexão, entende-se *manifestação* como o mundo material tangível; entende-se *princípios criacionais*, como o mundo de todas as possibilidades, como idéia latente de possibilidade de criação de forma, a partir da qual se desdobram semi-potencializações, semi-atualizações e atualizações, ou seja, as sucessivas limitações de forças; entende-se *prazer* como uma forma de emoção vinculada ao gozo e à satisfação que é proveniente dos órgãos dos sentidos e, entende-se *júbilo* como exaltação, triunfo, provenientes de sentidos mais interiores, mais sutis do ser.

A idéia de um mundo intermediário, com qualificações próprias, o *alam- al-mithal*, o *Mundus Imaginalis*, apresentado amplamente na obra de Henry Corbin (1903-1978), foi elaborado por Shiháboddin Yahyá ibn Habash ibn Amirak de Sohravardi (1155-1191), sábio filósofo islâmico, nascido na cidade de Sohravard, perto de Zanjan, no noroeste do Irã, que foi aprisionado e executado, com a idade de 39 anos, em Alepo.

Sohravardi, considerado como fundador de uma corrente do pensamento no Islã denominada Escola do Iluminismo Teosófico-filosófico, inaugurou a Teosofia da Luz, para a qual as experiências filosófica e mística são inseparáveis. Grande foi a contribuição de Soharavardi para que os conhecimentos intuitivo e místico fossem introduzidos no paradigma do conhecimento em geral. Ele concebeu um vocabulário, um método e uma progressão no sentido de que houvesse um movimento da filosofia discursiva para a filosofia intuitiva, esta amplamente expressa por narrativas simbólicas, imagens, visões, tratados, orações e invocações – e como elas são belas!

Da vida de Sohravardi pouco se sabe. Shahruzuri, um de seus discípulos, escreve que:

---

[2] *Mundus Imaginalis*: termo utilizado por Henry Corbin (1903-1978) para traduzir o alam-al-mithal, termo cunhado por Shiháboddín Yahyá Sohravardi, sábio iraniano do século XII, restaurador da filosofia antiga persa.

[3] FRIAÇA, 2005: ver artigo neste volume.

> *... tendo adquirido traços de independência de pensamento e de solitude, ele trabalhava sua alma carnal através de práticas ascéticas, retiros solitários e meditação, até que chegava a alcançar os estágios mais avançados dos sábios e a revelação dos profetas.* (THACKSTON, 1999:X)

Talvez aqui, como um entre-parêntesis, valha elucidar não apenas o significado da alma carnal mencionada na citação, mas, ainda brevemente pontuar como algumas tradições propõem noções de alma e níveis correspondentes de experiências anímicas, já que a experiência do *Mundus Imaginalis* é anímica. A alma serve como uma ponte entre o tangível e o insondável. Assim, a noção de alma é central em toda a espiritualidade. Para citar algumas tradições: o cristianismo fala da alma carnal, natural e de corpos espirituais; o sufismo da nafs (alma animal), ruh (espirito) e sirr (essência, consciência da mais profunda realidade interior); o hinduísmo dos corpos etérico, astral e causal; o judaísmo de nefesh, ruah, neshmah; o budismo dos corpos da natureza – da verdade – sabedoria – do gozo – da emanação. Para uma breve elucidação apontarei apenas os elementos da noção judaica de alma. Nefesh: a parte baixa, ou a parte animal da alma, ligada aos instintos e aos desejos corporais. Ruach: alma média, ou o espírito que contém as virtudes morais e a habilidade de distinguir entre o bem e o mal. Neshmah é a alma superior ou super-alma que separa o homem de todas as outras forma de vida; está relacionada com o intelecto e permite que o homem se regozije e se beneficie do após vida; ela permite a consciência da existência e da presença de Deus. Há ainda mais dois níveis de alma: a Chayyah, que permite a consciência da força da vida divina e a Yehidah, o plano mais alto da alma na qual se pode ascender à união plena com Deus, como é possível. A tradição judaica ainda positiva outros estados anímicos não permanentes: Ruach HaKodesh – o estado de alma que torna possível a profecia; Neshmah Yeseira – a alma suplementar que torna possível o gozo espiritual na observância de ritual religioso; Neshoma Kedosha – relacionada com o estudo e a observância dos ensinamentos.

John Cooper (COOPER, 1998) afirma que, em nível

epistemológico, foi o sistema de Sohravardi que introduziu duas importantes noções novas, a saber: a de intensidade e de gradação, e a de presença e de manifestação de si mesmo. Na sua expressão do antigo conhecimento persa, Sohravardi indica estar convencido que o fundamento original da filosofia era a certeza da experiência intuitiva, fundamentação essa que foi minada pela excessiva discursividade de certos filósofos. Para ele, o modo primordial de conhecimento presencial é a consciência de si mesmo, que se traduz por *pura* e *simples luz*. Cooper também afirma ser a integridade da filosofia complexa de Sohravardi devida, em muito, à elegância e refinamento de seus meios de expressão. Posso dizer que o Belo e o Inominável presentificados nos escritos de Sohravardi me tocaram e tocam profunda e cabalmente.

... O *Mundus Imaginalis*: algumas questões

Mas, antes de tratar de delinear a concepção de *Mundus Imaginalis*, é importante examinar em que sentido a palavra "imaginação" será usada no decorrer desta reflexão, quando a referenciamos a este nível de realidade.

É mais fácil nos referirmos à "imaginação", como aqui compreendida, pela negação do que pela afirmação, isto é, dizer o que *ela não é*, ao invés do que *ela é*. A imaginação de que falamos aqui não trata de imagens sensoriais, ou de imagens que nos remetem às memórias existenciais. Essas imagens não pertencem nem ao mundo dos sentidos, nem ao mundo do entendimento abstrato. Elas também não se inserem no tempo sucessivo, no tempo domado por Cronos[4], nem se traduzem em uma perspectiva histórica ou social. Desta forma, elas não dizem respeito ao mundo das associações, ou seja, elas não são geradas pelo pensamento associativo.

[4] Cronos e Kairós: Cronos é um titã, pai de Zeus. Ele representa o tempo cronológico, sucessivo, da medida, dos segundos, dos minutos, das horas, dos dias, das estações, dos anos, dos séculos, das eras. Ele remete à proporção e ao ritmo. Kayrós é uma palavra grega que significa "o momento certo e oportuno", o tempo que não pode ser medido, o tempo perfeito, qualitativo, o tempo da percepção, da duração, do sentido da oportunidade e da urgência. Ele representa o tempo da criação e do destino. Ele é também chamado o tempo de Deus para mim.

Apesar de não fazerem parte da matéria sensível, dimensão corporal ligada aos sentidos, a expressão dessas imagens tem forma e dimensão. No percurso de desvendálas, descobri perguntas que, no mínimo intrigantes, carregavam em si uma força geradora de investigações, inferências, experiências e de tomada de consciência.

Que imagens são essas que ultrapassam nossa experiência corporal? Qual a sua natureza?

> ... *Aqui não estaremos tomando imaginação no sentido comum da palavra: nem como fantasia, profana ou não, nem como um órgão que produz um imaginário identificado com o irreal; nem mesmo estaremos tratando exatamente com o que consideramos como sendo um órgão de criação estética. Estaremos falando de uma função absolutamente básica, correlata a um universo peculiar que lhe é próprio, um universo dotado de uma existência perfeitamente "objetiva" e percebida precisamente através da Imaginação.* (CORBIN, 1998:3)

O que representam essas imagens? O que conhecemos quando entramos em contato com elas?

O *Mundus Imaginalis* é a dimensão *anímica-mítica-simbólica* da realidade. Ele é um nível de realidade que medeia, que articula diferentes níveis de realidade. De um lado, o nível que representa as experiências sensíveis, atualizadas ou semi-atualizadas, que encontram suas expressões tangíveis nos níveis de realidade macro-físico e racional-emocional-psico-social do ser humano, níveis estes representados através de expressões prático-gestuais ou de expressões lógico-epistêmicas, respectivamente. (COLL, 2000) De outro lado, aquele nível de realidade que diz respeito às experiências sutis, supra-sensíveis e de inteligíveis, o que Heráclito considera como *sendo a origem*, o *sempre sendo.* (COSTA, 2002)

Através dos séculos, o *Mundus Imaginalis* tem sido representado na pintura, na escultura, na arquitetura, na literatura, na música e na/pela ciência. Cito aqui apenas alguns nomes dentre os que se alçaram à essa dimensão e a representaram para nós e que fazem parte do meu imaginário: Albinone, Dante, Da Vinci, Blake, Botticelli, Chagal,

Goethe, Farid ud-Din Attar, Ibn'Arabi, Kobra, Jacob Boheme, Milton, Plotino, Rumi, Santa Tereza, São João da Cruz, Shakespeare, Vivaldi e, também, algumas obras básicas onde reinam o maravilhamento e o velado: o I Ching, a Bhagavad-Gita, o Velho Testamento e o Novo Testamento. E por que não incluir aqui também as descobertas científicas dos séculos XX e XXI que nos têm sido oferecidas pelas explorações do universo humano, planetário e cósmico? E por que não as estender à revolução Copernicana: Kopérnico – Kepler – Galileu, todos grandes imaginadores?

A epopéia mística, a narrativa alegórica, a poesia, o conto ilustrativo anedótico, a prosa simbólica, o canto, a recitação são meios privilegiados da expressão, do *Mundus Imaginalis,* onde os corpos se espiritualizam, e o espírito se corporifica. É no nesse nível de realidade que se presentifica a irmandade de amigos; o laço que os une é a abstração e a proximidade com o divino, como diz Suhrawardi. (THACKSTON, 1999) Aqui experimentamos o perfume da *Luz,* da *Glória*, do *Amor* e da *Unificação com o divino.*

O *Mundus Imaginalis* se revela, se representa, por excelência, através de imagens, sejam elas existenciais ou virtuais. Contudo, tanto o "existencial", ou seja, o real tangível como o "virtual", aquilo que não está fisicamente presente, são "atuais" no sentido de que ambos podem ser representações da realidade e/ou do real. (LEVI, 1999) Enquanto representação no real tangível, elas colapsam do mundo de todas as possibilidades para o mundo de todas as probabilidades, até chegarem ao mundo da realidade existencial; enquanto representação virtual, elas não são energia-matéria tangível no mundo macro-físico, apesar de estarem presentes nele. Em qualquer de suas presentificações elas são Ser-Vida, ser, aqui, compreendido enquanto verbo e substantivo. O *Mundus Imaginalis* é compresença.[5]

Outrossim, no *Mundus Imaginalis,* a imaginação se presentifica por simpatia, ressonância e semelhança com o nível de abstração que evoca. Cada pessoa a acessa segundo a sua possibilidade de decodificá-la. Por exemplo, um mesmo universo simbólico pode estar representado pelo lotus de mil petálas, para uns, pela rosa mística, para outros. O *Mundus*

---

[5] Compresença, termo usado por Jorge Rivera em *A Teoria do Novo.* Lisboa, 2003 – a ser publicado.

Imaginalis também pode se manifestar por invocação. (TORRANO, 2003)[6] Através dessas imagens o sujeito se torna *um* com a própria substância da experiência, que é o *Amor*, a *epifania da luz* e a *"ipseidade"* [7] *divina*, a *presença da unicidade*, que está além da espacialidade e da temporalidade, a casa verdadeira da alma. (THACKSTON, 1999)

A mesma idéia de uma sucessiva sutilização de formas ou de densificação de forças poderia ser expressa de outra maneira, ou seja, pelos quatro mundos[8], representados na árvore da Cabala judaica: o *Mundo da Emanação*, onde elas existem em potencialidade, o *Mundo da Criação*, onde suas expressões são criadas, o *Mundo da Formação* onde elas se expressam por configurações abstratas e, finalmente, o *Mundo da Manifestação* onde elas encontram sua expressão tangível. (FORTUNE, 1988 – KNIGHT, 1980)

Trata-se aqui, então, de uma matéria-energia (LUPASCO, 1986) que passa de sua condição de *potencialidade* para a condição de *semi-potencialidade*, para a condição de *semi-atualidade* e para a condição de *atualidade*, no percurso descendente. Vice-versa, a matéria-energia, no percurso ascendente, é caracterizada por sutilizações sucessivas, até o Mundo da Emanação, e até mesmo além dele, no que alguns *corpus* de conhecimento nomeiam de o "Nada", o "Nada do Nada", o "Vazio" o "Infinito", o "oceano imenso sem fim, o " Insondável", o "Inominável".

A transdisciplinaridade reconhece que a realidade é *multirreferencial*, na medida em que todas as percepções são inexoravelmente referenciadas ao contexto de quem as percepciona, e que podem ser representadas por meio de uma multiplicidade de formas. Outrossim, que a realidade é

---

[6] Em Aritmologia da Linguagem dos Pássaros. p XXVII – A Linguagem dos Pássaros, de Farid ud-Din, Amâncio Friaça, ao mencionar a abertura da *Teogonia* de Hesíodo, escreve que "as musas, as forças do cantar, pelo seu canto presentificam o mundo, o in-vocam, chamam-no para si, permitindo que ele seja passível de admiração, ou seja, constituem o milagre primeiro, aquele da existência". E continua: "quanto à invocação, nós modernos a ela mal nos referimos. Em troca, falamos sempre, compulsivamente, da "expressão", e mais "a Torre de Babel (em hebraico Babel significa confusão de planos) ilustra a situação da expressão por si só, sem invocação". Vide também TORRANO, 2003.

[7] G. Thursby define "ipseity" como: "Qualidade de Deus enquanto um ser completamente independente e que é completo em Si mesmo". Diz ele que "o termo dá ênfase ao paradoxo que Deus, sem que tenha nenhuma necessidade de assim fazer, cria e atrai as criaturas para Si através do amor e conhecimento". Glossary of Muslin Terms: www.digiserve.com. visitado em dezembro de 2004.

[8] Na Cabala judaica representados por: Mundo da Emanação " Atziluth; Mundo da Criação " Briah; Mundo da Formação " Yetzirah; Mundo da Manifestação " Malkuth.

multidimensional, ou seja, que ela se expressa em diferentes matérias-energia, e regida por diferentes leis e por diferentes lógicas. Podemos então falar do complexo na realidade, ou seja, das múltiplas interações, retroações e bifurcações dentro de um mesmo nível de realidade e entre os diferentes níveis de realidade. (NICOLESCU, 2001; PAUL, 1999)

Como foi sugerido, esta percepção fundamental para a transdisciplinaridade foi representada, desde épocas imemoriais, através de formas diversas, nas diferentes tradições sapienciais. Tradição é aqui entendida como formas de transmissão, sejam elas originadas no ocidente ou no oriente, e para as quais as ciências naturais, a partir de três séculos passados começam a aprofundar e ampliar sistematicamente, e a encontrar suas formas de descoberta, são sem revezes surpreendentes. Sapiencial refere-se aqui ao inteligível, ao brilho que tudo vê e penetra.

O *Mundus Imaginalis*, universo espiritual concreto de imagens arquetípicas[9], é percebido, enquanto sentido, visto e interpretado, pelos centros da fisiologia sutil, que serão referendados no decorrer deste artigo. Ele é vivenciado em sonho-visão, na experiência mística; no sonho de vigília, enquanto percepção utópica, e no êxtase espiritual. Ele constitui um depositário de sabedoria arquetípica cuja impressão percepcionada é uma pulsação, um sentimento mais do que uma informação.

Quais os instrumentos que permitiriam acessar essas imagens? Existiria um dado sensório capaz de desvelá-las, uma inteligência capaz de compreendê-las?

O *Mundus Imaginalis* não pode ser explicado por um conceito, pois este é uma expressão mental e racional que tem como função definir, organizar e sistematizar o pensamento. O conceito é um instrumento insuficiente para elucidar o *Mundus Imaginalis*: poderíamos assemelhar, empregando uma comparação rudimentar, ao que ocorre em não chegarmos ao *átomo*, ao *quantum*, ou às *cordas* (GREENE, 1999) a olho nu, nem às leis que os regem, mesmo que nossos órgãos de visão sejam perfeitos. Não podemos representar o *Mundus Imaginalis*, através de um conceito ainda que ele seja formulado por um racional privile-

---

[9] Do grego arché, o que remete à origem.

giado. O *Mundus Imaginalis* se apresenta, ele está lá, ele é desvendado, não criado, ainda que apresentado em algumas de suas possibilidades.

Como os símbolos, que "são o centro, o coração [da] vida imaginativa, (...) que abre o espírito para o desconhecido e para o infinito" (CHEVALIER, 1973:XI), o *Mundus Imaginalis* não pode ser apreendido nem por uma definição, nem por uma explicação, ainda que o aparato racional possa rigorosamente defini-lo e explicá-lo. Contudo, ele pode ser infindavelmente revelado, acessado, sentido e experienciado; ele pode, também, ser testemunhado[10]. Como escreve Corbin:

> *O símbolo anuncia um plano de consciência distinto da evidência racional; ele é a "cifra" de um mistério, o único meio de dizer algo que não pode ser apreendido de outra forma; o símbolo jamais é "explicado". Para todo o sempre, mas precisa ser decifrado, continuamente...*" (CORBIN,1997:14)

Por isso, o *Mundus Imaginalis* pode ser melhor expresso por tentativas de *concepção*, pois esta envolve e abarca em si percepções, impressões, imaginação e estados de consciência que captam dimensões sutis e que remetem à impressão da unidade, onde o eu desaparece, se funde. Como escreve Peirce:

> ... *a função das concepções é reduzir as multiplicidades das impressões sensíveis à unidade, e que a validade de uma concepção consiste na impossibilidade de reduzir o conteúdo do estado de consciência à unidade sem a introdução dela.* (PEIRCE, 1868: CP 1.545)

---

[10] Pessoalmente, no meu percurso, em algum grau, expressões e impressões desta natureza se presentificaram em sonho visão ou durante visitas a alguns lugares sagrados, seja de tradição celta, hinduísta, judaico-cristã, xintoísta, budista, ou seja, em momentos meditativos, práticas espirituais ou de contato com a natureza, com o Belo, com o silêncio. Posso dizer que algumas dessas impressões apenas desceram para minha consciência de vigília depois de algum tempo. O que acabo de expressar é como um desnudamento para o qual tenho que baixar o olhar, me recolher e velar, pois dessas vivências e impressões, mais sinto e lembro o perfume que o fenômeno. Vale aqui lembrar Lacan, quando diz que toda a verdade só pode ser dita pela metade, pois toda ela tem uma estrutura de ficção. Também, segundo os Upanishadas, texto sagrado Hindu, os três matras (medidas) do trissílabo A O M remetem a idéia; A = vigília; O = sono com sonhos; M = sono sem sonho.

Os instrumentos de acesso, por excelência, do nível de realidade, *Mundus Imaginalis*, são a *imaginação ativa* e a *inteligência do coração.*

A *imaginação ativa*, também nomeada *Imaginatrix*, é a criação recorrente que se renova a cada instante. Ela é o órgão de percepção do *Mundus Imaginalis*. Ela tem como possibilidade, revelar o que é velado, e velar o que não pode ser revelado. Sua função é conceder ao místico o poder de ganhar conhecimento sobre seu próprio ser. Transparência, presença e dignidade são suas qualidades. Ela espelha uma inteligência superior. Ela é o "lugar de aparição" dos seres não corporificados, seres espirituais, Anjos, o lugar do mundo luminoso das Idéias-Imagens. Ela é um órgão e substância da auto-revelação. Ela é o lugar de encontro do Criador-Criatura. (CORBIN, 1981)

A inteligência do coração é o órgão que produz conhecimento verdadeiro, a intuição compreensível e a gnose dos mistérios divinos. É ela que produz a experiência ascética, extática e contemplativa. Ela é o assento da inteligência superior, o espelho onde o Ser Divino é refletido.

Assim, o *Mundus Imaginalis* é o ponto de intermediação, de ligação, de articulação e de equilíbrio entre a natureza sensível e a natureza espiritual do ser humano, a coalescência da *imaginação ativa* e *da inteligência do coração*, e o portal para outras dimensões, pois como diz Proclo:

> ... *além de todos os corpos está a substância da alma, além de todas as almas, a natureza inteligível; além de todas as substâncias inteligíveis, está o Uno.* (Inst. Theol.:20)

Qual é a motivação intrínseca à busca do Mundus Imaginalis, seja ela solitária ou coletiva? Qual o seu valor, sua função, seu benefício para o ser humano?

O *Mundus Imaginalis* tem como correlato o pluralismo qualitativo que se traduz por idéias arquetípicas, primordiais. Ele diz respeito à *nostalgia* da Beleza, à *revelação* do Amor e da Unidade, que se representam pela própria *Beleza*, pelo próprio *Amor* e pela própria *Unidade.*

Em nosso âmago, sentimos o que chamo de *falta ardente*, ou seja, a ausência desse pluralismo qualitativo, *Bele-*

za - Amor - Unicidade, seja enquanto pessoas solitárias, ou enquanto coletividade, sejamos nós capazes ou não de identificá-la.

É, também, no *Mundus Imaginalis* que nos confrontamos com esse pluralismo qualitativo e, com seu contrário, já que a luz e a sombra não estão dissociadas; pois sempre, quanto maior o anjo, maior o demônio.

É no *Mundus Imaginalis* que sentimos o fogo do inferno e o perfume da Bem-aventurança e do Júbilo.

... Uma Alegoria, uma expressão do *Mundus Imaginalis*

Alegoria é uma figura de discurso que representa um sentido literal. Contudo, ela tem como finalidade fixar a atenção em um outro sentido que não é o exprimido; as apologias são alegorias morais, as parábolas são alegorias religiosas. As alegorias estão em todas as formas de expressão literária, na poesia e na narrativa e, também, nas belas artes. Nesse sentido, a alegoria é uma ficção que coloca algo no lugar de um outro algo. A representação alegórica é extremamente útil para representar o *Mundus Imaginalis.*

Por vezes, as representações alegóricas chegam até mesmo a ter uma função mântrica, ou seja, são um instrumento, uma invocação de níveis de realidade que têm função operativa, integradora e reveladora. Diríamos até que as alegorias mostram um sistema inteligente baseado em conhecimento representado e na capacidade de inferência.

O que segue é um resumo de uma alegoria legada por Sohravardi. Para facilitar a leitura, inseri entre chaves e, em itálico, a interpretação dos termos[11], sem a qual a compreensão da alegoria ficaria quase que inviabilizada para o leitor:

O Conto do Exílio Ocidental

Nesta alegoria denominada O Conto do Exílio Ocidental Sohravardi retrata a viagem de Assim [*a faculdade especulativa propriedade exclusiva da alma e não do corpo*]

[11] A tradução dos termos que estão entre parêntesis foram feitas a partir das notas de rodapé de THACKSTON, 1999.

ao que deixar a Tranxoxiana [*o Mundo Sublime*], que ficava no Oriente para ir às terras do Ocidente, o reino da matéria. Tentarei aqui contar um pouco desse discurso teofânico. Oriente/Ocidente aqui mencionados não têm nenhuma conotação geográfica, mas se referem ao lugar de origem e ao lugar de morte, respectivamente. Relata o conto, que é no Ocidente que vamos compreender nossa própria imperfeição. Nessa viagem, inesperadamente, saímos do mundo, Hadi ibn al-Kahyr al-Uamini [*a Primeira Emanação, Intelecto Universal]* e, repentinamente, caímos em uma cidade chamada de Kairouan [*este nosso mundo*], o mundo da oposição, que não pode existir sem a guerra. Nele somos rodeados e aprisionados com algemas e grilhões de ferro [*nosso corpo*] e lançados no fundo de um poço infinitamente profundo [*o mundo da escuridão*]. Mas, mesmo nesse aprisionamento, à noite, nos é permitido ascender ao Mundo Sublime através dos sonhos e ver as formas dos inteligíveis, isso porque os sentidos são desligados à noite e não interferem, então, somos receptivos. Relata o conto que na morte, algo semelhante acontece... e , por vezes, mesmo estando no Ocidente, Yemen [*Alma Universal*] visita os aprisionados e conta sobre as condições das morada do amado. No fundo do poço, todos os que lá permaneciam, faziam essa ascensão pela noite e voltavam ao profundo poço ao despertar. Porém, um dia, a poupa [*faculdade da inspiração*] entra por uma pequena janela, e cumprimenta os que lá estavam à luz do luar, lugar onde ficavam livres da poluição da natureza e dos vapores que corrompem. Dizia a poupa ter vindo vindo de Shiba [*da dúvida para o conhecimento*] e trazido uma carta de al-Hadi [*Primeira Emanação*], o nome de Deus, o Clemente, o Misericordioso. Esta carta falava de uma viagem a ser feita pelos que lá estavam e explicava cada passo da jornada; entre outras coisas, nela estava escrito: "Chamamos vocês, mas vocês não atendem. Mostramos o caminho, mas vocês não compreendem." Também nela estava dito que aquele que quisesse libertação, juntamente com o irmão [*a razão especulativa, o guia*] não deveria postergar a jornada, mas sim, deveria agarrar calda do dragão [*a prática ascética*]; chegar ao vale das formigas [*o vale das cobiças*] deveria louvar a Deus por nos havia dado a vida e a morte e a ressurreição e matar a esposa [*concupiscência*]. Então, a poupa [*a inspiração*], foi embora e o sol levantou sobre as suas cabeças. Após esta visita da poupa, teve inicio uma viagem de travessia que se deu por águas turbulentas. Durante o percurso ondas vieram entre eu e meu filho [*o espírito animal*], ele se afogou; na cidade dos crimes horrendos [*doença, pragas, abominações das faculdades do mal: orgulho, avareza, cobiça*] tudo virou de ponta cabeça e ondas horrendas foram transpostas. O corpo se rasgou e a morte acometeu. Nessa jornada, Assim é levado à força, à ilha de Gog e Magog [*pensamentos corruptos e amor ao mundo que revolvem em nossa imaginação*]. Aí ele constrói uma barragem para se separar deles, depois vagueia por essa região e lá vê as caveiras de Ad e Thamud [*a baixeza deste mundo*]. Então, depois, ele resgata 14 esquifes [*as 14 faculdades*][12] e 10 túmulos [*os 10 sentidos internos e externos*][13] dos quais a sombra de Deus emerge para lhe contratar para a sacralidade. Nesse momento, ele encontra o caminho de Deus e reconhece que isto era certo para si. Depois ele viu corpos sublimes, ouviu seus cantos e modulações, suas juntas quase se quebravam pelo prazer que experimentava e, assim, o véu foi levantado, as nuvens se dissiparam e ele se dirigiu à fonte da vida. Foi quando ele estava à procura do Monte Sinai [*esfera das esferas*], morada do pai [*o pai é o Intelecto Universal*] que ele ascendeu à montanha e viu nosso pai. Ele ficou perplexo e pasmo pela presença do pai, e andou em sua direção. Ele chorou por um tempo e reclamou ao pai de seu aprisionamento em Kairouan. Mas o pai respondeu: "Tudo bem. Você escapou. Contudo, você deve voltar ao aprisionamento Ocidental, porque você não removeu suas amarras completamente [*você veio pelo motivo do pensamento*

---

[12] As 14 faculdades são os meios pelos quais a alma faz sua peregrinação. Alegórica e simbolicamente o buscador progressivamente ganha controle consciente sobre suas faculdades retro-gredindo, às suas funções da vida mais elementais. Neste processo, ele quebra o encantamento de sua amnésia vis-à-vis – a sua origem, assim purificando a concha corporal que contém o espírito divino, de forma que o anseio nostálgico pela sua morada original... possam levá-lo através das barreiras celestiais à Cidade das Almas, onde ele é banhado nas águas de vida que conferem a imortalidade da divina sabedoria. ... Dentre as faculdades que devem ser servidas Sohravardi lista: 4 faculdades vegetais que mantêm a vida e o crescimento: nutritiva, aumentativa, formativa, generativa; 4 faculdades subordinadas que servem às três primeiras: atrativa, de retenção, digestiva, de expulsão; duas faculdades motoras: de concupiscência, de irascibilidade, e 4 humores (quente, frio, molhado e seco). (TACKSTON, 1999: XXI-XXVII)

[13] Os sentidos internos são 5:visão, audição, olfato, gosto, tato (TACKSTON, 1999: XXIII-XXIV). Os sentidos externos são 5: sensus comunis, imaginação de retenção, imaginação de composição, estimativo, instintivo. (THACKSTON, 1999: XXIV-XXVI)

e da inspiração], mas há ainda traços de apego em você." Quando ele ouviu isso, ele perdeu a razão, gemeu e lamentou, como alguém que vê sua destruição eminente. Apesar dele ter rogado para não voltar, o pai lhe disse: "É necessário que você retorne agora, mas te dou alegres notícias de duas coisas: primeiramente, quando você retornar à prisão, você poderá retornar a nós, e ascender ao nosso paraíso facilmente, sempre que quiser; em segundo lugar, no final, você será entregue à nossa presença deixando as terras Ocidentais absolutamente e completamente." Ele regozijou-se com o que ouviu e percebeu que temos outros ancestrais até que a linhagem alcance o rei [*o grande progenitor*] e que tomamos nossa luz dele e somos moldados nele; ele é o grande esplendor, é dele a mais alta glória e a luz de maior força. Ele é acima do acima, luz da luz, luz acima para sempre e eternamente. Ele está manifestado em tudo, e tudo perece exceto sua face. Apesar de ser ainda como um prisioneiro nas terras do Ocidente, apesar de gemer e lamentar a lástima de estar separado, e do conforto experimentado ter rapidamente se dissipado, permaneceu nele um prazer, contudo, ele não era capaz de explicá-lo. E ele implorou:

"Que Deus nos salve do cativeiro da natureza e dos laços da matéria".[14]

... O *Mundus Imaginalis* e um método semiótico

Depois de ter procurado relativamente cartografar o discurso teofânico de Sohravardi, interessei-me por investigar se existiria um método semiótico capaz de fazer sua leitura.

A representação no *Mundus Imaginalis* nos remete a um pluralismo qualitativo sensorial, intelectual, afetivo, sentimental, de cunho estritamente icônico, indicial e simbólico. Ele privilegia o espaço vivido, provado, conhecido, e o espaço não racional.

Encontrei na concepção universal elementar do co-fundador da filosofia pragmática americana e da ciência dos signos, a semiótica, Charles Sanders Peirce, elementos para

---

[14] O texto completo deste conto pode ser lido, em inglês, árabe ou persa em THACKSTON, 1999:106-124.

a leitura semiótica do *Mundus Imaginalis*. Contudo, quero deixar claro que eu não estou fazendo uma sobreposição nem uma equivalência de Sohravardi e Peirce, apenas estou utilizando a semiótica peirciana para melhor compreender o nível de realidade tratado neste artigo.

Peirce (1839-1914), nasceu na cidade de Cambridge, Massachusetts, nos Estados Unidos. Faleceu com 65 anos, em Milford, Pennsylvania. A pesquisa filosófica de Peirce culminou com a publicação, em 1868, do texto "On a New List of Categories", que apresenta a idéia de que há certos elementos que se situam no topo de uma hierarquia de conceitos e que são dotados de uma generalização tal que abarcam outros conceitos mais particulares e os integram em uma estrutura que lhes confere sentido.

Um dos pensamentos fundamentais na teoria de Peirce, é que o homem só pode conhecer através da via mediadora da representação. A semiótica peirciana é por excelência a ciência da representação. Mas o que é representação para Peirce?

Em 1857, Peirce (WMS:20) apresentou um esquema de representação triádico: EU – as Idéias; TU – o Pensamento (Ser, Vida e Alma Consciência); ELE – Percepção. Para Peirce

> ... *o TU torna-se a categoria da subjetividade humana como tal, particularmente sob seu aspecto de intelecção encarnada, (...) graças ao qual o diverso sensível é unificado (...) O EU define o mundo das abstrações, para o qual se deve compreender a interioridade pura das idéias, desprendida de toda a consideração de existência real (...) O ELE remonta à categoria do sensível (...)* (TIENNE, 2002:52)

Em 1861, essas idéias de Peirce ficam mais claras quando ele escreve que "a metafísica pura pode ser definida como todo o conhecimento verdadeira e inteiramente *a priori*, uma vez que a consciência é a única fonte do que é *a priori*" e, também, quando ele diz que a análise das concepções é sinônimo de metafísica, uma vez que a metafísica não nos remete a nenhuma pesquisa de fatos - pois ela não se remete a nenhuma atividade de observação. Ele também escreve que as concepções são recolhidas e a metafísica as analisa. Para Peirce, "não há outra análise a não ser a das concepções. E toda a razão é análise. A metafísica não é senão o outro nome para a razão pura". (WMS 67: MAS 921;13-14, agosto de 1861)

Em 1872, Peirce esclarece ainda mais essas idéias quando diz:

> *A representação é um objeto que está no lugar de um outro de forma que a experiência do primeiro nos permita o conhecimento do outro. Há três condições essenciais às quais cada representação deve atender. Ela precisa, em primeiro lugar, como qualquer outro objeto, ter qualidades independentes de seu significado. É apenas através do conhecimento dessas qualidades que adquirimos qualquer informação concernente ao objeto que ela representa.(...) Em segundo lugar, a representação deve ter uma conexão causal real com seu objeto (...) Em terceiro lugar, cada representação se dirige à mente. É apenas na medida em que isso se dá que existe representação. A idéia da representação ela mesma, excita na mente outra idéia e, a fim de que ela assim o faça, é necessário que alguns princípios de associação entre as duas idéias já devam estar estabelecidos na mente.* (PEIRCE, 1872 v. MS 389 – *On Representations*)

Peirce (1982-1986) leva mais adiante essas idéias quando fala de *introspecção* e de *intuição* e aponta: "Nós não temos nenhum poder de Introspeção, mas todo conhecimento do mundo interno é derivado por raciocínio hipotético de nosso conhecimento de fatos externos". Ele também diz: "Não temos nenhum poder de Intuição, mas cada cognição é determinada logicamente por cognições prévias", e: "Nós não temos nenhum poder de pensar sem signos". Para Peirce, para todo conhecimento nosso, de alguma forma existe um antecedente de onde ele possa ser inferido, e o qual ele, de alguma forma, representa.

Para Sohravardi, há um antecedente do *Mundus Imaginalis* e ele vem do Inominável, do Insondável. Note que não falamos de onde ele é inferido, pois não se trata aqui de um processo racional, mas sim, muito mais, daquilo que Peirce, em seu manuscrito "Axiomas Metafísicos e Silogismos de Platão"[15] (WMS 64: MS 988, 30, maio de 1860), refere-se como sendo um influxo que vem do númeno[16] para impressionar a alma. Nesse mesmo tratado, Peirce menciona que os objetos da razão pura são objetos reais.

O correlato do *Mundus Imaginalis* é real, no sentido que Platão lhes atribui. Vale aqui notar que ambos, Peirce e Sohravardi, beberam nesta mesma fonte. Também acredito que as influências neoplatônicas do pensamento de ambos podem oferecer ampla compreensão de que a aprendizagem necessita ir além da proeminência do materialismo que a tem caracterizado e aprisionado, a partir do sucesso inquestionável da ciência desde o século XVII.

A cognição prévia em questão, representada no universo espiritual concreto de que Sohravardi fala, são as idéias primordiais, as causas principiais, o Absoluto, o Infinito, o Sem Limite, o Perfeito, a Unidade, ou seja, o que só pode ser eminentemente cognoscível[17], ou seja, nunca diretamente conhecido. Como diz Peirce: "Nós não temos nenhuma concepção do absolutamente incognoscível".

Para que a representação seja verdadeira faz-se necessário que aquilo que está ausente, que não está aí, seja realmente representado. Para Peirce a representação se dá através dos signos, enquanto: 1) *Ícones – Índices – Símbolos*; 2) das categorias: *Primeiridade – Secundidade – Terceridade*; 3) de sua nova lista de categorias: *Qualidade – Relação – Representação*; 4) da semiose, ou seja, da relação entre O*bjeto – Signo – Interpretamen*.

O *Ícone* é o signo que representa seu objeto por uma relação de semelhança, conjuga o sensível com o psicológico, ex: torre Eiffel – Paris; o *índice* é o nome dado ao signo que se liga ao objeto por uma relação de fato, existencial, o sensível, ex: fumaça – fogo; o *símbolo* é o signo que estabelece uma relação psico-racional, inteligível e transcendental

---

[15] Essas idéias, Peirce retira principalmente do diálogo Fédon, de Platão. (FEDON, 1995)

[16] Númeno: termo cunhado por Kant em 1770, que indica o objeto de conhecimento puro e que se opõe ao fenômeno, o objeto da sensibilidade. Para contrapor ao fenômeno, Platão usa o termo inteligível. Platão utiliza a palavra númeno para indicar aquilo que é pensado, mas não em contraposição ao fenômeno, mas sim ao sensível. Para os estóicos, a palavra númeno é usada como contraposição àquilo que é apreensível, no sentido de sensação. Estamos usando aqui a palavra "númeno" no sentido kantiano e "inteligível" no sentido platônico. Nicola Abbagghaho. Dicionário de Filosofia. São Paulo: Ed. Martins Fontes, 2000.

[17] Eminentemente cognoscível no sentido de apenas poder ser conhecido através de seus atributos.

com o que representa, ex: estrela de Davi – judaísmo.

O *Signo* (inicialmente por ele denominado *Representamen*) – o *Objeto* – o *Interpretamem*, constitue a semiose ou a ação do signo, que implica na relação e cooperação desses três elementos, os quais, em nenhum momento, são independentes uns dos outros. O *Signo*, é um primeiro que está em relação com o *Objeto*, que é um segundo, capaz de determinar o *Interpretamen*, um terceiro. A representação que daí emerge é necessariamente uma relação triádica. Eles poderiam ser assim esquematizados:

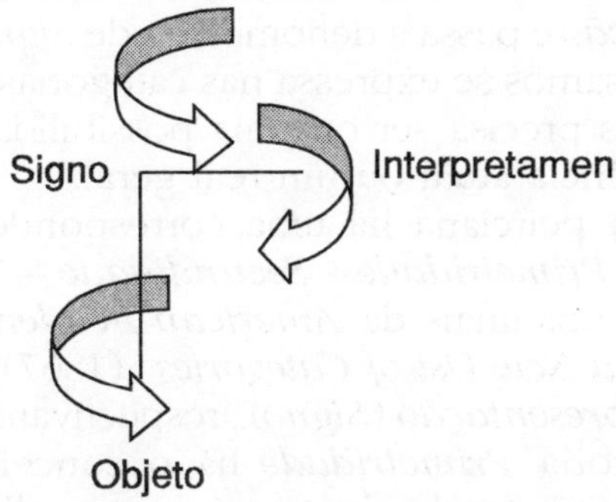

Interessante notar que a representação, segundo Peirce, sempre conserva essa natureza triádica. Ele diz:

> *Uma classe muito importante e ampla de tríades caracteriza [coexiste de] representações. A representação é aquele caráter de uma coisa por virtude do qual, para a produção de certos efeitos mentais, ela pode estar no lugar de outra coisa. A coisa tendo esse caráter, eu chamo de representamen, o efeito mental, ou pensamento, seu interpretante, a coisa a qual ela está no lugar de, seu objeto...* (PEIRCE, 1899 C.P. 1-564)

Peirce considera que sua maior contribuição à produção científica foi a elaboração da teoria das categorias. Simplificando, categorias entendidas como conceitos puros de entendimento e, também, como leitura, organização e compreensão do mundo. Para Peirce, é impossível dar conta da realidade apenas através de conceitos, contudo, as categorias podem descrever e cobrir qualquer campo de experiência ou do pensamento. Ele se propõe a provar que elas são universais e necessárias.

As categorias de Peirce também existem em termos de relação. Diferentemente de Platão, que propõe 5 categorias[18]; de Aristóteles, que propõe 10 categorias[19], ou de Kant, que propõe 12 categorias[20]. Em 1865 Peirce propõe apenas três delas: P*rimeiridade – Secundidade – Terceiridade.* Em 1867 ele cria sua nova lista de categorias: *Qualidade – Relação – Representação.* Duas delas, *Qualidade* e *Relação,* ele toma das categorias de Aristóteles; a terceira, *Representação,* está expressa em Kant. Futuramente ele deixa de chamá-la *Representação* e passa a denominá-la de *Signo.* Para Peirce, tudo que pensamos se expressa nas categorias, ou seja, tudo que pensamos precisa ser ou uma possibilidade qualitativa ou uma existência atual ou um real geral.

Na teoria peirciana há uma correspondência entre as categorias de *Primeiridade – Secundidade – Terceiridade* e as constantes dos anais da *American Academy of Arts and Science: "On a New List of Categories"* (1867): *Qualidade – Relação – Representação* (*Signo*), respectivamente.

Na categoria *Primeiridade* há o conceito de relação monádica. Seu conteúdo abstrato é uma qualidade de sentimento. Nela existe grau 0 (zero) de representação. Ela se encontra em correspondência com a nova categoria: *Qualidade.*

Na categoria *Secundidade* há o conceito de relação diádica. O conteúdo dessa categoria é de passividade e se expressa por uma factualidade, ou seja, o acontecimento enquanto ocorrência, o aqui/agora. Ela se encontra em correspondência com a nova categoria: *Relação.*

Na categoria *Terceiridade* há o conceito de relação triádica. O conteúdo dessa categoria se traduz por consciência, generalidade, universalidade, lei, continuidade. Ela diz respeito à explicação do fenômeno e ao hábito de interpretá-lo. Ela se encontra em correspondência com a nova categoria: *Representação* (*Signo*).

---

[18] Categorias de Platão: 1. Ser; 2. Movimento; 3. Repouso; 4. Identidade; 5. Alteridade.

[19] Categorias de Aristóteles: 1. Substância; 2. Quantidade; 3. Qualidade; 4. Relação; 5. Lugar; 6. Tempo; 7. Posição; 8. Ter; 9. Agir; 10. Sofrer.

[20] Categorias de Kant: *Quantidade Qualidade*: 1. Unidade; 2. Multiplicidade; 3. Totalidade; 4. Realidade; 5. Negação; 6. Limitação. *Relação Mobilidade*: 7. Inerência e Substância; 8. Causalidade e Dependência; 9. Comunhão; 10. Possibilidade-Impossibilidade; 11. Existência-Inexistência; 12. Necessidade-Contingência.

Há um exemplo bastante corriqueiro para explicar essas categorias. Diz respeito à experiência de Newton. Quando ele imaginava e observava os fenômenos, era um momento de *Primeiridade*, quando ele se sentou à macieira e a maçã caiu sobre sua cabeça, foi um momento de *Secundidade*, e quando ele elaborou a lei da gravidade, foi um momento de *Terceiridade*.

... Sohravardi, Peirce e a transdisciplinaridade?

Constituiria a teoria peirciana um instrumento precioso para adentrar a compreensão do *Mundus Imaginalis*?

Um ato cognitivo, enquanto processo, diz respeito a *o que* conheço, e a *como* conheço. Entre humanos ele envolve percepção, introspeção, lembrança, impressões sensoriais, atenção, imitação (*mimesis*)[21], aprendizagem, memória, pensamento, raciocínio, interpretação, formação de conceitos e de concepções, construção de julgamentos, seleção e decisão, resolução de problemas, desenvolvimento de comportamento, articulação de informação, reconhecimento de *habitat*. Dentro de uma abordagem transdisciplinar este ato pode estar inscrito em diferentes níveis de realidade.

Esse apreender e aprender o mundo nos seus diferentes níveis de realidade, sem dúvida implica em uma graduação de facilidades e de dificuldades; de situações previstas e imprevistas, imaginadas e não imaginadas e, também, aquelas inimagináveis, aquelas que estão totalmente fora da possibilidade de conhecimento. Reconhecer essas dimensões já é, em si, um ato cognitivo; conhecer como se conhece essas dimensões, também faz parte dele. Há distintos graus de dificuldade nesse processo. Harold Bloom aponta essa dificuldade de conhecer quando se refere ao fato de, o que importa mais que tudo, se encontra necessária ou demasiadamente muito distante ou fora de nós ou, então, demasiadamente no nosso interior, para nos ser disponível, mesmo que nossa disponibilidade seja total. (CORBIN, 1997)

Para Sohravardi, através dos 5 sentidos interiores, o *sensus comunis*, que é o recipiente imediato e o integrador

[21] Repetição, re-criação. Existe uma mimesis da alma.

de todas as percepções sensoriais dos 5 sentidos externos, nos é permitido perceber, reter as formas, analisar-sintetizar-cogitar, formar um julgamento, e reter o significado intrínseco da imaginação que tem capacidade de fazer uma estimativa e de compor.

Sohravardi também, ele descreve que o *Mundus Imaginalis* é acessado por uma jornada exterior que abarca a totalidade temporal e espacial da criação, fora do mundo material, e uma jornada interior, no interior de si-mesmo, fora do mundo exterior. Nesse sentido, nele ocorre uma dialógica interior-exterior. Poderíamos dizer que o conhecimento acessado no *Mundus Imaginalis*, é o do Intelecto ativo que Alexandre de Afrodísia (século XII), comentador de Aristóteles, identificou como causa primeira: Deus e a inteligência do coração. Este nível de realidade não está associado à razão, mas sim à imaginação, à sabedoria, ao sagrado, no sentido daquilo que religa o insondável e o tangível. Trata-se aqui da *sophia perenis et universalis*, representada pelo Bem, o Belo e o Verdadeiro.

A experiência que propicia esse conhecimento é de origem primal, pessoal, contudo conserva um caráter universal, supra racional, coletivo, de arrebatamento, de maravilhamento. Ela implica em conhecer e tornar-se único com o conhecimento; ela transcende a consciência corporal e conserva um pluralismo *qualitativo*, uma *relação* integrativa atemporal, e se "representa: através da supressão da alteridade, do repouso, da compreensão, da conjunção, da contemplação, do êxtase". Trata-se aqui de uma "compreensão no presente de uma Presença perpétua". (CORBIN, 1997) Segundo Sohravardi, aqui, *luz* e *ser* se identificam.

Para Peirce, através das expressões triádicas: *Ícone – Índice – Símbolo*; *Primeiridade – Secundidade – Terceiridade*; *Qualidade – Relação – Representação* (*Signo*) é possível encontrar os mecanismos para: 1. fazer a leitura do mundo; 2. organizar nossas experiências como aparecem em nossas mentes; 3. manter nossa integridade e, através delas; 4. amarrar Ser e Substância.

Peirce afirma que precisamos não apenas saber o que conhecemos, ser capazes de diferenciar o que conhecemos, mas, também, de ter a capacidade de expressar essa diferença. Os instrumentos que ele oferece para isso são poderosos.

Sou inclinada a dizer que o discurso teofânico de Sohravardi pode ser representado e lido através dessas expressões triádicas de Peirce. Por quê?

... A semiose e o sagrado

Há uma semiose no *Mundus Imaginalis*. Mas que espécie de semiose é essa? Poderíamos dizer que se trata de uma semiose no mundo da matéria sutil, e que ela é de uma generalidade ontológica, onde o *Objeto – Signo – Interpretamen* presentificam o *Nous*[22] espiritual. A semiose aqui pode contribuir para a configuração de uma pedagogia espiritual. Nela o S*igno* é a natureza essencial, o número que conquanto não é sensível pode ser pensado.[23] Nela o *Objeto* é o número na consciência que é/está presentificado. O número é aqui compresença na alma. Sua representação se faz através de imagens. Nela o *Interpretamen* são os sentidos interiores, os cinco órgãos fisiológicos sutis (Najm Râzî): o intelecto, o coração, o espírito, a supraconsciência e a transconsciência, e cada uma dessas faculdades suprassensíveis percebem seu próprio mundo.

Pelo intelecto percepcionamos a censura e a crítica.

Pelo coração, a alma pacificada, percepcionamos as visões das diversas luminosidades coloridas, um modo de participar da luminosidade divina: 1. a *luminosidade branca* que representa o que é universal; 2. a *luminosidade amarela* tem a assinatura da fidelidade da fé; 3. *a luminosidade azul* escuro tem a assinatura da benevolência; 4. *a luminosidade verde* tem a assinatura da quietude da alma; 5. *a luminosidade azul índigo* tem a assinatura da segurança firme; 6. *a luminosidade vermelha* tem a assinatura da gnose mística, do conhecimento teosófico, o *nous*, ou inteligência ativa; 7. *a luminosidade negra* tem a assina-

[22] Nous: na filosofia nûs, nous: a) razão e conhecimento que se opõe à percepção dos sentidos; b) a parte racional da alma humana individual; c) o princípio da alma ou mente cósmica responsável pela ordem racional do cosmos; d) no Estoicismo, equivalente ao Logos; e) no Neoplatonismo, a imagem do bem absoluto, contendo o cosmo dos seres inteligíveis. *The American Heritage Dictionary of the English Language*, Fourth Edition, publicado por Houghton Mifflin Company. Aqui estamos usando o termo nous no sentido Neoplatônico.

[23] Diógenes Laércio (sec. III), afirma o *Viate et Placita Philosophorum*, VII-52 (ed. Cobet, 1878), que das coisas pensadas, algumas são pensadas segundo a ocasião, outras segundo a semelhança, outras segundo a composição e outras segundo as contrariedades. Nicola Abbagghaho, *Dicionário de Filosofia*. São Paulo: Ed. Martins Fontes, 2000.

tura do amor apaixonado, estático. Najm Râzî qualifica as seis primeiras luminosidades como atributos da Beleza, e a última como um atributo de Majestade, inacessível, e que, segundo Sohravardi, é aquela que quebra a integridade do corpo humano.

Pelo espírito são percepcionados o passado e o futuro, o estado permanente e, também, a visão angélica.

Pela supraconsciência são percepcionados o tempo e o espaço do Além.

Pela transconsciência é percepcionado o que é visto no aqui e no Além.

Qual a natureza do signo no *Mundus Imaginalis,* onde se conflui o mundo inteligível e o mundo sensível?

O *Mundus Imaginalis* é representação enquanto experiência direta e consciência, e não se reduz à visualização e/ou à identificação de imagens, o que reforça sua natureza *índicial*. Entendo, aqui, símbolo na dimensão abrangente expressa por Peirce ao escrever:

> *Todos os símbolos, na verdade, em algum sentido são relativos à compreensão, mas apenas no sentido que todas as coisas são relativas à compreensão. Por isso, então, a relação com a compreensão precisa ser expressa na definição da esfera da lógica, uma vez que ela não determina nenhuma limitação a esta esfera. Mas a distinção pode ser feita entre conceitos que são supostos de não ter nenhuma existência exceto pelo fato de que eles estão realmente presentes na compreensão, e símbolos externos que ainda retém seu caráter de símbolo na medida em que eles são apenas capazes de ser compreendidos. E como as regras da lógica se aplicam a estes últimos tanto quanto aos primeiros, e apesar de apenas através do primeiro, ainda este caráter, uma vez que ele pertence a todas as coisas, não é limitação, segue que lógica tem por* seu sujeito-genus *todos os símbolos e não meramente (w2. 57) conceitos.* (PEIRCE, CP 1.559)

Uma das funções centrais desse simbolismo é a representação da experiência do sagrado, no sentido do terceiro secretamente incluído, como representado no centro vazio do laço borromeano[24], cuja função é religar: o dentro/fora; o interior/exterior; o imanente e o transcendente.

A representação, segundo Peirce, se insere dentro de uma hierarquia, e também preserva um entrelaçamento entre seus níveis. Nesse sentido, a categoria de *Terceiridade* está contida na *Secundidade* e, por sua vez, estas duas na *Primeiridade*, ou seja, a lei está na existência, conquanto que ambas estão em todas as possibilidades.

Como só podemos predicar o fenômeno e jamais o númeno, é através da representação – representação enquanto experiência e consciência – *do* e *no Mundus Imaginalis* que podemos *pensar em* – *"thought-of"* a Infinitude, ou tudo mais o que pode ser apenas *pensamento* – *"thought"* como diz Peirce (TIENNE, 1996:70-71). O *Mundus Imaginalis* pensa, por exemplo, indiretamente o Infinito e se conecta com ele através de suas representações.

Então, retomando as categorias peircianas, o *Mundus Imaginalis* seria um primeiro em um terceiro? Ouso responder: provavelmente sim.

A semiose no *Mundus Imaginalis* diz respeito a processos para acessar a metafísica da essência e a experiência das qualidades essenciais. Esta semiose que se instala com a finalidade de reconduzir a individualidade do ser humano à unidade, à conciliação – homem interior e homem exterior, mundo e homem, homem e origem – que espontaneamente se reconhecem semelhantes e religados. Esta semiose talvez seja a que de maneira mais genuína e nuclear expresse o *trans* da transdisciplinaridade, o que transita entre fronteiras, ou seja, aquilo que está *entre, através* e *além*, não apenas das disciplinas, mas das coisas e dos seres humanos[25], bem como ao que toca ou pertence ao registro do mistério.

O *Mundus Imaginalis* jamais poderá ser tomado de assalto, ou construído ou forjado. Contudo, é possível, através de práticas, de compreensões, ir abrindo caminho para acessá-lo, construindo sua cartografia pelo semelhante, criando o imaginário que por *simpatia* coloca em ressonância

---

[24] Nó borromeano, símbolo das armas da família Borromeu, que está ligado ao nome de Carlos Borromeu, herói da contra-reforma na Itália do século XVI. Esse nó consiste no entrelaçamento de 3 anéis, que, se cortarmos um deles, toda a estrutura se desintegrará.

[25] Esta idéia de o sufixo trans não se aplicar apenas às disciplinas, mas também às coisas e aos seres humanos ouvi, pela primeira vez, de Silvia Fichmann, companheira de longa data e membro fundador do CETRANS.

mundos que ainda não *com-fluíram* e, assim, ir favorecendo a comunhão Pessoa-*Mundus Imaginalis*. Esta semiose deixa de ser busca e torna-se encontro, vivência, experiência direta *do* e *com* o Sentido. Essa semiose é essencialmente experiencial; posteriormente ela pode ser testemunhada. É dito que o *Mundus Imaginalis* apenas pode ser acessado quando a Imaginação Ativa se coloca a serviço do Intelecto Universal. Contudo, sempre vale lembrar que o espirito sopra apenas onde ele quer e quando ele quer.[26]

Assim, como propõe Kelly A. Parker (PARKER, 2000), ao invés de acabar com a metafísica, estaremos procurando uma reconstrução da metafísica, de modo que ela venha acomodar os *insights* da ciência moderna e, ao mesmo tempo, dar conta do profundo sentimento de que a mente não material ou o espírito são aspectos reais do cosmos.

Poderiam os escritos de Sohravardi e de Peirce contribuírem para a tão essencial re-introdução do *Sentido* nas questões do conhecer? Acredito que o discurso teofânico de Sohravardi vem oferecer através do *Mundus Imaginalis* o – *o que* – e a semiótica de Peirce, nos permite – o *como* – fazer a leitura deste conhecer, deste aprender/apreender. Assim, estaremos, transdisciplinarmente, revisitando um ancestral acervo com novos instrumentos, retomando questões essenciais e ontológicas que também fazem parte do universo a ser percepcionado se a questão é nos tornarmos o que já fomos pensados.

... e mais um alegoria de Sohravardi: A poupa e as corujas

A poupa, conhecida por sua visão aguda, caiu à noite entre as corujas, conhecidas por serem cegas durante o dia. Quando pela manhã estava pronta para partir, as corujas disseram:

– Pobre coitada, que coisa inacreditável é essa que você está fazendo? Alguém pode viajar de dia?

– Estranho, – respondeu a poupa, – todos os movimentos acontecem de dia.

---

[26] Jo. 3.5 8. "O vento sopra onde quer; ouves-lhe o ruído, mas não sabes donde vem, nem para onde vai. Assim acontece com aquele que nasceu do Espírito."

– Você está louca! – disseram as corujas. – De dia, com a obscuridade que o sol lança sobre a escuridão da noite, como pode alguém ver?

– É exatamente ao contrário, – disse a poupa. – Todas as luzes do mundo dependem da luz do sol, e dele é que tudo que é aceso deriva seu brilho. Isso se chama o olho do sol, porque é a fonte da luz.

Mas as corujas desafiaram sua lógica perguntado-lhe por que ninguém podia ver de dia.

– Não pense que, por analogia com vocês, todos são como vocês. Todos os demais vêem de dia. Olhem-me. Olhem-me, eu estou no mundo visível, observável.

Quando as corujas ouviram isso, elas gritaram, fizeram uma grande confusão e disseram umas às outras:

– Este pássaro fala que é possível ver durante o dia, quando se presume que há cegueira.

E, assim, puseram-se a atacar a poupa com seus bicos e garras. Elas a amaldiçoaram e a chamaram de "aquela que vê de dia", uma vez que a cegueira diurna era uma virtude entre elas.

– Se você não reconsiderar, serás morta.

Pensou a poupa: – Se eu não me fingir de cega, elas me matarão.

Inspirada pela máxima: "Fale às pessoas de acordo com suas inteligências", ela fechou os olhos e disse:

– Vejam! Fiquei cega como vocês!

Então as corujas pararam de bater nela. E assim, até a hora da partida, ela fingiu cegueira, dizendo:

– *Muitas vezes eu disse que revelaria tudo que é segredo no mundo temporal, mas, por medo da lâmina e do desejo de salvar minha pele (eu selei) meus lábios com mil pregos.*

A poupa suspirou profundamente e disse:

– Há um vasto conhecimento dentro de mim, mas se eu fosse irradiá-lo, eu seria morta.

(THACKSTON, 1999:84-85)

Referências Bibliográficas

ATTAR, Ud-Din Farid. *A Linguagem dos Pássaros*. São Paulo: Attar Editorial, 1987.

BASARAB, Nicolescu. *O Manifesto da Transdisciplinaridade*. São Paulo: TRIOM, 1999.

BONFANTINI, Máximo; PRONI, Giampaolo. *To Guess or not to Guess*. Tirado do livro *The Sign of Three*, editado por Umberto Eco e Thomas Sebeok, Indiana University Press, 1983.

CHEVALIER, Jean. *Dictionnaire des Symboles*. Paris: Ed. Seghers, 1973.

COLL, Agustí Nicolau. "As Culturas não são Disciplinas: existe o Transcultural?" em *Educação e Transdisciplinaridade II*. São Paulo: TRIOM/UNESCO, 2002.

CORBIN, Henry. *Alone with the Alone*. Princeton: Bollingen Series XCI, Princeton University Press, 1998.

______. *L'imagination créatrice dans le soufisme d'Ibn Ärabî*. Paris: Aubier, 1993.

______. *L'Homme de Lumière dans le Soufisme Iranien*. Saint-Vindent-sur-Jabron, Presence, 1971.

COSTA, Alexandre. *Heráclito. Fragmentos Contextualizados*. Tradução, apresentação e comentários por Alexandre Costa. Rio de Janeiro: DIFEL, 2002.

DURANT, Gilbert. *Science de l'homme et tradition. Le nouvel esprit antrhopologique*. Paris: Albin Michel, 1996.

FORTUNE, Dion. *La Cabale Mystique*. Paris: Adyar, 1988.

GALVANI, Pascal. "A Autoformação, uma Perspectiva Transpessoal, Transdisciplinar e Transcultural" em *Educação e Transdisciplinaridade II*. São Paulo: TRIOM/UNESCO, 2002.

GREENE, Brian. *O Universo Elegante*. São Paulo: Companhia das Letras, 2001.

KNIGHT, Gareth. *Guide Pratique du Symbolisme de la Qabal*. Tomes I et II. Mennecy: Ediru S.A.R.V, 1983.

LUPASCO, Stéphane. *L'Homme et ses trois éthiques*. Paris: Le Rocher, 1986.

______. *Le principe d'antagonisme et la logique de l'energie*. Paris: Le Rocher, 1986.

______. *L'energie et la matière psychique*. Paris: Le Rocher, 1974.

MATHERS, Macgregor S. L. *The Kabbalah Unveiled*. Translated from the Latin 'Kabbala Denudata'. London, Boston and Nenley: Routledge & Kegan Paul LTD, 4th ed., 1981.

MERRELL, Floyd. *Peirce, Signs and Meaning*. Toronto: University of Toronto Press, 1997.

NASR, S. H; LEMAN, O. *The History of Islamic Philosophy*. London: Routledge, 1996.

NICOLESCU, Basarab; BADESCU, Horia (org). *Stéphane Lupasco – O Homem e a Obra*. São Paulo: TRIOM, 2001.

PAUL, Patrick. *Os Diferentes Níveis de Realidade*. São Paulo: Polar, 1998.

PEIRCE, Charles. *Collected Papers of Charles Sanders Peirce*. Cambridge: Harvard University Press Vols. 1- 6 (CP designa Collected Papers), 1958.

Writings of Charles S. Peirce. A Chronological Edition. Bloomington: Indiana University Press, Vols 1-4, 1982-86.

PLATÃO. *Fedon*. Porto: Editora Ltda., 1995.

PLOTINUS. *The Eneadas*. London: Penguin Books, 1991.

______. *Tratados das Enéadas*. São Paulo: Polar, 2000.

SANTAELLA, Lucia. Metodologia Semiótica. Fundamentos. Livre Docência. ECA/USP, 1993.

______. *A Teoria Geral dos Signos*. São Paulo: Ática, 1995.

______. *O Método anticartesiano de C. S. Peirce*. São Paulo: UNESP, 2004.

SAPORITI, Elisabeth. *A Interpretação*. São Paulo: Escuta, 1995.

SOHRAVARDI, *Les Livres des Entretiens.*

SÉROUYA, Henry. *La Kabbale.* Poitiers/Ligugé: Bernard Grasset, 1985.

THACKSTON, W. M. *Suhrawardi. The Philosophical Allegories and Mystical Treatises.* Costa Mesa: Nazda Publishers, 1999.

TIENNE, André de. *Learning Qua Semiosis.* Conferência em SP, 2002.

______. *L'Analytique de La Representation Chez Peirce.* Bruxelles: Publications des Facultés Universitaires Saint-Louis, 1996.

TORRANO, Jaa. *Teogonia. A Origem dos Deuses. Hesíodo.* São Paulo: Iluminuras, 2003.

VARELA, Franscisco; SHEAR, Jonathan. *The View from Within.* Thorverton: Imprint Academic, 1999.

WASSERSTROM, Steve. *Religion after Religion.* Princeton: Princeton University Press, 1999. (*Religião além da Religião.* São Paulo: TRIOM, 2004)

WEINER, Herbert. *Mystics.* New York: Collier Books, 4th ed., 1976.

YUKTESWAR, Swami Sri. *The Holy Science.* Los Angeles: Self-Realization Fellowship, 1990.

ZIAI, Hossein. "Shihab al- Din Suhrawardi: Founder of the Illuminationist School". In *History of Islamic Philosophy.* Seyed Hossein Nasr and Oliver Leaman. London: Routledge, 1996.

Webgrafia

CASTAÑARES, Wenceslau. *La Semiotica de C. S. Peirce Y La Tradición Lógica.* Universidade Complutense.

COOPER, John, http://www.muslimphilosophy.com/ip/re/h031.htm. Visitado em junho de 2004.

GENOVA, Gonzalo. *Los tres modos de inferencia.*

IBRI, Ivo Assad. *Sobre a Identidade Ideal-Real na Filosofia de Charles S. Peirce.*

NUBIOLA, Jaime. *Realidad, Ficción y Creatividade en Peirce.* Universidade de Navarra

PARKER, A. Kelly. *The Ascent of Sould to Noûs.*: Charles S. Peirce as Neoplatonist. Site: 20/02/2002: http://agora. phi.gvsu.edu/kap/ Neoplatonism/csp-plot.html

PAVAN, Antonio José. *O Método Psicanalítico dialogando com a Semiótica de Peirce*. Trabalho apresentado no XVIII Congresso Brasileiro de Psicanálise, São Paulo, setembro 2001.

PEIRCE, Charles S. *On a New List of Categories*. Proceedings of the America Academy of Arts and Sciences 7 (1868: 287-298). Site Arisbe. http://members. door.net/arisbe/wl-main.htm

Vitoria Mendonça de Barros

Formou-se formou em Ciências Sociais pela PUC de São Paulo, em 1965. Paralelamente ao curso acadêmico (1962/1965), iniciou seus estudos em Simbologia e Mito; com o professor Alberto D´Aversa estudou a História do Teatro Grego; com o professor Jean Claude Bernadet, Fundamentos do Cinema e Cinema Novo no Brasil; com o professor Junito de Souza Brandão, Mitologia Grega, cursos esses realizados na PUC de São Paulo,e o Curso de Planejamento e Estado Democrático com o professor Luis Pereira na Universidade de São Paulo, em 1966.

Em 1975 deixou a carreira acadêmica para se dedicar a uma antiga paixão: a dança. Com Jane Blauth, mestra de ballet do Corpo de Baile do Teatro Municipal do Rio de Janeiro e de São Paulo, criou o Conservatório de Dança, onde permaneceu por 14 anos como professora e administradora, desenvolvendo um trabalho corporal que usava a música como fonte simbólica de todo o movimento.

Em 1990 reiniciou o estudo de linguagens simbólicas, já que o simbolismo do movimento se mostrara insuficiente para explicar a complexidade do mundo contemporâneo. Estudou, então, o simbolismo na linguagem mítica, aprofundando-se em Astrologia, Mitologia Grega, estudos míticos ligadas à Cosmologia, Etnoastronomia, Simbolismo na Arte, História das Religiões, Filosofia, bem como as obras de Alice Bailey, com Rodrigo Araês Caldas Farias. Continuou suas pesquisas sobre Mitologia Grega com o professor Fábio Simonini, Filosofia Antiga e Contemporânea com a professora Raquel Gazolla, e Cosmologia Medieval e estudos sobre a origem do Universo com o professor Amâncio Friaça.

Em 1995, em parceria com Maria Teresa de Barros, aprofundou o estudo dos mitos e seu significado nas linguagens modernas de comunicação, o seu mecanismo e sua importância no mundo moderno. Desta parceria surgiu um livro, resultado dos estudos feitos no curso de Especialização em Teoria da Comunicação, na Fundação Cásper Líbero: *As Faces Eternas do Feminino no Cinema e na Propaganda*, publicado pela Editora TRIOM em 1996. No livro, traçamos um caminho que leva do simbolismo feminino presente nas deusas gregas à tipologia arquetípica proposta por Jung, elegendo o conceito junguiano do *complexo materno* como pano de fundo, procurando esses arquétipos nas linguagens modernas da comunicação: o cinema e a propaganda.

Em 1997 associa-se a Renata C. L. Ramos e Ruth Cunha Cintra na direção da TRIOM – Centro de Estudos Marina e Martin Harvey, Editora e Livraria, que tem por objetivo criar ferramentas que possam ajudar o desenvolvimento integral do ser humano. Em 1998, com Maria F. de Mello e Américo Sommerman, inicia o projeto "A Evolução Transdisciplinar na Educação – Contribuindo para a Sustentabilidade da Sociedade e do Ser Humano", criando assim o CETRANS – Centro de Educação Transdisciplinar, abrigado pela Escola do Futuro da USP até 2002, e, desde então, uma instituição independente que desenvolve atividades formativas, visando melhorar a qualidade da educação no Brasil.

vitoria@cetrans.com.br

ALTERIDADE: AUTONOMIA OU ONTONOMIA?

1. INTRODUÇÃO

> *O que sabemos é isto: a terra não pertence ao homem, o homem pertence à terra. Todas as coisas estão ligadas, assim como o sangue nos une a todos. O homem não teceu a rede da vida, é apenas um dos fios dela. O que quer que ele faça à rede, fará a si mesmo.*
>
> Chefe Seattle

A minha intenção ao escrever este artigo é explicitar quais são as diferenças entre os conceitos de heteronomia, autonomia e ontonomia, e quais as implicações dessas diferenças para se viver em conjunto, em grupo, em sociedade, numa determinada cultura, explorando, assim, o conceito de alteridade. E também, qual seria a relação desses conceitos com a Transdisciplinaridade e, sobretudo, com a atitude e as práticas trandisciplinares.

Gostaria de me deter um pouco nas definições desses conceitos e só então passar a falar quais são as implicações, tanto para o indivíduo quanto para a Cultura onde ele vive, quando a heteronomia, ou a autonomia ou a ontonomia são os princípios norteadores da estrutura econômica, social e política, da filosofia da educação e do próprio sistema educacional desse povo.

A **alteridade** é um conceito filosófico que surgiu quando a noção de indivíduo apareceu historicamente com o Renascimento e, posteriormente, com Descartes e o Iluminismo. Esse conceito se define pela relação do eu com o outro e vem sendo muito usado nos últimos três séculos. O outro é um termo de uso cotidiano, que se manifesta na experiência ordinária da diferença. De fato, o pensamento ocidental moderno se caracteriza como filosofia do eu e do sujeito e é partindo deste ponto que ela se diversifica e toma diferentes caminhos. Partindo do *cogito* cartesiano, passando por Kant, por Husserl, Heidegger, Lévy Bruhl, Levinas, pelo existencialismo, personalismo, pelas filosofias éticas do rosto e, ainda, desde a relação e diálogo, até as teorias sociais da ação comunicativa, a questão da subjetividade esteve sempre presente nessas teorias, ainda que tratada de forma bem diferente. O sujeito de que se fala aqui é "um sujeito pensante, conhecedor, ético, intencionalmente interrogante: mas pensante, conhecedor, ético e intencionalmente interrogante porque *vivo*".[1]

Com o Iluminismo, a questão da subjetividade se estabelece como questão fundamental: "A Filosofia das luzes tinha características bem próprias, dentre elas a afirmação do homem e a confiança na razão. O homem passa a ser visto como o centro do mundo e manipulador da natureza. A razão é entendida como instrumento de ação e não mais de contemplação. O Homem pode conhecer o real, não havendo mais campos privilegiados dos quais a crítica racional deva ser excluída, sendo estendida aos poderes cognoscitivos humanos, a toda e qualquer crença e conhecimento. A razão passa a ser o guia em todos os campos da experiência humana e, com isso, a Ciência assume lugar de importância, bem como a História e, consequentemente, a idéia de perfectibilidade inclusa na perspectiva de progresso."[2] No Iluminismo portanto, a questão da alteridade não é o foco central, já que o valor está depositado no sujeito individual que afirma o poder da razão que pode conhecer e agir sobre o real.

Nas culturas cosmocêntricas – culturas que se constroem em torno de um centro cosmológico –, ao contrário, a idéia de indivíduo separado do todo não era sequer pensada, já que como grupo, valorizava as crenças, os mitos, o modo pelos quais estes eram transmitidos, a autoridade do chefe e a sabedoria dos anciãos.

Na nova sociedade européia, que surge com o fim do sistema feudal, a confiança na razão e no progresso dão

---

[1] P. Manganaro, *Alteridade, filosofia, mística: entre fenomenologia e epistemologia*, p. 8.

[2] Leônia Cavalcante Teixeira, *Ética e Subjetividade: indagações em Habermas e Rorty*, p. 147.

fundamento a esse novo modo de pensar. O Homem, então, desafia a tradição e a autoridade enquanto é incentivado a pensar por si mesmo. Nessa nova organização social, a liberdade é uma *nova liberdade*, já que o Ser desabrocha enquanto subjetividade e surge, então, a idéia de uma *legislação autônoma da humanidade*: "Na nova liberdade, a humanidade quer assegurar-se do desenvolvimento autônomo de todas as suas faculdades para exercer seu domínio sobre toda a Terra".[3]

A noção de individualidade se desenvolve a partir do aparecimento da consciência individual que não mais se submete à Religião e seus preceitos, mas sim às novas crenças que dão ao indivíduo uma autonomia em relação ao seu grupo de origem, colocando-o mesmo como fundamento e sujeito da ética, da moral e da política. Consequentemente, as consciências individuais sofrem uma separação e as experiências passam, então, a ser subjetivas e não mais compartilhadas com os membros do grupo, com o chefe do clã, com os mais velhos.

Com o aparecimento da consciência de si mesmo no homem e, não tendo mais um modelo forte a seguir, as subjetividades não conseguem mais se estruturar. O indivíduo, então, só tem "a si mesmo para organizar suas experiências, colocando-se como fundamento auto-fundante"[4], ou seja, ele se torna a base do que acredita e, dessa forma, o sujeito "paga o preço de ter que administrar suas vivências subjetivas a partir do crivo racional que, como seu guia, impõe-lhe espaços nos quais deve experienciar-se distintamente"[5]. Assim, o viver é cindido, de um lado temos a vida privada e do outro, a vida pública.

De qualquer forma, os indivíduos/sujeitos que vivem em sociedade, vão se relacionar entre si e esse relacionamento, se considerarmos a sua qualidade e seus princípios, pode se dar de três formas distintas: heterônoma, autônoma ou ontonômica.

---

[3] M. Heidegger, *Nietzsche*, II, 8, Paris, Gallimard, 1971.
[4] Leônia Cavalcante Teixeira, *Ética e Subjetividade: indagações em Habermas e Rorty*, p. 148.
[5] Idem.

2. Formas de Relação entre Indivíduos

A. Heteronomia

(...) o 'verdadeiro mundo' se encontra sempre no 'meio', no 'Centro', pois é aí que há ruptura de nível, comunicação entre as três zonas cósmicas. Trata-se sempre de um Cosmo perfeito, seja qual for a sua extensão. Toda uma região, uma cidade, um santuário representam indiferentemente uma imago mundi. *(...) A Criação do Mundo torna-se o arquétipo de todo gesto criador humano, seja qual for seu plano de referência.*
Mircea Eliade, em *O Sagrado e o Profano*

A **Heteronomia** é um processo onde a relação que se estabelece entre duas ou mais pessoas é ditada pelo que vem de fora e é dependente do que é exterior ao sujeito. Esse tipo de relação aparece nas sociedades tradicionais (primitivas ou medievais) onde as tradições se impõem aos membros dessa cultura. Eles não escolhem as tradições que norteiam seu comportamento e, consequentemente, elas não foram criadas por sua vontade. Existe uma imposição que vem de fora sob a forma de transcendência radical à qual todos obedecem, como obedecem às leis da natureza. A vida dessas pessoas está constantemente subordinada a essa tradição. Não existe escolha nem vontade do sujeito no processo social.

A heteromia, como processo de relacionamento entre dois ou mais sujeitos, ou duas ou mais culturas, onde a exterioridade é dominante, onde as tradições se impõem como

forma de manter a coesão social, tem no mito e no mistério da Criação e da Consagração de um lugar que se torna sagrado através de um ritual que repete a cosmogonia, uma fonte inesgotável de sentido. "(...) A revelação de um espaço sagrado permite que se obtenha um 'ponto fixo', possibilitando, portanto, a orientação na homogeneidade caótica, a 'fundação do mundo', o viver real. (...) No interior do espaço sagrado, o mundo profano é transcendido"[6] e é

[6] Mircea Eliade, *O Sagrado e o Profano – a essência das religiões*, p. 25-26.

lá que se encontra uma *abertura* que torna possível a comunicação com os deuses: essa *porta* para o alto permite a descida dos deuses à Terra e o homem pode subir simbolicamente ao Céu. Esse lugar pode surgir quando algo que não pertence a este mundo aconteceu ou, então, pode-se procurar esse lugar e pede-se um sinal para que se tenha certeza da sua sacralidade. O território realmente habitado pelo homem passa a ser reconhecido como *o nosso mundo*, o *Cosmo*, o restante já não é um Cosmo e também não é o nosso mundo.

Para as sociedades tradicionais, "instalar-se num território equivale, em última instância, a consagrá-lo. (...) 'Situar-se' num lugar, organizá-lo, habitá-lo, são ações que pressupõe uma escolha existencial: a escolha do Universo que se está pronto a assumir ao *criá-lo*. Ora, esse 'Universo' é sempre a réplica do Universo exemplar criado e habitado pelos deuses; participa, portanto, da santidade da obra dos deuses."[7]

Nessas sociedades, portanto, temos que "considerar uma sequência de concepções religiosas e imagens cosmológicas que são solidárias e se articulam num 'sistema', ao qual se pode chamar de *sistema do Mundo* das sociedades tradicionais:

a) um lugar sagrado constitui uma ruptura na homogeneidade do espaço;

b) essa ruptura é simbolizada por uma abertura, por meio da qual se tornou possível a passagem de uma região cósmica a outra (do Céu à Terra e vice-versa; da Terra para o mundo inferior);

c) a comunicação com o Céu é expressa indiferentemente por um certo número de imagens referentes, todas elas, ao Axis mundi: pilar (cf. a universalis columna), escada (cf. a escada de Jacó), montanha, árvore, cipós etc;

d) em torno desse eixo cósmico estende-se o 'Mundo' ('nosso mundo') – logo, o eixo que encontra-se *ao meio*, no *umbigo da Terra*, é o Centro do Mundo."[8]

---

[7] Idem, p. 32.
[8] Idem, p. 34.

B. Autonomia

Flores num espelho e a lua refletida na água são ilusões.
Provérbio budista

A **Autonomia** traz um conceito novo, onde a determinação individual e as leis e regras são auto-instituídas. O indivíduo se emancipa da tradição e afirma sua independência conquistando sua autonomia, uma determinação própria, gerida por si mesmo e que provém de si mesmo e, assim, institui as normas e regras que regularão seu comportamento. O conceito de individualidade é uma sacralização contemporânea onde o indivíduo é o ser independente, autônomo e, consequentemente, não-social. O individualismo encontra terreno fértil para florescer com o aparecimento das cidades e a criação de uma classe burguesa que não tem uma tradição rígida, e ainda mais, que necessita da liberdade e da independência para poder se firmar social e economicamente, através do comércio, da importação de produtos exóticos vindos do Oriente e, um século depois, através da industrialização.

O horizonte desse *novo homem* é ele mesmo, e buscar incessantemente a auto-suficiência e a liberdade sem regras é seu lema. Este homem não aceita normas e leis nem da natureza, nem das coisas reais, nem de Deus, mas pretende fundá-las na sua vontade e a partir da sua razão.

Do fim do século XVI até meados do século XX a ética laica se forma, originalmente com o protestantismo de Lutero, e seus princípios se fundamentam na emancipação da moral de qualquer fundamento teológico e da valorização de tudo que é individual. Essa moral, que Max Weber chama de *ética protestante*, abre caminho para o desenvolvimento do comércio e para a revolução industrial, que por sua vez vão criar mecanismos para desenvolver uma técnica que se sofistica na medida das suas necessidades, o que vai contribuir tanto para o aumento da produção como para o desenvolvimento de novos produtos que se utilizarão cada vez menos da energia de forma geral. Esse processo vai gerar cada vez mais lucro para a classe burguesa, que se preocupa com o aumento contínuo do capital (através do acúmulo do lucro), e de manter seu poder político e econômico, independente do preço a ser pago.

Se seguirmos a história do pensamento filosófico que acompanhou esse período histórico, dois grandes filósofos tiveram uma influência marcante:

a Kant (fim do século XVIII) atribuiu um significado importante à idéia da autonomia, conceito que se valoriza cada vez mais, e que ele define como *vontade moral* autônoma que é, ao mesmo tempo, agente e princípio da moralidade. *A vontade moral* (...) "nada quer além de si mesma enquanto liberdade que dita a lei à qual se submete. Pela primeira vez, aparece uma representação da vontade que se toma como objeto".[9] Além disso, Kant acreditava que a metafísica era um conhecimento puramente racional e, portanto, podia ser considerada uma ciência. Essa crença na cientificidade da metafísica era produto da confiança que os homens dos séculos XVII e XVIII tinham no conhecimento puramente racional, ou seja, no conhecimento por meio da *Razão pura* que por sua vez, era produto da confiança que depositavam na matemática.

A ética kantiana, que se pretendia universal, estava fundada, não na experiência prática, mas no conhecimento racional *a priori*, que ele define como o conhecimento que independe do empírico, pois a experiência é incapaz de fundar o conhecimento universal e necessário. Esse tipo de conhecimento, apoiado exclusivamente na razão pura que Kant defende, está apoiado na lógica formal, e essa não é suficiente para fundar nem a metafísica, nem a física e a matemática. Ele pretendia fundamentar a **objetividade do dever**, isto é, **sua universalidade e sua necessidade,** de um modo não empírico, mas num modo racional de conhecimento *a priori*.

Segundo ele, a consciência do dever é um **Faktum da razão**, mas por que devo? Devo – porque sou um ser racional, e não devo perguntar a ninguém o que devo ou por que devo, mas sim devo perguntar unicamente a mim enquanto ser racional. Portanto a fonte última do Dever não é outra coisa que a Razão. A moralidade é a auto legislação de um ser racional e, portanto, suas leis não

---

9 Alan Renaut, *O Indivíduo – Reflexão acerca da filosofia do sujeito*, p. 15.

provêm de nenhuma instância transcendente. A filosofia kantiana, portanto, coloca a razão prática, a legalidade da ética, a vontade, a autonomia e a liberdade dos homens como intimamente vinculadas através de múltiplas relações recíprocas: o conceito de liberdade, por exemplo, tem tanto um sentido político como metafísico e esse é concebido como o livre arbítrio. A vontade é um modo de causalidade próprio dos seres racionais. A liberdade é propriedade da vontade que só é livre quando se autodetermina. Uma vontade livre é uma **vontade autônoma**. Dessa forma, os princípios primeiros da nova sociedade que nasce com a formação das cidades e que se desenvolve com o Mercantilismo e a Revolução Industrial, estavam explicitados na filosofia de Kant.

b Nietzsche, no fim do século XIX, se opõe às teorias de Kant e apresenta uma forma nova de olhar o mundo cujo objetivo é compreender os valores de sua época, sua origem e seu significado enquanto tal; legitima as diferentes formas de saber, afirmando que o pensar é uma delas. Dá ao pensamento analítico um lugar relativo, pois acredita que a racionalidade tem outros aspectos que poderiam ajudar na compreensão do mundo. Em sua obra, a temática principal e recorrente é: a crítica ao racionalismo cartesiano, ao idealismo alemão, ao empirismo inglês, a noção de historicidade. Apresenta em sua obra dois conceitos que influenciaram o pensamento moderno – ***a teoria do Eterno Retorno*** e a da ***vontade de potência***. Para ele, *vontade de potência* é a vontade de todos, diferindo muito da noção que a Psicologia nos trouxe, é uma força instintiva e primordial, uma força dionisíaca, uma força criadora que todos possuem, inclusive a Natureza. Segundo ele, "Nosso intelecto, nossa vontade, nossos sentimentos dependem de nossos julgamentos de valor; estes correspondem aos nossos instintos e às suas condições de existência. Nossos instintos são redutíveis à vontade de potência. A vontade de potência é o último lugar que podemos descer. Nosso intelecto é um instrumento."[10] Ele define o caráter dessa vontade de potência: "O

---

[10] F. Nietzsche, *La volonté de puissance I*, p. 223-224.

caráter da vontade de potência absoluta se encontra em toda extensão do domínio da vida. Se nós temos o direito de negar a presença do *consciente*, é difícil negar aquela das paixões propulsivas, por exemplo, dentro de uma floresta virgem. (A consciência contém sempre uma dupla refração, - não há nada de imediato.)"[11] Para ele, é através da vontade de potência que todo homem já possui ao nascer, mas que vai castrando ao longo da vida, que seria possível sair da História e entrar num tempo mais forte do que este, penetrando no *fundo das coisas* e resgatando o que se perdera. Esse homem renascido como Dionísio, despertará (...) "um interesse por si, uma tensão, uma esperança, quase uma certeza, como se com ele se anunciasse algo, se preparasse algo, como se o homem não fosse um alvo, mas somente um caminho, um episódio, uma ponte, uma grande promessa..."[12]

Nietzsche concebeu duas vertentes, dois modos complementares de ser do homem e da Natureza: o **modo apolíneo** que se traduz por luminoso, claro, dentro da medida, equilibrado, belo, harmonioso, racional, e o **modo dionisíaco**, que por sua vez se traduz por escuridão, profundezas, desmedido, errante, trágico, destroçado, dilacerado, instintivo. Essas duas forças habitam o homem e, segundo Nietzsche, ao negar uma das duas, o homem enfraquece sua vontade de potência, se torna um escravo das circunstâncias. Ao reprimir essa vontade em nome da racionalidade a qualquer preço, essa racionalidade é uma potência perigosa que solapa a vida, limitando-a. Os Homens e seus métodos são sempre provisórios e se constituem numa aventura, já que tudo na história é tentativa. "Exemplo de uma tal concepção provisória, destinada a assegurar a força suprema: o *fatalismo* (ego – Fatum) – sua forma extrema: o *Eterno Retorno.*"[13] Nietzsche, através de Zaratustra, um personagem que ele cria, faz uma crítica feroz ao conformismo, à inconsciência e à apatia que caracterizavam o homem do seu tempo e nos fala:

---

[11] F. Nietzsche, *La volonté de puissance I*, p. 224.
[12] F. Nietzsche, Coleção Os Pensadores, vol. XXXII, p. 318.
[13] F. Nietzsche, *La volonté de puissance I*, Paris, p. 335.

> *O homem é uma corda, atada entre o animal e o além-do-homem – uma corda sobre o abismo.*
>
> Perigosa travessia, perigoso a-caminho, perigoso olhar-para-trás, perigoso arrepiar-se e parar.
>
> *O que é grande no homem, é que ele é uma ponte e não um fim: o que pode ser amado no homem, é que ele é um passar e um sucumbir.*
>
> *Amo Aqueles que não sabem viver a não ser como os que sucumbem, pois são os que atravessam.*
>
> *(...) Amo Aqueles que não procuram atrás das estrelas uma razão para sucumbir e serem sacrificados: mas que sacrificam à terra, para que a terra um dia se torne do além-do-homem.*
>
> *(...) Amo Aquele que não reserva uma gota de espírito para si, mas quer ser inteiro o espírito de sua virtude: assim ele passa como espírito sobre a ponte.*
>
> *(...) Amo Aquele que justifica os futuros e redime os passados: pois ele quer ir ao fundo pelos presentes.*
>
> *(...) Amo Aquele cuja alma é profunda também no ferimento, e que por um pequeno incidente pode ir ao fundo: assim ele passa de bom grado por sobre a ponte.*
>
> *Amo Aquele cuja alma é repleta, de modo que ele esquece de si próprio, e todas as coisas estão nele: assim todas as coisas se tornam seu sucumbir.*
>
> *Amo Aquele que é de espírito livre e coração livre: assim sua cabeça é apenas a víscera de seu coração, mas seu coração o leva ao sucumbir.(...)* [14]
>
> Assim falou Zaratustra

Depois da segunda metade do século XX, cria corpo a percepção que a ruptura com a tradição não garantiu a verdadeira autonomia individual, e nem a cultura 'democrática' dos estados nacionais recém criados proporcionou um salto de desenvolvimento autêntico e auto-sustentado. Nietzsche leu o seu tempo histórico, pressentiu isso e criticou duramente essa sociedade e esse homem que sucumbiu a essa estrutura e se afogou nas suas próprias águas.

Durante os últimos trezentos anos, a cultura vai se fundamentando na sua própria imanência, isto é, o seu suporte

---

[14] F. Nietzsche, Coleção Os Pensadores, vol. XXXII, p. 235-236.

é o próprio indivíduo, o que constitui um imenso achatamento, um rebaixamento da idéia de cultura que passa a ser um universo do consumo e do bel-prazer. A experiência democrática contemporânea é uma 'extensão da subjetividade' aliada a uma 'desinibição da individualidade', o que permite a substituição mútua dos conceitos autonomia/independência e sujeito/indivíduo, como se tudo fosse *farinha do mesmo saco*. O individualismo moderno, segundo Tocqueville, permite a identificação da democracia com a afirmação do indivíduo enquanto princípio e, ao mesmo tempo, enquanto valor. A dinâmica do individualismo é uma pseudo-emancipação que leva a ciclos devoradores de consumo. Para Tocqueville, "(...) a democracia não só leva cada homem a esquecer-se de seus antepassados, mas também lhe esconde seus descendentes e o separa de seus contemporâneos; sem cessar, ela o traz de volta para si mesmo, ameaçando enclausurá-lo inteiramente na solidão de seu próprio coração".[15]

O individualismo tido como processo que define o homem como valor supremo e que afirma o indivíduo enquanto princípio, e, ao mesmo tempo, enquanto valor, não pode ser confundido com o processo de individuação que constrói a subjetividade, quando surgem a consciência de si e a possibilidade de livre escolha. "A idéia de sujeito, *precisamente na medida em que ela não se reduz à de indivíduo, mas, ao contrário, implica uma transcendência, uma ultrapassagem da individualidade*, encerra em si a intersubjetividade e, assim, a comunicação em torno de uma esfera comum de princípios e valores. E é, sem dúvida, mediante essa articulação intrínseca entre subjetividade e intersubjetividade que se trata de repensar o mundo de hoje."[16]

O processo de transformação do indivíduo em sujeito é comum nas Culturas onde a autonomia ou a ontonomia rege as relações entre seus membros, ainda que, sejam processos diferentes: na autonomia, as escolhas são limitadas, pois a consciência se estreita ao colocar o próprio indivíduo como centro de tudo e, mais grave ainda, a vontade individual passa a ser controlada pelo *Marketing* ou pela Propa-

---

[15] Alan Renaut, *O Indivíduo – Reflexão acerca da filosofia do sujeito*, p. 31-32.

[16] Idem, p. 90.

ganda (a partir do pós-guerra), e o indivíduo nem se apercebe disso; na ontonomia, como veremos abaixo, a subjetividade e a intersubjetividade se articulam, as escolhas são exercidas efetivamente pelos sujeitos, porque as consciências foram despertadas a refletir profundamente sobre: o papel do Homem na Terra, a relação consigo mesmo, com o outro, com o Cosmo, e, principalmente, o caráter sagrado de sua tríplice natureza composta de corpo, alma e espírito.

C. Ontonomia

Ouse a Palavra

Assim que é proferida, a Palavra te profere
Ouse a Palavra.
Assim que nasce, o rio corre para o seu fim
Ouse o oceano.
Não há lugar onde repousar tua cabeça
Ouse o Todo.
Jamais partistes e jamais chegastes
Ouse a partida.
Assim é a grande viagem: que tu te tornes
o homem estupefato.
O canto da viagem é um rumor
tão forte
que só tu o entendes.
O ritmo da viagem é uma vigilância tão
extraordinária
que só tu o sabes.
A parada da viagem não passa de um porto
cada vez mais distante.
Na árvore de mil ramos todos
os universos se mesclam,
mas tu, na calma da árvore,
percebes a Imensidão.
Jalal ud-Din Rûmi, poeta persa do sec. XIII

A **Ontonomia** é um processo de relação entre duas ou mais pessoas dentro de uma Cultura, que é determinada pela natureza existencial e essencial do ser humano e faz parte da própria estrutura da Realidade. "A ontologia é a essência de toda relação entre os seres humanos e mesmo de toda relação interna do ser consigo mesmo. O fato do *ser* ter uma abertura, não faz parte da sua natureza como ser? Nossa existência concreta se interpreta em função dessa entrada na abertura do ser humano em geral. Nós existimos num circuito de inteligência com o real – a inteligência é o acontecimento que a existência articula."[17] Somos, portanto, seres inteligentes que mantêm uma relação estreita com o real, relação essa sempre mediada pela comunicação com os outros seres através da linguagem. No processo de relação entre pessoas, segundo Levinas, eu coloco o outro no lugar do ser. Nesta concepção, o outro não é um objeto para um sujeito e "(...) tudo começa pelo direito do outro e por minha obrigação infinita a este respeito. O humano está acima das forças humanas. (...) a relação com o outro é o solo de uma co-presença ética. E é somente a partir dessa relação que a *presença* pode acontecer."[18]

As obras de Levinas insistem na importância do Outro para formar o Eu no sujeito e assim, ao invés do indivíduo agir perante o outro como gostaria de ser tratado, é a descoberta do outro que impõe a conduta adequada. Não sou Eu perante o Outro, mas sim, os Outros diante de mim. Ele afirma, "A contribuição essencial da nova ontonomia pode surgir através da oposição ao intelectualismo. Compreender o instrumento – não é vê-lo, é saber manejá-lo; compreender nossa situação no mundo real – não é defini-la, mas se disponibilizar afetivamente; compreender o ser humano – é existir. Tudo isto indica, me parece, uma ruptura com a estrutura teórica do pensamento ocidental. Pensar não é mais contemplar, mas se engajar, ser englobado naquilo que se pensa, se aventurar – acontecimento dramático do ser-no-mundo."[19] Portanto compreender o outro não pressupõe somente uma atitude teórica, mas uma ação, um comportamento humano. "Cada homem é uma ontologia. Sua obra científica, sua vida afetiva, a satisfação das suas necessidades e seu trabalho, sua vida social e sua morte articulam,

---

[17] Emmanuel Levinas, *Entre nous – Essais sur le penser-à-l'autre*, p. 16.
[18] C. Descamps, *Les Idées Philosophiques Contemporaines en France*, p. 103.
[19] Emmanuel Levinas, *Entre nous – Essais sur le penser-à-l'autre*, p. 15.

com um rigor que reservam a cada um dos seus momentos, uma função determinada, a compreensão do ser humano ou a verdade. Toda a nossa civilização foge desta compreensão – esta civilização se caracterizou pelo esquecimento do ser humano. Não é porque existe o homem que existe a verdade. Mas é porque o ser humano geralmente é inseparável de sua infinitude – porque existe a verdade, ou, se quiserem, porque o ser é inteligível que existe humanidade."[20]

"O Eu individual pessoalmente relacionado, ao delinear-se - longe de re-propor o *cogito* cartesiano ou a mônada sem janelas de Leibniz - significa acontecimento do ser na concretude de um mistério: o Eu é dado a si mesmo; o Eu é, mas não é dado a si mesmo. Aquilo que o Eu experimenta como mais próprio e pessoal não é originariamente uma posse, mas o recebe dos outros, do Outro, como um dom: portanto o ser humano se constitui numa relação que diversifica."[21] Aqui, o ser humano vivo, mais que pensante, ético e intencionalmente interrogante, experienciando a vida e seu mundo circundante, se volta para a Natureza, para os outros seres humanos e para a Alteridade, realizando a conexão de todos esses aspectos.

A criança, ao nascer, confia que vai ser amada e acolhida neste mundo. Segundo Maturana, "A vida humana, como toda vida animal, é vivida no fluxo emocional que constitui, a cada instante, o cenário básico a partir do qual surgem nossas ações. (...) A emoção que estrutura a coexistência social é o amor, ou seja, o domínio das ações que constituem o outro como um legítimo outro em coexistência. E nós, humanos, nos tornamos seres sociais desde nossa primeira infância, na intimidade da coexistência social com nossas mães. Assim, a criança que não vive sua primeira infância numa relação de total confiança e aceitação, num encontro corporal íntimo com sua mãe, não se desenvolve adequadamente como um ser social bem integrado."[22]

A educação formal das crianças na maioria das escolas, atualmente, não leva em conta o sujeito-aprendiz, qual sua origem, seus anseios, suas emoções e, principalmente, não

---

[20] Emmanuel Levinas, *Entre nous – Essais sur le penser-à-l'autre*, p. 14.

[21] P. Manganaro, *Alteridade, filosofia e mística: entre fenomenologia e epistemologia*, p. 5.

[22] H. Maturana e G. Verden-Zöller, *Amar e Brincar*, p. 29 e 45.

o ensina a pensar e refletir sobre o próprio comportamento. Como vivemos numa sociedade patriarcal, nosso pensamento é sempre linear, seu contexto é o da apropriação e controle e está sempre procurando obter algum resultado particular. Ao contrário, no modelo da cultura matrística (cultura pré-patriarcal européia) que Maturana nos apresenta, a criança que se torna adulta "deve ter vivido em contínua expansão da mesma maneira de viver: harmonia na convivência, participação e inclusão num mundo e numa vida que estavam de modo permanente sob seus cuidados e responsabilidade. (...) O pensamento nessa cultura, ocorre num contexto de consciência da interligação de toda a existência."[23]

A Transdisciplinaridade se constitui tanto de uma teoria do conhecimento quanto de uma prática que procura inspirar no sujeito uma atitude transdisciplinar, na qual cada homem assume sua humanidade transcendente e assim descobre a energia criadora no Mundo que brota de uma plenitude, o sagrado na sua vida e, por causa disso, assume corajosamente responsabilidades perante o Planeta e todos os homens. Repetindo Levinas, "tudo começa pelo direito do outro e por minha obrigação infinita a este respeito" e essa atitude ética nos leva à escuta atenta e à percepção do outro e do meio que o circunda, ao respeito à diversidade e à consciência da interligação de tudo que ocorre no nosso entorno e fora dele. Tudo isso é só o começo de um longo caminho a percorrer e de uma vida inteira para realizar. Viver a transdisciplinaridade hoje exige de nós um esforço perceptivo que seja capaz de perceber que as culturas e os indivíduos vivenciam dois desafios vitais: "a perturbação dos equilíbrios ecológicos, devidos à busca incessante do lucro, e a crise antropológica aberta pelo aumento da população e pelas trocas transculturais".[24] Esses dois fatores influenciam negativamente o comportamento dos habitantes do planeta em geral.

Para melhorar essa condição planetária, a tarefa de cada pessoa adulta e consciente deveria ser a de trabalhar e ser responsável pela sua própria formação O trabalho apresentado pelo professor Pascal Galvani no II Encontro Catalisador do CETRANS – Centro de Educação Transdisciplinar, reali-

---

[23] H. Maturana e G. Verden-Zöller, *Amar e Brincar*, p. 47.

[24] Pascal Galvani, *Educação e Transdisciplinaridade II*, p. 95.

zado em 2000 em São Paulo, sobre a auto-formação, enriqueceu a nossa visão de práticas educativas de formação de formadores. A atitude transdisciplinar ganhou muito com a teoria da auto-formação e, como prática, contribuiu para que se percebesse que o eixo da ação educativa, que no passado tinha uma visão exteriorizada que impingia ao aluno conteúdos inadequados que nada tinham a ver com a sua vida real, tinha que ser mudado. Esse tipo de educação não deu os resultados esperados e, assim, contribuiu para aumentar ainda mais nos indivíduos a visão destruidora do mundo e a falta de esperança em relação ao futuro; a transdisciplinaridade compreende que a educação é um processo triplo sempre pilotado pelo sujeito: um pólo vem de dentro do sujeito e vai para o mundo; outro faz o caminho inverso, vai do mundo exterior para o interior do sujeito; um terceiro é constituído pela tomada de consciência e de retroação reflexiva sobre as influências hetero-formativas e eco-formativas. Os três pólos têm o mesmo grau de importância se falarmos em formação, e assim estaremos dando um passo decisivo para integrar o conceito de exterioridade utilizando as ferramentas de uma abordagem que começa no interior de cada pessoa: a auto-formação. Segundo Pascal Galvani, "a auto-formação implica, por um lado, numa abordagem transdisciplinar, por considerar a pluralidade de níveis de realidade desses dois conceitos: *autos* (si) e *formação*. Por outro lado, a auto-formação é um processo antropológico que implica numa abordagem transcultural."[25]

A auto-formação é um componente da formação considerada como processo tripolar: o si mesmo (auto-formação), os outros (hetero-formação), e as coisas (eco-formação). "Essas assimilações formadoras correspondem ao conceito de acoplamentos estruturais de Varela."[26] A auto-formação possui três dinâmicas que são conduzidas pelo sujeito: as tomadas de consciência, as retroações da pessoa sobre as influências físicas e sociais recebidas, e a terceira, "a tomada de consciência do sujeito sobre seu próprio funcionamento, o que Varela chama de fechamento operacional".[27]

Existe, então, um triplo movimento de tomada de cons-

---

[25] Pascal Galvani, *Educação e Transdisciplinaridade II*, p. 95.
[26] Francisco Varela, *Autonomie et connaissance: essais sur le vivant.*
[27] Idem.

ciência e de tomada de poder da pessoa sobre sua formação: a auto-formação. Esta (...) "se caracteriza pelo imbricamento da reflexividade e da interação entre a pessoa e o meio ambiente".[28]

A ontonomia hoje está estreitamente ligada ao processo tripolar descrito acima, pois esse tipo de formação amplia a nossa compreensão do que é a natureza existencial e essencial do ser humano e da estrutura da Realidade, contribuindo para dar ao sujeito uma visão de esperança no futuro e fazendo com que este se sinta responsável por si e por seus atos, respeitando o outro e a Natureza que a tudo envolve. A conduta ética, segundo Maturana, não se encontra nos grandes Tratados, mas na relação que estabelecemos com os outros seres humanos, e esta se concretiza quando eu me importo com o que faço, como faço e com as consequências que meus atos terão e como afetarão os outros seres vivos.

Segundo Levinas, respeitar o outro é uma ação louvável, porém muito pobre, pois a alteridade não se fundamenta somente na compreensão do outro, mas se completa na relação que estabeleço com ele, através da comunicação, pois "a palavra desenha uma relação original. Trata-se de perceber a função da linguagem não como subordinada à *consciência* que tomamos da presença de outrem ou de sua aproximação ou da comunhão com ele, mas como condição dessa *tomada de consciência*. (...) Eu lhe falo, isto é, eu negligenciei o ser universal que ela encarna para me deter no *sendo* particular que ela é. (...) Se dar (a esse outro), é se expor à astúcia da inteligência, ser tomado pela mediação do conceito, da luz do ser em geral, por um desvio, pelo 'grupo'; se dar, é dar significado à partir do que não somos. A relação com o rosto, acontecimento notável da coletividade – a palavra – é uma relação com o *sendo* ele [29]mesmo, enquanto puro *sendo*."

Além da formação tripolar que media a educação e da conduta ética que nasce da tomada de consciência da relação do eu com o outro e se concretiza na comunicação, a Política também faz parte da estrutura social de uma cultura,

[28] Pascal Galvani, *Educação e Transdisciplinaridade II*, p. 97.

[29] Emmanuel Levinas, *Entre nous – Essais sur le penser-à-l'autre*, p. 18-23.

tendo o papel de organizar a vida dos cidadãos que dela fazem parte, e que geralmente habitam as cidades, estabelecendo qual o tipo de governo, elaborando as leis e aplicando-as para manter a coesão social. Panikkar, em seu livro *O Espírito da Política*, nos mostra a importância da Política para a organização social e econômica de um povo e como os diferentes processos de relacionamento dos membros de uma cidade influenciam o tipo de governo e o governante que ela vai ter e, "por medo de cair no extremo da *heteronomia* das teocracias, tiranias e ditaduras, as pessoas não devem se tornar vítimas da *autonomia* disseminadora dos estados soberanos, ou do individualismo das instituições atomizadas. A secularidade sagrada nos descobre a *ontonomia* da realidade na visão não-dualista das coisas."[30] Portanto, a ontonomia se alimenta de uma lógica que reconhece o terceiro incluído, que não fica restrita à contradição de dois termos que se opõem; consequentemente a inclusão, no sentido mais amplo do termo, rege todas as relações do sujeito, seja com ele mesmo, com os outros ou com o meio em que ele vive.

Panikkar nos descreve como funcionava a *polis* grega e como seus membros concebiam a inseparabilidade de suas relações concretas com a terra que lhes pertence – seu 'chão'. As instituições na *polis* (cidade) compreendiam "um conjunto de instituições ontonômicas que não estão necessariamente centralizadas. Estamos, aqui, pensando nos clãs, nas famílias, nas castas. A cidade é um organismo humano. Cada membro tem sua *ontonomia*. O estado deve estar necessariamente centralizado: se ele não exerce um controle firme, pelo menos deve estar informado sobre todos os acontecimentos. É o estado quem redistribui os produtos das tribos, goza de uma *potestas* suprema. A *polis* é um povo que se organiza; o estado é um povo institucionalizado. A *polis* é formada por um conjunto de instituições cuja coesão é assegurada por um fato que se percebe como natural. Subsiste graças a um *mito*. O estado é uma instituição de instituições cuja coesão é assegurada por uma organização. Subsiste graças a um *poder*."[31]

---

[30] Raimon Panikkar, *O Espírito da Política*, p. 160.
[31] Idem, p. 166.

No capítulo em que Panikkar fala sobre o modelo grego de organização política, ele nos mostra que "a *polis*, 'a cidade', era considerada como um microcosmo, um pequeno mundo no qual a pessoa humana se colocava e se realizava como pessoa na medida em que ela se tornava (outro) microcosmo. O homem e a cidade simbolizavam o *cosmo*, toda a realidade. Não esqueçamos que o microcosmo que era a cidade (intermediário entre o cosmo pessoal e o macrocosmo) tinha também seus Deuses e seus espíritos."[32] Este fato garantia a coesão dos seus membros, e cada cidadão sabia exatamente quem era, qual a sua origem ou de sua família e qual era sua função dentro da estrutura social.

O Governo, portanto, é algo inevitável na *polis* e pode ajudar, tanto a própria cidade como os indivíduos a se desenvolverem e se respeitarem. Mas, com que objetivo? Na *República*, Platão, nos diz que a função principal do governo é a realização da justiça equilibrada pelo *métron*, termo usado na música e que representa o movimento da alma, e significa a boa medida. A justiça na concepção de Platão, era a ordenação que leva em conta o que todos os habitantes da *polis* fazem de melhor tendo em vista o todo. A justiça nada mais é do que ordem, ordenação, porque obedece um ritmo tal como uma sinfonia. Quando o governante não põe em prática a justiça, a harmonia é quebrada, a sinfonia perde o tom e desafina. A justiça e a *boa medida* (*sofrosyne*) têm que andar juntas. "A *sofrosyne* é uma espécie de ordenação, e ainda o domínio de certos prazeres e desejos."[33] "Mas esta expressão parece-me significar que na alma do homem há como que uma parte melhor e outra pior; quando a melhor por natureza domina a pior, chama-se a isso 'ser senhor de si' - que é um elogio, sem dúvida; porém, quando devido a uma má educação ou companhia, a parte melhor, sendo menor, é dominada pela superabundância da pior, a tal expressão censura o fato como coisa vergonhosa, e chama ao homem que se encontra nessa situação escravo de si mesmo e sem temperança."[34]

A *sofrosyne* é uma condição da política que se converte, ao mesmo tempo, em causa e efeito de um ciclo vital. A

---

[32] Raimon Panikkar, *O Espírito da Política* , p. 72.
[33] Platão, *A República*, Livro IV, 430e, 1993.
[34] Idem, Livro IV, 431a.

palavra é quase intraduzível. Ela nos sugere um tipo de inteligência e nos fala do homem salvo, intacto. *Sofrosyne* é traduzida como a faculdade de pensar, de fazer a escolha certa, de sentir, de viver, de realmente ser. Para viver inteiramente a *sofrozyne*, para viver em consonância harmônica consigo mesmo, com o outro e com a cidade, tanto os governantes quanto os cidadãos devem ser virtuosos. Eles têm que ter *aretê*, isto é, a virtude de sempre buscar o melhor, de fazer sempre o melhor, até encontrar a excelência. Assim, a *ontonomia* das relações é respeitada e todos os membros que participam da cidade, ganham.

3. Arquétipo, Símbolo e Mito[35]

> O organismo opõe à luz uma estrutura nova – o olho – e, ao processo natural, o espírito opõe uma imagem simbólica que apreende o processo natural do mesmo modo como o olho capta a luz. E, assim como o olho é um testemunho da atividade criadora particular e autônoma da matéria viva, do mesmo modo também a imagem originária é uma expressão da força criadora própria e absoluta do espírito.
>
> Carl G. Jung, em *Tipos Psicológicos*

Os nossos modelos de pensar não são comuns a todas as sociedades, ainda que todos os homens da Terra tenham uma consciência, se comuniquem pela fala, tenham uma linguagem própria, costumes e sistemas econômico e educacional próprios, ou seja, todos têm Culturas que se diferenciam umas das outras. "Toda a cultura é, portanto, uma realidade muito complexa, na qual diferentes níveis e dimensões se interrelacionam."[36] As três dimensões, segundo Vachon, a lógico-epistêmica, a mítica simbólica e a mistérica, são a essência e a base que constituem as culturas e elas se diferenciam por uma organização interna onde esses elementos se combinam e encontram significados os mais diversos.

---

[35] Alguns textos da seção 3, *Arquétipo, Símbolo e Mito*, foram tirados do livro *As Faces Eternas do Feminino no cinema e na propaganda*, de minha autoria e Maria Teresa de Barros Nabholz.
[36] Agustí Nicolau Coll, *Educação e Transdisciplinaridade II*, p. 77.

Para desenvolver a proposta deste artigo, que é mostrar como os relacionamentos entre os membros de uma Cultura se estabelecem, e ainda, quais são os princípios que as fundamentam, precisarei explicitar os conceitos que serviram de base para a meu trabalho. Para isso, começarei definindo o que são e o que significam o arquétipo, o símbolo e o mito para as sociedades humanas.

A. O Arquétipo

> *Certamente todos os homens são iguais uns aos outro, pois de outro modo não sucumbiriam à mesma ilusão.*
>
> Carl G. Jung

O pensamento humano tem uma estrutura bastante complexa, já que expressamos o que sentimos, queremos ou pensamos através de símbolos, e a própria linguagem é um conjunto de símbolos. A nossa psique possui "imagens originárias", segundo Jung, e são essas imagens que são capazes de expressar os comportamentos comuns do homem, que se repetem indefinidamente no mundo inteiro e em todas as épocas, já que são motivos típicos em sua essência. Toda vez que um indivíduo vai ter uma experiência que se encaixa dentro de um modelo genérico e repetitivo, dele emerge um potencial arquetípico. Citando Jolande Jacobi, discípula de Jung, podemos dizer que "os arquétipos representam uma condição estrutural da psique que, sob determinada constelação (de natureza interna e externa), é capaz de produzir as mesmas formações, o que não tem nada a ver com a transmissão hereditária de determinadas imagens. "Elas são 'herdadas' apenas no sentido de que a estrutura da psique, tal como é, representa um patrimônio humano geral e carrega dentro de si a capacidade de manifestar-se em determinadas formas específicas."[37] Esses motivos já eram expressos pelos povos antigos nas suas culturas e idéias religiosas, e chegam até mesmo aos sonhos, visões e fantasias do homem moderno. É importante notar, entretanto, que dentro do inconsciente, os diversos arquétipos

---

[37] Jolande Jacobi, *Complexo, Arquétipo e Símbolo*, p. 7-8.

não se encontram isolados e diferenciados, mas sim misturados, fundidos, constituindo o tecido vivo da psique, embora sejam intuitivamente perceptíveis. Quando há necessidade de atualização de uma energia arquetípica pela psique, esta energia se aproxima dos limites da consciência e se transmuta num símbolo, que emergirá num sonho ou numa experiência pessoal intensa.

A manifestação dos arquétipos pode se dar em diferentes graus e planos psíquicos das mais diversas formas, adaptando-se em seus modos de manifestação às situações correspondentes, sem que perca sua estrutura e significação fundamental. Não podemos esquecer que a linguagem do inconsciente é figurada e se expressará sempre de forma simbólica, ou, como coloca Jolande, como "uma parábola verbal". Assim, por exemplo, o Sol pode ser identificado com o leão, o rei, o tesouro protegido pelo dragão, a força vital do homem, sem que nenhuma dessas "parábolas" expresse integralmente o conteúdo desejado, que permanece desconhecido e não formulado, contrariando sempre o intelecto, não permitindo ser totalmente explicado ou liquidado.

Uma outra característica interessante do arquétipo e sua manifestação como símbolo é a sua bipolaridade. O arquétipo não é em si bom ou mau. Todo arquétipo tem um caráter positivo, favorável, claro e orientado para cima, para uma elevação, um crescimento, e um outro aspecto negativo, mais sombrio e orientado para baixo, para uma decadência. Ativar o arquétipo positiva ou negativamente, depende de como vivenciamos determinado modelo ou experiência. Ele também não está circunscrito aos limites de tempo e espaço; pelo contrário, contém o antes e o depois, o para trás e o para frente, o que já foi e o que será, trazendo o sentido pleno de toda vivência, antes que seja feita a opção de como iremos fazer a atualização do potencial.

Passamos a viver nosso mito pessoal, uma experiência arquetípica de grande impacto que pode ser a chave para a resolução de uma grande questão interior ou então a destruição de nosso equilíbrio psíquico, o nos levará de volta ao caos, ao descontrole e à loucura. O inconsciente pode querer sinalizar momentos marcantes através de sonhos arquetípicos que costumam acontecer em momentos importantes de nossas vidas e que indicam possibilidade de resolução que se originam no inconsciente desperto e atento para as situações de impasse psicológico.

Para completar o conceito de arquétipo, faremos uma citação do próprio Jung: "A psique fornece, incessantemente, através dos arquétipos, as figuras e formas que tornam possível o reconhecimento em si. Não há idéia ou pensamento essencial algum que não se baseie em formas arquetípicas originárias, nascidas numa época em que o consciente ainda não pensava, mas percebia, e a idéia era ainda essencialmente reveladora, nada inventada, mas imposta pela necessidade interna ou pelo caráter convincente dos fatos imediatos. Desse modo, os arquétipos nada mais são do que formas típicas de conceber e contemplar, de vivenciar e reagir, da maneira de se comportar e de sofrer, retratos da própria vida, que se encarregam de produzir formas, dissolvê-las e reproduzi-las de novo com o velho cunho, não apenas no material como no psíquico e também no espiritual."[38]

A formulação do conceito de arquétipo é encarada como a contribuição mais radical e importante de Jung para a história do pensamento psicológico no Ocidente e essa importante formulação reflete a profundidade do seu trabalho porque levou a reflexão para além da preocupação clínica e dos modelos científicos, afirma James Hillman, um dos grandes estudiosos das obras de Jung, que aprofundou e fez avançar suas idéias. A área mais importante do trabalho de Jung é sem dúvida alguma, a teoria arquetípica que ele desenvolveu na maturidade: "... o conceito de arquétipo ganha profundidade e alcance que ele apontava desde o início. Há um aprofundamento constante no trabalho de Jung: do pessoal para o universal, da consciência para o inconsciente, do particular para o coletivo, enfim, dos tipos para os arque-tipos".[39]

Segundo Hillman, "O termo 'arquetípico', em oposição a 'analítico', referência comum utilizada para a psicologia junguiana, foi preferido, não só porque reflete a profundidade teórica dos últimos trabalhos de Jung, os quais tentam resolver os problemas psicológicos para além dos modelos

---

[38] Jolande Jacobi, *Complexo, Arquétipo e Símbolo*, p. 12-13.
[39] James Hillman, *Psicologia Arquetípica: um breve relato*, p. 9.

científicos".[40] Foi preferido principalmente porque 'arquétipo' pertence a todas as culturas, a todas as formas de atividade humana, e não somente aos profissionais que praticam a terapêutica moderna.

Pela definição tradicional, arquétipos são as formas primárias que governam a psique. Mas não podem ser contidas apenas pela psique, uma vez que também se manifestam no plano físico, social, linguístico, estético e espiritual. "De Jung vem a idéia de que as estruturas básicas e universais da psique, os padrões formais de seus modos de relação, são padrões arquetípicos. (...) Para Jung, eles são antropológicos, culturais e também espirituais, na medida em que transcendem o mundo empírico do tempo e espaço e, de fato, não são propriamente fenomenais."[41]

Uma outra posição têm os pós-junguianos, entre eles Hillman e Corbin, pois consideram o arquétipo sempre como fenomenológico, evitando assim o idealismo kantiano que eles viam na teoria de Jung. "A linguagem primária e irredutível desses padrões arquetípicos é o discurso metafórico dos mitos. Eles podem assim ser compreendidos como os padrões fundamentais da existência humana. Para estudar a natureza humana no seu nível mais básico, é necessário voltar-se para a cultura (mitologia, religião, arte, arquitetura, o épico, o drama, o ritual) onde esses padrões são retratados."[42] Encontramos na obra de Jung muitas passagens que definem o significado psicológico e arquetípico do mito, além de outros estudiosos que contribuíram para que este conceito se incorporasse de vez à psicologia tais como Ernest Cassirer, Karl Kerényi, Erich Neumann, Henrich Zimmer, Gilbert Durand, Joseph Campbell e David Miller.

Foi Hillman quem, pela primeira vez, nos fez enxergar os arquétipos como as estruturas básicas da imaginação afirmando que a natureza fundamental dos arquétipos só é acessível à imaginação e apresenta-se como imagem.

O segundo nome mais importante da psicologia arquetípica é Henry Corbin (1903-1978), acadêmico francês, filósofo e místico, que ficou conhecido pela interpretação que fez do pensamento islâmico. Corbin havia estudado

---

[40] James Hillman, *Psicologia Arquetípica: um breve relato*, p. 21.
[41] Idem, p. 21-23.
[42] Idem, p. 23.

profundamente os trabalhos de Jung, mas acreditava, ao contrário de seu antecessor, que os arquétipos tinham caráter de fenômenos. Corbin acreditava que o *mundus archetupalis* ('alam al-mithal) é também o *mundus imaginalis* que se constitui num "campo distinto de realidades imaginais, que requer métodos e habilidades perceptuais diferentes daqueles do mundo espiritual e para além dele, ou do mundo empírico da senso-percepção genérica e das formulações ingênuas. O *mundus imaginalis* oferece um modo ontológico para a localização dos arquétipos da psique: como estruturas fundamentais da imaginação ou como fenômenos fundamentalmente imaginativos que transcendem o mundo dos sentidos em seu *valor*, senão em sua aparência. Seu valor está na sua natureza teofânica e na sua virtualidade ou potencialidade, que são sempre ontologicamente maiores que a realidade e seus limites."[43] Os fenômenos aparecem e sua aparição se dá para a imaginação ou na imaginação. Os arquétipos, para Corbin, são providos pelo *mundus imaginalis* que lhes dão o fundamento cósmico e de valor que necessitam, e são totalmente diferentes do instinto biológico, formas eternas, números, transmissão social e linguística, reações bioquímicas, código genético etc. Corbin coloca:

a) "que a natureza fundamental do arquétipo é acessível primeiro à imaginação e apresenta-se primeiramente como imagem, de tal modo que,

b) todo o procedimento da psicologia arquetípica, como um método, é imaginativo. Sua exposição deve ser poética e retórica, seu raciocínio não-lógico, e seu objetivo terapêutico não devem ser nem a adaptação social nem a individualização pessoal, mas sim um trabalho a serviço da restauração da realidade imaginal do paciente. O objetivo da terapia é o desenvolvimento de um sentido de alma, o território comum das realidades psíquicas, e seu método, o cultivo da imaginação."[44]

O próprio Jung reconhece, no final de sua vida, que as imagens são independentes da subjetividade e até mesmo da própria imaginação como uma atividade mental. Nesta formulação, a mente está na imaginação ao invés da imagi-

---

[43] James Hillman, *Psicologia Arquetípica: um breve relato*, p. 23-24.
[44] Idem, p. 24.

nação estar na mente. Ele afirma: "Contudo isto é ainda 'psicologia', embora não mais ciência; é psicologia no mais amplo sentido da palavra, uma atividade psicológica de natureza criativa, na qual é dado à fantasia criativa o lugar principal."[45]

A idéia de que a imaginação é independente da subjetividade, possibilita a Corbin afirmar que o coração desperto é um *locus* do imaginário. "Essa interdependência de coração e imagem liga intimamente as bases da psicologia arquetípica com o fenômeno do amor (*Eros*). A teoria de Corbin sobre a imaginação criativa do coração vai significar para a psicologia que, quando esta se baseia na imagem, é preciso que ao mesmo tempo se reconheça que a imaginação não é meramente uma faculdade humana, mas uma atividade da alma à qual a imaginação humana presta testemunho. Não somos nós que imaginamos, mas nós que somos imaginados."[46] Como vimos, a imagem e a imaginação criativa, ou *imaginal*, exercem um papel muito importante na psicologia arquetípica pós-junguiana.

Outro autor importante que destaca o papel da imagem e da imaginação criadora é Adonis ou Alî Ahmad Sa' îd, poeta, escritor, nascido na Síria, onde é educado dentro da cultura sufi, mas, morando no Líbano, se nacionaliza libanês por motivos políticos. Ele nos mostra, tanto na sua poesia quanto nos ensaios que escreveu, que a "percepção imaginativa apreende as coisas na sua totalidade e na sua forma original: ela é um saber do indescritível e propaga de forma cativante o indizível. O lugar que ela define é mais vasto que a percepção positivista, prisioneira dos limites espaço-temporais, do tempo matemático e de uma concepção quantitativa da matéria."[47]

Adonis nos mostra a importância da imagem e de como ela é desvelada: "O objetivo procurado sendo o de desvelar o desconhecido, a imagem é aí, precisamente, pura criação. Ela não se engendra nem por comparação, nem por isometria, mas pela aproximação de dois mundos divergentes que são assim levados a formar uma unidade."[48]

---

[45] C. G. Jung, *The Collected Works (CW)*, Bollingen Series XX, vols. 1-20.
[46] James Hillman, *Psicologia Arquetípica: um breve relato*, p. 27-28.
[47] Michel Camus, *Adonis – Le Visionnaire*, p. 95.
[48] Idem, p. 89.

A imagem tem uma especificidade única, pois ela "não é nem fabricação, nem um meio técnico de expressão; em outros termos, ela não é nem eloquência, nem retórica, mas formação original, surgindo do movimento da intuição poética. A força e a riqueza da imagem reside na qualidade de relações que ela cria ou desvela entre os dois mundos. Não obstante, ela permanece rebelde à toda percepção racional, à toda domesticação e à todo condicionamento no real concreto."[49]

A imagem, como é descrita por Adonis, nos mostra que, além da sua especificidade, de não obedecer regras puramente racionais e de não se prender aos condicionamentos que a realidade possa trazer, ela é real, pois tem a capacidade de desvelar o original e o essencial, mas ao mesmo tempo ela "escapa do real palpável desde o momento que ela indica aquilo que se encontra do outro lado do mesmo. Ela não é em nenhum caso 'descrição' mas 'luz' desvelando e transpassando as coisas. Ela é orientação, o impulso em direção ao desconhecido. Neste sentido, ela provoca um choque, e clama por uma sensibilidade nova."[50]

Essa nova concepção da imagem e da imaginação criativa, exige de nós uma transformação na maneira como olhamos o mundo, seja ele arquetípico ou real. O homem e seu corpo, o microcosmo, se tornando transparente sob a ação da imaginação criativa é vivido como o campo original do mundo possível. Segundo Adonis, "Enquanto fundamento e origem de sua experiência, o corpo metafórico do homem se torna a *unidade* do ideal e do real. Seu corpo é o lugar de todas as transformações possíveis do mundo sensível. Esta reflexão do interior em direção ao exterior constitui de fato um deslocamento do saber relativo em direção à presença objetiva; no novo saber que engendra a percepção imaginária, os segredos do universo se desvelam: eles se revelam à imaginação criativa já que eles são sempre inacessíveis aos métodos positivistas."[51]

As imagens, enquanto originadas neste novo tipo de imaginação, a imaginação criativa, são, segundo Adonis, "uma parte orgânica do próprio macrocosmo, elas não podem ser

---

[49] Michel Camus, *Adonis – Le Visionnaire*, p. 90.
[50] Idem, p. 90.
[51] Idem, p. 94.

separadas das pessoas, dos lugares, dos acontecimentos, das ações e não traduzem o exterior, nem o descreve. Elas se incorporam ao símbolo e ao mito, pelo seu trajeto descendente e ascendente entre Deus e o homem, entre o real invisível e o real visível. É porque elas estão carregadas de sonho e são portadoras de todos os elementos do irracional: a magia, o delírio, a loucura, a divagação e o êxtase."[52]

A teoria do *mundus imaginalis ou o mundo imaginal* tem sua origem no século XII, e o seu criador foi o filósofo islâmico Shiháboddin Yahyá ibn Habash ibn Amirak de Sohravardi[53], nascido na Pérsia, hoje Irã, na cidade de Sohravard. Viveu entre 1155 e 1191, quando foi executado, muito jovem ainda, em Alepo. Ele fazia parte da Escola do Iluminismo Teosófico-filosófico e criou a Teosofia da Luz, teoria que elaborou e divulgou com a ajuda de seus discípulos, dentre eles Shahruzuri, trazendo ensinamentos que podiam levar ao êxtase metafísico, pois acreditava que não havia separação entre a filosofia e a mística, pelo contrário, uma completava a outra.

No entanto, foi Ibn 'Arabi de Andaluzia, místico, poeta, astrônomo e astrólogo – já que nessa época, essas duas ciências formavam uma unidade –, mestre Sufi e grande estudioso do islamismo, que desenvolveu as teorias de seu antecessor. Para Ibn 'Arabi, entre o mundo de puras Luzes espirituais e o universo sensorial, nos limites da nona Esfera, se abre um *mundus imaginalis* que é um mundo espiritual concreto das Figuras arquetípicas, as Formas que aparecem, o mundo angélico e dos indivíduos; a visão disso tudo verdadeiramente é concedido à percepção visionária da Imaginação Ativa. Essa Imaginação é criativa porque é essencialmente a Imaginação *ativa* e porque sua atividade a define essencialmente como uma Imaginação teofânica, isto é, uma imaginação onde o Sagrado se manifesta.

Ibn 'Arabi considera a Imaginação na sua função psicocósmica tendo dois aspectos: o primeiro é o cosmogônico ou teogônico que se constitui num processo de iluminação crescente que gradualmente alcançam as possibilidades eternamente latentes no Ser Divino original e se chega a um estado de luminescência; o segundo aspecto é especifica-

---

[52] Michel Camus, *Adonis – Le Visionnaire*, p. 91.

[53] Para maiores detalhes, ler o artigo de Maria F. de Mello, neste volume.

mente psicológico. Esses dois aspectos são indissociáveis e complementares. Ibn 'Arabi dá as linhas mestras para a ciência da Imaginação e cria um esquema de temas que possibilitou o seu estudo sistemático. A função psico-cósmica é uma função intermediária para o "Mundo das Idéias-Imagens, mundo das formas que aparecem e do corpo no estado sutil aos quais nossa faculdade imaginativa especificamente se relaciona, é o intermediário entre o mundo das puras realidades espirituais, o mundo do Mistério, e o mundo visível, sensível. (...) E porque eles são intermediários, eles culminam na noção de símbolo, já que o intermediário *simboliza com* os mundos que ele media."[54]

"A ciência da Imaginação é também a ciência dos espelhos, de todas as superfícies espelhadas e das formas que aparecem neles. Como ciência do *speculum*, toma seu lugar na teosofia *especulativa*, numa teoria das visões e manifestações do espiritual, e desenha as principais consequências do fato que, embora as formas *apareçam* nos espelhos, elas não estão nos espelhos. A Imaginação tem sempre um caráter intermediário e se situa no sensível e no inteligível, nos sentidos e no intelecto, no possível, necessário e no impossível, de maneira que é um *pilar* do conhecimento verdadeiro, o conhecimento que é gnose, sem o qual haveria somente um conhecimento sem consistência."[55]

Nos textos de Ibn 'Arabi e no Sufismo em geral, o coração é o órgão que produz o conhecimento verdadeiro, a intuição compreensiva, a gnose de Deus e dos mistérios divinos. É um órgão que possui uma percepção que é, ao mesmo tempo, experiência e idéia íntima, e ainda que, o amor seja sempre relacionado ao coração, o centro específico do amor no Sufismo é o espírito (pneuma).

A Imaginação estabelece uma mediação entre o mundo do Mistério e o mundo sensível, visível. A imagem seria então, uma espécie de mensageira, que transportaria a energia arquetípica para o consciente e esse processo se faz, como já dissemos, através do símbolo e é sobre ele que falaremos a seguir.

---

[54] Henry Corbin, *The Alone with the Alone*, p. 217.

[55] Idem, p. 218.

B. O Símbolo

A união dos opostos num nível mais alto da consciência, como já mencionamos, não é uma questão racional e muito menos uma questão de vontade, mas um processo de desenvolvimento psíquico, que se exprime em símbolos.

C. G. Jung, em *O Segredo da Flor de Ouro*

É inegável a importância do símbolo na história do Homem. Sua característica analógica fala sobre a própria dinâmica humana da apreensão da realidade. Não podemos esquecer que a linguagem – seja falada ou escrita – constitui, ela mesma, um processo simbólico, onde sons e fonemas são codificados e compartilhados pelos membros de uma comunidade, para que a comunicação possa se estabelecer. A diversidade de leitura do símbolo fica por conta do universo de experiências de cada povo, embora se mantenha uma essência comum – a sua força arquetípica –, como já vimos acima. Cada grupo humano 'seciona' a realidade de forma diferente, pois tem necessidades diferentes diante de cenários naturais também diversos. De qualquer forma, o símbolo sempre expressa a vontade do homem entender o mundo que o cerca e se preparar para a luta pela sobrevivência.

A capacidade humana de perceber e agir sobre o ambiente é o seu grande diferencial diante dos animais, que têm que se submeter de uma forma mais passiva às condições do seu habitat. A sobrevivência animal depende exclusivamente do grau de sofisticação dos seus instintos, enquanto que o homem, pela inteligência e memória, exerce uma ação transformadora sobre o ambiente que, a partir do momento que é experimentada e consolidada, pode ser transmitida aos seus descendentes, num processo cumulativo. O símbolo vai mais uma vez funcionar como a ponte que permite a perpetuação do que foi aprendido, criando um código para que a transmissão se estabeleça. Citando Jolande Jacobi: "Essa qualidade mediadora e 'lançadora de pontes' do símbolo pode ser literalmente considerada um dos equipamentos mais engenhosos e importantes da 'administração' psíquica. É que ela forma, diante do caráter fracionário da Psique e da constante ameaça que isso representa para a sua estrutura unitária, o único contrapeso verdadeiro e preservador da saúde que a natureza pode enfrentar com esperança de sucesso. A razão é que, ao mesmo tempo em que o símbolo anula os antagonismos, ao uni-los dentro de si, para logo deixar que novamente se separem, a fim de que não se estabeleça nem rigidez, nem imobilidade, ele mantém a vida psíquica em constante fluxo e a leva adiante no sentido do seu objetivo determinado pelo destino. Tencionar e soltar são pulsações contínuas do processo dialético que permeia toda a vida psíquica."[56]

Nas religiões e nas mitologias é onde mais encontramos símbolos. Como coloca Jacobi, "essa força tornou-se, assim, a criadora do reino ilimitado dos mitos, contos, fábulas, epopéias, baladas, dramas, romances etc; vemos a sua impressionante atuação em todas as grandes obras atemporais da arte que ligam o inesgotável passado arcaico ao futuro longínquo; podemos vê-la nas visões dos profetas e nas aparições e signos dos santos e dos buscadores religiosos, nas fantasias dos poetas e, não por último, no mundo noturno dos sonhos, de onde ela tira, de maneira incansável e incessante, novos símbolos do inesgotável tesouro dos arquétipos."[57]

O símbolo funciona como uma espécie de 'tradução' do arquétipo para o consciente. É uma 'imagem analógica' do evento físico, que é traduzido em 'imagens', a saber, em formas arquetípicas. Esta é uma capacidade inerente à estrutura psíquica. O símbolo é acessado sempre que o consciente precisa 'religar-se' com uma experiência primária da humanidade, quando o homem sente necessidade de colocar uma compreensão simbólica ao lado da compreensão realista do mundo e suas vivências. Jolande Jacobi apresenta os símbolos como "parábolas do imperecível", mas manifestados no âmbito do temporal, já que ambos fundem-se numa unidade de sentido. Quando o conteúdo de um símbolo se esgota, isto significa que o mistério que ele continha tornou-se inteiramente consciente. Desse modo, existem duas alternativas para o símbolo: racionalizar-se ou desaparecer nas profundezas do inconsciente, deixando apenas a 'casca' do símbolo, que funciona como um estereótipo.

---

[56] Jolande Jacobi, *Complexo, Arquétipo e Símbolo*, p. 91.
[57] Idem, p. 74.

O aspecto bipolar do arquétipo também se manifesta no símbolo, o que nos permite aceitá-lo como revelação ou como castigo. De qualquer forma, ele estará servindo como intermediário, como 'ponte' entre um conteúdo inconsciente e a realidade externa.

Existem símbolos coletivos e individuais. Ambos se baseiam nas formas arquetípicas fundamentais, mas a diferença básica está na sua abrangência, que depende da sua força de expressão e também da riqueza de conteúdo que expressa. O símbolo coletivo atinge um grupo maior, pois acaba tocando num ponto sensível comum a um determinado círculo de pessoas. Quanto mais se generaliza, maior é a sua influência. Ele deixa de ser visto como pertencente ao indivíduo que o cunhou, que o trouxe à tona, e passa a ser visto como um símbolo coletivo. É isto que basicamente acontece com os símbolos religiosos e os mitos. Um outro ponto importante é que, quanto mais profundo e arcaico for, maior será a sua atração, a sua força mágica, numinosa, e mais próximo estará da força arquetípica que o originou. Já no caso de ser mais elaborado, ele estará mais próximo do consciente e menor será a sua força de atração.

O símbolo é a maior expressão da capacidade humana de transcender o seu lado animal, instintivo, e da sua aproximação com o lado mágico e fértil inserido em todo e qualquer processo de criação. Ele é a ponte que liga nossa razão à nossa alma, passando por terrenos conhecidos e desconhecidos, pela luz e pelas sombras, unindo o passado, o presente e o eterno. Ele é a grande parábola da existência. Ele nunca é inventado; seu nascimento é espontâneo e misterioso, e fala do lado oculto, dessa 'caixa preta' interna onde surge a vida.

O processo de desenvolvimento psíquico, historicamente, sempre foi representado através de símbolos, inclusive o desenvolvimento da personalidade individual vai sempre se apoiar nas imagens simbólicas. O conjunto das fantasias espontâneas vão se concentrar e se aprofundar em torno de formações abstratas, de *princípios*, os *archai*. Segundo Jung, "se as fantasias forem desenhadas, comparecem símbolos que pertencem principalmente ao tipo 'mandala'. Mandala significa círculo e particularmente círculo mágico."[58] As

---

[58] C. G. Jung e R. Wilhelm, *O Segredo da Flor de Ouro*, p. 38.

mandalas, como imagens simbólicas por excelência, se difundiram pelo mundo todo, no Oriente e no Ocidente. Elas estão presentes no simbólico coletivo, e segundo o próprio Jung, no inconsciente coletivo, embora quando executadas elas se subjetivem e tomem formas mais pessoais. Na Idade Média, principalmente na baixa Idade Média, surgiram muitas mandalas cristãs, ainda que sejam muito mais comuns no Budismo Tibetano, onde são feitas na areia e devem ser desmanchadas assim que se completarem para mostrar a impermanência das coisas desse mundo. Aparecem também nas tribos indígenas, tendo sempre um valor ritual. Todas elas atuam sobre o subjetivo de seus próprios autores, pois são símbolos imperecíveis que têm o poder de religar o homem ao cosmo.

Jung explica a importância que o desenho mandálico tem ao proporcionar a possibilidade de expressar a essência individual: "Ao expressar-se nos desenhos, o inconsciente reforça a atitude de devoção à vida. De acordo com a concepção oriental, o símbolo mandálico não é apenas expressão, mas também atuação. (...) A meta evidente da imagem é traçar um *sulcus primogenius*, um sulco mágico em redor do centro, que é o templo ou *temenos* (área sagrada) da personalidade mais íntima, a fim de evitar uma possível 'efluxão', ou presevá-la, por meios apotropaicos, de uma eventual distração devido a fatores externos. (...) Em outras palavras, é a participação de uma área sagrada interior, que é a origem e a meta da alma. É ela que contém a unidade de vida e consciência, anteriormente possuída, depois perdida, e de novo reencontrada."[59]

A mandala, assim como a magia de outros símbolos, serve de veículo para o inconsciente se expressar. O processo de individuação não pode prescindir deste, pois este representa uma expressão primitiva do inconsciente e ao mesmo tempo corresponde ao mais alto pressentimento da consciência. Existem símbolos muito antigos que repousam "nas camadas mais profundas do inconsciente e são captados lá, onde a linguagem consciente se revela de uma impotência total. Tais realidades não devem servir de campo para a imaginação, mas sim crescer novamente das profundezas obscuras do esquecimento, a fim de expressar os pressenti-

---

[59] C. G. Jung e R. Wilhelm, *O Segredo da Flor de Ouro*, p. 40-41.

mentos extremos da consciência, e a intuição mais alta do espírito: *assim se funde a unicidade da consciência presente com o passado originário da vida.*"[60]

C. O Mito

> Uma coisa que se revela nos mitos é que, no fundo do abismo, desponta a voz da salvação. O momento crucial é aquele em que a verdadeira mensagem de transformação está prestes a surgir. No momento mais sombrio surge a luz.
>
> Joseph Campbell, em *O Poder do Mito*

Dentre as expressões simbólicas, interessa-nos particularmente aquela expressa nos mitos, essas velhas histórias que abordam temas eternos da vivência humana. Existem, por detrás de seu relato linear, fatores sutis, um jogo de cena que denota o esforço humano em descobrir e entender o seu papel dentro do grande mundo que o cerca. O Mito pode ser descrito como um relato simbólico que parece ligar-se à dimensão do pensamento humano que transcende a esfera da vida cotidiana e como busca de uma explicação mais filosófica sobre o significado da vida. Os deuses míticos nada mais são do que personificações dessa compreensão mais abrangente e espelham as grandes expectativas do homem em relação ao seu destino. Assim sendo, cada povo constrói os seus mitos a partir de sua visão de mundo. Um povo agrícola, por exemplo, terá suas divindades ligadas às forças da natureza e às etapas do seu processo produtivo. Os mitos desse povo procuram estabelecer uma ligação entre o homem e o mundo natural, reforçando o conceito interativo onde o homem é visto como parte desse mundo, o qual deve respeito e um certo grau de submissão para garantir a própria sobrevivência. A natureza aqui é vista como harmônica e protetora, fonte da própria vida, mas também da sua destruição.

Dentro do panteão mitológico, convivem figuras de luz

[60] C. G. Jung e R. Wilhelm, *O Segredo da Flor de Ouro*, p. 44.

e de sombra, 'mocinhos e bandidos', já que o símbolo sempre vai trazer dentro de si os opostos que se complementam e formam uma unidade de sentido. É o ser e o não-ser formando o uno.

Joseph Campbell coloca que "o material do mito é o material da nossa vida, do nosso corpo, do nosso ambiente, e uma mitologia viva, vital, lida com tudo isso nos termos que se mostram mais adequados à natureza do conhecimento da época".[61] Para ele, os mitos constituem uma fonte de sabedoria e de modelos de vida a serem adaptados ao tempo em que se está vivendo. Campbell fala o seguinte: "... o que estamos procurando é uma experiência de estarmos vivos, de modo que nossas experiências de vida, no plano puramente físico, tenham ressonância no interior de nosso ser e de nossa realidade mais íntima, de modo que realmente sintamos o enlevo de estarmos vivos".[62] Recorrendo a uma imagem poética, o grande mitólogo compara o mito a uma música criada pela imaginação, "a canção do universo", em cujos acordes nos envolvemos mesmo quando não conhecemos a melodia. Em outras palavras, o mito nos sensibiliza de uma forma inconsciente, como se tocasse a nossa essência mais profunda, a nossa alma. Bill Moyers, em sua longa entrevista com Campbell, coloca que "Mitos são histórias de nossa busca, através dos tempos, da verdade, de sentido, de significação. (...) Precisamos que a vida tenha significado, precisamos tocar o eterno, compreender o misterioso, descobrir o que somos."[63]

Os mitos parecem ter múltiplas funções. Campbell menciona quatro maneiras de abordá-los e compreendê-los: "Os mitos têm, basicamente, quatro funções:

a) "A primeira é a função mística: (...) os mitos abrem o mundo para a dimensão do mistério, para a consciência do mistério que subjaz a todas as formas. Se isso lhe escapar, você não terá uma mitologia. Se o mistério se manifestar através de todas as coisas, o universo se tornará, por assim dizer, uma pintura sagrada." Segundo Mircea Eliade, "o Mundo apresenta-se de tal maneira que, ao contemplá-lo, o

---

61 Joseph Campbell, *As Transformações do Mito Através dos Tempos*, p. 7.
62 Joseph Campbell & Bill Moyers, *O Poder do Mito*, p. 5.
63 Idem, p. 5.

homem religioso descobre os múltiplos modos do sagrado e, por conseguinte, do Ser. Antes de tudo, o Mundo *existe*, está *ali*, e tem uma estrutura: não é um Caos, mas um Cosmo, e revela-se, portanto, como criação, como obra dos deuses. Esta obra divina guarda sempre uma transparência, quer dizer, desvenda espontaneamente os múltiplos aspectos do sagrado. O Céu revela diretamente, 'naturalmente', a distância infinita, a transcendência do deus. A Terra também é transparente: mostra-se como mãe e nutridora universal. Os ritmos cósmicos manifestam a ordem, a harmonia, a permanência, a fecundidade. No conjunto, o Cosmo é simultaneamente um organismo *real*, *vivo* e *sagrado*: revela, ao mesmo tempo, as modalidades do Ser e da sacralidade. Ontofania e hierofania se unem."[64]

b) "A segunda é a dimensão cosmológica, a dimensão da qual a ciência se ocupa – mostrando qual é a forma do universo, mas fazendo-o de uma tal maneira que o mistério, outra vez, se manifesta."[65] As sociedades tradicionais têm um território onde seus membros habitam e que denominam 'o nosso mundo', o Cosmo; "o restante já não é um Cosmo, mas uma espécie de 'outro mundo', um espaço estrangeiro, caótico, povoado de espectros, demônios, 'estranhos' (equiparados, aliás, aos demônios e às almas dos mortos). (...) Mas é preciso observar que, se todo território habitado é um 'Cosmo', é justamente porque foi consagrado previamente, porque, de um outro modo, esse território é obra dos deuses ou está em comunicação com o mundo deles. O 'Mundo', o 'nosso mundo', é um universo no interior do qual o sagrado já se manifestou e onde, por consequência, a ruptura dos níveis tornou-se possível e pode se repetir. É fácil compreender por que o momento religioso implica o 'momento cosmogônico': o sagrado revela a realidade absoluta e, ao mesmo tempo, torna possível a orientação – portanto, *funda o mundo*, no sentido de que fixa os limites e, assim, estabelece a ordem cósmica."[66]

c) "A terceira função é a sociológica – suporte e valida-

---

[64] Mircea Eliade, *O Sagrado e o Profano – a essência das religiões*, p. 95-96.
[65] Joseph Campbell e Bill Moyers, *O Poder do Mito*, p. 5.
[66] Mircea Eliade, *O Sagrado e o Profano – a essência das religiões*, p. 28.

ção de determinada ordem social. E, aqui, os mitos variam tremendamente de lugar para lugar. (...) Foi essa função sociológica do mito que assumiu a direção do nosso mundo e está desatualizada.

d) Mas existe uma quarta função do mito, aquela, segundo penso, com a qual todas as pessoas deviam tentar se relacionar – a função pedagógica, ou seja, como viver uma vida humana sob qualquer circunstância. O mito pode ensinar-lhes isso."[67]

Mircea Eliade, um dos mais conhecidos pesquisadores das religiões deste século, traz a seguinte definição de mito: "Os mitos revelam estruturas do real e os múltiplos modos de existir no mundo. É por isso que constituem o modelo exemplar dos comportamentos humanos: revelam histórias *verdadeiras*, referindo-se às *realidades*. (...) Um Deus ou um Herói civilizador, ao instituírem um comportamento – por exemplo, uma forma particular de alimentação –, não só asseguraram a *realidade* desse comportamento (porque até então, essa atitude não existia, não se praticava, era, portanto, 'irreal'), mas, por esse comportamento ser de sua invenção, ele é igualmente uma teofania[68], uma criação divina. Alimentando-se à maneira dos Deuses ou dos Heróis civilizadores, o homem repete os seus gestos e participa, de alguma forma, da sua presença."[69]

Diz mais adiante: "Não existe mito, se não existir o desvendar de um 'mistério', a revelação de um evento primevo que serviu de base quer a uma estrutura do real, quer a um comportamento humano... um mito torna-se um modelo 'para o mundo inteiro' (é assim que se considera a sociedade à qual pertence) e um modelo para a 'eternidade' (porque os fatos se passaram, *in illo tempore* e não participam nos conceitos de temporalidade). Por fim, há ainda uma nota específica que é importante: o mito é assumido pelo homem enquanto ser total, não se dirige apenas à sua inteligência ou à sua imaginação."[70]

---

[67] Joseph Campbell e Bill Moyers, *O Poder do Mito*, p. 32.
[68] Teofania: manifestação do sagrado em um determinado local, acontecimento ou pessoa.
[69] Mircea Eliade, *Mitos, Sonhos e Mistérios*, p. 10.
[70] Idem, p. 11.

O mito é a fonte primordial de toda e qualquer cultura. "É o que 'não é preciso dizer'. O que não é preciso dizer, porque o dizer é o *logos*, o 'dito'. O que não se diz é o mito. É o que não se diz, mas que permite que se diga que 'não é preciso dizer', inclusive sem dizer que não se diz; é o mito, é a cultura, é o espaço e o horizonte no qual o homem se orienta para viver sua vida humana. É o não dito, o que não necessita de palavras para se expressar, mas é o fundamento de toda cultura. É a cultura que permite a relação humana, a plenitude mesma da pessoa. Ela deixa aberto o espaço no qual tudo que eu digo tem um sentido, inclusive para ser contradito."[71]

4. O *Mi*, o Não Manifestado: o Mito e o Mistério

Quero acrescentar duas observações: uma sobre a natureza do Aleph; outra, sobre seu nome. Este, como se sabe, é o da primeira letra do alfabeto da língua sagrada. Sua aplicação ao círculo da minha história não parece casual. Para a Cabala, essa letra significa o En Soph, a ilimitada e pura divindade; também se disse que tem a forma de um homem que assinala o céu e a terra, para indicar que o mundo inferior é o espelho e é o mapa do superior.

Jorge Luis Borges, em *O Aleph*

Annick de Souzenelle nos diz com muita propriedade que nossa civilização atual usa o intelecto para tentar apreender o mundo e seus mistérios e quanto mais o Homem tenta compreender e se apoderar desse mistério pelo pensamento racional, menos respostas ele encontra. Ela nos diz: "Colocamos o Homem e o Mundo como dois objetos heterogêneos, como duas entidades estranhas uma à outra, considerando o que conhece (o Homem) e o objeto a ser conhecido (o Mundo) como irredutíveis um ao outro".[72] Foi isso que as ciências humanas fizeram: o Homem estudou o Ho-

[71] Raimon Panikkar, *O Espírito da Política*, p. 47-48.
[72] Annick de Souzenelle, *O Simbolismo do Corpo Humano*, p. 15.

mem sem saber e principalmente sem se conhecer e perceber essa estreita união.

Souzenelle diz ainda com muita poesia: "Hermes Trismegisto, *Hermes, o três vezes grande*, deixou incrustada na Tábua Esmeralda uma chave de ouro. É dela que vamos nos ocupar para tentar penetrar o mistério que nos parece essencial, que se apodera de nós justamente quando não tentamos nos apoderar dele; mistério que, ao mesmo tempo, se impõe e se furta ao nosso intelecto impotente: o mistério do Homem."[73] *Conhece-te a ti mesmo e conhecerás o Universo e os deuses*, diz ainda a Sabedoria Hermética. E, acaso essa segunda chave não nos convida a considerar, de um lado, o Homem no Mundo, e, de outro, o Mundo no Homem, como o verso e reverso de uma mesma medalha, de uma mesma realidade secreta, estando os dois aspectos manifestados assim ligados pelo *interior*?"[74]

Quando Souzenelle fala do interior e do exterior das coisas, ela está se referindo, não à realidade espacial, mas a uma *casca*, que pertence ao domínio da manifestação. Depois dessa *casca* temos a *polpa* e ela nos levará até o *caroço*. Para apreender a *casca*, a *polpa* e o *caroço*, temos que penetrar em outros domínios e, principalmente, deixar de lado o que é conhecido e nos é familiar. Ela nos pergunta ainda: "Como reencontrar a integridade do fruto? Como reintroduzir esse caroço em sua polpa e dar vida de novo a essa carne que há debaixo da casca?"[75]

Segundo Souzenelle, "Os símbolos são os elementos do nosso mundo sensível; cada um deles é significante e é imagem do seu correspondente arquetípico, *em cima*, o significado. Ele possui sua força e vibra com seu correspondente, ao mesmo tempo em que todos os harmônicos encontrados de um ao outro, do *Mi* ao *Ma*, no mesmo *feixe*."[76] A linguagem do mito articula-se sobre o relato mítico. Todas as tradições, todas as culturas, possuem mitos de Criação do Universo que foram relatados aos seus membros de geração em geração, oralmente no começo e através da linguagem escrita quando esta surgiu na vida do Homem. Todas essas

---

[73] Idem, p. 15.
[74] Idem, p. 15.
[75] Idem, p. 16.
[76] Idem, p. 19.

tradições ensinam que houve uma separação, uma distinção entre 'o que está acima' (literalmente, o céu) e 'o que está abaixo' (literalmente, a terra), no que antes era uma unidade principal.

Segundo a tradição judaico-cristã, a Criação surgiu dessa distinção. "A palavra hebraica formada dos três caracteres B D L, que traduzimos por *separar*, significa exatamente *distinguir*. Deus distingue a luz das trevas, o dia da noite e, mais tarde, o homem da mulher; mas sobretudo das águas principiais *Maim*. Ele distingue *'as águas que estão acima do firmamento'* das *'águas que estão debaixo do firmamento'* (Gn 1: 6-7), águas que a tradição hebraica chama respectivamente de *Mi* e *Ma*."[77]

"Simbolicamente, podemos dizer que o *Mi* é o mundo da unidade arquetípica não-manifestada, e o *Ma*, o da multiplicidade manifestada em seus diferentes níveis de realidade. A raiz *Mi* encontrará no grego a sua correspondência na raiz *Mu*, que preside a formação das palavras ilustrando o mundo dos arquétipos, tais como mnein, 'fechar a boca', 'calar-se', e mneein, 'ser iniciado'. Toda iniciação é uma introdução ao caminho que liga o mundo manifestado ao mundo de seus arquétipos; ela é feita no silêncio. As palavras portuguesas *mur*múrio, *mu*do, *mis*tério derivam da mesma raiz."[78] O que significa que o Mundo do *Mi* (e do *Mu* na raiz grega) é o que não vemos, é o Mundo sutil, e representa dois níveis de realidade de toda e qualquer Cultura: o Mítico-Simbólico e o do Mistério.[79]

Esses níveis não podem ser explicados pela razão reflexiva, conceitual e lógica, escapando da consciência intelectual. Trata-se aqui daquilo que não é definido, nem pensado (porque não pensável), nem dito (pois não dizível), mas que é tão real quanto o que percebemos com a razão. A natureza do mito e da consciência mítica provém de uma camada muito profunda da realidade e da própria consciência humana.[80] Neste nível não há conceito, definição, nem possibilidade de objetivá-lo, mas apenas vivê-lo profunda e diretamente. Raimon Panikkar nos diz: "O mito é aquilo em

---

[77] Idem, p. 16.

[78] Idem, p. 16.

[79] A classificação das Culturas em 3 dimensões: a lógico-epistêmica, a mítica-simbólica e a mistérica, que eu uso neste artigo, são de autoria de Robert Vachon.

[80] *Educação e Transdisciplinaridade II*, p. 78.

que acreditamos, sem saber que nele acreditamos".[81] Não podemos confundi-lo com a fé, pois é esse nível que permite que ela se expresse, e nem com a crença, pois ela é a articulação da fé.

O Mito é o horizonte derradeiro da inteligibilidade, pois ele está, segundo Panikkar, "na origem, não no sentido de fornecer o alimento para o pensamento, mas no sentido de purificar o pensamento, contorná-lo, ou melhor, atravessá-lo, para que o não pensado emerja e que o intermediário desapareça".[82] O nível mítico-simbólico apresenta uma "tripla dimensão constitutiva que, como Panikkar definiu, é cosmoteândrica. Nesta dimensão oculta, não-reflexiva de toda a cultura que é a dimensão mitológica, podemos sempre encontrar e identificar três realidades mítico-simbólicas mais precisas que são *o homem, o cosmo e o divino.*"[83] Toda cultura e civilização têm, propagam e são propagadas por determinada concepção do humano, do cósmico e do divino.

O nível do *Mi* contém ainda a dimensão mistérica, que não é um enigma a ser decifrado. "Ela corresponde ao que não é definível, nem mesmo pensável; corresponde ao impensável, ao indizível e, em última análise, à liberdade da Realidade."[84] Essa dimensão não deve ser decifrada, mas descoberta por cada um, e todas as culturas a possuem e para ela dirigem seu olhar.

5. O *Ma* e a Multiplicidade Manifestada

> Todo este universo, tanto em suas partes, como em sua totalidade, é uma emanação minha e Eu o penetro com minha natureza invisível, Eu que sou o Imanifesto. (...) Por meio da minha Natureza material, emano todas as classes de seres e coisas que constituem o universo, dando-lhes nova existência: a minha Vontade os vivifica; a Natureza por si mesma é impotente para fazê-lo.
>
> *Bhagavad Gita*, cap. IX, versos 4, 8.

[81] Raimon Panikkar, *Le Mythe comme histoire sacrée,* em E. Castelli (editor), *Le Sacré,* p. 279.
[82] Raimon Panikkar, *L'Homme qui deviant Dieu. La foi, dimension constitutive de l'homme,* p. 4-5.
[83] *Educação e Transdisciplinaridade II,* p. 80.
[84] Idem, p. 80.

"A raiz *Ma* é a raiz-mãe de todas as palavras que significam manifestação (tais como *ma*téria, *ma*ternal, *ma*triz, *mã*o etc). Cada elemento do *Ma* é a expiração do seu correspondente no *Mi*. Este repercute continuamente sobre aquele que carrega não apenas sua linguagem, mas sua potência. Nesse sentido, o *Ma*, em cada um de seus elementos, é símbolo do *Mi*. O símbolo (*Syn-bolein*: 'lançar junto', 'unir') une o *Ma* ao *Mi*. O *Dia-bolein* ('lançar através', 'separar') separa os dois mundos, e deixa vagando ao léu o do *Ma*, privado da sua exata referência e da sua exata potência."[85]

Antes da descoberta da Física Quântica, a Ciência Clássica não aceitava a participação do sujeito que observava, fazia a pesquisa, pois este tinha que permanecer objetivo, ou seja, ele deveria ser igual a todos os objetos que quer conhecer, no nível da sua comum possibilidade experimental e do seu grau comum de consciência. Nem se cogitava no conhecimento dado por outros estados de consciência, que também é sempre experimental. Este conhecimento e esta experiência não são compartilhados com a maioria e, portanto, "só é controlável pelos conhecentes que tenham igual evolução de consciência"[86] e, consequentemente, esse conhecimento aumenta cada vez mais a evolução do que conhece no que diz respeito aos níveis de consciência. Para quem está no mesmo nível de consciência, esse conhecimento é objetivo, enquanto para os que estão presos nas categorias de pensamento do *Ma*, esse conhecimento é subjetivo. A essas categorias pertence a dualidade objetividade/ subjetividade e o conhecimento assim produzido não leva em conta a escalada do 'firmamento' - *Raqya Schamaïm*. No alto do firmamento, desaparece toda a dualidade. "Seja qual for o estágio do *Ma* ao qual o que conhece tem acesso, os elementos desse *Ma* têm sempre uma objetividade em si mesmos, enquanto se referem ao seu arquétipo no mundo do *Mi*. Privados dessa referência, são *ilusão*, Maya para os hindus. (...) *Mi* e *Ma*, ainda que distintos, são inseparáveis."[87]

---

[85] Annick de Souzenelle, *O Simbolismo do Corpo Humano*, p. 17.
[86] Idem, p. 18.
[87] Idem, p. 18.

6. As Ordens Ontonômicas segundo Vachon

O caminho para o Elixir da vida reconhece como a mais alta magia a água-semente, o fogo-espírito e a terra-pensamento, todos os três. O que é a água-semente? Uma força (eros) una e verdadeira do céu primeiro. O fogo-espírito é a luz (logos). A terra-pensamento é o coração celeste da morada do meio (intuição). Usamos o fogo-espírito para agir, a terra-pensamento como substância e a água-semente como fundamento.

C. G. Jung e R. Wilhelm, em *O Segredo da Flor de Ouro*

Robert Vachon definiu três ordens ontonômicas de toda e qualquer cultura:[88]

a) A dimensão mítico-simbólica

b) A dimensão lógico-epistêmica

c) A dimensão mistérica

Essas três dimensões foram abordadas nas primeiras seções deste texto e, penso, suficientemente exploradas para os objetivos que o artigo propõe, e, por essa razão não me estenderei definindo-as, qualificando-as ou mesmo estabelecendo uma hierarquia de valor entre elas. As três têm papéis bem definidos e todas elas participam da constituição das Culturas, sejam elas mais primitivas (no sentido de mais antigas) ou contemporâneas.

Neste sentido, podemos imaginar que o mundo do *Ma*, o mundo da multiplicidade definido por Souzenelle, poderia ser apreendido através da dimensão lógico-epistêmica, a segunda ordem ontonômica definida por Robert Vacho, e que compreende tudo o que pode ser pensado. Ele identificou nessa dimensão quatro sub-níveis:

- "O *logos* em si mesmo, identificado ao pensamento
- O *conceito/signo/termo* que é um instrumento do *logos*
- A *razão*, que é um veículo do *logos*
- A *ciência*, como expressão do *logos*

A dimensão lógico-epistêmica é a interpretação da experiência a partir do *logos*, sendo um produto do intelec-

---

[88] Robert Vachon, *Guswenta ou l'imperatf interculturel*, em Intercultura, vol. XXVIII, nº 2, Printemps 1995, cahier 127.

to."[89] Essa dimensão é dominante na sociedade moderna contemporânea, onde "a verdade corresponde a uma realidade conceitual"[90] que, segundo Robert Vachon, corresponde ao *verbum mentis*, ou a tudo que pode ser pensado e manifestado.

Assim, a qualidade do homem que conhece é, no contexto das dimensões mítico-simbólica e mistérica, a do seu ser interior, a do seu ser em marcha em direção ao seu *núcleo*, participando do mundo do *Mi*. Só "com esse ser, com essas qualidades, é que podemos abordar o mistério do Homem, outra faceta do mistério divino. Minha intenção é falar do ser que se despojou do 'eu' habitualmente cristalizado na cultura, na erudição ou na ética do seu meio exterior, que renunciou a toda inteligência intelectual e que entra na experiência vivida. Então, dando ao objeto da sua meditação todo o poder de ser, o que conhece, num dado momento, é dominado pelo conhecido, e se torna objeto da meditação desse último. Pouco a pouco, toda a distância entre conhecido e conhecente desaparece."[91]

Esses dois níveis da experiência humana, o *Mi* e o *Ma*, estão representados em todas as Culturas da Terra e podem apresentar diferenças formais, ainda que possam apresentar algumas matrizes comuns, como por exemplo, a forma circular e o uso do círculo, a mandala, como círculo mágico, a espiral, o quadrado e outros.

7. As Culturas e Suas Diferentes Dimensões

Mestre Lü Dsu dizia: Yu Tsing deixou-nos uma fórmula mágica para viajar a distância:
"Quatro palavras cristalizam o espírito no espaço da força.
No sexto mês repentinamente se vê voar a neve branca.
A terceira vigília vê-se ofuscante, brilhar o disco do sol.
Sopra na água o vento do suave.
Peregrinando no céu, come-se a força-espírito do receptivo.

[89] Robert Vachon, *Guswenta ou l'imperatf interculturel,* em Intercultura, vol. XXVIII, nº 2, Printemps 1995, cahier 127.
[90] Idem, cahier 127.
[91] Annick de Souzenelle, *O Simbolismo do Corpo Humano,* p. 18.

E o segredo mais profundo ainda do segredo:
O país que não fica em parte alguma é a pátria verdadeira..."
C. G. Jung e R. Wilhelm, em *O Segredo da Flor de Ouro*

Quando observamos o mundo, olhamos da nossa janela e através dela. O mundo não existe independentemente da parte através da qual ele é visto. Estando dentro de uma determinada cultura, tomamos o que vemos pelo todo, mas de fora dela vemos que o mundo tem um quadro próprio, e cada cultura sua própria janela.

Assim, não podemos nem tomar o todo pelas partes, nem crer que vemos o todo em partes. "Ninguém tem acesso direto a toda gama universal da experiência humana. Toda cultura exprime sua experiência da realidade e do *humanum* através dos conceitos e símbolos que pertencem a essa tradição e, como tais, não são universais, nem verdadeiramente universalisáveis."[92] Dentro desse conceito, toda cultura é então "o conjunto de valores, crenças, instituições e práticas que uma sociedade ou determinado grupo humano desenvolve num certo momento do tempo e do espaço, em diferentes setores da realidade, a fim de assegurar sua sobrevivência material e plenitude espiritual tanto individual como coletivamente".[93]

Sabemos que cada cultura tem seu núcleo simbólico e matrizes próprias e, por causa disso, fica muito difícil definir o que é universal, principalmente se nos referimos ao aspecto estrutural dessa cultura. Afirmar que a civilização ocidental, da qual fazemos parte, possui valores universais ou universalisáveis que podem ser transferidos e utilizados para se fazer comparações, é tanto ingenuidade quanto arrogância daqueles que o fazem. Ainda que possam existir valores comuns, como a paz por exemplo, existirão diferentes culturas da paz com seus mitos, símbolos e conceitos próprios, e, portanto, com diferentes maneiras de concebê-la e realizá-la.

A descoberta recente e inquietadora de que não existem critérios universais formais que nos permitam julgar tudo o que acontece, mudou nossa perspectiva e o nosso modo

---

92 Robert Vachon, *Au-delà de l'universalization et de l'interculturalisation des droits de l'homme, du droit et de l'ordre negocié*, p. 3.
93 *Educação e Transdisciplinaridade II*, p. 76.

de olhar, ou seja, abriu um pouco mais a janela através da qual vemos o mundo. Se tomarmos como exemplo o tema explorado por Vachon, "Direitos Humanos e Culturas da Paz", veremos que a "Declaração Universal dos Direitos Humanos" (adotada e homologada pela Assembléia das Nações Unidas em 1948), o Direito em si e a Ordem negociada que vigoram na Sociedade Moderna Ocidental, se constituem em uma das possíveis formas de constituir a cultura da Paz e é uma entre outras, e não necessariamente a mais valiosa. Não fazer dela o ponto de referência universal é muito importante para não cairmos no colonialismo e no totalitarismo, tão comuns hoje em dia. Portanto, julgar as necessidades da sociedade ocidental tecnocrata como universais e usar seus critérios e pressupostos como os mais adequados para analisar e comparar as culturas como um todo, é desconhecer o que se passa e acreditar que só existe nossa própria janela e a janela da nossa cultura para ver o resto do mundo.

Tomando ainda como exemplo o tema dos Direitos Humanos, Panikkar afirma que "*Os Direitos do Homem* defendem a dignidade do indivíduo diante da sociedade em geral, e do Estado em particular"[94], e isto, afirma ele, exacerba ainda mais o individualismo e a arrogância da sociedade ocidental:

a) Há, na concepção dos Direitos Humanos, uma separação evidente entre o individual e a sociedade, e neste conceito o ser humano é, fundamentalmente, o individual. A sociedade seria uma espécie de superestrutura, que facilmente pode se tornar uma ameaça e mesmo um fator de alienação para o indivíduo. Os Direitos Humanos estão ali para proteger o individual e nunca o ser humano.

b) A autonomia da humanidade *vis-à-vis* e frequentemente *versus* o Cosmo: este é uma espécie de infraestrutura e o individual permanece entre a Sociedade e o Mundo, e os Direitos Humanos defendem a autonomia do humano individual.

c) O individual tem uma dignidade inalienável porque ele é um fim em si mesmo e uma espécie de absoluto.

Gostaria ainda de fazer algumas considerações sobre

---

[94] Raimon Panikkar, *La Notion des Droits de L'Homme est-elle un concept occidental?*

as diferenças que as culturas apresentam, e, se tentarmos compará-las de um só ponto de vista, o nosso, correremos o risco de reduzi-las ou deformá-las:

1. Dizer que o direito formal, a ordem, são problemas comuns a todas as civilizações e culturas é válido do ponto de vista da janela de quem põe a questão, o da sociedade ocidental moderna, mas não necessariamente do ponto de vista da janela daqueles que colocam questões radicalmente diferentes.

2. Não somente as respostas das outras civilizações às nossas questões não são iguais como as próprias perguntas e pressupostos podem não ser os mesmos.

3. Além dos pressupostos e questões de outras civilizações (Ásia, África e povos autóctones) serem radicalmente diferentes, eles têm noções e culturas da paz baseadas em palavras, mitos, muitas vezes intraduzíveis para outras culturas, e que podem nos parecer não-universais e particulares.

Consequentemente, vemos que olhar por uma única janela, a janela da nossa própria cultura, não nos autoriza a dizer que conhecemos todos os fatos de todas as culturas. Precisamos, então, começar a fazer o esforço para observar o mundo através das outras janelas, e assim elas nos revelarão, talvez, nossos próprios mitos e o caráter particular daquilo que julgávamos universal. Aceitar isso nos remete, então, a uma nova visão do mundo que alarga nosso olhar, condição primeira para um diálogo verdadeiro seja entre duas culturas diferentes seja entre duas pessoas diferentes, sem se pretender uma *lingua universalis* ou a adoção de uma teoria universal na qual se correria o risco de, ao procurar uma linguagem comum, se impor a própria língua e o próprio quadro no interior do qual o diálogo deverá se dar. Isso seria, no mínimo, um reducionismo.

Por outro lado, a procura de um diálogo verdadeiro entre as Culturas, aceitando a diferença entre elas e a irredutibilidade de uma Cultura em relação à outra, acentua a interconexão e a não-dualidade entre elas. "Seria um erro entender a exigência intercultural como sendo uma exigência que nasce do *logos* como ideologia, quer da mestiçagem, da comparação ou integração das diferentes culturas numa metacultura. A interculturalidade situa-se além dos conceitos, das ideologias e das definições, pois ela pertence mais ao campo do *mito* do que do *logos*; é mais um imperativo da Realidade do que fruto de uma decisão humana."[95]

Uma atitude simplista pressupõe que as tradições humanas sejam redutíveis e reduzíveis ao *logos* (muitas vezes, a uma forma determinada), quando na realidade existem muitas outras formas onde as dimensões mítico-simbólica e mistérica têm muito mais importância que a dimensão lógico-epistêmica, definidas acima. Por exemplo, nas sociedades ocidentais, o que as caracteriza é a supremacia do *logos* sobre o espírito, em suas expressões mítico-simbólicas e principalmente mistéricas. Como exemplo, poderemos observar o modo como as diferentes culturas valorizam a noção de futuro e como elas mantêm a coesão social. Nas sociedades mais tradicionais, a noção de futuro está longe de ser primordial, pois são centradas no presente, no ritmo cósmico das estações e no ser humano como tal, e nelas, as futuras gerações são olhadas como uma continuação do presente.

Já nas sociedades ocidentais modernas, o princípio de referência que mantém a coesão social é o direito, princípio esse que não é universal e comum a todas as culturas, pois outras configurações simbólicas ou matrizes, como o *Dharma/Svadharma*, o dever, o Círculo Sagrado da Vida, por exemplo, podem exercer esse papel. Segundo Vachon, "o futuro assegurado através da confiança que uma ordem jurídica me dá é próprio de uma cultura da certeza inaugurada no Ocidente por Descartes, que conduz logicamente a uma civilização da segurança e sua fabricação – ideologia predominante na sociedade moderna".[96] Existem, portanto, diferenças muitas vezes fundamentais entre as culturas, em termos de arquétipos, símbolos e mitos, o que não nos permite comparações simplistas. Alguns exemplos:

1. A noção de ordem, de colocar em ordem, é um arquétipo e mito predominantemente ocidental e que está ligado à noção de unidade, inteligibilidade, de lógica, de coerência, de síntese, de *redutio ad unum*, fundada no princípio da não-contradição. Existe nessas sociedades uma supremacia da ordenação que reduz tudo a categorias lógicas

---

[95] *Educação e Transdisciplinaridade II*, p. 84.

[96] Robert Vachon, *Au-delà de l'universalisation et de l'interculturalisation des droits de l'homme, du droit et de l'ordre negocié*, p. 4.

e onde a realidade é submetida ao pensamento e a um colocar em ordem, ato esse que é meramente um ato de dominação de dentro para fora. Em outras sociedades cosmocêntricas, a matriz predominante é a da *escuta* da Realidade para, com ela, entrar em harmonia: a coesão, as relações, a manutenção da polaridade criativa, a simbiose são os elementos que mantêm o seu perfeito funcionamento. Nessas sociedades se fala de harmonia, não *apesar*, mas *nas* e *por causa* das diferenças que são irredutíveis à unidade. Vigora aí um pressuposto, uma condição necessária para a harmonia que é o conceito da não-dualidade, da relação do três onde sempre se pode encontrar um terceiro caminho, mesmo que num outro nível da realidade. Então, a compreensão se alarga e percebe-se que tudo está ligado como num sistema, numa teia que se estende e se entrelaça, pois existe uma *relacionalidade radical que existe entre todas as coisas*. Panikkar usa o termo *relacionalidade radical* e explica: "Chamamos de radical esta relatividade porque ela não indica só que o 'tudo' seja relacional, mas também que o mesmo 'todo' é relacional, que a realidade não é um caos de mônadas caídas ou uma gigantesca mônada única e imutável, nem um Absoluto, mas um conjunto de núcleos ônticos de uma rede, com uma visibilidade onto-lógica aos nossos olhos, e também com uma consistência metafísica".[97] Panikkar cunhou este termo porque sentiu necessidade de realçar a importância da não-dualidade e das relações que se estabelecem nessas sociedades onde a harmonia pressupõe a ligação e a relação entre todas as pessoas e uma interrelação entre todas as coisas. Não devemos, portanto, confundir *relacionalidade radical* com *relativismo cultural*, pois, como diz Panikkar, "o relativismo não conduz a nenhum lugar, porque desaparecem as diferenças entre teu-meu, bem-mal. Permanecemos na não-comunicação, na impossibilidade de dialogar, ficamos sem critérios; não há forma alguma de compreender-se um ao outro e nem sequer de viver juntos."[98]

2. A universalização é uma característica fundamental da sociedade moderna ocidental, que desvaloriza tudo que

[97] *Educação e Transdisciplinaridade II*, p. 82.
[98] Raimon Panikkar, *O Espírito da Política*, p. 45.

não pode ser universalizado. A procura constante por uma teoria universal, mesmo cuidadosa, sugere uma vontade-de-poder que quer controlar e submeter todas as coisas a um tipo particular de racionalidade, e que corre o perigo de reduzir tudo a uma e única fórmula ou modelo dotado de valores universais. Sempre vão existir fatos que não são passíveis de universalização através de uma mesma teoria ou modelo, pois nem todas as sociedades humanas são traduzíveis através do *logos*, isto é, do pensamento, da razão.

Somos herdeiros deste pensamento que procura reduzir tudo a categorias lógicas, que procura uma teoria universal capaz de abarcar todos os fenômenos traduzindo-os através da razão e da lógica linear. É muito difícil nos desvencilharmos deste modo de pensar o mundo, mas, mesmo assim, surgem algumas questões que nos preocupam e que fogem ao padrão de preocupação da Ciência, tais como: Como construir algo que nos propicie um viver em conjunto e harmoniosamente no mundo? Como conviver com o diferente sem pensá-lo com nossas matrizes pessoais e sem julgá-lo ou reduzi-lo? É possível descobrir a riqueza de cada um sem tentar possui-la ou controlá-la?

As respostas a essas questões bastante complexas exigem de nós um esforço e uma abertura considerável, pois teremos que aguçar nossa percepção e mais, dotá-la de uma consciência mais abrangente para que ela possa penetrar na complexidade do Real e nos diferentes níveis de Realidade. Essa consciência mais abrangente considera principalmente a interconexão profunda e a não-dualidade das culturas, pois ela ultrapassa a abordagem dialética e, portanto, não procura uma síntese final utilizando-se de lógicas limitadas que equiparam todos os níveis da realidade indiferentemente. A lógica clássica criada por Aristóteles no século IV a.C., não dá conta de tratar os fenômenos humanos, pois, além de reduzir a realidade a um único nível, só admite dois termos que se opõem, duas possibilidades que se excluem. Temos, hoje mais do que nunca, que levar em conta a existência de outros tipos de lógica que consideram a contradição e incluem o terceiro termo de uma proposição, mesmo que, necessariamente, esse terceiro apareça num nível diferente de realidade.

Essas novas lógicas foram criadas para responder a

novos contextos e necessidades por pensadores pioneiros que perceberam a urgência de refletir sobre a Realidade. A descoberta dos fenômenos quânticos e as experiências e estudos que os físicos Planck, Bohr, Einstein, Pauli, Heisenberg, Dirac, Schrödiger, Born, de Broglie e outros fizeram por volta de 1900, foram a mola propulsora para essa mudança do pensamento, pois nos mostraram que existem pelo menos dois níveis de realidade diferentes, dois *mundos* diferentes, o macro e o micro, com leis próprias e não intercambiáveis. Esse novo nível de realidade ganhou corpo após a Segunda Guerra Mundial e se desenvolveu a partir dos anos 70: surgiram, então, novos conceitos como a *não-separabilidade*, a *causalidade global*, o *indeterminismo*, a *descontinuidade*, a *quebra da simetria* e a *reversibilidade do tempo*.[99] As consequências dessas descobertas e da construção de lógicas não-clássicas, do fato de se ver o mundo como uma rede complexa de sistemas que se transpassam e se conectam, e ainda de percebê-lo com diferentes níveis de realidade, foi um avanço imenso para a trajetória do homem na Terra.

8. A Pluralidade das Culturas

> *(...) E o segredo mais profundo ainda do segredo:*
> *O país que não fica em parte alguma é a pátria verdadeira*
> *(...)*
> *Os dois últimos versos, finalmente, apontam para o segredo mais profundo, do qual não prescindimos do começo ao fim. Isto é o lavar do coração e o purificar dos pensamentos; é o banho. A ciência sagrada principia com o conhecimento de quando devemos deter-nos e termina com o deter-se no supremo bem. Seu começo está além da polaridade e desemboca novamente além da polaridade.*
> C. G. Jung e R. Wilhelm, em *O Segredo da Flor de Ouro*

[99] Para melhor compreender esses conceitos consultar: Basarab Nicolescu, *O Manifesto da Transdisciplinaridade*, capítulos 3, 4 e 5.

Existe no mundo uma pluralidade de formas de organização social historicamente constituídas, e esse fato exige de nós um olhar especial e atento. Talvez, através dos conceitos da interculturalidade, porém sem ficarmos presos a essa visão ou ao rigor do *logos*, conseguiremos "atingir, a partir do interior de cada cultura - relacionado a uma comunhão mítica pessoal - os mitos profundos que sustentam e alimentam as outras culturas, deixando-nos interpelar pessoalmente por estes e pelo que transcende, impregna, distingue e relaciona as diferentes culturas".[100]

Esse olhar para as diferentes culturas que Agustí Coll nos sugere, aliado a uma abordagem dialogal sugerida por Panikkar, e que consiste numa visão que postula que ninguém (sejam pessoas ou culturas) isoladamente "possui a capacidade de alcançar o horizonte universal da experiência humana e que somente se as regras do diálogo não forem postuladas unilateralmente, o Homem poderá atingir uma inteligência mais profunda e mais universal de si mesmo, para assim alcançar sua própria realização".[101]

As culturas, especialmente aquelas às quais não pertencemos, não devem ser olhadas como simples objetos que queremos conhecer através de fatos históricos, quantificando-os, qualificando-os, analisando e dissecando-os conceitualmente, pois dessa forma estaremos mutilando essas culturas, já que elas são muito mais do que isso. Elas são "realidades existenciais, pessoais, sagradas, míticas, alguma coisa de infinita para os que as vivem".[102]

Assim, se olharmos o mundo com os olhos da águia, com a imaginação do coração e a inteligência sensível (o *nous* grego), veremos que as culturas não são objetos, mas essencialmente sujeitos, o que exige de nós olhá-las não como objetos passíveis de serem explicados e conhecidos, "mas como fontes de conhecimento e de auto-compreensão. Em última análise, trata-se do *Tu* irredutível a qualquer definição ou conceitualização."[103]

Se olharmos as Culturas como uma hierarquia de níveis, veremos que no nível Mítico e no nível do Mistério

---

[100] *Educação e Transdisciplinaridade II*, p. 86.
[101] Idem, p. 86.
[102] Idem, p. 87.
[103] Idem, p. 81.

elas possuem matrizes comuns que podem, de certa forma, aproximá-las. Só quando considerarmos esses níveis poderemos entender realmente as culturas que serão mais e mais compreendidas "na medida em que formos conquistados por seu coração mítico, que é a intenção final, a alma que assegura sua existência. Esta intencionalidade encontra-se arraigada no mito, mesmo no caso da cultura ocidental moderna baseada no mito da supremacia da razão e da ciência."[104]

Ter uma atitude pluralista e intercultural significa ir além da ideologia e da definição, sem pretender que essa atitude seja uma síntese possível entre as diferentes visões. A atitude pluralista e intercultural não é um novo modelo de pensar e de comportamento nem um anti-modelo ou anti-paradigma. Assim, falamos de uma ontonomia e não de uma autonomia das culturas, ontonomia definida como a determinação que é própria da natureza existencial e essencial do ser humano, isto é, todas as culturas são constituídas por sujeitos que mantêm entre eles uma interdependência recíproca. Ver as culturas como ontonômicas exige de nós uma atitude pluralista e transdisciplinar, que olha o mundo e vê a diversidade. Ao mesmo tempo, vê a possibilidade de aceitar e incluir as diferenças, a contradição, e de, mantendo as oposições, tentar compreendê-las e, talvez, resolvê-las num outro nível de realidade.

O Pluralismo, por sua vez, não é a simples pluralidade, mas ele aparece quando nossa "consciência nos conduz à aceitação positiva da diversidade na sua irredutibilidade, uma aceitação que não força as diferenças a se tornarem uma unidade (uma síntese), nem as aliena através de manipulações reducionistas".[105] O pluralismo cultural "não abandona a racionalidade, mas bane o racionalismo e, além disso, ele procura alcançar o máximo de inteligibilidade e de unidade possível, mas sem requerer um ideal de inteligibilidade ou de compreensão total da realidade".[106]

O pluralismo é "uma atitude humana fundamental que é criticamente consciente:

---

[104] Idem, p. 87.

[105] Robert Vachon, *Au-delà de l'universalisation et de l'interculturalisation des droits de l'homme, du droit et de l'ordre negocié*, p. 8.

[106] Idem.

a) da irredutibilidade factual e, portanto, da incompatibilidade dos diferentes sistemas humanos que procuram fazer a realidade inteligível;

b) da não–necessidade radical de reduzir a realidade a um só centro de inteligibilidade, tornando assim não-necessário uma decisão absoluta em favor de um sistema humano particular com validade universal".[107]

O Pluralismo, como atitude existencialmente humana, é uma prática que envolve uma consciência crítica e uma consciência dupla:

• *consciência crítica*, no sentido de reflexiva e consciente de sua necessidade de fundamento, ainda que considere que todo fundamento é simplesmente um lugar onde paramos porque sabemos que não existe a necessidade de um fundamento último. Existe, sim, uma "confiança cósmica, isto é, a experiência, o mito, a crença e mesmo o postulado que a Realidade é o terreno último que temos para dar sentido ao que quer que seja, achar que a vida tem um certo valor, o mundo uma certa consistência, nosso pensamento uma certa verdade, nossas palavras um certo sentido";[108]

• *consciência dupla*, que é ao mesmo tempo consciência da nossa própria *perspectiva* (que pode ser o direito, o *dharma*, o círculo da vida etc) e da sua *relatividade* ou *validade relativa.*

A prática do Pluralismo exige de nós esses dois tipos de consciência, uma que é reflexiva e aceita que o fundamento último de todas as coisas é simplesmente um lugar de onde partimos e que esse lugar pode ser mudado, se entendermos que ele não é o melhor para observar determinado fenômeno; e uma consciência dupla, que sabe que enxerga através da própria perspectiva, mas que aceita que essa perspectiva tenha uma validade relativa. Frithjof Schuon explica essa relatividade: "Falando da compreensão das idéias, podemos, portanto, distinguir uma compreensão dogmatizante – comparável à visão que parte de um só ponto de vista – e uma compreensão integral, especulativa, comparável à série indefinida de visões do objeto, possibilitadas por modificações indefinidamente múltiplas na perspectiva-

---

[107] Robert Vachon, *Au-delà de l'universalisation et de l'interculturalisation des droits de l'homme, du droit et de l'ordre negocié*, p. 9.

[108] Idem, p. 9.

ção do mesmo. E, assim como no caso do olho que se desloca, as diferentes visões de um objeto se encontram ligadas por perfeita continuidade – que representa, de algum modo, a realidade determinante do objeto –, assim os diversos aspectos de uma verdade, por muito contraditórios que possam parecer, contendo implicitamente toda uma infinidade de aspectos possíveis, mas que não fazem mais do que descrever a Verdade Integral que os ultrapassa e determina."[109] Ele resume dizendo que "podemos comparar uma noção teórica com a visão de um objeto: da mesma forma que a visão não revela todos os aspectos possíveis – a natureza integral – do objeto, cujo conhecimento perfeito mais não é do que a nossa identidade com ele, também a noção teórica não corresponde à verdade integral, da qual representa forçosamente um só aspecto, seja ele essencial ou não".[110]

Essas duas consciências, a consciência crítica e a consciência dupla, nos remetem aos níveis de percepção do sujeito, instrumento do olhar e da reflexão que apreende diferentes níveis de realidade e percebe, de um lado, a existência de muitas possibilidades de organização social, de culturas irredutíveis umas às outras e, de outro, vislumbra a possibilidade de uma unidade que atravessa todas elas.

Podemos perceber essa unidade, por exemplo, quando olhamos o Círculo, cuja forma aparece em todas as culturas, ainda que, simbolicamente, possa ter várias interpretações: por exemplo, a roda cósmica, ou roda da vida, que é um símbolo da manifestação e deriva da forma geométrica do círculo, representa a Natureza no seu sentido mais amplo. A circunferência, por sua vez, dependendo do número de raios que possuir, terá um significado diferente: por exemplo, se possuir quatro raios que a dividem em partes iguais, formando uma cruz no seu interior, corresponderá a uma divisão espacial determinando os quatro pontos cardeais. Se tomarmos a mesma circunferência percorrida num certo sentido, do ponto de vista temporal, teremos a imagem de um ciclo de manifestação e as extremidades da cruz que se forma, correspondem aos diferentes períodos ou fazes de um ciclo. A idéia da roda evoca, de imediato e por si mes-

[109] Frithjof Schuon, *A Unidade Transcendente das Religiões*, p. 21.
[110] Idem, p. 20.

ma, a idéia de rotação, de movimento. "Essa rotação é a figura da mudança contínua à qual estão submetidas todas as coisas manifestadas e é por isso que se fala também na *roda do devir.* Num tal movimento, há apenas um único ponto que permanece fixo e imutável, e esse ponto é o centro."[111] Assim, podemos compreender a importância do significado e do uso do Círculo nas culturas, principalmente, as tradicionais e cosmocêntricas.

> *A visão da criação é uma fonte infinita de inspiração. O círculo é uma das expressões dessa visão. O círculo exprime a lei da harmonia e das proporções perfeitas que, por sua vez, podem se traduzir em sons. As proporções, assim, correspondem à harmonia musical ou à harmonia da oitava, sobre a qual repousa precisamente toda a arquitetura tradicional.*
>
> *Todo círculo tem um centro. No sentido mais universal, o centro representa o Princípio. O Princípio é simbolizado geometricamente pelo ponto e aritmeticamente pela Unidade. A circunferência representa a multiplicidade, a manifestação, que é 'medida', efetivamente, pelo raio emanado do Princípio. O Princípio age no Cosmo por meio do Céu, que é representado igualmente pelo centro, enquanto a circunferência, desenhada pelos raios emanados deste centro, representará o outro pólo da manifestação, a Terra. O centro é a unidade, é um ponto de partida e de chegada, onde tudo se origina e para onde tudo deve retornar. Dele, por sua irradiação, todas as coisas são produzidas.*
>
> *O círculo, a roda, a roda em movimento, a roda da vida – é a imagem do Universo que surge continuamente do mesmo centro, desenvolvendo-se para o exterior e, ao mesmo tempo, convergindo da multiplicidade para o centro unificador.*
>
> Texto inspirado em René Guénon

[111] René Guénon, *A Grande Tríade*, p. 139.

9. Conclusão – Alteridade: Autonomia ou Ontonomia?

> *(....) O coração celeste é a raiz germinal do grande sentido. Quando se é capaz de uma completa tranquilidade, o coração celeste se manifesta por si mesmo. Quando o sentimento é tocado e se exterioriza diretamente, o homem nasce como ser vivente originário. Este ser vivente encontra-se desde a sua concepção até o nascimento em seu verdadeiro espaço. Assim que o toque da individuação entra no nascimento, o ser e a vida dividem-se em dois. Desde este momento – se a maior tranquilidade não for alcançada – ser e vida não tornam a encontrar-se.*
>
> *Por isso, diz-se no Plano do Grande Pólo: "O Grande Uno contém em si a verdadeira força (prana), a semente, o espírito, o animus e a anima. Quando os pensamentos se tranquilizam plenamente, de modo a ver-se o coração celeste, a inteligência espiritual, por si mesma, atinge a origem. Este ser habita, sem dúvida, o verdadeiro espaço, mas o lampejo da luz habita nos dois olhos. Portanto, o mestre ensina o movimento circular da luz, a fim de alcançar o verdadeiro ser. O verdadeiro ser é o espírito originário. O espírito originário é justamente ser e vida, e quando nisto se reconhece o real, aí está a força originária. E é justamente isto o grande sentido"*
>
> (...) Este método é muito simples e fácil. No entanto comporta tantos estados de transformação e mudança, que se diz: "Não é com um salto que se pode obtê-lo. Quem busca a vida eterna deve procurar o lugar em que ser e vida surgem originariamente."
>
> Richard Wilhelm, em *O Segredo da Flor de Ouro*

A percepção das culturas e dos sujeitos que as compõem nos mostra que só podemos "atingir o outro descobrindo-o, não como um simples objeto de inteligibilidade (*aliud*), mas como alguém em si mesmo (*alius*). Devemos perceber o que o outro pensa e acredita de si mesmo e não apenas o que pensamos e acreditamos sobre ele."[112]

---

[112] *Educação e Transdisciplinaridade II*, p. 87.

O verdadeiro diálogo é a única forma possível de se chegar a uma compreensão do outro e de usar a alteridade (o eu que se vê através do outro), a favor dos sujeitos e das culturas. A alteridade consiste em estabelecer uma relação verdadeira com um outro, "(...) uma ligação com o outro que não se reduz à representação do outro, mas à sua invocação, e onde a invocação não é precedida de uma compreensão, nós a chamamos *religião* (re-ligação). A essência do discurso é prece. O que distingue o pensamento visando um objeto numa ligação com uma pessoa, é que nessa se articula um vocativo: aquele que é nomeado é, ao mesmo tempo, aquele que é chamado. (...) Aqui se trata, antes de tudo, de encontrar um lugar de onde o homem pare de nos olhar a partir do horizonte do ser, isto é, de se oferecer aos nossos poderes. O *sendo* como tal (e não como encarnação do ser universal) não pode existir a não ser que se estabeleça uma relação onde eu o invoco. O *sendo* é o homem e é enquanto próximo que o homem é acessível. Enquanto rosto."[113]

O diálogo pressupõe que se olhe o outro e se estabeleça uma relação com ele; pressupõe ainda, a escuta e uma atitude aberta onde se procura "não uma simples fonte de informação, mas um caminho para conseguir, internamente, uma compreensão e uma realização mais profundas do outro e de si mesmo. É um diálogo no qual permitimos que o outro e sua verdade nos interpelem a partir de nossa própria vida e com nossos valores pessoais. Podemos conhecer profundamente somente aquilo e aqueles no quais acreditamos pessoalmente, com uma fé pessoal e vivendo pessoalmente uma comunhão mítica."[114]

Todo ser humano é uma unidade em si, assim como toda e qualquer cultura é única. Os sujeitos, reunidos em torno de um objetivo comum, têm a potencialidade de criar cultura e, portanto, valores, linguagem, um sistema organizado para viver e se relacionar com outros seres humanos. Estes seres únicos em sua identidade vivenciam as três dimensões das culturas e, portanto, são seres mítico-simbólicos, lógico-epistêmicos e *vivem o Mistério* que deve ser descoberto e ao qual todas as culturas dirigem seu olhar.

Na visão de Panikkar, as culturas têm uma dimensão

---

[113] Emmanuel Levinas, *Entre nous – Essais sur le penser-à-l'autre*, p. 20-21.
[114] *Educação e Transdisciplinaridade II*, p. 87.

cosmoteândrica: "Nesta dimensão oculta, não-reflexiva de toda cultura que é o mito, podemos encontrar e identificar três realidades mítico-simbólicas mais precisas que são o 'homem', o 'cosmo' e o 'divino'. Definitivamente, toda cultura e civilização possuem, veiculam e são veiculadas por uma determinada concepção do humano, do cósmico e do divino"[115], tidos não como conceitos, mas como símbolos. Esses símbolos, então, constituem um invariante humano que podemos encontrar em todas as culturas e civilizações e em todos os tempos. "Mesmo no caso em que seja negada uma destas dimensões – como ocorre em grande parte da cultura ocidental moderna, que nega a dimensão divina – não podemos permanecer calados diante dela, temos que negá-la. Assim como podemos considerar como transculturais as três ordens ontonômicas, mito, *logos* e mistério, também a dimensão cosmoteândrica pode sê-lo, na medida em que não pretendemos que exista um único sistema de relação entre as três polaridades, nem que exista uma única concepção possível do humano, do cosmo ou do divino."[116]

A alteridade, o caráter de nos relacionarmos com o outro e de só nos reconhecermos através do outro, repousa nos níveis mítico-simbólico e mistérico, jamais no lógico-epistêmico, já que essa dimensão estabelece critérios de julgamento intransponíveis que são regidos por uma lógica que exclui o diferente, o que está fora da norma e, portanto, separa os seres humanos criando contradições irreversíveis. Essas contradições, ou dualidades, só poderão ser resolvidas através do uso de uma lógica que aceite e mesmo louve a contradição, processo esse que é próprio da Natureza (*Physis*) e dos Seres Humanos. Ainda que os pares de opostos de qualquer formulação, em qualquer um desses âmbitos que mencionei acima, possam encontrar uma *re-união*, uma complementaridade, num outro nível de realidade, imediatamente se criarão outros pares de opostos nesse novo nível e assim sucessivamente.

No caso de dois termos contraditórios se encontrarem numa posição vertical, onde um é superior ao outro, Schuon assinala "uma hierarquização entre os dois termos que, mantendo-se ainda simétricos e complementares, são, no entan-

---

[115] *Educação e Transdisciplinaridade II*, p. 80.

[116] Idem, p. 80-81.

to, tais que um deve ser considerado superior e o outro inferior. (...) Com efeito, a Essência e a Substância universal são, respectivamente, o pólo superior e o pólo inferior da manifestação, e pode-se dizer que uma está propriamente acima e outra abaixo de toda existência; ademais, quando as designamos o Céu e a Terra, isto se traduz até, de modo mais exato, nas aparências sensíveis que lhes servem de símbolos. A manifestação situa-se, portanto, entre esses dois pólos. E o mesmo se dá naturalmente com o Homem, que não só faz parte dessa manifestação, mas constitui simbolicamente o próprio centro dela e, por essa razão, a sintetiza em sua integralidade. Assim, o Homem colocado entre o Céu e a Terra deve ser considerado, primeiramente, o produto ou a resultante de suas influências recíprocas, mas, em seguida, pela dupla natureza que ele tem de um e de outro, torna-se o termo mediano ou o *mediador* que os une e que é, por assim dizer, segundo um simbolismo a que voltaremos, a ponte que vai de uma ao outro."[117]

Com Edmund Husserl, a questão da alteridade adquire uma característica totalmente nova: conhecer a si mesmo ganha um significado mais amplo, pois é um conhecer que não pode mais deixar de lado o encontro com um rosto, está sempre dirigido a um *tu*, que é experienciado, sentido, vivido no ser como um todo. "O délfico 'conhece a ti mesmo' ganhou um significado novo. A ciência positiva vale na dispersão mundana. É preciso, primeiro, perder o mundo mediante a renúncia, para reavê-lo depois com a tomada universal de sentido de si."[118] Levinas, por outro modo, nos mostra a significância do aparecimento de um rosto em nosso mundo, aparecimento esse que é a revelação do outro que exige respeito, e acolhida pelos mais diferentes motivos: porque é pobre, peregrino, estrangeiro, fraco ou indefeso. O aparecimento do rosto do outro no mundo do mesmo exige de nós um comportamento ético. E esse comportamento de respeito frente ao outro se manifesta "pela abertura à palavra do outro que emerge em meu mundo como um rosto. O outro se revela outro em seu rosto, mas manifesta ser infinitamente Outro pela sua palavra. A linguagem se torna, entretanto, apenas o

---

[117] René Guénon, *A Grande Tríade*, p. 22-23.

[118] P. Manganaro, *Alteridade, filosofia, mística: entre fenomenologia e epistemologia*, p. 10.

espaço do encontro do Eu com o Outro. Ela não é mera experiência, nem meio de conhecimento de outrem, mas o lugar do Reencontro com o Outro, com o estranho e desconhecido do Outro."[119] Assim, quando comunico a outrem algo que sei, "(...) estamos ao lado desse outro e não confrontados a ele. Relacionar-se com o outro, não é tematizá-lo, tomá-lo como objeto de conhecimento ou comunicar-lhe um conhecimento. Ora, se podemos comunicar a existência da palavra, mas não podemos partilhá-la no âmbito do saber, que tipo de participação com o ser pode nos fazer sair da solidão? A alternativa encontrada por Levinas será a socialidade que confere uma nova significação ao tempo."[120] Para ele, "O tempo não é uma simples experiência da duração, mas um dinamismo que nos leva para outro lado diferente das coisas que possuímos. Como se no tempo houvesse um movimento para além do que é igual a nós. O tempo como relação com a alteridade inatingível e, assim, interrupção do ritmo e dos seus giros."[121]

Concluo dizendo, mais uma vez, que a alteridade, processo de se reconhecer através do outro e "(...) de-ser-para-o-outro é uma condição da subjetividade humana, emergindo da neutralidade de um haver impessoal e da significação neutra dos entes no mundo no horizonte do ser, em que os seres humanos e sua história são reduzidos a movimentos de conceitos no plano do saber, compostos teoricamente em função de projetos que os reduzem a entes manipuláveis, efetivando praticamente inúmeras formas de injustiças."[122]

A alteridade, o eu em relação com o outro, estabelece diferentes formas ou padrões de relacionamento: a heteronomia, a autonomia e a ontonomia. Cada uma dessas formas possui uma maneira bem específica de perceber o mundo, de se relacionar com ele e, a partir dessa percepção e relacionamento define matrizes de comportamento que, em última instância, instaura modos de relação entre o eu e o outro. Ao eleger a ontonomia ao invés da autonomia, como forma ideal de viver em conjunto e que não está pronta e acabada, mas precisa ser construída, elejo um modo de

---

[119] Prof. Euclides André Mance, *Emmanuel Levinas e a Alteridade*, Revista de Filosofia 7, p. 23-30.
[120] Idem, p. 23-30.
[121] Emmanuel Levinas, *Ética e Infinito*, p. 53-54.
[122] Idem, p. 23-30.

vida onde o partilhar é um valor supremo e inalienável.

Acredito sim, que podemos viver uma vida inteira partilhando as riquezas que a Terra nos oferece em cada respiração, em cada gole de água ou bocado de alimento. Podemos partilhar o trabalho e a comunicação que estabelecemos com as pessoas; podemos ainda compartilhar o ensinar e o aprender e também uma energia concebida como divina, o *mana*; podemos compartilhar longas histórias, fábulas e mitos e nos irmanarmos através de todos eles; podemos nos movimentar de forma compartilhada e criar a dança, podemos compartilhar padrões e fazer nossa escrita e ainda compartilhar os sons e criar a música e a fala. "Partilhar não é apenas uma arte ou um processo básico de formar padrões; é também uma condição de vida"[123], nos diz György Doczi. "O compartilhar é criativo", nos diz ele e, além disso, "o compartilhar, como um processo básico da formação de padrões, molda relações harmoniosas na vida humana e animal, da mesma maneira que o faz na anatomia, na música e em outras artes".[124]

Tudo no Universo nos mostra os padrões harmônicos que se estabelecem: "a luz, as cores e os sons compartilham os mesmos padrões de ondas e as mesmas razões vibratórias. A essência de todas as vibrações e ritmos é a mistura de diferentes – fraco e forte, dentro e fora, acima e abaixo, atrás e na frente – a intervalos periódicos de tempo. É assim também com as marés, o ritmo cardíaco, a luz, o som, o peso, e com os padrões de crescimento vegetal (...) assim como em nosso biorritmo, respiração e pulso."[125] Essa harmonia universal, que é uma matriz de tudo que existe, só poderemos percebê-la se nos abrirmos para ela, se nos deixarmos conduzir por ela e se nos mantivermos num estado tal de ressonância que nossa alma vibre numa frequência onde *"a energia flui como a água, enquanto o espírito brilha como a lua."*[126]

Essa harmonia do Universo se forma a partir do processo do compartilhar e do processo de dinergia: ambos são processos básicos na formação de padrões que unem dife-

---

[123] György Doczi, *O Poder dos Limites*, p. 77

[124] Idem, p. 77.

[125] Idem, p. 51.

[126] Estado vibratório ideal para os praticantes de Tai Chi.

rentes e diferenças, existindo sempre uma unidade básica dentro das muitas diversidades desse mundo, e um exemplo clássico disso é "a unidade que está na diversidade dos padrões orgânicos e inorgânicos que também é vista no padrão espiralado de algumas galáxias, que repetem em uma escala cósmica a diminuta espiral dinérgica das flores e conchas."[127] Os padrões do compartilhar e da dinergia são os mais comuns no Universo e existe um *mana do compartilhar* na Natureza, e como o Universo conspira sempre a nosso favor, falando de alteridade, o modo ontonômico de estruturar, tanto as relações quanto nosso modo de viver, é o que está em consonância com esse padrão. Com ele todos ganham. E as Musas, cantoras divinas que serenam e alegram o coração dos mortais e lhes trazem a inspiração, e sendo elas protegidas por Apolo, o deus da luz e do espírito que brilha, inspiraram Goethe, através de Polínia, a musa da Poesia, e ele criou estes versos:

> *... no momento em que, definitivamente nos comprometemos,*
> *a providência divina também se põe em movimento...*
> *Todos os tipos de coisas ocorrem para nos ajudar,*
> *que em outras circunstâncias nunca teriam ocorrido.*
> *Todo um fluir de acontecimentos surge a nosso favor*
> *como resultado da decisão,*
> *todas as formas imprevistas de coincidências, encontros*
> *e de ajuda material*
> *que nenhum homem jamais poderia ter sonhado encontrar em seu caminho...*
> *Qualquer coisa que você possa fazer ou sonhar,*
> *você pode começar.*
> *A coragem contém em si mesma*
> *a força e a magia.*
>
> Goethe

---

[127] György Doczi, *O Poder dos Limites*, p. 80.

Referências Bibliográficas

BARROS NABHOLZ, Maria Teresa e MENDONÇA DE BARROS, Vitoria. *As Faces Eternas do Feminino no cinema e na propaganda*,. São Paulo: TRIOM, 1996.

Bhagavad Gita – Canção do Divino Mestre. São Paulo: Companhia das Letras, 1998.

CAMPBELL, Joseph. *As Transformações do Mito Através dos Tempos*. São Paulo: Cultrix, 1992.

CAMPBELL, Joseph; MOYERS, Bill. *O Poder do Mito*. São Paulo: Palas Athena, 1988.

CAMUS, Michel. *Adonis – Le Visionnaire*. Monaco: Du Rocher, 2000

COLL, Agustí Nicolau. *As Culturas não são Disciplinas – O Transcultural Existe?* Em *Educação e Transdisciplinaridade II*. Diversos autores. São Paulo: TRIOM /UNESCO, 2002.

CORBIN, Henry. *Alone with the Alone*. New Jersey: Princeton University Press, 1998.

DOCZI, György. *O Poder dos Limites – Harmonias e Proporções na Natureza, Arte e Arquitetura*. São Paulo: Mercuryo, 1990.

DESCAMPS, Christian. *Les Idées Philosophiques Contemporaines en France*. Paris: Bordas, 1986.

ELIADE, Mircea. *O Sagrado e o Profano – A Essência das Religiões*. São Paulo: Martins Fontes, 1992.

GUÉNON, René. *A Grande Tríade*. São Paulo: Pensamento, 1990.

HILLMAN, James. *Psicologia Arquetípica: um breve relato*. São Paulo: Cultrix, 1992.

JACOBI, Jolande. *Complexo, Arquétipo e Símbolo*. São Paulo: Cultrix, 1991.

______. *La Psicologia de C. G. Jung*. Madri: Espasa-Calpe SA, 1976.

JUNG, C. G. *Aion, Estudos sobre o Simbolismo do Si-Mesmo*. Petrópolis: 1982.

______. *Arquetipos e Inconsciente Colectivo*. Buenos Aires: Paidós, 1977.

______. *Essais sur la Symbolique de L'Esprit*. Paris: Albin Michel, 1991.

______. *The Collected Works (CW)*. Bollingen Series XX, vols. 1-20. New Jersey: Princeton University Press, 1953.

JUNG, C. G. e KERÉNYI, Charles. *Introduction à l'Essence de la Mythologie*. Paris: Payot, 1993.

JUNG, C. G. e WILHELM, R. *O Segredo da Flor de Ouro – Um Livro de Vida Chinês*. Petrópolis: Vozes, 2001.

LEVINAS, Emmanuel. *Ética e Infinito*. Lisboa: Edições 70, 1988.

______. *Entre nous – Essais sur le penser-à-l'autre*. Paris: Bernard Grasset, 1991.

______. *Totalidad e Infinito*. Salamanca: Sigueme, 1977.

MATURANA, Humberto e VERDEN-ZÖLLER, Gerda. *Amar e Brincar – Fundamentos Esquecidos do Humano*. São Paulo: Palas Athena, 2004.

NIETZSCHE, Friedrich. *La volonté de puissance*. tome I. Paris: Gallimard, 1995.

______. *Os Pensadores*. vol. XXXII. São Paulo: Abril Cultural, 1974.

PANIKKAR, Raimon. *O Espírito da Política – Homo politicus*. São Paulo: TRIOM, 2005.

______. *La Notion des Droits de l'Homme est-elle un Concept Occidental?* Em Diogène, nº 120, Outubro-Dezembro 1982, Paris.

______. *Sobre el Diálogo Intercultural*. Salamanca: San Esteban, 1990.

NICOLESCU, Basarab. *O Manifesto da Transdisciplinaridade*. São Paulo: TRIOM, 3ª ed., 2005.

SOMMERMAN, Américo e outros (org). Diversos autores. *Educação e Transdisciplinaridade II*, São Paulo: TRIOM/UNESCO, 2002.

PLATÃO. *A Republica*. Lisboa: Fundação Calouste Gulbenkian, 7ª ed., 1993.

RENAUT, A. *O Indivíduo.* Rio de Janeiro: BCD União de Editoras, 1995.

SOUZENELLE, Annick. *O Simbolismo do Corpo Humano.* São Paulo: Pensamento, 1994.

VACHON, Robert. *Au-delà de l'universalization et de l'interculturalisation des droits de l'homme, du droit et de l'ordre negocié,* artigo publicado na Revista do Instituto Intercultural de Montreal, Maio de 2000.

______. *Le mythe émergent du pluralisme et de l'interculturalisme de la réalité,* conferência proferida no Seminário *Pluralisme et Societé, Discours alternatifs à la culture dominante,* organizado pelo Instituto Intercultural de Montreal, Fevereiro de 1997.

VERNANT, Jean-Pierre e NAQUET, Pierre Vidal. *Mito e Tragédia na Grécia Antiga.* vol. II. São Paulo: Brasiliense, 1991.

REVISTAS:

MANCE, Euclides André. *Emmanuel Levinas e a Alteridade.* Revista de Filosofia 7 (8) da PUC Curitiba, Abril 94, p. 23-30. http://www.milenio.com.br/mance/L%C3%levinas.htm

MANGANARO, Patrizia. *Alteridade, Filosofia, Mística: entre fenomenologia e epistemologia.* Memorandum 6, UFMG, 2004. http://www.fafich.ufmg.br/~memorandum/artigos06/manganaro01.htm

TEIXEIRA, Leônia Cavalcanti. *Ética e Subjetividade: Indagações em Habermas e Rorty.* Revista Estudos de Psicologia, 2003, 8 (1), p. 147-153.

MOTIVO 2

Descostura: *Resistências Institucionais e Maneiras de Contorná-las*

DESCOSTURA

Cada margarida e cada girassol é uma janela para o infinito, como o são as flores da macieira e de outras árvores e arbustos de frutos comestíveis. Esses frutos crescem de acordo com o padrão do pentágono e seu prolongamento, a estrela de cinco pontas ou pentagrama, na qual as linhas vizinhas relacionam-se umas com as outras na razão dinérgica e áurea dos vizinhos.

(...) O pentágono e o pentagrama, como todos os padrões, são definidos pelos seus limites. Incorporados aos padrões harmoniosos de flores e frutas, eles exemplificam um epigrama atribuído a Pitágoras, o de que "o limitado dá forma ao ilimitado". Esse é o poder dos limites.

György Doczi em *O Poder dos Limites*

Fusos de algodão fiados a mão, Mali
African Textiles, de John Gillow

Após nossos inumeráveis encontros, onde trocas intensas em todos os níveis ocorreram, aprendemos juntos a decifrar os três pilares da transdisciplinaridade durante os oito anos que trabalhamos juntos. Durante esse período, os pesquisadores do CETRANS – Centro de Educação Transdisciplinar – começaram a descosturar juntos o que haviam primeiramente tecido. De fato, foram aparecendo irregularidades no tecido, manchas, fios que se soltavam, buracos e nós inextrincáveis. Nossos primeiros Motivos não nos satisfizeram. Alguns deixaram o grupo, outros insistiram e sentiram a necessidade de um aprofundamento na sua área de atuação, outros foram se aproximando e vieram se agregar ao nosso grupo, e embora nessa época ainda não estivessem oficialmente incluídos, já atuavam nos bastidores. Todos nós, em tempos e ritmos diferentes, nos defrontamos com uma série de resistências, atravessamos crises, corredores de medo e angústia, enquanto tentávamos dar conta da realidade multirreferencial e multidimensional, complexa, que foi se abrindo diante de nós à medida que íamos perlaborando nosso conhecimento, tentando cruzar nossas miríades de representações. Os artigos deste segundo Motivo retratam as dificuldades com as quais se defrontam e se confrontam o pensamento, a pesquisa e a atitude transdisciplinar quando colocados em ação.

Dora Fraiman Blatyta

Docente no Centro de Ensino de Línguas da Unicamp. Formadora de mediadores, pelo "International Center for the Enhancement of Learning Potential" e pelo "The Hadassah-Wizo – Canada Research Institute", Jerusalém. Professora de leitura escrita no contexto psicopedagógico nos "Seminários de Psicopedagogia" coordenados por Edith Rubinstein, São Paulo. Professora em cursos e *workshops* sobre mediação e aprendizagem significativa. Palestrante em várias instituições sobre relações entre linguagem e identidade. Autora e tradutora de contos e poesias da língua hebraica.

dblatyta@yahoo.com.br

Edith Rubinstein

Psicopedagoga clínica e supervisora. Docente e supervisora de estágio na UNIMARCO, curso de Psicopedagogia. Coordenadora e professora do Centro de Estudos "Seminários de Psicopedagogia". Docência em vários cursos e workshops sobre Diagnóstico Psicopedagógico e Intervenção psicopedagógica, Leitura e Escrita no contexto psicopedagógico, O jogo na Psicopedagogia. Professora de PEI, formadora de aplicadores. Assessoria em instituições públicas e privadas. Autora na área da Psicopedagogia. Membro do Conselho da Associação Brasileira de Psicopedagogia, presidente da Associação Brasileira de Psicopedagogia na gestão 85/86, membro do CETRANS (Centro de Educação Transdisciplinar), membro do conselho editorial da Revista da Associação Brasileira de Psicopedagogia.

rubinstein@terra.com.br

Psicopedagogia e Transdisciplinaridade

Resumo

O artigo tem por objetivo mostrar a origem epistemológica da prática psicopedagógica, bem como suas atuais características transdisciplinares. As autoras partem do pressuposto que a transdisciplinaridade subsidia a preocupação psicopedagógica de estudar e compreender a relação do sujeito da aprendizagem com o conhecimento e com o saber, a partir de um estilo próprio, estilo este decorrente do modo de viver de cada um. O "princípio hologrâmico" concebido por Morin, que permite compreender as relações entre o todo e a parte, amplia nossa visão sobre a queixa escolar. A compreensão da natureza complexa da aprendizagem e do sujeito da aprendizagem permite uma escuta simultânea deste tanto em sua singularidade quanto em sua inserção no contexto cultural, entendido como tudo o que contribui para a sua formação.

Introdução

As autoras trabalham com formação de educadores interessados em Psicopedagogia, mais especificamente na área da linguagem e da mediação. Buscam respostas para intervir na clínica, e/ou subsídios para lidar com os conflitos em sala de aula. Apesar de possuírem formações diferentes, uma na Linguística Aplicada e outra na Psicopedagogia, as autoras se complementam através de uma contínua interlocução teórica e prática.

A formação clínica de Rubinstein tem contribuído para enriquecer a construção do conhecimento e do saber que se faz nos encontros de formação de educadores. Na clínica psicopedagógica busca-se ouvir a queixa escolar a partir do aluno e do seu contexto. Os professores em formação, ao trazer suas demandas, pedidos de soluções, contribuem para ampliar a visão da complexidade das relações entre ensino-aprendizagem. Estes dois termos, embora separados em nossa língua materna, devem ser entendidos como complementares: "**ensinaprendizagem**". Em hebraico, por exemplo, ambos são formados a partir da mesma tríplice raiz: **lomed** = aprende; me**lamed** = ensina.

Nos cursos de formação continuada procura-se, sobretudo, desenvolver a conscientização de educadores a respeito de seus próprios processos de aprendizagem na relação com o conhecimento e o saber. O conhecimento é entendido como regra de representação que deve ser transformado em saber, ou seja, regra de ação, pela qual o sujeito transforma o conhecimento de um modo singular dando ao mesmo uma conotação própria. Conhecimento e saber são entendidos como um processo de apropriação. (RUBINSTEIN, 2003) Consideramos relevante cada qual se conhecer primeiro enquanto aprendiz para poder mediar com mais qualidade o sujeito da aprendizagem. Esta é a contribuição de Blatyta, baseada em sua reflexão para o mestrado em Linguística Aplicada, Unicamp, 1995: "Estudo da relação dialógica entre conscientização teórica e prática didática". Neste trabalho a autora analisou como não é simples e tranquilo o processo de mudança da abordagem de ensinar de um professo; como mesmo havendo desejo de mudança de sua parte, há resistências.

Nossa contribuição enquanto formadores de educadores, visa desencadear três processos fundamentais: 1. refletir sobre os próprios processos de aprendizagem; 2. desencadear indagações que levem a uma maior conscientização sobre suas próprias crenças implícitas a respeito da linguagem e do ensino aprendizagem; 3. articular estas crenças implícitas com construções teóricas correntes, produzindo efeitos importantes para a psicopedagogia institucional, da qual a formação continuada de professores é um segmento importante. O modelo clínico da psicopedagogia deve e pode contribuir para a psicopedagogia institucional, pois busca lidar com as tensões pertinentes entre gênero de ensino, um sistema marcado por características que representam um discurso social (por exemplo: mais democrático, construtivista, com relações menos assimétricas) e estilo (aquilo que é particular, singular, próprio de cada sujeito da aprendizagem).

O diálogo entre profissionais da área clínica e institucional pode produzir efeitos macro-estruturais no sistema educacional. A psicopedagogia dinâmica visa, sobretudo, compreender o sujeito da aprendizagem como um todo, simultaneamente singular e constituído pelo discurso social escolar no qual está imerso. O professor, enquanto adulto significativo, é uma figura das mais relevantes deste cenário.

Nosso objetivo neste artigo é fazer algumas articulações entre aquilo que chamamos de atitude transdisciplinar e a psicopedagogia dinâmica. Nos deteremos mais especificamente nos aspectos que poderão contribuir para a formação de docentes, visando, através deles, propor que esta atitude transdisciplinar passe a fazer parte do cenário escolar. As articulações serão desenvolvidas em cinco seções:

1. Primórdios: um breve histórico do percurso da psicopedagogia na realidade brasileira.
2. Psicopedagogia dinâmica – uma nova escuta do Sujeito de Aprendizagem levando em conta a complexidade
3. Psicopedagogia e alteridade – da necessidade de reconhecimento da heterogeneidade.
4. Psicopedagogia e construção de identidade – considerações de como do mundo da leitura pode-se passar para a leitura do mundo, e qual a relação disto com nossas identidades.
5. Níveis de realidade, estilos de aprendizagem e queixa escolar.

1. Primórdios da psicopedagogia

Na sua origem, a Psicopedagogia, então denominada **Reeducação Psicopedagógica**, surgiu a partir de uma visão **pluridisciplinar**. Nicolescu (1999:45) define pluridisciplinaridade, como (...) *estudo de um objeto de uma mesma e única disciplina por várias disciplinas ao mesmo tempo.*

Era uma prática desenvolvida a partir de uma necessidade específica: atender crianças que por diferentes razões não conseguiam acompanhar a escolaridade. Como? Professores especializados, pedagogos, linguistas, psicanalistas, psicólogos, fonoaudiólogos, sociólogos, terapeutas ocupacionais, entre outros, procuraram fragmentadamente, através de suas práticas e de seus referenciais teóricos, encontrar recursos e modos de intervir clínica e institucionalmente para a reversão do fracasso escolar. Cada um destes profissionais foi construindo isoladamente seu modo próprio de intervenção, fundamentado em suas identificações teóricas e em sua formação básica. Ainda não se configurava a Psicopedagogia.

Nesta etapa de reeducação psicopedagógica buscava-se classificar os problemas que se apresentavam sem relacioná-los profundamente com seu entorno. Não se buscava uma visão mais abrangente, que entendesse as dificuldades manifestadas como sintomas de problemas que não cabiam apenas nas listas médicas elaboradas até então. Via-se o aprendiz com dificuldades numa relação de oposição pura e simples com outros, bem sucedidos em seus estudos. Havia uma preocupação com a norma. O olhar de então buscava nas causas orgânicas a explicação para o insucesso escolar, sem levar em consideração a relação singular do sujeito com o saber.

Ao não levar em conta a complexidade dos fatores que envolvem ensino aprendizagem, e entre eles, aqueles ligados ao afetivo-emocional, ao focalizar somente se o produto final era ou não alcançado pelo aprendiz, avaliava-se, apenas através de testes, para verificar se o aluno sabia/ entendia/ conseguia fazer ou não.

No discurso da **reeducação psicopedagógica** não estava presente a preocupação com a integração dos diferentes e o foco das discussões não abarcava a crença no potencial de aprendizagem de cada um, salvo em casos isolados de alguns educadores idealistas, que investiam em pessoas não integradas no contexto social.

A reeducação psicopedagógica não levava à compreensão da queixa escolar em suas contradições. Esta preocupação começou a se desenvolver na fase interdisciplinar da psicopedagogia.

A partir da realidade, diferentes profissionais sentiram a necessidade de buscar mais recursos nas práticas das diferentes disciplinas, pois estas, isoladamente, não davam conta de explicar as múltiplas facetas do fenômeno das dificuldades de aprendizagem.

Aos poucos, a tomada de consciência do isolamento cognitivo e reducionista da intervenção reeducativa impeliu os profissionais a fazer uma "troca construtiva" em relação ao modo de compreender e de intervir. Esta foi frutífera para todas as áreas do conhecimento, porque começou a construir um novo modelo de intervenção psicopedagógica, a partir de uma visão mais ampla a respeito da relação entre aprendizagem e queixa escolar, porém ainda sem a integração do "ensinaprendizagem".

A interlocução entre as múltiplas disciplinas para a compreensão do fenômeno fracasso escolar foi delineando uma posição **interdisciplinar** para a Psicopedagogia, entendida como uma postura científica que permite que o psicopedagogo se valha das contribuições e dos métodos das diferentes disciplinas para uma compreensão mais ampla das dificuldades de aprendizagem. Para Nicolescu (1999:45), interdisciplinaridade diz respeito à (...) *transferência de métodos de uma disciplina para outra*.

Apesar da percepção enriquecida pela interdisciplinaridade, esta ainda não era suficiente para a compreensão do sujeito da aprendizagem nos seus aspectos singulares quando em processo de inserção na cultura. A Psicopedagogia em sua fase interdisciplinar ainda observava o aluno com dificuldades de aprendizagem a partir da compreensão dos aspectos emocionais e cognitivos do mesmo em um só nível de realidade, ou seja, ainda a partir das contribuições das diferentes disciplinas ditando verdades que devem ser aceitas por todos.

A visão interdisciplinar foi criando um perfil profissional diferente, mais disponível para perceber limites e conflitos, porém, ainda preocupado em solucioná-los harmonicamente, abolindo-os. Conforme aponta Kupfer (1999:68) a respeito da impossível tentativa da Psicopedagogia em tentar harmonizar o que está em desequilíbrio, desequilíbrio este que não se supera jamais:

> ... *o sujeito é para sempre dividido entre o que ele pode saber de si mesmo, de um lado, e uma enorme, radical, intransponível impossibilidade de saber sobre seus determinantes mais fundamentais, de outro lado. Em outras palavras, para sempre dividido entre o saber e a sua verdade.*

Portanto, os conflitos são pertinentes e inerentes ao sujeito de aprendizagem, cabe ao psicopedagogo criar condições e desencadear processos que possibilitem o deslocamento desse sujeito como decorrência das elaborações que o mesmo vier a desenvolver.

Segundo Nicolescu (1999:56)

> ... *um nível de realidade é aquilo que é porque todos os outros níveis existem ao mesmo tempo. Nenhum nível de realidade constitui um lugar privilegiado de onde possamos compreender todos os outros níveis de realidade.*

A compreensão dos diferentes níveis de realidade permite compreender que não há apenas uma verdade.

Na próxima seção apontaremos para um terceiro momento da Psicopedagogia, onde se configura uma visão **transdisciplinar**. É a Psicopedagogia dinâmica. Nesta etapa busca-se analisar a queixa escolar a partir de uma visão mais complexa das "*relações entre sujeito e cultura, entre sujeito e discurso social, entre sujeito-aluno e discurso social veiculado e construído na escola, portanto, entre sujeito-aluno e discurso escolar-social*". (KUPFER, 1999:75)

2. Psicopedagogia Dinâmica: uma nova escuta do sujeito da aprendizagem levando em conta a complexidade

Já é possível hoje, em alguns setores da Psicopedagogia, identificar um modelo dinâmico da mesma, cujo objeto é a compreensão do sujeito da aprendizagem na sua complexidade. Nas palavras de Mery (1985:22):

> *... o objetivo do psicopedagogo diante de uma criança com dificuldades de aprendizagem não será unicamente o de colmatar suas lacunas, mas sobretudo o de lhe fazer recuperar um dinamismo que parece ter sido bloqueado. Para tanto, ele não se interessará unicamente pelo escolar, mas pela criança em sua totalidade.*

Rubinstein (2003:254), ao descrever a trajetória da psicopedagogia, afirma que:

> *Na posição idealista de Educação, o conflito, como contradição, e a incerteza são vistos como obstáculos provisórios que um* ***bom planejamento*** *pode evitar, pois o que se pretende é prevenir e eliminar os conflitos.*

Na Psicopedagogia dinâmica não se trata de evitar, e sim de levar em conta as contradições do sujeito da aprendizagem enquanto tensões que lhe são pertinentes, as quais devem ser acolhidas e formuladas para poderem ser ressignificadas. Gerber, em seu artigo nesta mesma obra, descreve de forma clara as tensões da lógica do sistema do inconsciente, que não obedece ao princípio de não-contradição, comparando-o com o sistema consciente predominantemente pragmático. Afirma ele:

> *... um pragmatismo necessário para a sobrevivência do indivíduo; para sobreviver ele tem de agir diante de um – mormente de um estímulo ameaçador à sua sobrevivência – com uma ação determinada, não contraditória (...) já nosso inconsciente é o campo das emoções e essas são essencialmente contraditórias; obedecem a outro campo lógico onde simplesmente não existe a contradição: tudo se associa de alguma maneira.*

Pain, psicopedagoga contemporânea, que contribuiu significativamente na América Latina para mostrar a necessidade de se compreender globalmente o processo de aprendizagem e as estruturas que contribuem para que a mesma ocorra, também se preocupa com os aspectos que ultrapassam a competência manifesta ou a razão para relacionar-se com o objeto de conhecimento. Afirma ela (1996:99) sobre a função do psicopedagogo:

> *... devolver à criança seu anseio de saber, uma vez que em algum momento o perdeu.*

Ambas educadoras, Pain e Mery apontam para a necessidade de se considerar o entusiasmo no processo de construção do conhecimento. Feuerstein, em seu Programa de Enriquecimento Instrumental, também aponta para a necessidade de mediarmos o significado daquilo que ensinamos, a transcendência para nossos investimentos em tempo, energia e dedicação em nossos percursos para aprender. Esta preocupação nos remete aos quatro pilares da educação propostos por Jacques Delors: aprender a ser, aprender a conviver, aprender a fazer e aprender a conhecer, que temos experienciado no CETRANS, bem como aos quatro níveis do ser descritos por Nicolescu: físico, psíquico, anímico e espiritual.

Estes últimos podem ser aproximados também ao modelo proposto na psicopedagogia por Pain (1985), que acredita que o saber é inerente à condição humana, que dele depende para sobreviver com qualidade. Ela afirma que no percurso para a construção do conhecimento são usadas quatro estruturas: o organismo (aspectos biológicos), o corpo (manifestação da subjetividade e da inteligência no corpo), o desejo (inconsciente) e a estrutura lógica ou inteligência. Para exemplificar a relação entre o corpo e o organismo, usa a metáfora de um virtuoso violinista que consegue tirar excelente sonoridade de um violino simples, enquanto um violinista medíocre não conseguiria produzir grande coisa mesmo com um Stradivarius. Através desta metáfora a autora esclarece a interdependência entre os vários aspectos que constituem o sujeito da aprendizagem. Não podemos predeterminar com certeza que um organismo saudável, necessariamente favorecerá um ser criativo e produtivo. Por outro lado, há pessoas que, apesar de apresentarem limitações físicas, podem expressar criativa e esteticamente suas capacidades intelectuais e artísticas.

Pain se aproxima do pensamento transdisciplinar na

medida em que mostra que compreender o sujeito da aprendizagem é algo de natureza complexa. Afirma que não há como considerar cada um desses aspectos isoladamente como determinante para a construção do conhecimento pelo sujeito da aprendizagem, e sim, o metabolismo, a interação dinâmica que ocorre entre eles e o meio ambiente sócio cultural que os cerca.

Pain (1985:28), referindo-se ao diagnóstico psicopedagógico para identificar problemas de aprendizagem, afirma:

> *Este diagnóstico é sempre uma hipótese e cada momento da relação com o sujeito, através tanto do processo diagnóstico como do tratamento, nos permitirá ajustá-la desde que as transformações obtidas a partir dessa hipótese sejam aplicáveis por ela mesma. Tratando-se de um diagnóstico multifatorial, determinar-se-á assinalando as articulações e compensações mútuas das quais surge o quadro total.*

Todo diagnóstico psicopedagógico é entendido dentro da visão dinâmica como algo provisório. Na tentativa de compreender os conflitos do sujeito de aprendizagem ou das instituições, busca-se considerar a complexidade dos múltiplos fatores envolvidos, explícitos e/ou implícitos. E também contínuo, porque tem que lidar com o inesperado, o imprevisto.

A transdisciplinaridade afirma que "O todo e cada umas de suas sinergias estão estreitamente ligados em interações constantes e paradoxais". Nós, seres humanos, não vivemos em gaiolas de laboratórios, com inúmeras variáveis para efeito de estudo controladas com relativa simplicidade. Estamos imersos em interações complexas que exigem respostas ágeis. Ao vivenciarmos experiências novas, podem acontecer modificações em partes de nossa estrutura, podem acontecer novas relações, novas associações, que provocariam deslocamentos em nossa percepção do mundo, resultando em possíveis mudanças na construção de nossas identidades. Para exemplificar esta introdução do novo, seja ele conhecimento, informação, experiência, aquilo que já existe em nós, usamos a metáfora de Feuerstein (comunicação pessoal), de um punhado de nozes ao qual se acrescenta uma outra.

Para que ela seja integrada, é preciso haver um deslocamento das outras, constituindo novas relações. Seja esta noz símbolo de um novo conhecimento que se adquira, seja de uma nova experiência vivida, é preciso o novo dialogar com o já sabido ou vivido, o presente com o passado, para haver apropriação do conhecimento de modo que este perdure de um modo significativo. Para Nicolescu (2000:150)

> *... aprender a conhecer significa ser capaz de estabelecer pontes – entre os diversos saberes, entre esses saberes e seus significados para a nossa vida cotidiana, entre esses saberes e significados e nossas capacidades interiores.*

Apesar da nova tendência dinâmica da psicopedagogia, ainda estão presentes em nossa realidade concepções mais reducionistas dos problemas de aprendizagem, concepções estas fundadas na ciência clássica, cartesiana, que só conseguem compreender isoladamente os fatores geradores da queixa escolar. Esta tendência, resistente à visão dinâmica da psicopedagogia, ainda se preocupa com um rigor científico e com a classificação dos problemas, sem levar em conta a complexidade do ser humano, tendo portanto uma visão mais imediatista. Paradoxalmente, esta classificação pode favorecer o acolhimento de algumas crianças "rotuladas" na escola, que receberão mais atenção especializada. Por outro lado, aquelas que não correspondem às expectativas deste discurso classificatório, que não recebem um rótulo explicativo para os problemas que apresentam, podem não ser devidamente cuidadas.

Se pensarmos na complexidade do ser humano em sua relação com o meio ambiente físico, social e cultural, podemos perceber como são múltiplos os fatores a serem levados em conta. Não só são muitos como ainda estão em contínua instabilidade, obrigando o ser humano a se equilibrar como um surfista nas ondas. (MATURANA, conferência na USP, 1999) Além desta multiplicidade e instabilidade de fatores ligados ao ser humano, temos que lidar com incertezas e não com previsões seguras, conforme Morin (2001a) propõe como um dos sete saberes necessários para a educação do futuro, e conforme o artigo 14 da Carta da Transdisciplinaridade. Falar em educar, em relações de ensino aprendizagem, não é tarefa simples. Como afirmava Paulo Freire em relação à "educação bancária", ensinar algo a alguém não é tão simples como encher um copo d'água. Vide adiante, *in* Furlanetto, a citação de Ludke e André (1986:5), que também ilustra a complexidade que estamos querendo especificar aqui, diferenciando-a do conceito mais simplista de causalidade usado em pesquisas não qualitativas. Dentre os inúmeros fatores ligados a ensino aprendizagem, explica Silva (2003:182) como a abordagem de ensinar do professor deve ser levada em conta:

> *Qualquer projeto pedagógico pressupõe uma intenção que, por sua vez, é decorrente de uma determinada visão do mundo. A aprendizagem dos conteúdos, a forma como eles são ensinados, a dinâmica estabelecida em sala de aula e as opções metodológicas não se resumem a preferências técnicas que visam apenas garantir boas avaliações. Subjacente a qualquer escolha docente, encontram-se aspectos políticos, éticos e pessoais, ainda que o professor tente manter uma atitude imparcial diante das tendências filosóficas que orientam as diretrizes educacionais.*

Para ilustrar um pouco os inúmeros fatores subjacentes que interferem na abordagem de ensinar do professor, principalmente no âmbito institucional, tomemos como exemplo o quadro chamado de Operação Global de Ensino de Línguas (ALMEIDA FILHO, 1993), que pode ser útil para ilustrar as relações de ensino-aprendizagem de qualquer disciplina. Podemos imaginar quão mais complexo este quadro seria se levássemos em conta e acrescentássemos também as especificidades de cada um dos outros elementos envolvidos nesta operação!

Esta complexidade não deve paralisar aqueles envolvidos com ensino aprendizagem. Ter consciência da mesma visa desenvolver mais tolerância (no bom sentido). Visa tornar os responsáveis pelo ensino menos arrogantes, menos "donos da verdade" no momento de avaliar problemas, menos impulsivos ao tirar conclusões, coletando mais da-

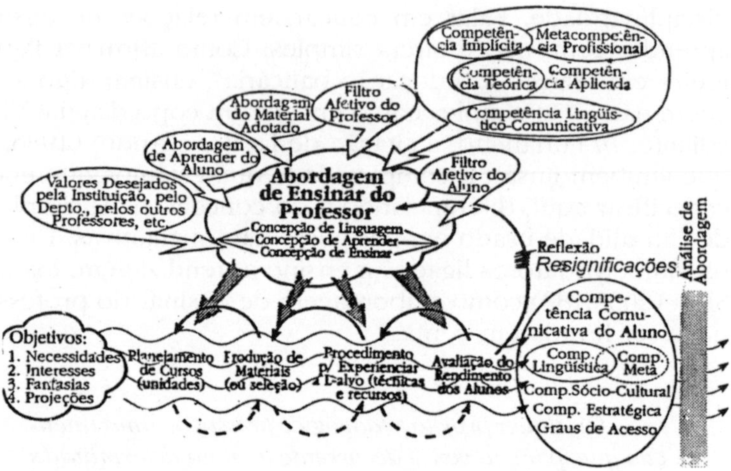

QUADRO VI - MODELO AMPLIADO DA OPERAÇÃO GLOBAL DE ENSINO DE LÍNGUAS - adaptado de Almeida Filho (1993)

dos e fazendo o maior número de relações possíveis, lembrando-se sempre dos quatro pilares da educação propostos no Relatório para a UNESCO da Comissão Internacional sobre a educação para o século XXI (DELORS, 2002): não só aprender a conhecer e a fazer, mas fundamentalmente aprender a ser e a conviver. Para uma maior compreensão destes pilares, vide também explicação simples e clara em Silva (2003:185).

O conceito de complexidade do pensamento transdisciplinar oferece ao educador um novo paradigma para compreender a queixa escolar, erros e falhas na aprendizagem. Como já afirmado, tradicionalmente o educador identificado com uma visão idealista, acreditava poder controlar os conflitos a partir de uma tecnologia adequada. Via falhas no aprendizado como um defeito. A atual abordagem da psicopedagogia, chamada de dinâmica, atribui um outro sentido a essas falhas, vendo-as como incompletude, uma etapa de um processo e não como defeito. A incompletude em si e os conflitos são pertinentes ao sujeito de aprendizagem.

O aprendiz transita entre duas modalidades: saber e conhecer, em geral tomadas como iguais. Porém, o conhecer é algo da ordem da representação, relacionado a aspectos mais intelectuais, enquanto o saber é algo da ordem da ação, dando ao conhecimento um significado próprio. Isto quer dizer que se manifesta a apropriação do conhecimento pela transformação do mesmo em saber. Este saber está atravessado pela subjetividade. (RUBINSTEIN, 2003:102)

Os erros também podem ser vistos como o melhor que se pode fazer até o momento atual, com as experiências que se tem. Fazem parte de um processo e não são considerados como imutáveis. O psicopedagogo que leva em conta que os conflitos fazem parte da natureza humana, procura com o aprendiz decifrar e construir o sentido e o significado das suas dificuldades de aprendizagem, supondo por detrás delas um sujeito. Não se trata de aceitar todas as respostas indiscriminadamente como pertinentes a um processo, mas sim de levantar hipóteses para elas que possam levar a um deslocamento do estilo de lidar com o conhecimento e com o saber do aprendiz.

3. Psicopedagogia dinâmica e alteridade

Em geral, a educação que é desenvolvida em sala de aula, nas escolas, em todos os níveis, lida com uma representação dos alunos como uma entidade homogênea. Em outras palavras, como se todos aprendessem da mesma forma e devessem se interessar pelos mesmos assuntos. Tenta-se explicar falhas de linguagem, por exemplo, de um modo simplista, a partir apenas do desenvolvimento de competências específicas, deixando de lado outras realidades. Já Pink Floyd, em seu *clip* "The wall", ironizava a escola como uma enorme máquina moedora de crianças, para produzi-las "em série", como bolinhos de carne, homogêneos. Essa representação, geralmente não manifestada em público, como que "facilita" ao professor lidar com classes grandes, já que ele tem a obrigação de cumprir programas estabelecidos *a priori* por pessoas que podem não estar em contato direto com a diversidade de alunos e de situações. Mais. Devido a um preparo insuficiente do professor para a reflexão, para a interpretação do que acontece em sala de aula, já que em geral ele próprio foi educado de uma maneira que não o estimulava a refletir, a desenvolver a sua noção de autoria, ele não se autoriza a fazê-lo, reproduzindo em geral as suas próprias experiências escolares e delegando a outros, às autoridades escolares, por exemplo, a responsabilidade pelo que acontece na sala de aula. Esta, então, se torna um local de reprodução de idéias apenas, ao invés de um laboratório de experiências, um observatório do mundo que sirva também como local de criação, seja de soluções para problemas, seja de novas percepções do mundo. Conforme Breen & Candlin (1980:98):

> *A classe é por si mesma um ambiente social único, onde uma realidade sócio-psicológica e cultural específica é construída. A classe pode lidar e explorar fenômenos significativos do mundo externo experienciados pelos alunos, e pode tornar-se um observatório da comunicação como comportamento humano diário. Tanto quanto olhar para fora, a classe tem um papel reflexivo como um laboratório onde observações podem tornar-se os meios para a descoberta de novos conhecimentos e de desenvolvimento de capacidades.*

Muitas vezes a causa da rigidez atitudinal do professor (ou de qualquer outra pessoa no papel de mediador de algum conhecimento), que vê a todos homogeneamente, tem muito a ver com sua insegurança e seu desconhecimento e sensação de falta de alternativas (BLATYTA, 1995), decorrentes da sua inexperiência no exercício da reflexão. Não é fácil lidar com a heterogeneidade. O contato com o diferente, com o imprevisto, não igual, provoca desequilíbrios. Estes podem ser percebidos ora como desafiadores, no bom sentido, ora também como ameaçadores. Vide neste mesmo livro, no artigo de Furlanetto, a descrição das diferentes reações de professores diante de acontecimentos e relações em sala de aula que transformam o que tinha sido previsto. Aqueles que ouviam a música do imprevisto e dançavam ao seu ritmo, aqueles que tentavam dançar mas se atrapalhavam, e aqueles que sequer a ouviam. Prabhu, linguista indiano, falando sobre "métodos de ensino", distingue o "ensino mecânico", engessado, daquele baseado no senso de plausibilidade do professor envolvido com o "ensino real", sintonizado com o aqui e o agora, com o que, conforme ainda afirma Furlanetto, pode ser um momento de "magia", do encontro entre professor, aluno e conhecimento, ligados à "vida viva" à qual todos nós parecemos estar irremediavelmente ligados.

A falta desta magia, esta desconexão com a "vida viva", em parte é explicada assim por Maturana (1994:67):

> *... há uma contínua motivação que tende a que as ações que alguém realiza se validem nas consequências e não nelas mesmas. Inclusive, se ensina às crianças nas escolas, em geral, de modo a que o resultado daquilo que estão fazendo seja o que aprendem. Penso que isto é grave, penso que os resultados que alguém obterá têm valor, mas há que se viver de modo a que o processo de realização daquilo que alguém obterá seja satisfatório também em si. Quer dizer, penso que as crianças devem poder desfrutar seu fazer no processo de fazê-lo ... com independência do resultado que obterão.*

Ou seja, é preciso cultivar a busca de significados para o que realizamos, ver as possíveis relações entre o que está sendo feito e a vida.

Uma atitude transdisciplinar procura respeitar o ser humano integralmente, em sua totalidade/complexidade de corpo físico, mente e espírito inseridos em realidade sócio-culturais específicas. Visa respeitar a alteridade, procurando não vê-la como ameaçadora. Muitas crianças de ambientes diferentes nem sempre são bem assimiladas na escola porque não correspondem às expectativas daqueles que lidam com a transmissão do conhecimento e nem com as de seus pares. Aceitar a alteridade exige tolerância e flexibilidade para reconhecer e aceitar que há outras maneiras de perceber o mundo, diferentes das nossas, o que pode nos levar à frustração. Exige também esforço para a integração do diferente, sem discriminação, sem juízo de valor e, portanto, sem exclusão. Esse objetivo não é fácil de ser alcançado, pois exige uma articulação entre o dizer e o fazer que não é simples.

Na próxima seção tecemos considerações de como do mundo da leitura pode-se passar para a leitura do mundo, e qual a relação disto com a construção de nossas identidades.

4. Psicopedagogia e construção da identidade: aprender a ser

No dia a dia escolar lida-se, em geral, apenas com interações previsíveis e que aparecem para o aprendiz como sem significados, pois não o convidam para participar da construção dos mesmos. Exemplificando: Solicita-se às crianças que, após a leitura de um texto, reproduzam o que o autor quis dizer com o mesmo. Pede-se que digam aquilo que já está ali mesmo, como forma de demonstrar seu "entendimento". Segundo Mrech:

> *... não há leitura direta da Linguagem e da fala. Aquilo que foi transmitido, assim como aquilo que vai ser capturado, extrapola, e muito, o sentido que foi estabelecido originalmente. Isto porque não há apenas um significado, um sentido, um conceito para aquilo que foi apresentado, mas uma infinidade.*

Nem sempre há uma preocupação do professor em desencadear o interesse e o envolvimento afetivo dos alunos, solicitando-lhes para compartilharem com os colegas o que eles, leitores, pensam de fato a respeito do que foi lido. Sua opinião nem sempre é valorizada ou levada em consideração. Porém, nós é que damos vida ao que foi escrito pelos autores. Lajolo (1994:104) afirma:

> *Todos (textos de alunos, de professores, alheios) se tecem de palavras, todos têm seu ritmo. A relação entre eles é de diálogo: um provoca o outro, o significado de cada um desfia e refaz o significado seu e dos outros.*

Segundo Bakhtin (1986):

> *O sentido não vem pronto, tem que ser resgatado via trabalho. Os sentidos são fruto de trabalho.*

Ou seja, o texto pode ser um pretexto e um pré-texto para um novo texto a ser construído pelo leitor, desenvolvendo então sua participação como autor no percurso da construção do saber. Dentro desta mesma linha, Eni Orlandi (1998) afirma:

> *O sentido não está pronto nos textos que lemos. Ao significar, nós nos significamos, ... os mecanismos de produção de sentidos são também mecanismos de produção de pessoas.*

Silva (2003:192) cita Hernández (1998), que afirma que é preciso educar para aprender a dar sentido, e explica que isso significa levar o aluno a compreender os conhecimentos, buscando a coerência que estes apresentam e sendo capaz de articulá-los à existência.

Quando na sala de aula não se escuta só o discurso do professor, mas existe espaço para ouvir, respeitar e se enriquecer com a troca pelas diferentes interpretações daquilo que foi lido, e se permite a circulação de diferentes discursos, pode-se desenvolver a consciência de si, pelo contraste com as interpretações alheias. Pode-se exercitar reconhecer com o que nos identificamos e com o que não nos identificamos. Pode haver espaço para o surgimento de uma diversidade de discursos, terreno fértil para o surgimento de uma consciência crítica e não somente de peritos "reprodutores" de sentidos alheios.

Segundo Fairclough (1989), linguagem é prática social que pode modificar estruturas sociais e ser por elas modificada. Se a transdisciplinaridade é uma nova atitude, uma nova maneira de ser diante do saber, uma Arte no sentido de capacidade de articular (GERBER), não seria a escola o espaço apropriado para exercitar esta capacidade, dado o número de horas que ali as pessoas permanecem, e a companhia de outros com os quais é possível dialogar, aprender a escutar e autorizar-se a argumentar? Veja-se neste livro, o depoimento de Barbosa, que demonstra não ser possível uma prática educacional onde a apropriação do conhecimento se realize desvinculada da realidade vivida pelos educandos; onde não se leve em conta a importância do saber popular com seus profundos significados.

A linguagem não é transparente. Os sentidos que atribuímos estão ligados e são dependentes de nossas diferentes formações discursivas.[1] Estas delimitam nossas identidades.

Nicolescu (1999:136) afirma que a construção de uma pessoa passa inevitavelmente por uma dimensão transpessoal. Há uma inter-relação bastante evidente entre os quatro pilares do novo sistema de educação: Como aprender a fazer, aprendendo a conhecer, e como aprender a ser, aprendendo a viver em conjunto?

A leitura permite conhecer o mundo e a si próprio. Exercitar fazer suas próprias interpretações, aprender a ouvir as dos demais, pode ajudar a desenvolver uma maior compreensão de nós mesmos, de nossas identidades, e maior sensibilidade para com as identidades alheias.

5. Níveis de realidade, estilos de aprendizagem e queixa escolar

Poder analisar a realidade a partir de diferentes níveis, possibilita questionar verdades consideradas absolutas, tendo como consequência uma ética na qual a alteridade é pertinente. Pontos de vista diferentes podem ser benvindos e compreendidos como ampliadores da visão de mundo.

A psicopedagogia dinâmica tem como objeto a compreensão do Sujeito de Aprendizagem inserido no discurso social, ou seja, visa compreender simultaneamente sua singularidade e o contexto em que está inserido. O **estilo de aprendizagem** do sujeito é entendido como a forma peculiar de cada um se relacionar com a vida. Parte-se do pressuposto que esta forma peculiar se transfere para o relacionamento do sujeito com o conhecimento e o saber. Na sala de aula, nem sempre o professor compreende as formas diferentes, "dissonantes" de seus alunos se manifestarem, concluindo que eles apresentam dificuldades. Alunos lentos ou acelerados incomodam o professor que espera uma forma padronizada de respostas. Estes alunos manifestam, através de seu ritmo a forma como se relacionam com a vida; um estilo próprio e nem sempre uma patologia. Atualmente, como exemplo para ilustrar o que foi mencionado

[1] Orlandi (1990:39): Formação discursiva é aquilo que "define o que pode e deve ser dito a partir de uma posição do sujeito em uma certa conjuntura".

anteriormente, há uma preocupação com a questão do quadro de Déficit de Atenção e Hiperatividade. Crianças mais ativas são consideradas facilmente como portadoras desta síndrome. Os adultos significativos, pais e mestres preocupados com as doenças da aprendizagem, podem por vezes contribuir para a produção das mesmas, ao projetar expectativas auto-realizadoras. (WATZALAWICK P., 1994)

Pode-se analisar a relação do Sujeito de Aprendizagem com o conhecimento e o saber a partir de aparentes dicotomias expressas por tensões entre Sujeito-outro, saber-ignorar, conhecer-saber, ritmo-atenção, dizer-fazer, aproximar-distanciar, assimilar-acomodar, gênero-estilo, ensinar-aprender, aprender-viver. Aparentemente, estas duplas podem ser entendidas como entidades opostas, separadas, contraditórias, porém elas estão numa relação dinâmica pois se complementam e são interdependentes. (RUBINSTEIN, 2003) Assim como na Psicopedagogia Dinâmica, a Transdisciplinaridade, através da lógica do terceiro incluído, propõe outra relação: dissolver a dicotomia entre os pares vistos anteriormente como contraditórios. De um outro nível de realidade, estas relações podem ser percebidas como complementares. Exemplificando: para alguém se constituir como sujeito, saber quem é, conhecer sua identidade, necessita da alteridade com a qual se coloca em relação de identificação ou contraste; para saber mais, para adquirir mais conhecimentos, é preciso perceber o que nos falta, o que ignoramos, para ir em busca de algo que nos complete; para ensinar é preciso aprender (**ensinoaprendizagem**). Em cada cultura há um discurso em que se percebem semelhanças que marcam o gênero da mesma. Cada sujeito, porém, expressa, manifesta, interpreta de um modo singular a sua identificação ou não com esse gênero, desenvolvendo um estilo próprio.

Rubinstein propõe, em contraponto à visão tradicional patologizante da queixa escolar, uma nova forma de escuta/compreensão da mesma, a partir do que denomina de "dissonâncias pertinentes". (RUBINSTEIN, 2003) Estas devem ser entendidas como desarmonias que expressam o discurso social onde se insere o aluno. Discurso, para Petit Robert, *apud* Cordié (1998:78) é a linguagem compartilhada por um grupo de indivíduos, e rege as formas de laço social. Exemplos de algumas destas dissonâncias: "devo aprender diferentes causas, mas interessa apenas a causa própria e o prazer", para explicar a resistência do aluno diante do esforço; "professores, ensinem para nossos filhos o que não conseguimos ensinar", dizem os pais para os professores, demissionários de sua função.

A nova forma de escuta da queixa escolar não indica uma aceitação passiva da realidade, nem aponta para uma tentativa idealista de suprimir os conflitos nela percebidos através de soluções mágicas, infalíveis. A compreensão da dinâmica dos conflitos, levando em conta a complexidade das relações envolvidas, a impossibilidade de considerar indivíduo/sociedade isoladamente, poderia ajudar mais psicopedagogos e/ou professores a achar os caminhos que levassem seus mediados a deslocamentos para estilos de aprendizagem mais produtivos.

A transdisciplinaridade oferece a oportunidade de compreender estes conflitos também como "dissonâncias pertinentes" que precisam ser melhor compreendidas para poder melhorar a relação do sujeito com o conhecimento e o saber.

> *A TD é a transgressão da dualidade que opõe os pares binários: sujeito-objeto, subjetividade-objetividade, matéria-consciência, natureza-divino, simplicidade-complexidade, reducionismo-holismo, diversidade-unidade. Esta dualidade é transgredida pela unidade aberta que engloba tanto o universo como o ser humano.* (NICOLESCU)

Edgar Morin (2000:94) usa o conceito de "princípio hologrâmico" (inspirado no holograma, em que cada ponto contém a quase totalidade da informação do objeto que ele representa) para explicar o aparente paradoxo das organizações complexas, em que não apenas a parte está no todo, como o todo está inscrito na parte.

Ora, para a Psicopedagogia Dinâmica, tal como para a Transdisciplinaridade, o Sujeito de Aprendizagem e o contexto são parte e todo simultaneamente de um complexo sistema: interferem um no outro.

O sujeito da aprendizagem deve ser escutado simultaneamente na sua singularidade e na sua inserção no contexto cultural. Nos seus movimentos de assujeitamento e de autonomia.

Há alguns anos atrás, Humberto Maturana, em comunicação pessoal na Universidade de São Paulo, apresentou as seguintes metáforas para explicitar a relação da parte com o todo e do todo com a parte. Um surfista precisa levar em consideração o movimento das ondas para manter-se em pé, e também as ondas sofrem impacto, embora muito menor, da ação do surfista. A segunda metáfora é a seguinte: quando uma pessoa compra dois pares de sapatos iguais e deixa guardado um dos pares, irá sentir a diferença quando quiser usá-lo. Seu pé não será mais o mesmo após o período de uso do primeiro par. O contato entre ambos, ser humano e meio ambiente é, pois, um contato de duas mãos, em que as mudanças são mútuas.

Edgar Morin propõe a adoção de uma posição ecodisciplinar, entendida como necessidade de compreender as disciplinas em seu contexto cultural e social. Ele nos propõe uma atitude aberta e fechada simultaneamente: nos alerta de que muitas vezes a transdisciplinaridade poderá atravessar as disciplinas com certa virulência, ao afirmar (2001:115):

> *...o importante não é apenas a idéia de inter e de transdisciplinaridade. Devemos "ecologizar" as disciplinas, isto é, levar em conta tudo que lhes é contextual, inclusive as condições culturais e sociais, ou seja, ver em que meio nascem, levantam problemas, ficam esclerosadas e transformam-se. É necessário também o "meta-disciplinar"; o termo "meta" significando ultrapassar e conservar. Não se pode demolir o que as disciplinas criaram; não se pode romper todo o fechamento: há o problema da disciplina, o problema da ciência, bem como o problema da vida; é preciso que uma disciplina seja, ao mesmo tempo, aberta e fechada.*

6. A guisa de conclusão

É possível tecer algumas relações entre a Psicopedagogia Clínica e a Transdisciplinaridade, mais especificamente com a posição eco-disciplinar proposta por Morin. Embora esteja presente na citação de Morin a referência à disciplina, aquela concepção será aplicada aqui à Psicopedagogia, enquanto prática que se utiliza das diferentes disciplinas.

Ao pretender olhar mais além, ou seja, transdisciplinarmente, nossos olhos estão voltados para os conflitos e as tensões pertinentes ao discurso social escolar e simultaneamente ao sujeito da aprendizagem. Ou seja, não é suficiente a compreensão dos conflitos inerentes ao sujeito da aprendizagem isoladamente, em nossa prática. É preciso escutar os diferentes discursos que constituem o sujeito e que são também por ele constituídos. Esta escuta nada confortável tem repercussões diretas na prática clínica, na Psicopedagogia Institucional e, mais especificamente, na formação dos professores. O sujeito da aprendizagem, a queixa escolar, o contexto sócio cultural, são entidades complexas que interferem umas nas outras, se contradizem e nos surpreendem. Previsões e planejamentos não são suficientes para evitar as contradições e os conflitos. Ao optar-se por considerar o sujeito da aprendizagem, lida-se com a incerteza e o imprevisível. Vide o paradigma da incerteza proposto por Prigogine e por Morin. Aqui reside essencialmente a característica dinâmica da intervenção psicopedagógica clínica e também da institucional, mais voltada para a prevenção das dificuldades de aprendizagem.

Morin chama a atenção para a pertinência de considerar as disciplinas simultaneamente em suas dimensões fechada e aberta. Poder-se-ia pensar o mesmo da prática psicopedagógica. Se na antiga reeducação psicopedagógica, o foco estava em buscar recursos técnicos que mais diretamente contribuíssem para melhorar a performance do escolar, na abordagem dinâmica o foco da intervenção está em lidar fundamentalmente com os conflitos que interferem no processo de aprendizagem e que se manifestam mais especificamente na escolaridade. Visa analisar a relação do sujeito da aprendizagem com o conhecimento e o saber. Porém, essa abordagem não prescinde da contribuição dos recursos disciplinares. Os aspectos da cognição não são entidades separadas do sujeito. É preciso não perder de vista que o objeto da psicopedagogia não é somente "devolver ao aprendiz o anseio por saber, porque em algum momento o perdeu" (PAIN, 2000), mas também interpelá-lo e prepará-lo cognitivamente para que se auto-modifique de modo a encontrar uma forma mais produtiva de pensar e de se relacionar com a vida.

A psicopedagogia não trabalha apenas com recursos técnicos, mas com a abordagem de mediar daquele que interpela o sujeito da aprendizagem, o professor, pois em sua abordagem estão as teorias implícitas e uma visão de mundo que serão manifestadas na relação com os alunos, influenciando-os. (BLATYTA,1995) É o psicopedagogo/professor que deverá identificar as possíveis relações que possam produzir efeitos terapêuticos através dos diferentes recursos ofertados ao paciente/aluno, sem perder de vista as questões relacionadas com a escolaridade, mas não apenas focalizando a mesma. Não se deve olhar só para o produto final.

A intervenção psicopedagógica dinâmica leva em conta a relação transferencial que se estabelece entre o psicopedagogo/professor e o sujeito da aprendizagem. É especialmente a partir do manejo da transferência e da posição que o psicopedagogo/professor nela assume que os recursos oferecidos ao paciente podem ter efeitos terapêuticos, no sentido da mudança de sua posição tanto frente ao saber como frente ao conhecer e em suas questões com a escolaridade. A proposta deste artigo é então a de se levar em consideração um estilo de intervenção psicopedagógica que possa olhar para o todo, isto é, para o discurso social escolar e amplo e para as partes simultaneamente, para os conflitos existenciais globais, sem deixar de lado os conflitos focais inerentes à escolaridade e à singularidade do sujeito.

Para ser trans, independentemente do objeto de estudo, deve-se ter uma atitude consciente do que atravessa as várias disciplinas: uma nova ética, que estimula o homem a investigar, nos mais variados campos de conhecimento, um significado, um fator energético, que favoreça prioritariamente o respeito pelo ser humano e a luta pela melhoria de sua qualidade de vida.

Referências Bibliográficas

ALMEIDA FILHO, J. C. P. *Dimensões Comunicativas no Ensino de Línguas.* Campinas: Pontes, 1993.

BAKHTIN, M. *Marxismo e Filosofia da Linguagem.* São Paulo: Hucitec, 1988.

______. *Speech Genres & Other Essays.* Austin University of Texas Press, 1986.

BLATYTA, D. "Estudo da relação dialógica entre conscientização teórica e o hábito didático de uma professora num percurso de mudança da sua abordagem de ensino". Dissertação de mestrado, UNICAMP, 1995.

BLATYTA, D. "Mudança de *habitus* e teorias implícitas: uma relação dialógica no processo de educação continuada de professores". In: *O Professor de Língua Estrangeira em Formação.* Campinas: Pontes, 1999.

BREEN, M. & CANDLIN, C. N. "The Essentials of a Communicative Curriculum in Language Teaching". *Applied Linguistics.* 1/2. 1980.

DELORS, J. *Educação. Um Tesouro a Descobrir.* Relatório para a UNESCO da Comissão Internacional sobre Educação para o Século XXI. São Paulo: Cortez, Brasília, MEC/UNESCO, 2002.

FAIRCLOUGH, N. *Language and Power.* New York: Longman, 1989.

LAJOLO, M. *Do Mundo da Leitura para a Leitura do Mundo.* São Paulo: Ática, 1994.

MATURANA, H. *El Sentido de lo Humano.* Santiago do Chile: Dolmen Ediciones, 1994.

MORIN, E. *A Cabeça Bem Feita: repensar a reforma, reformar o pensamento.* Rio de Janeiro: Bertrand Brasil, 2001.

NICOLESCU, B. *O Manifesto da Transdisciplinaridade.* São Paulo: TRIOM, 1999.

ORLANDI , E. P. *Interpretação.* Rio de Janeiro: Vozes, 1996.

______. "Identidade Linguística Escolar". In *Lingua(gem) e Identi-*

dade, elementos para uma discussão no campo aplicado. Inês Signorini (org). Campinas: Mercado das Letras, São Paulo: FAPESP, 1998.

PARENTE, S. (org). *Encontros com Sara Paín.* São Paulo: Casa do Psicólogo, 2000.

PRABHU, N. S. "There Is No Best Method – Why?" *Tesol Quarterly* 24:2, 1990.

RUBINSTEIN, E. *O estilo de aprendizagem e a queixa escolar: entre o saber e o conhecer.* São Paulo: Casa do Psicólogo, 2003.

SILVA, E. R. (org). "Implicações da Visão Transdisciplinar na Educação". In *Caminhos para a Construção da Prática Docente.* São Paulo: Cabral Editora, 2003.

Ecleide Cunico Furlanetto

Considero-me uma aprendiz de professora e de pesquisadora, apaixonada pelos movimentos que tecemos ao aprender e ensinar. Ao escolher uma profissão, optei por ser pedagoga. Ao terminar a faculdade, comecei a exercer a função de professora. Em seguida, assumi o cargo de coordenadora pedagógica e paralelamente, entrei no Programa de Pós-Graduação em Psicologia da Educação na PUC-SP para fazer mestrado. Para compreender as dimensões simbólicas da aprendizagem, resolvi aprofundar-me nos estudos sobre Psicologia Analítica realizando minha primeira pesquisa. Em seguida, ingressei no doutorado no Programa de Pós-Graduação em Educação da PUC-SP, frequentei o GEPI, coordenado pela Profª Ivani Fazenda e desenvolvi uma nova pesquisa a respeito de Formação de Professores. Até hoje, continuo investigando essa área interessada em desvelar como os adultos aprendem, e compreender como nasce um professor. Encontrei muitos parceiros na minha caminhada, entre eles os amigos do CETRANS que me aproximaram da Transdisciplinaridade. Atualmente, exerço a função de professora e pesquisadora do Programa de Mestrado em Educação da Universidade Cidade de São Paulo.

ecleide@terra.com.br

Pesquisa em Educação: Diálogos Transdisciplinares

Na década de 1980, fui introduzida à pesquisa e meu ritual de iniciação deu-se no Programa de Psicologia da Educação da PUC-SP. Paralelamente às atividades de mestrado, exercia a função de coordenadora pedagógica em uma escola de Ensino Fundamental. A primeira pesquisa que realizei nasceu tecendo as perguntas que emergiam de meu fazer com as descobertas teóricas que fazia no mestrado.

Na escola, observava a prática pedagógica dos professores e verificava que existia uma intencionalidade que se expressava nos planejamentos. Neles, estavam definidos: objetivos, conteúdos, atividades didáticas e avaliação. No entanto, algo me inquietava, quando o professor entrava em sua sala de aula surgia um movimento novo que enredava professor alunos e planejamento. As intencionalidades eram atravessadas por acontecimentos e relações que transformavam o que tinha sido previsto. Alguns poucos docentes entregavam-se a esses movimentos, recompunham suas aulas, pareciam saber dançar a música que se apresentava aproveitar os ritmos, as pausas, faziam isso, não sem culpa pois abandonavam o caminho previsto. Outros pressentiam a música, mas ao buscar integrá-la, perdiam-se, não conseguindo descobrir como dançar ao seu ritmo. Um outro grupo parecia não ser capaz de perceber esses movimentos ou talvez desencadeá-los, ficava aprisionado a seus planejamentos e suas aulas transformavam-se em uma tentativa de execução do que tinha sido previsto anteriormente. Ao não aproveitarem o momento, comprometiam-se com a rotina, com o tempo cronológico, buscando evitar as rupturas que poderiam "atrasar o conteúdo".

As brechas e os intervalos...

Muito, timidamente, procurei me aproximar um pouco mais da sala de aula (FURLANETTO, 1989) e, para isso, fui tateando e buscando parcerias teóricas que me possibilitassem não só investigar as rotinas, mas os planejamentos lineares. Percebia que o aprimoramento da racionalidade técnica, que fascinava muitos educadores, levando-os a esmiuçar objetivos e conteúdos, a detalhar processos avaliativos, muitas vezes, distanciava-os da "magia" do encontro entre professor, aluno e conhecimento. Em busca de estabelecer uma ordem que pudesse controlar os processos educativos que acabavam por engessá-los, impedindo que fossem atravessados por uma desordem criativa.

Hoje, percebo que estava interessada em pesquisar as brechas, os intervalos, as rupturas e os saltos que aconteciam nos espaços pedagógicos, mas não conhecia palavras para nomear, o que apenas pressentia. O imprevisível interrompia, criando novos fluxos, uma nova ordem impunha-se recriando tempos e espaços. Alguns autores referem-se a esse tema com propriedade:

> Quem compreende o instante? Quem suspendeu o movimento incessante do sempre-igual para pensar o instante? O "tempo do agora", Walter Benjamin pensou-o em relação à História. Clarice Lispector pensou o instante no cotidiano.
>
> O instante-revolução, o instante ruptura, o instante-nunca-de-novo. Seguramente, quem viveu esse instante pode tentar contá-lo. Sabe que o que acontece de importante acontece num instante, num átimo de segundo, na menor fração inimaginável do tempo. Sabe que depois desse instante nada mais será como antes, nunca mais. O sempre igual morreu, acabou e acabar na vivência, paradoxal, do instante, Quem viveu o instante sabe que o tempo, doravante, será qualitativo: o tempo mágico embutido no tempo linha-de-montagem moderno. (MARONI, 2001:21)

Na época do mestrado, buscando compreender esses fluxos pedagógicos, descobri Jung, um autor considerado pouco ortodoxo e, para muitos, incapaz de referendar pesquisas em Educação. Jung permitiu-me descortinar um mundo novo, introduzindo-me em dimensões da realidade pouco exploradas. Ele não se referia a um sujeito iluminista racional com uma consciência soberana, mas nos apresentava um sujeito mutifacetado e plural com aspectos inconscientes pessoais e arquetípicos relacionando-se com o mundo exterior ampliando sua consciência com base em encontros, desencontros, projeções, e retiradas de projeções, clareza e cegueira.

Esta nova concepção de sujeito impulsionava-me a rever as tradicionais concepções de aprendizagem, pois elas referiam-se ao sujeito cartesiano especializado em contatar com o mundo apoiado nas funções pensamento e sensação, relegando a um plano menor as outras funções: intuição e sentimento. Assumi que Jung seria meu parceiro teórico na pesquisa que pretendia realizar. Intuí que, caso quisesse ir para além do instituído e do repetitivo, deveria perscrutar sinais, ler indícios do fluxo criador de novas possibilidades.

Embrenhando em sua obra, deparei-me com dois conceitos que me desafiam até hoje: *sincronicidade e símbolo.* Eles me pareciam chaves sofisticadas que permitiriam abrir portas para transitar em outros níveis de realidade. Ao se referir ao conceito de *sincronicidade*, Jung (1989) falava de um outro tempo, não do tempo cronológico que parece organizar nossa existência, mas uma outra ordem de tempo que rompe com o tempo linear e pode ser representado pelo acontecimento, pelo instante não programado.

Queria me aproximar das práticas dos professores que pareciam saber transitar entre esses dois tempos, tramando-os com maestria. Estes tempos pedagógicos articulavam os conteúdos escolares à vida, não de maneira artificial programada como mais um recurso técnico, mas, a vida viva a qual todos nós parecemos estar, irremediavelmente, ligados. Esta vida que teima desorganizar a vida programada pelo "tempo do todo dia igual". Estas experiências fascinavam-me como coordenadora pedagógica, e, também, aos alunos, sentíamo-nos envolvidos, atribuindo sentido ao que vivíamos e fazíamos.

Para tentar penetrar nesse novo patamar de consciência, percebi que teria de ir para além de uma compreensão racional desses conceitos. Para me aproximar dos fenômenos, que eles procuram descrever, necessitava vivenciá-los. Disponibilizei-me a ficar mais atenta aos sinais que permeavam os espaços pedagógicos, buscando me aproximar dos segredos que eles continham. Novos diálogos teóricos foram estabelecidos, Von Franz (1980) possibilitou-me compreender a diferença entre o Pensamento Causal que estrutura a Ciência Moderna e o Pensamento Sincronístico. O primeiro percorre um caminho linear, buscando o encadeamento dos acontecimentos ligados por causa e efeito. O segundo é um pensamento de campo, cujo centro é o tempo. Este pensamento desenvolveu-se muito na China, lá não se buscava saber por que algo ocorre, mas o que é provável que ocorra em conjunto e de forma significativa. No pensamento causal, os eventos psíquicos e os físicos são separados e limitamo-nos a observar como os eventos físicos se produzem uns aos outros ou como se afetam. Separamos o mundo físico do psicológico por acreditar que eles são dois mundos a parte. Hoje, ousa-se perguntar: há interações entre esses dois campos? Essas interações só nesse momento histórico começam a ser investigadas.

Para os chineses, não havia uma separação entre essas duas linhas. Eles não pensavam em termos de quantidades, mas a partir de emblemas qualitativos, que, segundo Von Franz, Jung denominaria de símbolos. Eles buscavam descobrir as relações regulares entre os eventos, mas, não em seu modo quantitativo, mas qualitativo. Para eles, tudo era energia em fluxo obedecendo a certos ritmos numéricos básicos e periódicos do universo. Percebiam a existência de dois tempos: o tempo intemporal, a eternidade e o tempo cíclico que se sobrepõe ao primeiro. De acordo com os chineses, nossa consciência organiza-se no tempo cíclico, mas existe um tempo eterno de uma outra ordem que, vez por outra, penetra no tempo cíclico impondo a ele sua ordem.

Para Jung (1984) a sincronicidade pode ser reconhecida quando um evento não pode ser explicado baseado em conexões causais e se impõe como uma coincidência entre o estado psíquico do observador e um acontecimento que ocorre no mundo físico. Este conceito possibilitou-me pesquisar de outra maneira, referendada nos princípios da pesquisa qualitativa. Fui percebendo que, à medida que os estudos realizados a respeito da Educação foram avançando, eles se depararam com sua fluidez e seu dinamismo. A necessidade de desenvolver procedimentos metodológicos capazes de captar esses movimentos foi se fazendo cada vez mais presente.

Ludke e André referindo-se aos avanços da pesquisa qualitativa mencionam que:

> O conceito de causalidade, que apontava para a busca de um fluxo linear entre variáveis independentes e dependentes, também não responde mais à percepção do pesquisador atual, atenta à complexidade da teia quase inextricável de variáveis que agem no campo educacional. Em vez da ação de uma variável dependente, o que ocorre em educação é, em geral, a múltipla ação de inúmeras variáveis agindo e interagindo ao mesmo tempo. Ao tentar isolar algumas dessas variáveis, está se optando, necessariamente, por uma redução do enfoque do estudo a uma parte do fenômeno. Isso pode ser útil para fins de análises específicas, mas não resolve o problema da compreensão geral do fenômeno em sua dinâmica complexidade. (LUDKE e ANDRÉ, 1986:5)

O caminho teórico percorrido permitiu considerar a sala de aula como um campo de relações e para compreendê-lo, realizei observações e ao analisar o material, ao invés de levantar categorias que muitas vezes não possibilitam perceber os movimentos, busquei detectar símbolos que poderiam apontar para como esse campo estava se organizando e desorganizando.

Atualmente, aprofundando-me na compreensão do conceito de sincronicidade, encontro em Pieri (2002) algumas considerações que me permitem descortinar pontos de aproximação com os caminhos que a transdisciplinaridade vem percorrendo:

> No plano da prática científica, observa-se que os fenômenos sincronïsticos são um desafio para os nossos saberes, comportando uma crítica a nossa visão científica de mundo.
>
> (...) O conceito de sincronicidade nasce como tentativa de considerar observáveis aqueles fenômenos que dentro de categorias como as de causa, espaço e tempo, mas também dentro da distinção entre físico e psí-

quico, aparecem inobserváveis e impensáveis (PIERI, 2002:469).

Continuando, Pieri cita que a sincronicidade mostra-se como uma forma de organização que articula processos psíquicos e físicos. *Encontra-se na possibilidade de revogar* ***o princípio do terceiro excluído***[1] *ao qual se refere à lógica racional fundada sobre o princípio da não contradição.* (PIERI, 2002:469) Ao referir-se à revogação da lógica do terceiro excluído, Pieri instiga-me a retomar Nicolescu (2000) que, também, se refere a esse conceito.

Observamos que, ao mencionar os níveis de realidade, coloca em questão a continuidade e a causalidade local que sustentaram a mecânica clássica. Desde o início da mecânica quântica, um novo tipo de causalidade começa a se impor e um novo conceito o da não separabilidade adentra na física. As entidades quânticas continuam interagindo, mesmo que separadas e qualquer que seja a distância, o que parece se opor ás leis macrofísicas. A causalidade local e a objetividade clássica são questionadas.

> A existência de conexões não locais expande o campo da verdade, da Realidade. A não separabilidade quântica nos diz que há, neste mundo, pelo menos uma certa escala, uma coerência, uma unidade, leis que asseguram a evolução do conjunto dos sistemas naturais. (NICOLESCU, 2000:19)

Um outro pilar da física clássica é abalado: o determinismo. Somos levados a pensar em probabilidades e a entrar em contato com o aleatório quântico que não consiste em um simples acaso, mas apresenta-se com um sentido construtivo. *Uma matéria mais fina penetra numa matéria mais grosseira. As duas coexistem, cooperam numa unidade que vai da partícula quântica ao cosmo.* (NICOLESCU, 2000, p. 20)

O dogma contemporâneo da existência de um único nível de realidade cai por terra e, nós, pesquisadores somos

---

[1] Grifo meu.

instigados a pensar em possibilidades de produzir conhecimento que nos permitam pressentir, tocar outros níveis.

Reconheci nos símbolos essa possibilidade de trânsito. Para um olhar atento a essas dimensões eles se apresentam como sinais, muitas vezes imperceptíveis para nossa psique modelada pelos princípios da modernidade. Eles parecem se mostrar, mas logo escapam e para nos aproximarmos deles, necessitamos desenvolver um olhar e uma escuta simbólica e estar atentos para acompanhá-los quando se apresentam, pois eles podem nos levar aos portais que nos permitem trânsitos entre níveis de realidade.

Olhar para os símbolos nos possibilita descolar, momentaneamente, do mundo literal e ingressar em uma zona de invisibilidade pouco explorada pela Ciência Moderna. Realizar esta primeira pesquisa configurou-se como um desafio difícil de ser enfrentado. Ao finalizá-la, restou a sensação de ter caminhado, mas ainda ter muito que aprender. Elaborar alguns símbolos que se constelaram nos espaços pedagógicos observados, revelou-se uma tarefa complexa, pois havia o risco de ser capturada pela "armadilha da interpretação" que atribui sentidos às experiências do outro, desconsiderando a possibilidade dos sujeitos da pesquisa construir sentidos próprios para suas vivências.

No entanto, algumas descobertas mereceram ser pontuadas. A escola tradicional parecia estar com seus alicerces abalados. A crença em uma aprendizagem racional, repetitiva e descontextualizada não era mais unanimidade. Professores tentavam romper com o instituído, mas, de maneira tímida e insegura. Novos espaços formativos necessitavam ser criados para que essas experiências pudessem ser elaboradas e novas possibilidades descortinadas.

AS HISTÓRIAS DE VIDA, DESCOBERTA DE SI MESMO...

As perguntas sem resposta encaminharam-me, novamente, ao espaço da academia para investigar a formação de professores. Ao iniciar o doutorado, entrei em contato com a Interdisciplinaridade no GEPI – Grupo de Estudos e Pesquisas em Interdisciplinaridade, coordenado pela Profa. Ivani Fazenda e deparei-me com novas formas de pesquisar.

Os trabalhos desenvolvidos no Grupo, iniciavam-se com a recuperação das histórias de vida do pesquisador. (FAZENDA, 1984) Os pesquisadores eram estimulados a explorar seus processos de subjetivação, antes de buscar explorar seu objeto de pesquisa. Fui percebendo que algo novo acontecia, eles eram afetados por essa vivência que parecia atravessar seus corpos e almas. A emoção surgia com muita força e transformações pareciam acontecer. Senti-me desafiada a compreender o que acontecia. Intuí que estávamos nos deparando com novas maneiras de aprender e pesquisar.

Dialogando, recentemente, com Pineau, posso estabelecer alguns paralelos entre o que pressenti e o que ele descreve a respeito do potencial das histórias de vida:

> Uma primeira característica maciça dos dados, fazendo com que as práticas de narrativas de vida entrem na reflexão educativa, é que elas são vitais. Evidência que talvez não seja supérfluo explicitar, de tanto que a reflexão educativa instituída, sobredeterminada pelas exigências institucionais, é às vezes desvitalizada.
>
> Este elo essencial para a vida é a demonstração de força destes dados. A demonstração que os torna importantes e vivificantes. Ela lhes dá um forte poder de impacto, pelo menos para aqueles que ainda são sensíveis a uma expressão singular e vital da vida. (PINEAU, 2004:194)

Em projetos de formação de professores que coordenava, eu já vinha realizando experiências pedagógicas, procurando introduzir outras linguagens que levassem em conta outras formas de produção de conhecimento como: a arte (poesias, telas, esculturas), com a tradição (mitos e contos de fada) e vivências que possibilitassem aos professores entrar em contato com seu mundo interno (imaginação ativa e passiva e técnicas projetivas). Procurava romper com a lógica instituída, criando brechas, intervalos e rupturas que permitissem trânsitos entre outros níveis de realidade. Estas vivências possibilitavam perceber que os caminhos da aprendizagem dos adultos poderiam ser ampliados e que os sujeitos, ao alargar seus canais de contato com o mundo interno e externo, tornavam-se mais permeáveis a deslocamentos e a novas aprendizagens. No entanto, estas experiências eram pautadas na intuição, e assim, compreender o que acontecia tornou-se um desafio instigante.

Como Jung tinha se dedicado a recuperar as histórias de vida de seus pacientes, buscando, não só, as causas do que os incomodava, mas, sobretudo, investigando os sinais que prenunciavam novas possibilidades, voltei a dialogar com ele.

> Em muitos casos psiquiátricos, o doente tem uma história que não é contada e que, em geral, ninguém conhece. Para mim, a verdadeira terapia só começa depois de examinada a história pessoal. Esta representa o segredo do paciente, segredo que o desesperou. Ao mesmo tempo, encerra a chave do tratamento. (JUNG, 1963, p. 110)

Ele detectou em seu consultório, acompanhando e analisando sonhos de seus pacientes, que havia uma coerência numa série de sonhos, que não eram aleatórios, pareciam querer contar algo, muitas vezes, desconhecido do paciente. Procurou compreender esse movimento e nomeou-o de *Processo de Individuação*. Foi descobrindo que esses processos, ao se tornarem conscientes, provocam mudanças significativas nas atitudes dos sujeitos frente à vida. O Ego parecia não se ocupar mais, somente, de seus próprios projetos e passar a colaborar com determinações mais profundas que transcendiam o plano da consciência.

Jung notou que, muitos pacientes, após terem realizado o trabalho analítico fundamental: analisar complexos inconscientes, perceber suas características pessoais, ainda detectavam uma insatisfação interior, um mal-estar que pedia para ser decodificado, algo ainda os impedia de ser aquilo que podiam ser. Para essa nova investigação, uma nova atitude, que permitia estar aberto aos sinais, às fantasias, deveria surgir.

> O que fizeram tais pessoas para levar a cabo esse processo libertador? Na medida em que pude percebê-lo, elas nada fizeram (wu wei) – a idéia taoística da não

> ação – mas deixaram que as coisas acontecessem, de acordo com o ensinamento do mestre LU DSU. Assim, permitiram que a luz circulasse de acordo com sua própria lei, sem abandonarem sua ocupação habitual. O deixar acontecer (SICHLASSEN), na expressão de Mestre ECKHART, a ação da não-ação foi, para mim, uma chave que abriu a porta para entrar no caminho: Devemos deixar as coisas acontecerem psiquicamente. Eis uma arte que muita gente desconhece. (JUNG, 1983, p. 33)

A vivência desse processo possibilitava uma ampliação da personalidade e o aparecimento de um novo centro, não mais ligado à consciência, mas, a um ponto virtual que se estabelece entre consciência e inconsciente. Este novo centro pode ser denominado de si-mesmo. O homem contemporâneo parece desejar ir para além de limites impostos ao sujeito cartesiano e recuperar o contato com o sagrado, recriando sentidos para sua vida. A religião não se apresenta, como o único canal possível de religação, outras possibilidades podem ser experimentadas. A individuação constitui tarefa para toda a vida, um esforço que articula consciente e inconsciente no sentido de alcançar uma união com o próprio ser. Para Jung, esta seria a grande tarefa do ser humano: redescobrir sentidos para sua vida que fossem além do plano egóico. O homem moderno tinha baixado seu olhar para o mundo físico e com isso desenvolvido a ciência e a tecnologia, que possibilitaram mudanças radicais na maneira de estar no mundo, mas afastaram o homem da possibilidade de transcender o plano da materialidade. O homem contemporâneo parece desejar descolar seu olhar da terra e olhar em múltiplas direções, inclusive para si-mesmo. Atualmente, encontro nas palavras de Josso, autora que investiga história de vida e formação, referência a essa busca:

> A idéia de um 'caminhar para si' ou, em outras palavras, de um "ir ao encontro de si", emerge a partir do momento em que se lança a hipótese (se se tratar do pedagogo ou do pesquisador) ou se faz a aposta (se se tratar do sujeito existencial) que o nosso itinerário de vida, os nossos investimentos, e as nossas intenções podem se construir com base numa auto-orientação que

> articula o que herdamos, as nossas experiências formadoras, as nossas pertenças, as nossas valorizações e os nossos desejos às oportunidades que sabemos agarrar, criar e explorar.
>
> ... Uma das dimensões da história de vida reside na elaboração de um auto-retrato dinâmico das diferentes identidades que orientam as atividades do sujeito, as suas representações e as suas projeções, tanto nos seus aspectos visíveis ou manifestos como nos invisíveis ou não explicitados.
>
> Este projeto de conhecimento, cuja intenção última é o projeto auto-orientado de si mesmo, exige uma passagem da compreensão da formação do sujeito para a tomada de consciência de sua subjetividade. Essa passagem introduz uma responsabilização quanto ao processo de conhecimento e uma autonomização potencial. Assim o conhecimento de si-mesmo inaugura a emergência de um si suficientemente consciente para orientar o futuro de sua relação. A prática de conhecimento no decurso da qual esta passagem se pode operar deve pois, de imediato, pôr em cena o sujeito, que ao refletir-se a si mesmo, realiza um ato de auto-orientação. (JOSSO, 2004:163)

Este novo momento investigativo (FURLANETTO, 1997) possibilitou a recuperação de minha trajetória profissional, bem como ir ao encontro de outros educadores, que vinham se dedicando ao estudo da Psicologia Analítica, para que, ao resgatarem suas histórias de vida, também, buscassem compreender o caminho que percorriam. Novamente, símbolos emergiram, mas cada sujeito foi estimulado a participar da construção de sentidos para o que aparecia. Dar voz aos sujeitos de pesquisa, me pareceu-me um caminho mais seguro para a elaboração símbólica. Dessa maneira, poderíamos assumir uma atitude de maior respeito em relação aos símbolos que emergiam em campos relacionais e que para serem compreendidos necessitavam contar, nos processos de elaboração com a participação dos sujeitos envolvidos.

A nova forma de pesquisar possibilitou-me aproximar das trajetórias de alguns professores e compreender que eles possuem bases pedagógicas que não são de total conhecimento do Ego. Ele tem acesso a parte desse material: o que foi construído baseado na consciência, mas, as aprendizagem que ocorreram pautadas em processos identificatórios e projetivos e, portanto, inconscientes, são, muitas vezes, desconhecidas para o Ego. O exercício da docência ativa não só se referem aos conteúdos conscientes, mas também aos inconscientes. Implicâncias com determinado tipo de aluno ou excesso de cuidado com outro podem surgir ancorados nesses conteúdos. Para poder nomear essas bases, construí o conceito de *Matriz Pedagógica*. Ficou claro que para que possamos transformar estas matrizes, necessitamos conhecê-las.

Aprofundando os traçados metodológicos...

Novas descobertas, novas questões: como elaborar símbolos nos processos investigativos e nos processos de formação de professores? Abriu-se um novo espaço de pesquisa (FURLANETTO, 2000, 2001, 2002a, 2002b), no qual não só observamos, como na primeira pesquisa e nem só entrevistamos, como na segunda. Procuramos interagir com um grupo de professores partindo de suas dúvidas, dilemas e necessidades. Esse movimento levou-nos ao encontro de seus alunos, de suas histórias que desencadearam a recuperação das histórias dos professores. Símbolos foram emergindo e sentimos necessidade de aprofundar a compreensão dos processos de elaboração simbólica.

Pieri (2002) menciona que a Psicologia refere-se a duas modalidades de entender o material psíquico, uma delas, o método redutivo implica reconduzir o material psíquico ao já conhecido, portanto, às interpretações já existentes na Psicologia. Salienta que Jung, no entanto, refere-se a um outro caminho denominado de construtivo ou sintético. Nessa modalidade de aproximação, o material é tratado como uma configuração psíquica nova. Passa-se a fazer referência aos conteúdos simbólicos como aquilo que não se sabe.

> Dessa forma, com o método construtivo, põem-se entre parênteses as modalidades de toda a psicologia

> da resposta, que implica aquele saber já que é típico, justamente, do método redutivo. Deve-se porém precisar que a colocação entre parênteses, ou a suspensão do juízo formulado em relação aos saberes já constituídos, acontece de forma especial, enquanto se sugere que tal suspensão tem finalidade à interrogação daqueles mesmo saberes (dominantes na ciência e na consciência) através dos quais já subsiste determinada imagem ou representação da realidade. (Pieri, 2002:128)

Ele inaugura uma proposta de interrogação contínua do sujeito e daquilo que o afeta. Esta proposta articula-se, segundo Pieri (2002), com base em três eixos: no saber que não se sabe; na inexistência de um caminho pronto e na reciprocidade do encontro.

Estes três eixos que estruturaram o trabalho da elaboração simbólica, assumido por Jung, também podem nos auxiliar a estruturar novos caminhos investigativos. *O saber que não se sabe* possibilita uma abertura para o fenômeno a ser investigado o que implica aprender, inclusive, como se aproximar dele. Conectar-se com a falta com o não sei, mas também com a vontade de saber parece ser fundamental para abrir um campo investigativo. Para iniciar uma pesquisa, necessitamos de uma pergunta. Elas parecem ser filhas da ausência e do desejo e, entre uma pergunta e uma resposta, há um intervalo, uma brecha, um espaço do entre e nesse não-espaço, pois já não pertence ao território da pergunta, mas ainda não se configurou como território da resposta podemos experimentar a metamorfose. Quando ousamos viver esse tempo do não saber e até prolongá-lo, descobrimos o sabor da inexistência de respostas definitivas, descobrimos que buscando a tranquilidade somos lançados em movimento, buscando um território seguro nos sentiremos em trânsito, como os estrangeiros. Buscando um caminho linear nos sentiremos circundando. Perguntar, mas perguntar de verdade, formular as questões que nossa existência nos impõe, ousar não fugir delas, remete-nos a outras dimensões do humano, somente experimentadas pelos que ousam transcender. A atitude de humildade diante da vida e de suas manifestações nos torna mais disponíveis a perceber os símbolos que revelam seus movimentos.

Assumir que não existe *um caminho de pesquisa pronto*, implica o exercício do desapego (FURLANETTO, 2003). O Ego costuma buscar portos seguros. Viver em mar aberto, ao sabor dos ventos, tempestades e calmarias não o atrai. Quando se vê frente a um desafio, rapidamente, procura solucioná-lo e, para isso, busca auxílio dos conhecimentos que já possui ou daqueles considerados consolidados. Nossos conhecimentos anteriores são ferramentas importantes para as aprendizagens futuras, mas ao nos apegarmos, demasiadamente, a eles, corremos o risco de tentar incluir o novo em seus domínios, mesmo que, para isso, seja necessário desconsiderar aspectos que não se sujeitam ao conhecido. Ao fazer isso, estaremos perdendo o que ele tem de mais precioso a nos oferecer, aquilo que faria a diferença e possibilitaria deslocamentos e transformações.

Assumir a *reciprocidade do encontro* é perceber que a aproximação de dois ou mais seres provoca o surgimento de um campo energético ainda pouco explorado. Estas zonas de intersecção potencializam o surgimento de símbolos. Vygotsky (1998) pressentiu sua existência e, para nomeálas, construiu o conceito de *Zona de Desenvolvimento Proximal*. Para ele, quando somos desafiados a realizar uma tarefa e contamos com a colaboração de parceiros, podemos ir para além de nossa zona de conhecimento real e nos lançar em outro território, que só pode ser acionado nos espaços intersubjetivos. Descreveu essa interação, tendo como foco o plano da consciência. Autores que se dedicam ao estudo da Psicologia Profunda e admitem, portanto, a existência do inconsciente, descrevem essas regiões, levando em conta, também, as trocas inconscientes. Jung referiase ao espaço analítico com um Vaso Alquímico que acolhe o encontro entre analista e paciente proporcionando um recipiente seguro e capaz de conter os símbolos e as elaborações que emergem nessa relação.

Nesta pesquisa procuramos criar um campo energético que favorecesse a constelação de símbolos. Os espaços investigativos também podem se configurar como Vasos Alquímicos, nos quais o novo pode ser acolhido e elaborado. Consultando a obra de Jung, descobrimos semelhanças ao que estávamos fazendo com processo de circumambulação ou circundação. *O termo indica literalmente o percurso de uma dança ritual que, como tal exerce uma ação sobre os atores.* (PIERI, 2002:84) Ele pode ser tecido de forma circular delimitando um espaço sagrado interno, distinguindo-o do espaço externo profano ou assumir a forma de espiral que aponta para a conjunção de elementos já existentes distintos e visíveis na direção de um elemento central, ainda não perceptível racionalmente, a não ser como algo que transcende as partes.

> Tirado da alquimia, o termo designa mais propriamente a construção de um recinto ou têmenos que institui uma área para o sagrado com a função de recipiente transformativo, isto é a constituição de um continente destinado a liberar forças disseminadas e contrapostas, com vistas à conjunção. (PIERI, 2002:84)

Ao circular em torno dos símbolos que emergem numa pesquisa, diversas dimensões subjetivas e objetivas são percebidas e relacionadas. Iniciando-se, também dessa forma, a construção do Self Grupal, que não se constitui com base na simples justaposição dos indivíduos, mas, sim, do encontro de sujeitos que, por meio de suas trocas conscientes e inconscientes, compõem uma totalidade. Realizamos esse movimento baseado em atividades expressivas. (FURLANETTO, 2000, 2001, 2002a, 2002b) Diversos conteúdos simbólicos foram emergindo e contidos no recipiente que estávamos construindo. O dilema inicial dos professores foi se desdobrando em múltiplos sentidos. Novos elementos foram nos dando pistas de que o dilema era a ponta aparente de algo muito mais complexo que foi se revelando no decorrer da pesquisa.

Novos movimentos pediam para serem tecidos e fomos nos entregando a eles. A exploração inicial não nos pareceu suficiente, Era necessário dilatar os sentidos construídos pelo grupo. Para isso, relacionamos o material com a vivência de outros professores, utilizando filmes e depoimentos escritos. Novas perguntas foram surgindo abrindo espaços reflexivos. Fomos encaminhados também a estabelecer diálogos com teóricos que tinham algo a acrescentar ao caminho que estávamos percorrendo. O novo movimento tecido pelo grupo levou-me a estabelecer um paralelo com a descrição de

Jung (1983) a respeito de *amplificação ou ampliação*. Ele foi encaminhado a realizar leituras diferentes dos materiais que emergiam nos espaços analíticos não os reduzindo, somente, à esfera pessoal, mas pondo-os em analogia com os símbolos da mitologia e de outras fontes, para conhecer os sentidos que eles pretendiam exprimir.

Na medida que o grupo foi experimentando esses processos, fatos novos foram surgindo no círculo formativo. Mudanças de pontos de vistas e na organização do cotidiano escolar fizeram-se perceber. Detectamos um outro movimento: *reconstelação*. Um outro patamar de consciência tinha sido atingido pelo grupo que olhava para os fenômenos educativos de um outro lugar e, dessa forma, podia pensar em novas maneiras de lidar com ele. Percebemos que as mudanças ocorreram em todos os envolvidos no processo. Os professores sentiam-se diferentes e também percebiam diferenças nos alunos e nós pesquisadores também tínhamos nos transformado ao nos encontrar com os sujeitos da pesquisa. Pude perceber que nós, pesquisadores, exercemos um papel de testemunha. Testemunhamos as lutas e os sonhos existenciais e pedagógicos dos professores bem como as histórias de vida de alguns alunos. Ao ouvirmos com aceitação, parecia que validávamos suas histórias e suas esperanças. Pareciam necessitar de que alguém testemunhasse suas vivências para se conectarem à vida. Essa experiência não foi unilateral. Nós também nos sentimos tocadas por esse encontro.

Aprendendo com o caminho...

Iniciei-me na pesquisa procurando vasculhar intervalos rupturas, brechas que me permitissem vislumbrar outros lados. Para isso, fui em busca de parceiros teóricos que também se sentiram desafiados a realizar passagens. Eles me relataram suas experiências que pude contrapor às minhas e, também, forneceram-me conceitos que me possibilitaram encontrar formas de expressar o que, muitas vezes, apenas intuía. Fui instigada a observar, atentamente os espaços pedagógicos, a revisitar minha história e a possibilitar que outros educadores também o fizessem. Ao vivenciar e, também, ao acompanhar esses processos fui descobrindo movimentos muitas vezes imperceptíveis à consciência e aprendendo a ficar mais atenta aos sinais. Vasculhando brechas, intervalos e rupturas, fui me entregando, não sem medo e insegurança, à dança da vida. Sinto-me fazendo parte de um movimento, empreendido por parte das mulheres e dos homens contemporâneos desejosos de descobrir sentidos para suas vidas, enraizados em processos de busca pessoal que não prescinde de encontros, desencontros, perdas, ganhos, lutas e entregas.

Este texto representa um olhar para o caminho. Novas perguntas nascem e recriam espaços vazios em busca de preenchimento. Vou seguindo seus rastros, tentando produzir um conhecimento alicerçado não, somente, no plano da consciência, mas comprometido com os anseios da alma.

REFERÊNCIAS BIBLIOGRÁFICAS

FAZENDA, I. *Interdisciplinaridade: História, Teoria e Pesquisa.* Campinas: Papirus, 1994.

FURLANETTO, E. *Uma Tentativa de Leitura Simbólica da Escola.* Dissertação de mestrado, Psicologia da Educação, PUC-SP, 1989.

_______. *A Formação Interdisciplinar do Professor sob a Ótica da Psicologia Simbólica.* Tese de doutorado, Educação: supervisão e currículo, PUC-SP, 1997.

_______. *Formação de Professores: desvelando símbolos para pesquisar interdisciplinarmente.* In ROLDÃO, M. do C. (org). *Inovação, Currículo e Formação.* Porto: Porto Editora, 2000.

_______. La formation des enseignants: aspects symboliques d'une recherche interdiscplinaire. In LENOIR, Y; REY, B; FAZENDA, I. (orgs.) *Les fondements de l´interdisciplinarité dans la formation à l'énseignement.* Sherbrooke: Éditions du CRP, 2001.

_______. Aspectos Simbólicos da Formação Continuada de Professores. *Anais da 25ª Reunião Anual da ANPED.* Educação: Manifestos e Utopias. Rio de Janeiro: ANPED, 2002a.

_______. Formar Professores: um desafio a ser enfrentado. *Anais do I Congresso Internacional sobre Literacias.* Évora: Universidade de Évora, 2002b.

_______. Como nasce um professor? Uma reflexão sobre o processo de individuação e formação. São Paulo: Paulus, 2003.

JOSSO, M. C. *Experiências de Vida e Formação.* São Paulo: Cortez, 2004.

JUNG, C. G. *Memórias, Sonhos e Reflexões,* Rio de Janeiro: Nova Fronteira, 1963.

_______. *O Homem e Seus Símbolos.* Rio de Janeiro: Nova Fronteira, 1964.

_______. *O Segredo da Flor de Ouro.* Petrópolis: Vozes, 1983.

_______. *Sincronicidade*. Petrópolis: Vozes, 1984.

LUDKE, M.; ANDRÉ, M. *Pesquisa em Educação: abordagens qualitativas*. São Paulo: EPU, 1986.

MARONI, A. *Figuras da Imaginação*. São Paulo: Summus, 2001.

NICOLESCO, B. Um Novo Tipo de Conhecimento – Transdisciplinaridade. In Nicolescu, B. et al. *Educação e Transdisciplinaridade*. Brasília: UNESCO, 2000.

PIERI, P. F. (org) *Dicionário Junguiano*. São Paulo: Paulus, 2000.

PINEAU, G. *Temporalidades na Formação*. São Paulo: TRIOM, 2004.

VON FRANZ, M. L. *Adivinhação e Sincronicidade*. São Paulo: Cultrix, 1980.

VYGOTSKI, L. S. *A Formação Social da Mente*. São Paulo: Martins Fontes, 1998.

Ignacio Gerber

Psicanalista, membro efetivo e docente da Sociedade Brasileira de Psicanálise de São Paulo. Membro titular da International Psychoanalytical Association. Músico e membro fundador do CETRANS – Centro de Educação Transdisciplinar.

ignaciogerber@terra.com.br

Utopias Pragmáticas e Resistências Previsíveis

Desde Sempre

Lá pelo ano 90 do século passado participei de um congresso psicanalítico em Cuzco tendo como tema os mitos, principalmente mitos latino-americanos. Lá tive o prazer de conhecer Jacques, antigo médico sem fronteiras e que estabeleceu-se ao redor de Tarapoto, na Amazônia peruana, dedicando-se a recuperar viciados em pasta de coca com terapêuticas naturais, a partir das plantas e da cultura da selva. Foi ele quem me apresentou Carlos, xamã-pintor que nos guiou numa peregrinação por pequenos santuários incas nas montanhas. E foi Carlos que me falou dos *chakarunas,* entidades incas cuja missão (ou função) primordial é unir, comunicar; seja comunicar o mundo "de cima" – da divindade –, com o mundo "de baixo" – da humanidade –, como também propiciar o encontro criativo que pode se dar entre duas pessoas, duas nações, duas culturas, dualismos que se complementam numa unidade totalizante. Nas animadas conversas que de tempos em tempos rompiam o silêncio das caminhadas, concluímos que nós três, cada um à sua maneira, tínhamos algo de *chaka-runa* – esse desejo de propiciar encontros férteis, essa alegria em facilitar o encontro daqueles ou "daquilos" que devem se encontrar. Chakarunas são trans-seres: Hermes-Mercúrio, anjos e exus. Cupido, por exemplo, seria um chaka-runa dedicado a unir corações, mas de um modo geral podemos pensar que *chakarunas* são representantes de Eros, o instinto básico de união, inclusive a união amorosa e complementar dos opostos, tendo Heráclito e Freud como padrinhos.

Garoto ainda, nos primórdios da minha descoberta pessoal do conhecimento (do "mundo"), encantei-me com a matemática, a física, as ciências então chamadas exatas, mas também, de uma maneira mais emocional e difusa, com a Natureza. Talvez esteja aí a origem da minha primeira escolha profissional como engenheiro de solos, fundações de estruturas, obras de terra e da Terra. Na engenharia eu conciliava de algum modo as ciências exatas e as naturais (todas elas ciências humanas), e meu trabalho se revestia de um certo mistério, de um lidar com a incerteza que certamente me atraiu e ainda me atrai, aventureiro nato. Uma característica inescapável desse ofício é lidarmos com o solo daquele lugar; lugar onde o solo nos precede de alguns zilhões de anos que o tornaram matéria essencialmente heterogênea, com enorme variabilidade de comportamentos, e isso determina a precedência da intuição sobre os cálculos matemáticos na busca de soluções mais criativas para apoiar uma construção humana sobre Gaia, nosso solo primordial. Metaforicamente, unir harmoniosamente a obra humana e a obra divina. Os cálculos matemáticos vêm só depois, para comprovar ou refinar a solução intuída. Ou seja, a partir de um conjunto de dados, às vezes bastante dispersos, sobre a topografia, as características mecânicas do sub-solo, a estrutura a ser construída, os ventos, as marés e os terremotos, surge em nós uma "gestalt", uma configuração abrangente que dá sentido a uma determinada solução. Esta solução de engenharia – de engenho –, respeitadas suas especificidades, poderia ser denominada um *fato selecionado*, termo criado pelo pensador matemático Poincaré e aplicado ao método psicanalítico pelo psicanalista indo-inglês, W. R. Bion. Fato selecionado é algo como o surgimento, a revelação, a eclosão de um "fato" significativo que empreste sentido a um conjunto de fatos dispersos; a captação intuitiva de uma configuração dominante com maior ou menor grau de coerência interna. Numa sessão de análise nos propomos a ouvir o nosso analisando suspendendo qualquer julgamento moral, deixando nossa atenção flutuar livremente através da fala do outro sem correr atrás de um sentido lógico. O sentido surgirá em nós como uma mensagem do inconsciente. É essa a atitude fundante da psicanálise, que Freud denominou **atenção livremente suspensa,** e posteriormente Bion – numa citação, talvez inadvertida, do Tao-Te-King de Lao-Tsu – postulou como suspensão da memória, do desejo e da compreensão, e que eu associo à atitude de vazio interior e desapego do Ego, das tradições contemplativas orientais e ocidentais; nos desapegarmos de nossos preconceitos e expectativas para ouvir o outro sem estarmos saturados de nós mesmos, com a liberdade da inocência – da inocência que nos for possível pois a tentativa já é suficiente. Esse ouvir me remete a Heráclito de Éfeso, alcunhado de "o obscuro", mas que vinte e seis séculos após, ainda nos ofusca com sua luminosidade: "aqueles que não sabem ouvir não sabem falar".

Como podem ver, percorri um caminho lento e gradual desde o pensamento linear, positivista da ciência redentora do século retrasado, até poder ir me arriscando a penetrar nos atalhos caóticos do pensamento complexo. Uma longa jornada da engenharia à psicanálise, sempre acompanhado pela música, pela meditação e por uma imensa curiosidade. A música que hibernava lá dentro, ganhou um novo realce nessa passagem da engenharia para a psicanálise, assim como a vivência do Tai-chi-chuan com mestre Liu-Pai-Lin, compartilhando práticas meditativas e corporais. Às vezes me parece que fui fincando pé em continentes variados pelo prazer de devanear pontes que os integrem. Mais que isso, tentar entender as invariantes que os percorrem, na busca de transcendências. Acho que fui contaminado desde cedo pela fascinação de tentar encontrar algo **além** que pudesse emprestar um sentido às contradições aparentes com que me defrontava. O Tao que aprendi com mestre Liu representa, de certo modo, esta totalidade de sentidos em constante movimento entre o caos e a organização criativa. Uma organização da ordem e desordem cósmica que nos abrange e constitui; a harmonia musical das esferas vibrando em nossas super-cordas. Como disse Heráclito: "O sábio ouve não a mim mas ao Logos e sabe que o todo é um". Penso que o Logos de Heráclito e o Tao de Lao-Tsu exprimem a mesma idéia do Todo-um. Assim o TAO e o LOGOS constituem um elo primordial a ligar os pensamentos oriental e ocidental na busca de uma lógica universal. Uma "inteligência" cósmica que se reproduz holograficamente em cada pequeno evento.

Quando fui apresentado à transdisciplinaridade percebi que eu **já o era, desde sempre**; mas passei a me permitir sobreposições mais amplas de minhas áreas de interesse, vasos comunicantes entre meus continentes, pontes internas num modelo espacial multidimensional da totalidade do saber. Muito antes disso, ao tempo de minha formação numa sociedade de psicanálise freudiana, na época bastante conservadora, tive que lidar com a desconfiança de meus novos colegas em relação às "perigosas" inter-faces da psicanálise, seja com a matemática (científica demais!), seja com "exotismos" orientais (científicos "de menos"!). Felizmente a crescente divulgação no ocidente da filosofia oriental e suas práticas meditativas foi reduzindo a estranheza anterior e facilitou as coisas, inclusive porque esse movimento transcultural coincidiu com uma abertura sensível da sociedade de psicanálise, hoje muito mais aberta para as interfaces e quiçá para um diálogo transdisciplinar. A descoberta da transdisciplinaridade (que por motivos óbvios passarei a abreviar TD) como um pensamento organizador ligado a um movimento organizado, significou um formidável endosso às minhas intuições ainda um tanto dispersas. A TD se constituiu para mim num "fato selecionado" organizador.

Tudo começou numa palestra que fiz a convite de antigos colegas no Instituto de Engenharia, tendo a ética como tema. Entre outros estava presente o prof. Vitor de Mello que fora meu professor de mecânica dos solos e fundações e, com ele, sua mulher, Maria de Mello, educadora e ativista do bem. Enfim, ela me adotou para a TD; falando de ética encontrei a TD e talvez por isso enfatizo a TD como uma ética, um modo de ser no mundo. Escolhi como projeto piloto para a minha tentativa de aplicação prática da TD, a comunidade do Matutu, um vale encantado encravado na Serra da Mantiqueira, cercado de montanhas e enfeitado por cachoeiras. A comunidade se situa numa área de proteção ambiental e tem uma vocação ecológica, atuando como curadora das matas e nascentes, cabeceiras dos rios e dos homens. Eu me liguei fortemente à comunidade, uma espécie de membro circulante, e já há alguns anos faço com eles um trabalho musical muito gratificante. Levei a eles as idéias transdisciplinares, organizamos debates, grupos de estudos e também eles se reconheceram como transdisciplinares desde sempre. O trabalho prossegue e, sendo a comunidade um organismo vibrante em constante transformação, penso que é cedo para uma possível avaliação. Aliás, penso que toda práxis transdisciplinar deve ser conduzida numa atitude de atenção livremente suspensa sobre o fluxo harmônico do tempo e com generosa paciência. Ao longo dessa experiência me dei conta que, na verdade, meu projeto piloto primordial sou eu mesmo – e acredito que isso possa valer para todos os formadores iniciais do CETRANS. A tentativa de compreender como o espírito transdisciplinar impregna nossa personalidade, nosso modo de ser, nossa visão de mundo.

Passo seguinte: os encontros catalisadores. Penso que eles catalisaram a lenta combinação química de nossas valências emocionais, acelerando a formação de um grupo de pares que pode hoje se afirmar modestamente como transdisciplinar. Um grupo ocupado em aprender como transformar uma nova visão de mundo em ação prática, ao mesmo tempo que se pergunta como é ser transdisciplinar. No nosso segundo encontro catalisador, após a fala de abertura de Basarab Nicolescu, relacionei algo que ele disse com as idéias do psicanalista Ignacio Matte-Blanco sobre a lógica do Inconsciente freudiano. Para minha surpresa ele conhecia Matte-Blanco e me indicou um texto sobre a questão. É o artigo de Michael Finkenthal: "Repensando a lógica: Lupasco, Nishida e Matte-Blanco", no livro "Stephane Lupasco, o Homem e a Obra", organizado por B. Nicolescu e H. Badescu.[1]

Foi assim que o xamã *chaka-runa* Basarab endossou um encontro, fundamental para mim, entre a *lógica transdisciplinar*, com sua complexidade, seus diferentes (infinitos) níveis de realidade e seu terceiro incluído (ou melhor, acolhido) e a *lógica contraditória do Inconsciente* com seus infinitos níveis de realidade que nos constituem como seres complexos e inclusivos.

Esse processo grupal, ao lado de outros grupos a que pertenço – e é tão bom pertencer –, grupos psicanalíticos, musicais, ecológicos, meditativos, todos grupos de amigos, tem reforçado minha opinião atual (opiniões envelhecem) que, ao menos em psicanálise e TD, a vida criativa se desenvolve melhor em pequenos grupos, algo como um mínimo óbvio de duas pessoas, e um máximo a pensar, talvez por volta de 20 pessoas; imagino eu que as hordas primitivas de seres humanos descritas pela imaginação de Freud

---

[1] *Stéphane Lupasco, o Homem e a Obra*, São Paulo: Ed. Triom, 2001.

em "Totem e Tabu" teriam essa população. Esses grupos irão formar uma rede transdisciplinar, favorecendo as trocas, que nos permitam falar o que já sabemos, mas principalmente ouvir o que não sabemos.

Resistências Previsíveis

Nos primórdios heróicos da criação da psicanálise por Freud, a criatura surpreendia constantemente seu criador. Um exemplo marcante foi a descoberta da *Resistência;* embora já intuída na prática da educação, da medicina e de outras disciplinas, a resistência transformou-se num conceito básico da psicanálise. Pacientes que procuravam Freud com a esperança de cura para suas dificuldades de viver (e certamente já desesperançados com as curas tradicionais da época) resistiam paradoxalmente às revelações do processo psicanalítico e às mudanças que elas apontavam. De início Freud encarou a resistência como um obstáculo sério à continuidade do processo psicanalítico. Deu-se conta então, uma vez que a resistência era inevitável, que a solução possível seria incorporá-la criativamente ao processo. Usá-la exatamente como um desvelador dos obstáculos internos do analisando diante da mudança, do novo, do desconhecido. Por outro lado como escritor inaugural da literatura psicanalítica, encontrou ele resistências semelhantes por parte do seu público alvo, a comunidade médica, universitária, científica, de Viena e da Europa, preconceituosamente iluminista e positivista. A duras penas ele percebeu que, se uma obra sua fosse aceita com facilidade por esse público, isto poderia indicar que ele estivesse transigindo com suas idéias e princípios. Sim, porque aceitar idéias tão novas implicava o leitor numa mudança essencial de paradigmas. Não só paradigmas conceituais ou científicos, mas paradigmas de vida. Um psicanalista posterior, Bion, chamou essas mudanças de *mudanças catastróficas*; vejo nessa expressão tanto o sentido de catástrofe da tragédia grega, mudança de estrofe, de contexto, quanto a catástrofe de toda uma estrutura emocional defensiva, pois uma idéia realmente nova não limita sua ação a pontos consentidos; ela desestrutura, abre flancos para surpresas inesperadas, reinstala o caos criativo.

Freud considerava a psicanálise como o terceiro grande golpe na arrogância do ser humano. O primeiro golpe foi desferido por Copérnico com sua versão finalmente irrefutável da teoria heliocêntrica. Claro que esta teoria tinha suas origens nos filósofos pré-socráticos, mas foi Copérnico o agente escolhido pelo desenvolvimento científico no momento próprio para definir a questão polêmica: a Terra, o mundo do qual fazemos parte, não era mais o centro do Universo, o único mundo possível, a obra divina por excelência.

Darwin desfechou o segundo golpe; o ser humano, já então reduzido a habitante de um planeta marginal entre universos possivelmente infinitos (Giordano Bruno morreu por essa idéia), nem em sua casa era tão especial; ele também fazia parte do reino animal, mais um produto passível de evolução. Passaram-se séculos até que a astrofísica e a cosmologia nos devolvessem a dignidade concedendo-nos uma bela e poética origem: somos todos filhos das estrelas, e ao pó das estrelas nobremente retornaremos.

Com a "invenção" da psicanálise, Freud golpeia fundo ao mostrar que não somos senhores nem mesmo de nossa mente. Em nós, um outro nível de realidade, um outro modo de ser nos comanda emocionalmente: **o Inconsciente.**

Como já dissemos, muito além das mudanças de paradigma científico que esses três momentos propiciaram estão as mudanças de paradigma psico-ideológico, de cosmovisão (weltanshauung) do ser humano. As resistências maiores a essas mudanças vieram da Igreja – resistências explícitas em relação às duas primeiras e mais sutis em relação à terceira. Ela lutou com todas as armas para evitar o descrédito que a ciência lançou, não sobre a mensagem crística essencial, mas apenas sobre as crenças acrescentadas às palavras do mestre na forma de dogmas, rituais, hierarquias e autos de fé. Como dizia o rabino Nachman de Breslov: "Nos momentos em que mais falta a fé, mais as pessoas se voltam para atos de devoção elaborados e complicados". Quanto ao *establishment* científico, foi sempre necessário esperar o tempo da aceitação possível, uma vez vencidas as resistências conservadoras. Curiosamente, o mesmo paladino foi escolhido pela igreja e pela ciência: Aristóteles. Não apenas o pensador genial mas uma idealização sacralizada de profeta eterno da verdade. As duas poderosas instituições se apoiaram no pilar básico da lógica aristotélica: o princípio de não-contradição: *"não é o caso de a igual a b e diferente de b simultaneamente"* ou, em outra versão: dadas duas proposições, uma das quais é a negação da outra, uma delas é falsa. Esse princípio foi assumido radicalmente seja nas discussões escolásticas seja nas demonstrações científicas.

Pois bem, a psicanálise foi pioneira na problematização desse princípio ao propor um sistema inconsciente que nos constitui também, mas não obedece ao princípio de não-contradição, funcionando em oposição complementar com o sistema consciente predominantemente pragmático. Um pragmatismo necessário para a sobrevivência do indivíduo; para sobreviver ele tem de agir diante de um estímulo – mormente de um estímulo ameaçador à sua sobrevivência – com uma ação determinada, não contraditória. Talvez surja daí a aversão que temos – ou, melhor dizendo, nosso sistema consciente tem – de situações contraditórias. Geralmente queremos uma resposta única do tipo: diante dessa situação faça isto. Para tanto o pensar consciente que prepara a ação limita as infinitas possibilidades associadas à situação de perigo a uma ação determinada e direcionada, informada pelas suas experiências anteriores. Já nosso inconsciente é o campo das emoções e essas são essencialmente contraditórias; obedecem a outro campo lógico onde simplesmente não existe a contradição: tudo pode se associar de alguma maneira. Ou seja, a lógica inconsciente expande possibilidades até o infinito impensável. Os fenômenos captados por Freud através dos sonhos, e que agridem nossa lógica habitual da vigília: deslocamento, condensação, atemporalidade, ausência de negação etc. são efeitos inerentes a esta lógica inconsciente paradoxal. Nos sonhos, personagens trocam de papel, condensam-se num outro, tempos distantes se sincronizam, o sim é não e é sim, o impossível é possível.

A partir de Freud, a tentativa de apreensão e compreensão da lógica contraditória do sistema inconsciente tem se constituído no eixo condutor da pesquisa psicanalítica. Lacan, como exemplo, interessou-se pelas pesquisas de lógica contraditória para-consistente realizadas pioneiramente pelo matemático brasileiro Newton da Costa. Paralelamente, W. R. Bion elaborava uma teoria emocional do pensamento e uma prática do método psicanalítico através da vivência da experiência emocional do momento presente propiciada pela supressão da memória, do desejo e da compreensão racional. Em outras palavras a suspensão do passado e do futuro para viver radicalmente o momento presente: um desapego do ego. Ou ainda, como propõe o psicanalista californiano Thomas Ogden, a criação de um **terceiro analítico** que envolve e transcende a dupla analista-analisando.

Mas é Matte-Blanco quem mais se aprofunda na busca das leis estruturantes do eternamente estranho código lógico do Inconsciente, cuja pedra da Rosetta está inserida profundamente em nós mesmos. Descobri Matte-Blanco num livro memorial, *Do I Dare Disturb the Universe?* (*Ousarei perturbar o Universo?*), escrito por vários autores como homenagem *post-mo*rtem a Bion. Neste livro, o artigo escrito por Matte-Blanco compõe-se de uma série de aforismos enigmáticos e entre eles este que me chamou a atenção:

> *Imagino o que Kant pensaria se ouvisse Bion, que meditou anos a fio sobre o Noumenon incognoscível, falar hoje de maneira que lembra a sabedoria budista, fazendo-nos suspeitar que o incognoscível é incognoscível porque é impensável.*

Imediatamente seduzido, mergulhei na leitura da obra de Matte-Blanco, que me proporcionou uma nova visão do inconsciente freudiano e em termos mais amplos, do ser humano. No próximosegmento tentarei transmitir suas idéias de maneira compreensível para um leitor não especializado.

O Inconsciente Emocional – um outro nível de realidade

O nome de *Ignacio Matte-Blanco,* que até recentemente era conhecido apenas por um restrito círculo de psicanalistas fascinados por suas idéias inovadoras, vem sendo citado com frequência crescente nas bibliografias de textos nas revistas especializadas, bem como por vários livros de outros autores falando de sua obra e criando desdobramentos.

Mas, afinal, o que propõe *Matte-Blanco* com sua "Bi-lógica", que constitui o eixo de sua obra? Ele propõe uma nova visão sobre o inconsciente freudiano que nos ajuda a compreender seu funcionamento lógico e suas relações com a lógica consciente. Produto imediato dessa nova visão é a sensibilização de nossa escuta no campo da clínica.

Matte-Blanco nasceu no Chile, onde formou-se em medicina. Foi professor de fisiologia e psiquiatria, mas logo seu interesse voltou-se para a psicanálise. Fez sua formação nos anos 1930 em Londres. Em 1940 mudou-se para Nova York onde despertou seu interesse pela lógica matemática ao assistir por vários anos aos seminários de Courant, grande filósofo matemático. Retornou ao Chile para assumir a cadeira de psiquiatria na Universidade de Santiago e fundar a Sociedade Psicanalítica Chilena. Nos anos 1960 mudou-se para Roma, onde desenvolveu sua obra psicanalítica até sua morte em 1995.

Citamos Matte-Blanco: *"No infinito está o esquizofrênico e o inconsciente da matemática, mas também a poesia"*. (1988:85)

E é na anti-linguagem do esquizofrênico, na transcendência da linguagem poética, na matemática contraditória do infinito, nos sonhos e devaneios, que Matte-Blanco vai buscar as leis estruturantes desse código misterioso e esquivo, a lógica do Inconsciente. Um Inconsciente substantivo, com I maiúsculo; não um inconsciente adjetivo, como apenas uma qualidade, mas como uma instância e, mais além, como um *modo de ser* do ser humano. Diferentemente do nosso *modo de ser consciente* ao qual temos acesso direto através de sua lógica não contraditória que nos é habitual, esse outro modo de ser inconsciente se atém a uma lógica própria, radicalmente diversa, inefável, ou seja, esse outro modo de ser, o sistema inconsciente, pelas suas próprias características só poderia estar fora da consciência, pois sua lógica interna é outra, inapreensível diretamente pela lógica consciente. O homem trágico dividido entre dois modos de ser irredutíveis que, numa analogia química, não se combinam mas podem se misturar em proporções variáveis e mutantes. Partindo de seus efeitos apreensíveis, ou seja, as características do Inconsciente conforme descritas por Freud em seu livro *A Interpretação dos Sonhos* – deslocamento, condensação, intercâmbio de realidade interna e externa, ausência de temporalidade e de negação, não validade do princípio de não contradição, características observadas em nossos sonhos – e, valendo-se de um instrumental teórico que abrange a lógica simbólica, a psicanálise e a matemática, Matte-Blanco deduz as leis estruturantes da lógica inconsciente, leis que determinam as características fenomênicas descritas por Freud como sua consequência lógica.

Como se diferenciam esses dois modos de ser a partir de suas lógicas constituintes? Nosso modo de ser consciente se atém à lógica clássica, aristotélica, bivalente. Uma lógica racional, não contraditória e finita que individualiza, relaciona e ordena seus objetos (as coisas). Por isso Matte-Blanco denominou-o "Modo de ser divisor". Já a lógica inconsciente não obedece à lei de não contradição, fundamento da lógica científica. Isto lhe permite liberdades impensáveis para nosso raciocínio usual, tais como deslocamentos, condensações, atemporalidades, ausência de negação, contradições absurdas, pensamentos impensáveis, a linguagem imagética dos sonhos.

Outro princípio fundante dessa lógica estranha é que ela generaliza todo e qualquer objeto individual. Ela associa e eventualmente equaciona um objeto a todos os conjuntos ou classes que podem contê-lo. Como exemplo, um determinado colega seria generalizado em classes cada vez mais gerais, do tipo: classe dos psicanalistas, dos terapeutas, dos brasileiros, dos americanos, dos seres humanos, dos animais... dos seres cósmicos... Ou seja, esse indivíduo é generalizado pelas associações livres que cintilam nessa rede de conjuntos infinitos; redes inumeráveis de inumeráveis cadeias significantes. Tudo a que o objeto individual se ligar por contiguidades metonímicas ou semelhanças metafóricas. Matte-Blanco denominou o modo de ser que se atém a esta a-lógica inconsciente de *Modo de ser indivisível.* É o território do infinito, do ilimitado, do inefável, onde tudo tem a ver com tudo. Lugar de absoluta contemplação da própria infinitude, da totalidade indivisível.

Sua lógica não pode existir a não ser associada ou contida de alguma maneira pela lógica clássica do nosso outro modo de ser, pois ela por si só eliminaria qualquer relação lógica possível e por isso ela nos é inapreensível, impensável. Podemos tão somente captá-la através de suas interferências na nossa lógica habitual consciente: sonhos, atos falhos, expressividades emocionais. Volto a frisar que estas lógicas, a rigor, não podem existir isoladamente; só podem ser pensadas como uma oposição complementar, algo como o Yin-Yang, o que nos remete a uma tradição de pensamento que passa por Lao-Tsu, por Heráclito e Niels Bohr, do Tao ao Logos e à microfísica. Elas constituem um campo de possibilidades probabilísticas envolvendo proporções relativas, misturas aleatórias dessas duas lógicas que se repelem e se atraem numa simultaneidade paradoxal. Ou seja, em estado puro elas são pólos teóricos virtuais de um campo complexo. Na nossa vivência aparecem sempre misturadas em proporções variáveis, tecendo uma bi-lógica anaclítica. Indo mais adiante, Matte-Blanco praticamente equaciona inconsciente com emoção e consciente com razão (sempre pensados como pólos virtuais de um campo contínuo). Ou seja, as emoções obedecem a uma lógica emocional e, como tal, contraditória, potencialmente infinita e irredutível à outra lógica racional, não contraditória e finita do sistema consciente. Num ensaio anterior aventei a alternativa do nome *Aconsciente,* onde o prefixo *in,* que denota negação num mesmo nível de realidade é substituído por *a,* do prefixo grego alfa privativo que conota um sentido de *além de,* de transcendência para um outro nível de realidade, uma outra dimensão lógica. Se aceitarmos como hipótese de trabalho que as estruturas bi-lógicas são onipresentes mas apresentam-se com diferentes condições de equilíbrio harmônico, a proposta freudiana: "Onde estava o ID estará o EGO" se transmuta exatamente na busca de um equilíbrio harmônico e vital entre nossos dois modos de ser. Quando Freud postula consciente e inconsciente como dois topos, dois lugares, ele se atém decididamente a uma visão dualista; são bem conhecidas suas discordâncias com a visão monista de Jung informada pela filosofia milenar oriental. Mas, se observarmos com atenção os escritos freudianos, poderemos perceber que ele vai sobrepondo esses dois territórios, tornando sua relação bem mais complexa, um determinismo complexo.

Retomando o modelo de aparelho psíquico proposto por Matte-Blanco a partir de Freud como um contínuo multidimensional com diferentes proporções do modo de ser consciente, racional, divisor e do modo de ser inconsciente, emocional indivisível. Um contínuo formado por infinitos níveis com proporções variadas do consciente-racional e do inconsciente emocional, desde um máximo virtual de 100% consciente e 0% inconsciente num extremo e 0% consciente e 100% inconsciente no outro. Esses extremos são virtualidades teóricas, pois na nossa vivência prática o inconsciente está sempre presente no consciente e vice-versa. Cada determinada proporção consciente-inconsciente determina uma outra qualidade de percepção e vivência da "realidade" – aí pensada como o *noumenon* ou a realidade última – ou seja, ao longo desse contínuo existem infinitos níveis de realidade possíveis. Podemos pensar o conjunto consciente-inconsciente como uma mônada mutante ao sabor das pulsões emocionais. Dentro desse contínuo existirá uma faixa ou configuração de "normalidade", ou senso comum, ou neurose média estatística, ou como queira se chamar, que preserva um certo equilíbrio entre a luta racionalizada pela vida e as experiências emocionais vitais, nossos conhecidos princípios de realidade e prazer. Talvez o vazio contemplativo, o desapego do ego, propiciem a vivência de um nível de realidade transcendente; um mergulho profundo na humanidade inconsciente chamada por tantos nomes: nirvana, samadhi, estado de Buda, hitbodedud etc. Uma imersão no campo infinito da espiritualidade. Vemos que esse modelo problematiza a relação razão-emoção e privilegia a *experiência emocional como a verdadeira natureza do ser humano*. Talvez os vínculos racionais se cristalizem por um processo de automatização dos vínculos emocionais (algo como energia móvel em energia ligada, para usar expressão de Freud). Por exemplo: uma conta certa: 2 + 2 = 4 produz uma experiência emocional de paz, de verdade. Já uma conta errada: 2 + 2 = 5, produz "automaticamente" uma sensação de inquietude, de mentira.

No seu texto póstumo "Abriss der Psychoanalyse", referência final obrigatória para as dúvidas que as idéias de Freud ainda suscitam, ele diz:

> *Após longas hesitações e vacilações decidimos assumir a existência de apenas dois instintos (trieb) básicos. Eros e o instinto destrutivo. (...) A meta do primeiro é estabelecer unidades maiores e preservá-las assim – em resumo, unir; a meta do segundo é pelo contrário, desfazer conexões e assim destruir coisas.* (destruir o sentido das coisas?)

Por outro lado já vimos que o modo de ser inconsciente indivisível multiplica exponencialmente os vínculos possíveis de sentido em direção ao infinito. Já o modo de ser consciente desfaz todos os vínculos que não atendam às necessidades pragmáticas do momento; ele seleciona um recorte que esteja dentro de suas limitadas capacidades de percepção, pois ele só consegue pensar seguindo uma única linha narrativa e evitando contradições. Enfim, o ego consciente como o mecanismo de defesa primordial coloca limites apreensíveis às infinitas possibilidades do Inconsciente, cortando vínculos para manter a vida. Como disse Matte-Blanco: "Se o nosso consciente fosse capaz de captar as infinitas mensagens simultâneas do nosso inconsciente, este não seria inconsciente". Ora pois!

Parecerá estranho relacionar o sistema inconsciente com Eros, pulsão de ligação e o sistema consciente (o ego consciente) com Thanatos, pulsão de desligamento? Lembremos que Eros está ligado à sobrevivência da espécie e poderíamos pensar no amor indivisível do Inconsciente (coletivo como propôs Jung?) como amor ao próximo, à humanidade, um social-ismo (como Bion chamou esta pertinência à humanidade) que vai se articular com o narcisismo para moldar o amor imperfeito como o conhecemos, produto de uma bi-lógica: o código lógico da individualidade e o código trans-lógico da humanidade (da co-letividade) numa relação de oposição-complementar. Como disse Heráclito: *"Viver de morte, e morrer de vida"*. Vida e Morte: a harmonia radical do Cosmo que nos contém.

A hipótese da constituição bi-lógica do conjunto mente-corpo do ser humano, dois modos de ser com diferentes códigos lógicos, leva a pensar em dois sistemas perceptivos. Um deles programado para a captação, atenção, apreensão de relações racionais, e outro para relações emocionais:

antenas sensórias e intuitivas. Reitero seu funcionamento complementar, o jogo do recalcamento freudiano passando pela desproporção harmônica ou mesmo pela cisão entre razão e emoção (em termos freudianos, representação e afeto), entre os nossos dois modos de ser. É importante reiterar que os dois modos de ser do ser humano só podem ser compreendidos como permanentemente associados, não existindo separadamente a não ser como pólos virtuais didáticos de um campo mutante de configurações racionais-emocionais, um contínuo com diferentes proporções de ambos, o que leva a um modelo monista-dualista.

Ao entrar em contato com a TD, fui surpreendido pelas semelhanças entre seus três pilares básicos – a consideração de diferentes níveis de realidade simultâneos, a complexidade dos fenômenos e o terceiro incluído no princípio de não contradição – e os pilares da conjectura psicanalítica bilógica proposta por Matte-Blanco. Não é, pois, de estranhar que ambas tenham que se defrontar com resistências semelhantes por parte do *establishment* conservador, para o qual a TD, assim como a psicanálise, traz consigo um enorme potencial subversivo e transformador.

Utopias Pragmáticas

Podemos pensar uma utopia como um exercício de imaginação visando escapar de um paradigma dominante, paradigma que se assume como versão única da realidade ou nível de realidade único e exclusivo. Esta utopia, este exercício de desejo, pode se limitar a um devaneio substitutivo da realidade intolerável ou então pode evoluir para um projeto de ação prática que, mesmo enfrentando a resistência do *establishment*, se propõe a transformar o paradigma dominante. Parece-me que inventei essa expressão, utopia pragmática, mas posso tê-la ouvido ou lido em algum lugar e guardado em minha memória inconsciente, e na verdade isto não tem qualquer importância porque o pioneirismo e a posse do saber são questões menores diante do saber de todos nós.

Assim, utopias pragmáticas seriam utopias viáveis, ainda que num prazo incerto, pois elas certamente provocarão resistências tenazes dos que temem a mudança, qualquer mudança, mas assim como no exemplo da psicanálise, essas resistências podem nos ajudar a pensar as próprias utopias. Não abrir mão delas, mas repensá-las constantemente, pois pensamentos estabelecidos se desgastam. Por outro lado, se a utopia proposta for absorvida com facilidade e sem maiores resistências, devemos nos preocupar e repensá-la mais ainda, porque essa absorção poderá esterilizá-la, minimizando seu efeito disruptivo. Ou seja, só podemos pensar o conjunto utopia-resistência como uma mônada inseparável. Uma idéia nova, realmente nova, nos obriga a pensar, reavaliar, a olhar criticamente nossos pressupostos, a enfrentar incertezas, possíveis mudanças radicais num esquema confortavelmente estabelecido, enfim, tudo aquilo que tememos. Pois tememos aquilo que não conhecemos ou não compreendemos e apenas o desconhecido é totalmente novo. Para enfrentar uma nova verdade – mesmo as pequenas verdades cotidianas de cada nova experiência emocional – se faz necessária tolerância à frustração de ter nossas verdades pessoais contestadas, o que implica em diminuir a importância de nosso ego individual; uma tentativa de nos relativizarmos para nos harmonizarmos com o todo.

Não se trata de uma atitude moral, mas sim de uma atitude ética. Penso que a diferença essencial entre ética e moral é que a ética nos obriga a pensar a cada gesto ou palavra, a repensar gestos e palavras anteriores diante de situações novas. A ética se constrói e reconstrói a cada nova experiência vivida. Já a moral nos dispensa de pensar; outros já pensaram, ou estarão pensando por nós, cristalizando o passado em regras rígidas que regulam o presente. É tão mais fácil segui-las: *"eu apenas cumpria ordens"*. A diferença marcante entre ética e moral está no nível de tolerância à verdade ou ao pensamento que a desvela qual mensageiro de notícias inquietantes; não façamos como reis que mandavam matar os mensageiros do infortúnio.

Lembro-me de um momento particularmente difícil durante um dos encontros catalisadores, quando um renomado conferencista, após uma palestra brilhante, reagiu autoritariamente a uma pergunta vinda do público. A esta altura já não me lembro do conteúdo da conferência, mas essa atitude tão anti-transdisciplinar do conferencista, ficou gravada como um alerta permanente. Corremos todos o mesmo risco, inclusive nosso incipiente movimento transdisciplinar. Como avaliar nossos resultados? Penso que, dentro da lógica transdisciplinar, a melhor medida possível para aferir em que nível o pensamento transdisciplinar permeia nosso grupo do CETRANS é através das relações afetivas e do respeito intelectual entre seus membros. E mais além, entre nós e os outros. A TD é um modo de ser e não apenas um modo de saber e uma das maneiras pelas quais as resistências conservadoras tentarão neutralizá-la será aceitando-a desde que reduzida a um saber.

Voltando ao início, quem sabe... talvez sejamos chakarunas, propiciadores de vínculos, de comunicação entre as partes, de circulação de idéias, de transciências racionais-emocionais. Isto implica numa mudança de nossa própria categoria gramatical: nos vermos como verbos e não mais substantivos, mais preocupados com a ação de que com o autor e principalmente mantermos abertos os canais de diálogo entre opostos aparentes pois como insistiu Heráclito, há 25 séculos, *"opostos são complementares, rios são impermanentes e as almas farejam no invisível"*.

Luiza Klein Alonso,

Doutora em Educação/Universidade de Harvard

Já se passaram mais de trinta anos que trabalho com educação popular, atuando na organização e implementação de programas de desenvolvimento social para populações de baixa renda, com emprego da metodologia de auto-sustentabilidade. Ciente que o compromisso político é vital, mas não exclusivo, busquei na pós-graduação adquirir competência para contribuir de forma contundente para a transformação social.

Muito cedo conclui que pensamento e ação são indissociáveis e que a fragmentação ou departamentalização foram e são abstrações necessárias para o aprofundamento vertical do conhecimento, mas a vida exige a horizontalização e a interatividade de saberes, conhecimentos, visões de mundo e dos sonhos que mobilizam corações e mentes.

Academicamente, meu caminho foi caótico; ao longo de mais de vinte anos me interessei por múltiplos temas, porque entendia que eles estavam todos interconectados com a mudança de mentalidade e comportamento para uma maior autonomia e responsabilidade pessoal e coletiva. Foi um bálsamo o encontro com a teoria da complexidade, os níveis diferenciados de realidade, a lógica do terceiro incluído, a Transdisciplinaridade. Os encontros do CETRANS e o contato com pesquisadores internacionais pelo CIRET me auxiliaram a viver em movimento, sem angústia na constante busca da integração entre a formação científica, o compromisso político-filosófico, a herança religiosa e a necessidade da criação artística.

Atualmente leciono na Universidade Católica de Brasília e sou assessora do Ministério da Saúde na área de formação para o trabalho.

luiza_alonso@uol.com.br

CONHECER: UM ATO DE TRANSFORMAÇÃO

Os desafios e tendências para a educação nos fazem refletir sobre o modo como a ciência vem sendo produzida, o que nos obriga a identificar duas dimensões: as questões epistemológicas e as de ordem ética. É neste contexto que precisamos nos perguntar se a forma como a ciência vem sendo feita resulta em felicidade para todos, em um mundo mais justo, fraterno e auto-sustentável, sem exploração do ser humano e sem destruição dos recursos naturais. Que tipo de mundo nos espera no terceiro milênio? Que tipo de mundo gostaríamos de ter no século XXI? No atual momento há uma insatisfação com os modelos de desenvolvimento criados a partir de pressupostos científicos nas últimas gerações. Certamente, a ciência contribuiu para a diminuição de doenças, da fome e da exploração do ser humano, e continuará tendo um papel de destaque no que se avizinha ser a Sociedade do Conhecimento que já está em construção.

A sociedade emergente vem se manifestando em dois grandes processos interligados: o da globalização e o do acelerado avanço da ciência e da tecnologia.

A globalização afeta todos os setores da economia, desde a estrutura produtiva, a organização das empresas, até as características do mercado de trabalho, resultando em mudanças que trazem consequências importantes para a expectativa de vida, o trabalho e o bem-estar de todos. Para os que trabalham com educação torna-se fundamental perguntar: Até que ponto os atuais sistemas educativos preparam os adolescentes e as crianças para este mundo novo? Estará a juventude preparada para enfrentar estes desafios de maneira criativa e com imaginação, ou simplesmente viverá passivamente a grande transformação e irá se adaptar de alguma maneira ao que está acontecendo? Qual é a responsabilidade da escola e da universidade neste mundo em transformação? Como estamos nos preparando para o futuro que já começou?

É importante lembrar que a globalização não se expressa apenas nas relações econômicas, provocando uma transformação paulatina da nossa visão de mundo, da nossa identidade nacional e da consciência de nós mesmos, questionando a concepção tradicional de estado nacional, de soberania nacional e de quem somos nós. O que acarreta novas perguntas: Que impactos têm estes fenômenos sociais sobre a identidade cultural? Como afetam nossos comportamentos, nossas relações interpessoais? Nossa visão do Outro? O que os sistemas educativos estão fazendo a este respeito? Estarão à altura dos desafios da nova "aldeia mundial" que se está construindo? As oportunidades de educação serão as mesmas para jovens de diferentes grupos étnicos, das mais diversas culturas que convivem no mundo multicultural de nossos dias?

Certamente, a globalização não é apenas um monstro, há os que a defendem enquanto oportunidade para romper velhos paradigmas, compartilhar o progresso e o bem estar. Mas, uma globalização que parte do pressuposto de que o crescimento econômico deve ser constante, de que o aumento do produto interno deve ser superado a cada ano, sem levar em consideração os custos sociais, culturais e ambientais, precisa ser analisada com cautela.

É necessário nos perguntarmos: Que mudanças/transformações precisam ser feitas nos sistemas educativos para que ocorra uma globalização responsável, com consciência social, com solidariedade universal, com respeito à Natureza (ou Gaia, na qual nós seres humanos seriamos apenas uma minúscula parte), com esperança para as gerações futuras? Estamos preparados para realizar estas mudanças e transformações?

Quanto ao avanço das ciências e da tecnologia, observamos não apenas o acelerado desenvolvimento, mas a rapidez com que as mudanças tecnológicas afetam nossa vida, o nosso cotidiano e a crescente alienação quanto as consequências e impactos da tecnologia no nosso dia a dia. Os avanços tecnológicos são tão acelerados que alguns já estão defasados quando chegam ao mercado. Por outro lado, as descobertas científicas precisam de um tempo mais longo para poder ser incorporadas ao domínio público e ao corpo de conhecimento que se transmite através do ensino institucionalizado. A ciência que se ensina nos dias de hoje não será a ciência de amanhã; e aí, como faremos? De que servirá para um jovem passar anos em uma instituição que não irá prepará-lo para este novo mundo que já está em formação?

Mais que a difusão e a aplicação da ciência, precisamos nos questionar sobre o vazio entre a vanguarda científica e tecnológica e a incorporação dos avanços nos sistemas de ensino. A formação de uma massa crítica necessária para avançar o processo da produção científica é básica na nova ordem social: os países que não produzirem serão meros consumidores de uma ciência e uma tecnologia que talvez não lhes seja a mais adequada.

Sabemos que os avanços da ciência e da tecnologia afetam de maneira direta a determinação de prioridades, a seleção de áreas e temas de trabalho, assim como a distribuição de recursos. Se um dos objetivos da educação é promover o conhecimento científico e suas aplicações nos problemas práticos que vivenciamos, que tipo de ciência se fará nos países em desenvolvimento, ou periféricos? Quem irá se beneficiar destes processos, quem irá controlar o como fazer?

Estas duas tendências têm efeitos diversos ao longo dos espaços geográficos e sobre as diferentes populações no mundo, mas não se pode deixar de pensar nos fenômenos que elas estão acelerando, a exclusão social voltou a ganhar proporções dos tempos medievais. É cada vez maior a consciência de que a globalização, o crescimento econômico constante e os avanços da ciência não trazem por si só uma sociedade mais livre, justa, ou níveis de bem estar material e espiritual distribuídos de forma equitativa. A desocupação é constante nos países do primeiro mundo, a pobreza extrema dos países do terceiro mundo só faz crescer. A crescente concentração de riqueza em alguns países e em alguns extratos da sociedade não garante um mínimo de bem estar para a população mundial. Como, então, a educação pode ser um instrumento de mudança neste panorama? Como a educação vai se posicionar?

As consequências sociais, culturais e psicológicas de toda a violência que está sendo construída e vivida por todos afetam as novas e futuras gerações. Até que ponto nosso conceito de ensino está adaptado para um mundo conflitivo e violento no qual os valores humanos são desconhecidos e desrespeitados continuamente? Como pensar a educação para estes milhões de seres que nascem da violência e se nutrem do desespero?

Diante de tantas perguntas, é insensato pensar que a educação irá resolver todos os grandes desafios, velhos e novos, que se apresentam. O desafio para os educadores é pensar em novos processos de formação que ultrapassem a fragmentação e o isolamento do conhecimento, sem desconsiderar sua importância, enfatizando o auto-conhecimento, o hetero-conhecimento e o eco-conhecimento. É preciso formatar um espaço de construção e fixação de novos parâmetros epistemológicos e científicos, de encaminhamento de diretrizes éticas e teórico-metodológicas que, simultaneamente, atravessem e superem as escolhas e os modelos vigentes. O desafio é se orientar para além das disciplinas, como forma de pensamento e de abordagem metodológica, comprometido com a geração de soluções adequadas e compatíveis com as necessidades humanas e sociais.

Sem a pretensão de avaliar os paradigmas que vêm orientando os mestrados acadêmicos vigentes, a tarefa dos educadores tem por objetivo redimensionar as relações do ser humano com o ambiente e com as forças que o constituem, em todos os seus "níveis de realidade" em que a complexidade os determina e ao mesmo tempo lhes é endógena, agregando explicações e justificativas a partir dos múltiplos olhares dos investigadores com o intuito de criar novas e inesperadas compressões consorciadas com intervenções fecundas e comprometidas com uma ética fundamentada na justiça social, na solidariedade e na não violência.

Ciência: do indivisível para o imprevisível

A história do ser humano é caracterizada por um permanente movimento de pensamento e de pesquisa que opera sobre questões particulares advindas de diversos horizontes, como a relação entre o indivíduo, a sociedade e o ambiente; a dinâmica e a transformação dos diferentes processos cognitivos e simbólicos que promovem a saúde pessoal e coletiva; as construções e reconstruções da subjetividade; as representações sociais e os sistemas mentais que operam na criatividade, no desenvolvimento do trabalho e da tecnologia. Tal reconhecimento firma a necessidade de se aprofundar a contribuição para o desenvolvimento do saber e da práxis a partir da interseção entre as diferentes áreas do conhecimento científico ao longo do tempo.

A maneira como abordamos um objeto e a forma como decidimos estudá-lo está estritamente associado com nossas fundamentações teóricas e com a nossa maneira de ler o mundo. Em principio, o ser humano lê o mundo para aprender a: conhecer a si mesmo e ao mundo, viver em grupo, agir e fazer e ser. Cada ser humano, constantemente, realiza leituras de mundo, que funcionam como um diagnóstico de situações experienciadas ou não, determinando atitudes e comportamentos. No ato consciente e comprometido de conhecer, são estabelecidos três grandes eixos: a relação entre a teoria e a prática, os rumos da transformação e as formas como ocorre a transformação.

Conhecer implica em escolher a forma como iremos conhecer e o que iremos conhecer. Se escolhermos uma perspectiva positivista, o conhecimento só ocorrerá se houver ordem e estabilidade. Já para os que buscam uma educação integral do ser humano, a transformação advinda do ato de conhecer é também o resultado do conflito e da contradição.

O conhecimento passa a ser o resultado de um trabalho construído e compartilhado com outros. A razão é a principal ferramenta de construção e legitimação do conhecimento, por potencialmente permitir o diálogo com o diferente.

O entendimento dos pressupostos teóricos de uma nova forma de se fazer ciência exige um olhar crítico sobre o modo como a ciência vem sendo produzida. Olhar que identifica as questões epistemológicas e éticas como intimamente ligadas, diferente do olhar fragmentário de conhecer utilizado por um tipo de racionalidade científica a partir do século XVIII e que vem demonstrando ser incapaz de atingir a complexidade da realidade.

No mundo ocidental tivemos três grandes rupturas epistemológicas ou de formas como produzimos conhecimento. Até o século XIII prevalecia a visão ternária, que entendia o trinômio corpo, alma e espírito como absolutamente conectados e indissociáveis. Do século XIII ao século XVII prevaleceu a visão dualista do ser humano, entendido como corpo e espírito, ocorrendo uma negação da alma imortal e individual.

A partir do século XVII até o século XX predomina a visão reducionista. O ser humano é um corpo, um mecanismo que precisa ser decifrado para melhor ser controlado. Com Descartes, a ferramenta cognitiva por excelência passa a ser a razão, gerando como uma das mais significativas consequências, a rejeição da transcendência, uma vez que não é possível compreender Deus, e a alma não é imortal.

Ao longo do século XX, a razão e a ciência foram eleitas como os principais instrumentos de transformação do mundo e do ser humano. Povos ou países passam a ser considerados modernos quando desenvolvem ciência e tecnologia. Dentro da concepção científica e humanista, resumidamente, coexistem duas grandes expressões: a Idealista e a Histórica, que se organizaram para atender as exigências da relação entre o sujeito e o objeto do conhecimento, a necessidade de se conhecer o processo de conhecimento e a utilização do conhecimento adquirido.

Há duzentos anos atrás, quando a leitura científica do mundo passou a ser hegemônica, conceitos e pressupostos desde os tempos dos filósofos da natureza foram recuperados em uma tentativa de se diminuir as restrições impostas por quase mil anos pela visão de mundo teológica. Foi Demócrito, o primeiro a considerar que tudo na natureza é constituído por unidades mínimas, os átomos. Outros atomistas pré-socráticos como Leucipo, reafirmaram que tudo o que existe é constituído de átomos, elementos simples, indivisíveis e permanentes, que representam partes do universo que se agrupam ou não de acordo com uma causa que é inerente à própria causa. A importância do conceito dos átomos e o questionamento sobre as estruturas que estariam regendo os processos naturais originaram a busca pelas Leis Naturais, leis eternas que explicariam os constantes processos paralelos de permanência e mudança da natureza.

Ainda que ao longo da História a idéia de indivisibilidade do átomo tenha sido contestada, chegando às partículas subatômicas, a concepção dos primeiros atomistas, a de que por trás de todo acontecimento da natureza há uma substância básica, continua vigente, principalmente porque fornece bases para uma teoria do conhecimento consistente.

O fato de que átomos são imperceptíveis estabeleceu uma das mais significativas questões no campo da criação e legitimação do conhecimento: a diferença entre o concreto que pode ser vista e a percepção e as explicações dadas ao que realmente existe e ao que de fato explica os fenômenos. Foi com os gregos antigos que aprendemos que é preciso um certo afastamento da "realidade" para melhor descrever, analisar e compreender.

O afastamento da realidade concretizou-se em dois pressupostos fundamentais do vigente pensamento científico: a separação entre sujeito e objeto e o ideal de objetividade científica associado à neutralidade do pesquisador. Isto implica em dizer que o que se apreende pelos sentidos, pelas características subjetivas e pela forma como o sujeito é afetado pelos fenômenos da Natureza e da Sociedade, não é conhecimento de fato.

A separação entre sujeito e objeto, em paralelo com a busca do conhecimento objetivo, resultou na descrição dos fatos do mundo em termos de suas próprias propriedades e não em termos de como nós, sujeitos, somos afetados por esses fatos. Descartes, quase dois mil anos depois de Demócrito, quando sistematizou as linhas gerais do método científico, em que ainda hoje se baseia a ciência, tinha como pressupostos esta separação entre sujeito e objeto e o ideal de objetividade do conhecimento. Descartes, ao sintetizar seu método através de quatro postulados básicos: afastamento, fracionamento, do simples para o complexo e contínuas revisões dos resultados obtidos, orientou os estudiosos a adotarem uma postura geral de cuidados e não comprometimentos, talvez para não repetir a estreita ligação ou intimidade que o pensamento teológico exibia ao defender um conhecimento que legitimava os dogmas da igreja católica.

A racionalidade científica nascia sob a égide da prevenção, era preciso "*evitar cuidadosamente a precipitação e a prevenção, e de nada incluir*" que pudesse ser questionado pelo autor. Provavelmente, ciente do perigo que as possibilidades de ligações oferecem, Descartes propunha o fracionamento do trabalho, pregava a necessidade de um exame minucioso de "*tantas parcelas quantas possíveis e quantas necessárias fossem para melhor resolvê-las*".

Longe de propor uma simplificação ou generalização, Descartes estava preocupado com uma metodologia em que o conhecimento seria o resultado de acúmulo de descobertas, evitando as máximas produzidas por Iluminação ou desde sempre sacramentadas. O pesquisador deveria iniciar o seu trabalho "*pelos objetos mais simples e mais fáceis de conhecer para subir, pouco a pouco, como por degraus, até o conhecimento dos mais compostos, e supondo mesmo uma ordem entre os que não se precedem naturalmente uns aos outros*", o que implica que, para Descartes, a complexidade era o resultado de uma ordem a ser desvendada, talvez o campo mais fértil de trabalho: revelar o não percebido. Homem de seu tempo, por fim, ensejava a premente necessidade "*de fazer em toda parte enumerações tão completas e revisões tão gerais, que eu tivesse a certeza de nada omitir*".[1]

No método cartesiano, o princípio de verdade é consequência de uma forma de trabalho sistemático, metódico e constante que tem por objetivo final tornar as idéias claras e distintas, no sentido de que elas existem por si mesmo, independentemente da subjetividade do estudioso. A tarefa primordial é a desvendar, revelar e reconfigurar as idéias tal e qual elas de fato são e não como a percebemos. O modo de trabalho, ou o Método, aparece, então, como a condição para atingir uma idéia clara e distinta sobre uma realidade, a princípio indecifrável, despercebida e complexa.

Para o Método Cartesiano o fracionamento e a divisão do objeto de estudo é parte de um procedimento metodológico preocupado com sua reprodução por outros estudiosos. No Método está embutida uma semente democrática: a de que todos poderão obter os mesmos resultados (conhecimentos) se observarem os procedimentos descritos. O acesso ao conhecimento passa a ser resultado de esforço, dedicação, transparência e sistematização do processo de trabalho. Pode-se chegar ao conhecimento de forma direta, dedutiva e sem pré-conceitos.

Ao conceitualizar o procedimento metodológico, Descartes se fundamentou no *método dos geômetras*[2], retoman-

---

[1] Cf. Descartes (1996), p. 78-79.

[2] O Método dos Geômetras é o resultado do trabalho de Euclides, o primeiro a identificar um número mínimo de elementos para construir e descrever todas as figuras e relações das formas e relações espaciais, *id est*, a geometria. Ponto, reta e plano passaram a ser os três elementos fundamentais. O procedimento de trabalho parte do estabelecimento de relações

do a discussão sobre o método axiomático, aquele que determina que para obtermos o conhecimento científico de um objeto complexo é preciso iniciar o processo dividindo-o em tantas partes quantas possíveis e necessárias, desenvolvido pelos gregos antigos e sistematizado por Euclides (circa 300 a.C.) na obra *Os Elementos*, construindo uma ponte entre a leitura de mundo filosófica hegemônica e característica do mundo helênico a partir dos pré-socráticos com a leitura de mundo científica que passou a ver a vigente com a publicação de sua obra *O Método*.

Ao se considerar a idéia de que os axiomas da teoria são os átomos do conhecimento, a agregação de conhecimentos tem uma trajetória semelhante aos dos átomos que se agregam para constituir algo não visível ou perceptível a olho nu, os corpos sutis, e que será decodificado e codificado pelo pesquisador com o uso de uma metodologia.

A contribuição de Descartes à construção do pensamento científico, em particular pela sua não associação com conhecimentos previamente determinados, promoveu inúmeras transformações no mundo, resultantes de um saber científico/tecnológico que impulsionou uma nova organização social e econômica, o capitalismo, e expressou-se em múltiplas concepções epistemológicas, como o positivismo, o estruturalismo, o materialismo histórico e a fenomenologia.

As implicações na quantidade e na qualidade do conhecimento produzido dentro do Método Cartesiano proporcionaram grandes transformações na vida de milhares de indivíduos e da sociedade. O Método contribuiu decisivamente para a democratização e humanização do conhecimento, que passa a ser entendido enquanto resultado de um esforço, de um trabalho, e não mais como transmissão do divino ou do sobrenatural. No entanto, algumas questões relacionadas aos modelos de representação, explicação e atuação no mundo, continuam a exigir tratamento diferenciado do preconizado pelo Método. Desde o início do século XX, a Física, especialmente, vem demonstrando a necessidade de um esforço de ultrapassagem.

---

e comparações entre os pressupostos e axiomas básicos, que progressivamente são acrescidos de novas preposições em um contínuo movimento de vai e vem. Foi com este método que Euclides demonstrou todos os teoremas da geometria conhecidos pelos gregos, dos mais simples aos mais complexos, e criou uma das mais sólidas obras científicas de todos os tempos por mais de dois mil anos.

Em 1900, o físico alemão Max Plank sistematiza o conceito de *quanta*, o que contrariou as leis clássicas da radiação e calor e toda a estrutura da Física. Mas é em 1931, com Kurt Gödel e a sua formulação do Teorema da Incompletude, que provou que existem sentenças verdadeiras da aritmética que não podem ser demonstradas pelo método axiomático, e que, portanto, o método axiomático não é adequado para explicar todas as sentenças aritméticas, que se faz uma crítica contundente quanto ao método cartesiano.

Uma vez que a aritmética é a base da matemática, por sua vez, pressuposto fundamental das ciências empíricas, o método axiomático passa a ser insuficiente para as ciências empíricas. Tal conclusão é o resultado do próprio desenvolvimento da ciência ao longo da História. Foram 200 anos de descobertas para aprenderemos que é um erro acreditar que, de alguns conceitos básicos e algumas proposições evidentes sobre eles, conseguimos explicar tudo o que diz respeito a estes conceitos, conforme Gödel demonstrou.

Com o Teorema de Gödel cai por terra o grande mito da Verdade absoluta, portanto isenta de interpretações ou exegeses, possível de ser encontrada apenas pelo caminho científico. Gödel demonstrou que é possível construir sentenças com dupla interpretação, e que, portanto, a escolha desta ou daquela interpretação será permeada pela subjetividade, rompendo o pressuposto de neutralidade do pesquisador para a construção do ideal de objetividade científica.

O impacto epistemológico do Teorema de Gödel ao explicitar a questão da interpretação para conceitos considerados simples sinalizou a complexidade que envolve os conceitos mais sofisticados, em especial na questão da neutralidade, que, apesar de não ter sido criada enquanto dogma, passou a ser condição inquestionável nos meios acadêmicos.[3]

As descobertas da física no século XX evidenciam novas limitações do método cartesiano. A microfísica revela um universo novo e estranho, no qual as leis da física clássica e as leis da nossa própria racionalidade parecem não funcionar. O “átomo”, o elemento fundamental, não se revela a nós. Probabilidade e incerteza não são mais apenas limitações dos procedimentos de medição.

---

[3] Teorema de Gödel, in *Hofstadter* (1989).

Heisenberg, no seu estudo sobre as relações de incerteza, constata que o observador perturba o objeto observado, em um tempo histórico muito próximo aos resultados semelhantes obtidos por Niels Bohr. A contribuição destes cientistas sistematizou-se na constatação de novos níveis de realidade, o que fortaleceu o questionamento da neutralidade imposta pela separação entre o sujeito que estuda e o objeto estudado, símbolo do ideal de objetividade do conhecimento.

Outro fato a evidenciar a necessidade de transformação no modo como se produz e se legitima a ciência foi a Teoria da Relatividade de Einstein, ao promover o aprofundamento da discussão sobre a objetividade dos conceitos de espaço e tempo.

Em síntese, as questões levantadas pela Física a partir do século XX e pela Biologia nos últimos cinquenta anos afetam todas as áreas do conhecimento e, conforme ensina Morin, os modelos de representação e explicação do mundo, exigindo novas reflexões e aprendizagens. Entramos em um campo de areias movediças, o simples não é mais o fundamental, mas uma circunstância, "*uma passagem, um momento entre complexidades, a complexidade microfísica e a complexidade macro-cosmo-física*".[4]

As questões levantadas pelas descobertas do infinitamente pequeno e incomensuravelmente grande, não produziram impacto imediato na forma como ciência e tecnologia foram produzidos no século XX. É somente a partir da constatação de que os desenvolvimentos científico e tecnológico em si não irão solucionar os grandes problemas de injustiça social e acesso à riqueza produzida, em paralelo com a criação de novos problemas como danos ambientais que,se não corrigidos, poderão provocar a destruição do planeta, que se inicia uma reflexão sobre a necessidade de novas leituras de mundo, não mais apoiadas na lógica da exclusão e da exploração de recursos naturais e humanos mas com vistas à inclusão de todos os grupos sociais.

O sucesso que a ciência e a tecnologia alcançaram não é desprezível mas, ao contrário do que se imaginava, não é neutro, como tão bem demonstrou a bomba atômica. Ciên-

---

[4] Cf. Morin (1990), p. 27-28.

cia e tecnologia modificaram o cotidiano criando soluções e novos desafios. A partir dos anos 50 campanhas de vacinação em massa contra doenças infecto-contagiosas demonstraram ser a mais eficiente conduta na diminuição da mortalidade infantil, o que acabou por colaborar com o crescimento vertiginoso da população que necessita de maiores recursos para atender suas necessidades. Se os recursos continuarem a ser usados dentro da ótica da exploração ou da dominação da Natureza pelo Homem em poucas gerações os problemas de acesso à água, combustíveis naturais e ar isento de poluição poderão se tornar insolúveis.

A partir da Revolução Industrial, Ciência e Tecnologia aceleraram modificações de *status* econômico, em especial nos períodos de urbanização, mas na globalização estão sendo usados para a concentração de recursos materiais. Responsabilizar o desenvolvimento científico e tecnológico pelas mazelas humanas não irá produzir as mudanças necessárias, mas como foi durante anos visto como a solução, faz-se necessário refletir sobre como esse desenvolvimento vem se processando. Um dos pontos críticos está relacionado com a suposta neutralidade do conhecimento. Tal crença é favorecida pela forma não comunicativa e não relacional em que o conhecimento vem sendo produzido: as áreas não interagem, as disciplinas se encerram em si e por consequência ocorre o fechamento do conhecimento em teorias. A multiplicidade de teorias e disciplinas não agregadas não auxilia na compreensão do mundo. A distância entre o pensamento e a ação se alarga a ponto de diferentes pesquisadores considerarem irrelevante o fazer. Ocorre uma hiper-valorização do raciocínio abstrato em detrimento da intervenção prática. A função social pesquisa restringe-se às publicações. Somos testemunhas de uma verdadeira explosão de especialidades e disciplinas. Em 1987, já estavam catalogadas 8.530 diferentes áreas de conhecimento, sobre as quais se desenvolviam pesquisas.[5] Este número amplia-se de ano para ano, em uma demonstração da capacidade inesgotável do fracionamento do conhecimento que nos impede de refletir a ciência e nos deixa às portas de um neo-obscurantismo, conforme foi apontado por Edgar Morin:

[5] Cf. Crane & Small (1992), p. 197.

"*Situação paradoxal, em que o desenvolvimento do conhecimento instaura a resignação à ignorância e o da ciência significa o crescimento da inconsciência*".[6]

O perigo da hiper-especialização reside no fato do sujeito se tornar ignorante em tudo o que está fora do seu campo de trabalho ou interesse. A vida social e a vida pessoal passam a ser penalizadas para que o campo profissional possa continuamente ser desenvolvido. A caricatura do cientista enquanto um sujeito alheio a tudo, até mesmo a noções básicas de higiene, se institucionaliza e passa a ser modelo para a sociedade em que o escravismo consentido se torna a nova expressão da alienação pelo trabalho.

Com base nos ensinamentos de Morin[7], a separação entre sujeito e objeto repercute no campo da ética, uma vez que a ciência precisa ser consciente, responsável e reflexiva. É preciso encontrar espaço para a auto-referência nas explicações científicas, enfraquecer as exigências de certeza dessas explicações, reconhecer a complexidade da realidade e continuar a refletir e raciocinar sobre ela. É preciso aprender a raciocinar sobre bases incertas, abandonar a necessidade das idéias claras e distintas como ponto de partida, aprender a lidar com as contradições. É preciso que as subjetividades, as artes, as tradições, os juízos de valores, a ética não sejam considerados estranhos e inesperados à ciência e que a ciência não seja apenas um corpo fragmentado e especializado sobre o qual não se pode refletir.

Longe de negar o que foi feito, nem de repudiar a metodologia vigente[8] e o desenvolvimento disciplinar das ciências, o desafio atual é a busca de um espaço na atividade científica para tratar de questões que são tradicionalmente desconsideradas e tidas como sem significado científico. A crítica realizada não se traduz em uma completa ruptura, mas sim em uma ampliação epistemológica que propicie a possibilidade de abordar questões julgadas impertinentes porque não passíveis de serem estudadas pela metodologia vigente. Postura que assume a ciência disciplinar, mas não se esgota nela. Ao apontar incoerências epistemológicas e

---

[6] Cf. Morin (1999), p. 17.

[7] Morin (1999).

[8] Provavelmente, se vivo, Descartes estaria questionando a forma como *O Método* vem sendo utilizado.

questionamentos éticos, visa-se apenas a legitimação da ampliação dos horizontes propostos. É inegável a contribuição da ciência disciplinar. A busca por novos conceitos epistemológicos e novas ferramentas metodológicas é impulsionada tanto por questionamentos científicos quanto éticos, pelo qual se pretende unificar em uma mesma abordagem ciência e valores humanos.

Crise de conhecimentos e de valores: em busca de novos caminhos

A crença da modernidade era a de que, com os avanços da ciência e da tecnologia, a fome, o desemprego, o analfabetismo e as doenças infecto-contagiosas que dizimavam populações inteiras, seriam resolvidos. Mas, isto não aconteceu, apesar do extraordinário acúmulo de conhecimentos nos dias de hoje. Atualmente, convivemos com possibilidades de grandes riscos que afetam toda a humanidade, desde a guerra nuclear, passando pelas mudanças na divisão do trabalho – a globalização que aumenta o desemprego ao baratear certos produtos em determinados países, enquanto outros param de produzir porque sai mais barato importar, até as contínuas intervenções no meio ambiente que provocam a poluição da água e do solo, diminuem a quantidade de espécies vegetais e provocam alterações climáticas.

A questão dos dias atuais não é mais como obter conhecimento, mas sim o que fazer com o conhecimento adquirido. Comprometido com a criação de alternativas, a preocupação com a ética e sua relação com o conhecimento produzido, conectado e compartilhado, equilibram-se na interface entre a teoria da complexidade como metodologia e os pressupostos filosóficos universais como referência ética. A proposta emergente é abordar o conhecimento como uma construção que está ao mesmo tempo entre as disciplinas, através das disciplinas e além das disciplinas.[9] Esta proposta é a Transdisciplinaridade.

Foi Jean Piaget quem primeiro utilizou o termo trans-

---

[9] In CIRET-UNESCO, *Que Universidade para o amanhã? Em busca de uma evolução transdisciplinar para a Universidade.* Suíça, de 30 de abril a 02 de maio de 1997.

disciplinaridade em 1971 no "Encontro Indisciplinar"[10], ao citar os trabalhos de Niels Bohr, Snow e Heisemberg, definindo-a como um novo diálogo entre os diferentes campos do saber, como uma fase posterior das relações interdisciplinares. A interdisciplinaridade seria uma síntese dentre duas ou mais disciplinas, desde a simples comunicação de idéias até uma integração mais ampla entre conceitos, epistemologias, metodologias. pesquisa e ensino, estando presente na constatação da interrelação existente entre as diferentes áreas do conhecimento, proporcionando uma nova maneira de compreender os fenômenos.

A Interdisciplinaridade (Allport, 1954) resumidamente significa um trabalho de relacionamento tanto dos problemas, questões e fenômenos investigados, como da metodologia para abordá-los. No entanto, a discussão sobre Transdisciplinaridade (TD) abriu um novo horizonte ao definir a TD pelo respeito ao que está ao mesmo tempo entre as disciplinas, através das disciplinas e além de toda disciplina, buscando a unidade do conhecimento e tendo como finalidade a compreensão do mundo atual, conforme a Carta da Transdisciplinaridade assinada pelos participantes do Congresso de Locarno, realizado em 1997 com apoio da UNESCO.

Certamente, a definição exige um novo olhar, menos normativo e fragmentado, e mais integrado. A proposta deste novo olhar não é apenas uma resposta às limitações das diferentes áreas da ciência, isoladamente; mas também se deve à percepção da existência de certos fenômenos que não podem ser adequadamente abordados por uma só disciplina. São os fenômenos que emergem de uma ordem de indeterminação entre o social, o pessoal e o ambiental e que não se prestam a uma observação fragmentada, rápida e abstrata dos diferentes níveis da realidade.

É no contexto da constatação dos limites epistemológicos vigentes que aparece a transdisciplinaridade, tendo como meta buscar um sistema no qual as fronteiras entre as disciplinas venham a ser abolidas. Inicialmente, esta perspectiva foi associada com o holismo, porque ambos negam a separatividade entre as disciplinas, associação bastante criticada e negada, especialmente pelos que se dedicam mais

[10] Encontros anuais de pesquisadores idealizados e coordenados por Jean Piaget, na Suíça.

intensamente à transdisciplinaridade. A crítica que se faz é a de que o holismo pressupõe uma força ou um sistema energético caracterizado pela prática experimental e estudo intelectual supondo a sinergia das funções cerebrais do indivíduo e o equilíbrio entre suas 4 funções psíquicas: intuição, sensação, sentimento e razão, enquanto o termo transdisciplinaridade aparece como referindo-se ao diálogo entre as diferentes disciplinas do conhecimento científico, das artes, da filosofia e das tradições.

Para Piaget, a Física Quântica e a Teoria da Relatividade foram as grandes responsáveis pelo desenvolvimento da transdisciplinaridade, isto porque a sistematização do conhecimento na Física oferece uma boa imagem sobre os paradigmas e suas influências na leitura e concepções de mundo. Historicamente, a Física passou por três grandes sistematizações: Física Clássica, Termo-Dinâmica e Física Contemporânea[11], que contém diferentes perspectivas sobre a realidade externa e interna.

Com relação ao mundo externo, o paradigma correspondente à Física Clássica, estabelece que *o mundo é como o corpo*: ambos funcionam como um mecanismo estável (relógio). As engrenagens operam a partir de peças sempre iguais, gerando o mesmo fluxo. A realidade é igual a si mesma (homogênese). A ordem e o equilíbrio são vividos e entendidos como sinônimos

O paradigma da Termodinâmica introduz a noção de ausência de neutralidade que será um dos grandes dogmas da ciência no século XX, estabelecendo que *o mundo não é estável*. Há o reconhecimento da instabilidade, que é um sinal da aproximação do caos. A coexistência dos corpos provoca em cada corpo turbulências, dissipação da energia, transformações irreversíveis, chegando até a destruição (lei da entropia). O caos é o avesso e o negativo da ordem. Existem dois Mundos: o da ordem e o do caos. As turbulências são vividas na ordem, mas também são sinais de transformação. O caos é um campo de energia caótica. Ordem e equilíbrio são os parâmetros

Com a Física Quântica, sucessivas rupturas epistemológicas ocorreram, provocando um comprometimento de dois

---

[11] Prigogine, I. *O Nascimento do Tempo*. Lisboa: Presença, 1988.

níveis de realidade: o macro e o microfísico, que foram comprovados experimentalmente, configurando um cenário de avanço do saber científico e tecnológico acompanhado por uma explosão da eficiência da comunicação e da globalização do mercado, determinando o início de um novo paradigma que configura o mundo em novas bases: a coexistência entre os corpos não é neutra; é impossível pensar um corpo isolado dos outros, só em si. No encontro dos corpos (humanos ou não), estruturas vigentes desestabilizam-se, constituindo novas estruturas, ao mesmo tempo, imprevisíveis e em múltiplas direções. A coexistência é concebida como portadora de diferenciação cada vez maior do mundo e não como destruição. O mundo é composto por peças e fluxos continuamente diferentes que produzem uma repetição diferenciadora (heterogênese). A idéia de ordem é superada. É desfeita a oposição entre caos e ordem. A ordem é vivida como transitória e como uma das dimensões. A ordem é uma dimensão de efetuação dos encontros entre os corpos, geradores de uma realidade visível. A coexistência ininterrupta dos corpos continua a produzir outros efeitos, desmanchando ordens vigentes, simultaneamente engendrando outras. O caos é uma processualidade. É um portador virtual da complexidade infinita. Os acontecimentos não são instáveis ou estáveis, mas "metaestáveis".

Assim, de acordo com o paradigma, o modo de pensar, sentir, ver, compreender e analisar os mundos interno e externo será diferente. A cada paradigma correspondem atitudes e comportamentos específicos. Para o pesquisador, isto tem implicações diretas na sua relação com o objeto estudado, na maneira como o processo de produção científica é desenvolvido, e em como é concebida a utilização do conhecimento adquirido.

Um paradigma pode ter uma única concepção epistemológica ou várias concepções. A Transdisciplinaridade reconhece a contribuição das concepções idealistas e históricas, mas propõe ir além, configurando-se enquanto uma teoria do conhecimento onde se aprende o Real, um diálogo entre as diferentes ciências, artes, filosofias e tradições, uma arte, uma atitude, uma maneira de ser, um novo saber, um novo conhecimento que implica em uma nova lógica. Uma visão, uma atitude e uma práxis que consideram a transcendência. Uma possibilidade de superar a esquizofrenia entre teoria e prática, alienação e compromisso social, ciência e ideologia, sociedade e ser humano.

Conhecendo: além da metodologia

Conhecer de forma sistemática e coletiva a realidade em que vivemos, implica em estabelecer um conjunto de princípios teóricos fundamentados por concepções históricas e filosóficas que terão um impacto na forma como percebemos, compreendemos e representamos o mundo e os indivíduos. Estes princípios compõem os paradigmas que vêm norteando o pensamento humano.

Todo paradigma afeta a maneira como conhecemos e legitimamos o mundo e também como nos conhecemos enquanto indivíduo e como membro social. A física clássica foi elaborada em um momento em que o Empirismo e o Positivismo Lógico eram as formas dominantes de pensamento. Isto significa que a visão do sujeito é determinada pela noção de que o indivíduo é um ser pronto e acabado, não afetado pelo outro, o que traz grandes impactos para a educação. O outro é considerado neutro, cada indivíduo tem seu lugar e sua função no todo, ainda que na essência ocorra um reconhecimento. O outro é reconhecido, mas é um outro que não modifica o sujeito, portanto não existe a concepção de alteridade.

À termodinâmica corresponde a radicalização e dogmatização do Positivismo, que reconhece que o outro existe, porque impõe a sua presença. O outro é o invasor, o estranho, o intruso que atrapalha a ordem da casa. O outro é o desestabilizador, para o qual é preciso elaborar estratégias que determinem os lugares do sujeito e do outro, os limites. Há a manutenção da ilusão da propriedade de ser um em si, de manter a ordem identitária. O outro aparece como perigo de desintegração desta ordem tida como sede da identidade.

Na relação com o outro, estratégias de defesa são realizadas. Procura-se neutralizar a alteridade provocada pelo estranho. O outro é sinônimo de turbulência na ordem. Predomina o medo, ou terror, da ruptura do sentido vigente. É um tempo de racismo ao diferente; reconhece-se a alteridade, mas esta é porta para a destruição.

A vida é palco de impotências: os encontros são reconhecidos como inevitáveis, mas também podem significam o terror.

O estabelecimento da Física Quântica ocorre em um momento em que os paradigmas fenomenológicos e materialistas históricos dialéticos estão em franco desenvolvimento. É um momento em que se reconhece a alteridade. A processualidade do mundo objetivo e subjetivo é vista como efeito da alteridade. Na coexistência entre os corpos, na capacidade permanente de afetar e ser afetado, produz-se turbulências e transformações irreversíveis em cada um dos corpos. Todo corpo é afetado pelo encontro entre corpos.

A turbulência é entendida como ruptura de sentido, espécie de "*estranho-em-nós*", a presença do outro está no tecido do sujeito. E é deste estranho que nascemos e renascemos, nas formas e jeitos do sujeito ao longo de toda a existência. O outro não é mais o terror, mas a possibilidade inventiva dele mesmo e dos mundos se reinventando.

A abertura para o outro é baseada na capacidade de suportar viver a experiência de que não se é um corpo compreendido isoladamente ou um vazio que só ganha significado no encontro com o outro. O sujeito precisa suportar ser um processo permanente de subjetivação que se faz nos encontros com o outro, humano ou não, mas que também faz o outro.

O efeito da alteridade pode ser vivido enquanto o efeito do caos, mas não é mais preciso associá-lo com a idéia de perigo, a desintegração que se encaminha para a destruição catastrófica. Acolher a destruição como desmanche de ordens que não fazem mais sentido para a nova ordem de afetos que pedem uma outra configuração, ou seja, que se fazem no movimento de uma nova configuração.

O desafio é acolher o "estranho-em-nós" como essência vital, como prosseguimento incessante da vida que tem por projeto se complexificar e expandir.

Este novo paradigma, a transdisciplinaridade, que ainda está em elaboração, significa uma reviravolta na maneira de pensar, particularmente porque exige um novo sistema de referência. Apoiado em grandes eixos: níveis de realidade, terceiro termo incluído e teoria da complexidade, exige a necessidade contínua da aprendizagem. Hoje, mais importante que aprender, é aprender a aprender, aprender a fazer, aprender a viver em conjunto e aprender a ser.[12]

Aprender a conhecer significa diferenciar o real do ilusório, o que exige um permanente questionamento daquilo que resiste aos fatos, às imagens, às representações sociais e ao institucionalizado. Fatos podem falar por si, mas não dizem toda a realidade, são humanamente parciais. Imagens podem ser manipuladas e emoções podem ser produzidas. Representações sociais não resistem ao tempo e estão mais associadas com o senso comum. As leis, regras e condutas de uma sociedade fazem parte do sistema jurídico que é a última instância a ser modificada em uma sociedade.

Conhecer é também estabelecer relações entre as diferentes disciplinas e entre essas disciplinas e entre os significados e nossas habilidades interiores, o que exige uma continuidade conectada, exigência para as constantes mudanças da vida profissional e para a urgência de se ter flexibilidade permanente na direção da atualização de nossas potencialidades interiores.

Em suma, aprender a conhecer é estar consciente de que não existe uma única metodologia científica. O importante é o propósito de fornecer uma contribuição para a produção e legitimação do conhecimento dentro de um espírito científico. A qualidade dos dados obtidos e a repetição de experiências por diferentes pessoas ao longo do tempo e do espaço, e a crítica construtiva, conferem possibilidades de democratização de um conhecimento alicerçado por valores éticos.

Aprender a fazer é um exercício em criatividade. Fazer é descobrir novidades e desenvolver potencialidades. Mas, é preciso desenvolver um núcleo interior flexível capaz de permitir um rápido acesso a outras qualidades sempre que for necessário ou desejável. A qualificação profissional e a especialização são exigências do mercado, mas também geram desemprego, exclusão e alienação.

Fazer não significa apenas submeter-se ao que foi elaborado por intelectuais, políticos e empresários, em um

---

[12] In Jacques Delors, *Educação: um Tesouro a Descobrir*. São Paulo: Cortez/UNESCO, 1997.

movimento de perpetuação da escravocrata diferença entre pensar/mandar e fazer. O equilíbrio entre a pessoa exterior e a interior é o que determina o que, como e quando fazer. Fazer é um diálogo entre Arte e Ciência, é o eixo da reunificação entre a cultura científica e a artística.

Viver em conjunto não é apenas tolerar as diferentes opiniões, raças, credos e sistemas de valores. Não é sinônimo de submeter-se às exigências do poder constituído. Viver em conjunto é negociar o certo do errado dos inúmeros conflitos, equilibrar a subjetividade e a racionalidade, separar a vida interior da exterior. As normas da coletividade necessitam ser validadas pela experiência interior de cada um. Se, no íntimo, acreditamos que as mulheres são inferiores aos os homens, podemos atuar de forma politicamente correta, porém o comportamento irá demonstrar, ainda que de forma inconsciente, a crença na inferioridade feminina.

Aprender a ser significa descobrir nossos condicionamentos, a harmonia e a desarmonia entre vida individual e social, testar as fundamentações de nossas convicções, descobrir o que fundamenta nossas idéias e percepções. Existir é um constante questionamento, no qual o espírito científico desempenha papel relevante.

Paralelamente a estes novos desafios, a fragmentação do saber está ocorrendo de forma exponencial, gerando uma redução do Real e do Ser Humano, a perda de sentido e um crescente sofrimento da humanidade.

Novos tempos exigindo novas atitudes e comportamentos, mas sem esquecer o rigor científico que se traduz pela demonstração de como um conhecimento foi produzido e aplicado, pela tolerância com as diferentes formas de saber e pela abertura ao novo e desconhecido. Neste momento, uma certeza se faz presente: tudo, incluindo nós, está em constante transformação, o sólido se desmancha no ar, tudo é *mutantis mutante*.

Nestes novos tempos, todas as inteligências se fazem necessárias: analítica, espacial, mecânica, artística, linguística, emocional. É preciso aprender a colocar nossos sentimentos para a descoberta e a crítica ao aparente e ao superficial. Usar a intuição, a percepção e a imaginação como alavancas e motores de uma aventura, não como portos de chegada, mas sim como companheiras no processo de construção do conhecimento. Redescobrir a sabedoria do corpo. Nosso corpo é depositário de milhares de transformações, algumas só dizem respeito a nós mesmos, mas muitas outras nos irmanam com toda a humanidade. O corpo de cada um conta uma história pessoal e coletiva, de um tempo e de uma cultura.

Para Piaget, o conceito de transdisciplinaridade aparece como uma decorrência de seus trabalhos, que demonstraram que o desenvolvimento cognitivo está associadoà afetividade entendida como o ambiente emocional, aceitação, rejeição, expressão amorosa ou não, indicando que a aprendizagem não é um processo isolado, mas o resultado de várias interações e integrações. O físico Leon Lederman, prêmio Nobel em Física, realizou experimentos com crianças pobres da cidade de Chicago e concluiu que o conhecimento é melhor e maior quando também é compreendido pelo corpo e pelos sentimentos.

A Viabilidade de uma Proposta Transdisciplinar

A Transdisciplinaridade vem sendo construída pela compreensão dos seus eixos formadores: a Teoria da Complexidade, vista como uma organização em constante processo de transformação de seus limites; os Níveis de Realidade, que dependem da especificidade que se confere a cada um deles, uma vez que são de materialidade e leis diferentes, se comunicam entre si e se retroalimentam, nenhum tem estatura para determinar ou julgar o outro posto que a hierarquia é baseada no respeito e na harmonia, são abertos e fazem parte do Real; e pela Lógica do Terceiro Incluído, a que ultrapassa o nível do antagonismo e da complementaridade, trabalhando com a triangulação, fornecendo as bases inovadoras para um trabalho transdisciplinar

Um dos principais desafios para a realização de programas e projetos educacionais interdisciplinares é a implementação de uma estrutura não disciplinar. O ideal é a organização de uma estrutura que se organize em torno de unidades centradas em temas e problemas oriundos do mundo real e que reflitam as diversas áreas de atuação dos agentes sociais envolvidos. O propósito é o de se construir coletivamente o conhecimento, sem negligenciar o rigor científico, a tolerância filosófica e a abertura para novas formas de saber. É a problematização que irá orientar a pesquisa geradora de conhecimentos carregados de significado.

Neste sentido, é preciso:

- instrumentalizar professores-pesquisadores, de diferentes áreas do conhecimento, para uma prática científica conjunta e renovadora, que priorize a busca de respostas efetivas para os graves problemas de nossa sociedade;
- promover a formação de uma mentalidade aberta ao trânsito entre os diversos saberes e disciplinas, de forma a estimular novas relações com a aquisição, produção e aplicação do conhecimento, e
- contribuir para a construção de uma nova identidade acadêmica, através da divulgação de parâmetros e diretrizes éticas e teórico-metodológicas, calcadas nos valores humanos e na teoria da complexidade.

Neste processo, o professor tem como função básica atuar como um facilitador do conhecimento. Para garantir uma formação que habilite os alunos a desenvolver a capacidade de criação e produção de conhecimentos através de estrutura curricular alicerçada em módulos de disciplinas desenvolvidos paralelamente:

Um módulo básico, metodológico e epistemológico, de apoio aos projetos de formação e de pesquisa com disciplinas que abordem, por exemplo, os processos de Criatividade, as relações entre Arte e Tecnologia, a interação entre Ética e Ciência, os Fundamentos Conceituais e Metodológicos da Prática Científica tanto em uma perspectiva histórica quanto de inovação, a codependência entre Saúde, Cultura e Meio Ambiente, Sustentabilidade social e ecológica, entre outros temas que irão surgir da qualidade de vínculo e compromisso dos participantes do processo.

Conclusões inconclusivas

Os séculos de uma tradição científica e filosófica a ultrapassar, em paralelo com a urgência dos muitos problemas sociais, ecológicos, éticos à nossa frente, vêm resultando em uma crescente conscientização de cientistas, intelectuais, educadores, artistas e cidadãos em geral sobre o fazer científico. São muitos os cientistas e intelectuais de renome a sugerir outras estruturas para a nossa racionalidade, dentre os quais citamos os desenvolvimentos da Cibernética e da Teoria Geral dos Sistemas, iniciados por Ashby e Bertalanffy, respectivamente. Há os trabalhos de Ilya Prigogine, prêmio Nobel de Química, sobre estruturas dissipativas, que introduzem a criação da ordem pela desordem. Henry Atlan sobre a auto-organização do ser vivo e o seu princípio de ordem pelo ruído, o acaso organizador, com aplicações que vão desde a biologia celular até a informática. Os esforços de Basarab Nicolescu para a implantação de uma transdisciplinaridade científica, que busca uma integração das diversas disciplinas entre si e com outras formas não científicas de conhecimento. E, de modo especial, os trabalhos de Edgar Morin, que, de uma certa forma, conjugam esses diversos desenvolvimentos na teoria da complexidade, como um novo modelo para a racionalidade científica.[13]

Buscando uma identidade própria, é possível perceber que a transdisciplinaridade também está apoiada em alguns dos pressupostos estabelecidos por Hegel[14] para o processo de construção e legitimação do conhecimento:

- O conhecimento é um processo contínuo, exigindo constante investigação.
- A ação é a modificação intencional de uma determinada realidade.
- O conhecimento se produz simultaneamente à modificação da realidade.
- As políticas consistem em necessidades e interesses, valores e normas, objetivos, planos, programas, recursos e avaliações relacionados a uma ação dada ou a uma ação em potencial.
- A prática inclui políticas e ações dentro do contexto das estruturas e processos determinados, tanto aqueles sobre os quais se atua, como aqueles que condicionam os resultados das ações.

---

[13] Algumas das referências destes trabalhos são Ashby (1970), Bertalanffy (1977), Prigogine & Stengers (1979), Atlan (1972), Nicolescu (1999), Morin (1990) e Morin (1999).

[14] Hegel, F. *Os Pensadores*. São Paulo: Editora Abril, 1976.

- O conhecimento pode ser apenas descritivo, estabelecer relações de causa e efeito, formular políticas com o objetivo de orientar uma prática sem relação com a ação ou o compromisso de produzir conhecimento para modificar uma realidade.

Dessa forma, a construção da transdisciplinaridade parece procurar ser um modo de conhecimento que implique em uma nova maneira de ser, em que o importante é restituir ao sujeito sua integridade e criar um novo sistema de reflexão e ação. A atitude diante do saber é a da busca contínua em cada disciplina em uma rede de associações entre todas as disciplinas, de modo que o conhecimento possa ser compartilhado por todos e contribuir para um mundo melhor.

REFERÊNCIAS BIBLIOGRÁFICAS

BERTALANFFY, L. von *Teoria Geral dos Sistemas*. Petrópolis: Vozes, 1977.

D'AMBRÓSIO, U. *Transdisciplinaridade*. São Paulo: Palas Atena, 1997.

DÉLORS, J. *Educação; um Tesouro a Descobrir*. São Paulo: Cortez, e Brasília: UNESCO, 1997.

DESCARTES, R. "Discurso do Método". In: *Descartes*. São Paulo: Nova Cultural, 1996.

DOMINGUES, I. (org.). *Conhecimento e Transdisciplinaridade*. Belo Horizonte: Editora UFMG, 2001.

FAZENDA, I. *Integração e Interdisciplinaridade no Ensino Brasileiro: Efetividade ou Ideologia*. São Paulo: Loyola, 1979.

GRECO, M. *Interdisciplinaridade e Revolução do Cérebro*. São Paulo: Pancaste, 1994 (2ª edição)

HEISEMBERG, W. *Física & Filosofia*. Brasília: Ed. Unb, 1995.

HOFSTADTER, D. R. *Gödel, Escher, Bach: an Eternal Golden Braid*. New York: Vintage Books, 1979.

KUHN, T. *A Estrutura das Revoluções Científicas*. São Paulo: Perspectiva, 1982.

MORIN, E. *Introdução ao Pensamento Complexo*. Lisboa: Instituto Piaget, 1991.

______. *O Método 3: O Conhecimento do Conhecimento*. Porto Alegre: Sulina, 1998.

______. *O Método 4: As Idéias*. Porto Alegre: Sulina, 1998.

NICOLESCU, B. *O Manifesto da Transdisciplinaridade*. São Paulo: TRIOM, 1999.

SOUZA, J. C. (org). *Os Pré-Socráticos: Fragmentos, Doxografia e Comentários*. São Paulo: Nova Cultural, 1996.

Webgrafia:

Congresso de Arrábida, *1994, Carta da Transdisciplinaridade*, in http://perso.club-internet.fr/nicol/ciret/ (inglês, francês, italiano).

Congresso de Locarno. *Síntese do Congresso de Locarno*, in http://perso.club-internet.fr/nicol/ciret/ (francês e inglês), 1997.

Maria Elisa de Mattos Pires Ferreira

Física e Pedagoga; Mestre e Doutora em Educação pela PUCSP; Pós-Doutoranda em Ciências Sociais na PUCSP; Membro do CETRANS – Centro de Educação Transdisciplinar; Membro do NESCCi; Professora do Curso de Pedagogia e de Cursos de Pós-Graduação no Centro Universitário UNIFIEO.

elisamattos@ig.com.br

Universidade, Cultura e Transdisciplinaridade

Resumo

O artigo enfatiza a necessidade de se rever os modos de ser da Universidade a partir do contexto sócio-histórico em que vimos existindo. Chama a atenção para a necessidade de se substituir a visão de mundo mecanicista, fundada no pensamento linear de origem cartesiana, por uma cosmovisão que leve em conta a dinamicidade da realidade, a complexidade que a cada momento vai se nos *des-velando*. Analisa a realidade educacional da atualidade, observa lacunas, carências e inadequações na Educação que se pratica hodiernamente, propondo uma mudança nos atuais modos de ser da Educação e da Universidade. Aponta a necessidade de que as novas propostas reconheçam os fundamentos da Transdisciplinaridade: a admissão de diferentes níveis de Realidade, a lógica do terceiro incluído e a Complexidade, não deixando de lado a subjetividade e a percepção da Realidade em constante movimento. Propõe, enfim, um urgente resgate da capacidade "creadora" humana.

Palavras-Chave: Complexidade, Transdisciplinaridade, Interdisciplinaridade, Universidade.

Universidade no Brasil, Hoje

É inegável a relevância de se discutir qual deve (ou deveria) ser o papel e o significado da Universidade no Brasil – e no Mundo, hoje. Tal relevância tem por base os problemas do Mundo, em suas manifestações particulares, no que ele está sendo e no que poderá vir a ser. Diante das dificuldades nacionais e internacionais que estamos enfrentando e que teremos de solucionar em curto e médio prazo, cada vez mais se torna clara para nós a importância de se colocar o conhecimento a serviço da construção de uma organização mundial que seja adequada a um desenvolvimento sustentável. Por essa razão, busca-se com urgência uma possibilidade de constituição universitária que, transformando o velho em novo, seja capaz de lidar com os desafios postos pela complexa vida sócio-político-econômica que atingimos.

Embora estejamos presentemente sentindo a premência de compreender o Mundo e de redirecionar os rumos políticos, econômicos e sociais das relações planetárias, essa necessidade já vem se manifestando com bastante ênfase desde meados do século XX, motivada especialmente pela eclosão de duas guerras mundiais em curto intervalo de tempo. Para que haja um encaminhamento adequado às questões que nos estão afligindo, é fundamental que pensemos de maneira muito diversa da que temos adotado desde o século XVII. Esta tomada de consciência intensificou-se na comunidade científica ocidental nos últimos cinquenta anos, período em que a mesma vem aderindo a uma gradativa mudança epistemológica nos modos de produzir, sistematizar e difundir o conhecimento. Cada vez mais se nos evidencia que todo conhecimento é situado: é produzido a partir de determinadas concepções, utilizando determinados métodos, em um determinado lugar do planeta e num determinado momento histórico e, portanto, adequado para responder e satisfazer um dado contexto social – embora possa valer eternamente[1] desde que "re-interpretado".

Essa conscientização nos possibilitou desvelar que nos tempos atuais a vida na Terra atingiu um estágio tal que Espaço e Tempo não mais podem ser dissociados. É o que nos afirma o venerável e saudoso cientista brasileiro Milton A. Santos: "Hoje e Mundo são sinônimos: em nossos dias, a atualidade é unitária e planetária". (1995:10) A concepção de espaço-tempo enquanto unidade já principia a iluminação, pelo menos em parte, do papel da Universidade nestes inícios do século XXI: buscar compreender a estrutura e a organização do mundo atual, pois, "trata-se de reaprender

[1] *Eterno:* que apresenta demora indefinida; que se torna indefinidamente demorado. (LUFT, Celso Pedro. *Pequeno Dicionádio da Língua Portuguesa*. São Paulo: Scipione, 1987)

este Mundo, um mundo que, todos os dias, engendra novos objetos, novos fatos, novas relações e, desse modo, cria novos ignorantes". (SANTOS, 1995:10)

Tendo como ponto de partida essa concepção, evidencia-se-nos que na configuração espaço-temporal em que vivemos somente sobreviverão aos desafios emergentes as universidades que firmarem um compromisso inalienável com a qualidade dos serviços prestados, com base em um projeto coletivo de construção e transmissão de conhecimentos, cujo cerne se encontra na pesquisa – mas não em qualquer pesquisa, como veremos a seguir. Até onde podemos perceber, um dos grandes problemas para nos aproximarmos da compreensão do Mundo reside no fato de a ciência contemporânea ter-se tornado extremamente instrumental; as investigações que fazemos costumam ficar subordinadas aos interesses das empresas e das instituições financiadoras, priorizando a pesquisa aplicada como se fosse possível descartá-la de uma "pesquisa básica", voltada a um conhecimento não necessariamente "lucrativo".

Pelos estudos que vimos realizando, autorizamo-nos a afirmar que as instituições universitárias que se ativerem à instrumentalidade científica estarão fadadas a um processo de corrosão que as levará ao comprometimento de sua eficácia, perdendo a fecundidade e a capacidade de atingir até mesmo os objetivos imediatistas que possuem. O mesmo vale para aquelas que se prenderem aos vícios de regimes altamente burocráticos, que as fazem se fechar sobre si mesmas. Portanto, em nossa óptica, candidatam-se ao fracasso tanto as que se atiram com afã às exigências passageiras de um mercado econômico em constante mutação quanto as que desconhecem o que ocorre para fora de seus muros. Por essas razões, a Universidade não pode reduzir seu papel social ao de simples formadora de profissionais para o mercado de trabalho, no sentido de restringir sua atenção a uma suposta qualificação meramente técnica, nem pode fechar os olhos à produção econômica e à dinâmica política do país e do Mundo. (LUCCHESI, 2002)

Constatamos que um dos principais entraves hoje enfrentados pela Universidade é sua incapacidade para lidar com a chamada massificação do curso superior. Com efeito, essa Instituição continuou, de forma geral, a se organizar sem levar em conta o fato de o aumento maciço da procura por vagas não ter apenas efeitos quantitativos, mas também qualitativos, derivados estes da alteração da composição sócio-cultural de seus alunos. Uma grande parte destes é proveniente de famílias com baixo nível de escolaridade, seus pais sequer completaram o Ensino Fundamental. Essa constatação nos remete à problemática do capital cultural de uma fração significativa dos universitários, fato que não pode ser colocado em segundo plano; pelo contrário, pede uma atenção especial, ou seja, torna-se necessário encontrar meios de suprir os estudantes de conhecimentos considerados básicos e dos quais carecem. Nesse ponto, de um lado faltam à Universidade recursos humanos e financeiros para o enfrentamento do desafio que lhe foi posto; de outro, há o desconhecimento de estratégias adequadas para tanto. Embora a mudança da clientela universitária seja evidente, boa parte do corpo docente não tem conseguido adaptar-se às novas condições, mantendo a postura "elitista" que marcou a Universidade no passado, ocasião em que efetivamente preparava as elites do país. Conservar-se em tal posição parece apenas contribuir para o distanciamento entre docentes e discentes.

O processo de democratização do ensino superior no Brasil, pela trajetória histórica percorrida, colocou nossa Universidade no centro de uma contradição: de alguns anos para cá, o número de vagas cresce sistematicamente – mas na rede particular! Ocorre que são os mais carentes de recursos financeiros que compõem a maioria dos matriculados nas escolas privadas, portanto, pagas. O resultado desse paradoxo vai, evidentemente, se revelar nas elevadas taxas de abandono e de reprovação, seja pela inviabilidade econômica de os alunos manterem seus estudos, seja pela falta de conhecimentos prévios considerados fundamentais para os cursos que frequentam, seja pela exaustão física e psicológica a que chegam, pois têm que trabalhar o dia todo além de estudar.

A já apontada postura elitista de muitos professores, ainda bastante presente na Universidade, impede-lhes de compreender nossa realidade educacional, fazendo com que se desanimem e até mesmo se desesperem diante dos obstáculos que se lhes parecem intransponíveis, levando-os a responsabilizar os alunos pelos fracassos acadêmicos, com frequentes lamentações a respeito da má formação dos mesmos. Por outro lado, também parte do corpo docente apresenta, tanto quanto os discentes, formação inadequada. Por isso, torna-se necessário um processo de revisão geral da organização universitária, envolvendo desde os objetivos visados, até os conteúdos disciplinares e os métodos de ensino que estão sendo empregados, quer nos cursos de graduação, quer nos de pós-graduação.

Atentando para a questão da construção do conhecimento

Diante das características da atualidade, não nos parece razoável que a Universidade prossiga com seus afazeres aparentando que nada de novo está ocorrendo, fazendo-nos crer que o mundo contemporâneo se mantém de forma semelhante ao de tempos atrás. Muito pelo contrário, ao cientificar-se da conjuntura existente, torna-se imprescindível a ela encontrar alternativas para que a questão da produção científica seja encaminhada de maneira adequada; afinal, o conhecimento é hoje, mais do que em qualquer outra época de nossa História, elemento sustentador dos rumos da Humanidade, e o coração da Universidade consiste em produzi-lo e transmiti-lo.

Levando-se em conta que a transformação é a marca maior de nossa época, a transmissão dos conhecimentos não pode ocorrer como se os mesmos fossem estáticos, eternos e infalíveis. Trata-se, a partir de um olhar crítico, de cientificarmo-nos do já feito, no sentido de sempre atentarmos para o que ainda é válido, e descobrirmos como poderá do velho emergir o novo. Por essas razões, jamais poderemos tomar o ensino ou a pesquisa de forma isolada. Há entre ambos verdadeira imbricação.

Nesse sentido, em se tratando de isolamento de aspectos indissociáveis da realidade, dentre as dificuldades vividas pela Universidade, cumpre-nos salientar o modo como o Ocidente tem construído o conhecimento ao longo dos últimos trezentos anos: empregando quase que exclusivamente a disciplinaridade. No jeito disciplinar de se trabalhar, na expectativa de acumular saberes, há um apelo intensificado para a especialização; este processo ocorre de tal maneira que quanto mais somamos informações e descobertas sobre cada vez menores áreas da realidade, mais nos distanciamos de uma visão de conjunto e, consequentemente, do significado daquilo que amealhamos ou descobrimos. Essa postura epistemológica tem suas raízes na cosmovisão de Descartes[2], que viveu no século XVII e que propôs um método de construção de conhecimento fundado na razão e na análise. Segundo esse pensador, o melhor meio para se chegar à ciência "verdadeira"[3] é o de se fracionar o todo em partes, deixando temporariamente de lado a totalidade, para se centrar em seus constituintes. Desde sua proposta, os princípios que a fundamentam têm servido de base para a cultura ocidental moldar as mentes das pessoas e o seu modo de pensar.

Não se pode negar que o método analítico de Descartes se mostrou, e continua se mostrando, bastante profícuo em determinadas áreas científicas. Foi também graças a ele que se tornou possível superar o paradigma medieval de construção do conhecimento, o qual mesclava religião com ciência, fazendo prevalecer os fatores subjetivos sobre os objetivos e que, em diversas ocasiões, muito mais obscurecia do que clarificava a realidade. Contudo, desde o final do século XIX e inícios do XX, o método cartesiano foi deixando transparecer, nos mais diversos campos da Ciência e da vida social, suas limitações, pois em muitos momentos e contextos, revelou-se e tem se revelado um meio não adequado para lidarmos com os problemas, desafios e necessidades de nosso tempo. Dessa forma, paulatinamente o paradigma clássico tem se distanciado da idéia que tanto seduziu o seu criador: a de se constituir em *"**o método** para bem conduzir a própria razão e procurar a verdade nas ciências"*[4] (grifo nosso). Atualmente ele ocupa um espaço de atuação mais modesto, embora válido.

Dentre as limitações próprias da trajetória cartesiana para a construção do conhecimento que se evidenciaram no último século, destacamos a dificuldade (às vezes verdadeira impossibilidade) de nos permitir estabelecer relações

[2] René Descartes, nascido na França em 1596, falecido na Boêmia em 1650.
[3] Sua obra mais famosa intitula-se *Discurso do Método – para bem conduzir a própria razão e procurar a verdade nas ciências*, publicada em 1637.
[4] Ver nota 3.

coerentes entre saberes que nos parecem desconexos, ou seja, de vencermos a fragmentação do conhecimento que nós próprios construímos. Pelo fato de existir uma condição *sine qua non* para obtermos respostas significativas para nossas questões existenciais, que é a de chegarmos a uma visão de conjunto a partir das informações que juntamos e descobertas que fizemos, um imperativo está posto para nós: o de encontrarmos outros modos de produzir e de tratar os conhecimentos que elaboramos. E é este um dos maiores desafios colocados para a Universidade, hoje.

Historicamente, de há muito que encontrar um meio eficaz de lidar com a questão de partes e todos se constitui em enorme embaraço para a Ciência. Desde o século XIII, quando surgiu no Ocidente, a Universidade tem sido marcada por um movimento pendular, na tentativa de atender a uma dupla solicitação do processo de construção do conhecimento: de um lado, organizar em disciplinas aquilo que foi descoberto, para poder aprofundá-lo ainda mais; de outro, unificar as informações que se mostram desconexas, permitindo uma percepção de conjunto. À medida que novos aspectos da realidade foram incluídos como objetos de estudo, essa oscilação foi possibilitando tanto a ampliação ou alargamento do conhecimento (em extensão) quanto o detalhamento de cada elemento investigado, fazendo crescer o afunilamento ou aprofundamento dos mesmos.[5]

Analisando a sequência de fatos acontecidos no interior do movimento produzido pela alternância de pólos (alargamento do conhecimento/aprofundamento de cada um dos ramos), constatamos que, a partir do século XVII, com a proposta cartesiana, a ocidentalidade tendeu exageradamente para o detalhamento das partes e investiu com muita energia na especialização das mentes. Inicialmente, a preferência pela particularização ocorreu por uma exigência histórica, como reação compensatória às condições da época anterior, a Medieval. Depois, a busca pelo afunilamento dos estudos se transformou em verdadeiro frenesi, um arrebatamento diante de um saber cada vez mais a respeito de cada vez menos, aprisionando-nos nos fragmentos, transformando a particularização em fardo cultural. É interessante desta-

---

[5] Cf. "A História da Universidade" em MARTINS, *A distância entre a universidade e a escola de 1º grau naquilo que é específico a ambas: a educação e a docência.*

car que a especialização também acarretou o alargamento do conhecimento, mas não enquanto visão da totalidade; o que ela promoveu foi a multiplicação de disciplinas, e esse processo se desdobrou de tal modo que o conhecimento alargado tem se constituído de saberes que, na maior parte das vezes, não se comunicam. Dessa forma, a visão da totalidade tornou-se quase que impraticável.

Embora nos pareça ilusória uma tomada de posição em defesa de um dos centros de interesse em detrimento do outro, pois a visão de totalidade e a compreensão das partes nos parecem igualmente importantes e necessárias, o modo como a ocidentalidade encarou a especialização e a disciplinaridade acabou por gerar um conflito, que até hoje não pôde ser solucionado, entre o "generalista" (que se esforça por alargar o conhecimento) e o "especialista" (que se dedica a aprofundá-lo). Para ultrapassarmos esse estado de coisas, precisamos assumir uma nova atitude, a qual tem sido denominada de interdisciplinar em alguns momentos e de transdisciplinar em outros.

No que diz respeito à organização do ensino superior, verificamos que atualmente a cooperação entre faculdades e entre disciplinas é quase sempre muito incipiente, a ponto de se ter impressão, quando se trabalha em cursos ou departamentos de uma mesma universidade, de se estar lidando com segmentos independentes ou pertencentes a instituições diversas. Não é raro órgãos colegiados tomarem decisões isoladas quando as mesmas exigiriam o envolvimento de, senão toda, pelo menos parte da coletividade. Esse quadro, se agravado, poderá tornar-se muito devastador, por isso, se quisermos sobreviver, precisamos resgatar a consciência da inteireza, da pertinência.

Têm sido muitas as consequências da fragmentação epistemológica que predomina em nosso mundo, e dentre as negativas estão: a violência, a corrupção, o cinismo, a imoralidade... Por quê? Porque, no impulso separatista, temos divorciado polaridades dialéticas que nunca poderiam ter sido divorciadas, como ciência e consciência, sujeito e objeto, conhecimento e compaixão, saber e fazer... Esta separação indevida gerou a decadência ética do ocidente.

Conscientizando-se do problema, em 1986, cientistas, artistas, filósofos e religiosos do mundo inteiro reuniram-se em Veneza, sob os auspícios da UNESCO, e discutiram os perigos que estão ameaçando a humanidade e cuja origem está na separatividade promovida pelo excessivo emprego do método analista nas ciências, na aceitação do determinismo mecanicista, no positivismo e no niilismo. Foi convocado com urgência um diálogo entre a ciência e as outras vias de conhecimento. Ao invés do consagrado antagonismo entre ciência e a tradição espiritual, foi declarada a complementaridade entre elas. Desse encontro surgiu a "Declaração de Veneza", proclamando a necessidade de uma pesquisa verdadeiramente "transdisciplinar", que viria ao encontro de nossa própria constituição cerebral, a qual apresenta dois hemisférios, cada um deles com um tipo de função e com um tipo de relação estabelecida com a realidade, mas ambos complementares e necessários.

O documento de Veneza desdobrou-se e ampliou-se nos anos subsequentes. Em 1988, na então URSS, aconteceu a 38ª Reunião Anual do Pugwash Conference on Science and World Affairs, cujo documento apela para que deixemos nossas querelas de lado e nos voltemos à prevenção de uma catástrofe maciça, que passa pela degradação ambiental, pelo empobrecimento em grande escala e pelas guerras, em seu maior expoente, a nuclear. Para não cairmos nos erros que hoje nos desafiam, necessitamos de uma abordagem holística que é em si transdisciplinar.

Seguindo essa linha de pensamento, não seria possível deixarmos de abordar um importante obstáculo à compreensão do que está ocorrendo com o Mundo, obstáculo esse muito presente na Universidade. Trata-se de como lidamos com a transmissão de conhecimentos herdados de nossos antepassados (ensino/reprodução) e com a construção de novos saberes (pesquisa/criação). Graças à trajetória histórica das escolas superiores, esses dois processos, pólos de uma única realidade, têm sido tratados como se fossem elementos dissociados. Não raro entende-se que docência é uma coisa, destinada aos professores, e pesquisa é outra, independente, campo dos cientistas. O resultado dessa atitude é que muito do que se ensina nos cursos superiores é conhecimento ultrapassado e as descobertas recentes acabam por ficar restritas a um elitizado círculo de pesquisadores. Como um acontecimento arrasta outro, essa dicotomia nos leva à situação anteriormente descrita: os que investigam conseguem organizar uma incontabilizável massa de conhecimentos em disciplinas estanques, que frequentemente se nos apresentam de forma incomunicável (mesmo quando bastante avizinhados) e os que lecionam transmitem aos alunos uma série de conteúdos fragmentados e, por isso, sem significado. Essa incapacidade de articulação de conhecimentos novos com velhos acarreta mais um movimento pendular no interior da Universidade: há períodos em que se tenta associar ensino e pesquisa, há períodos em que se os trata como espaços distintos.

Enfocando um pouco mais essa questão, constatamos que, no caso da Universidade brasileira, esta tem se caracterizado em grande medida pela ênfase na reprodução, em detrimento da criação. Nem sempre nossas pesquisas apresentam um valor duradouro, possibilitador de abertura para novos horizontes. Com frequência, as investigações realizadas e os artigos redigidos trazem à luz algo já feito, desvelam o já desvelado, embora possam-nos parecer, à primeira vista, sedutores. Quando não há criatividade real naquilo que a Universidade elabora, os conhecimentos produzidos deixam de ser transitórios, no sentido de servirem de pontes para outros novos, e tornam-se descartáveis, ou seja, passageiros (embora úteis por curto tempo) e estéreis (no sentido de não gerarem outros conhecimentos de valor).[6] Gianotti afirma que

> ... *a maneira pela qual estamos lendo os clássicos, pelo menos na grande maioria, leva a artigos que não duram mais do que cinco anos. (...) A descartabilidade da nossa produção, inclusive a minha, não significa que seja inútil. Apenas devemos ter o cuidado de não entrarmos numa produção furiosa em que a descartabilidade dos nossos artigos – feitos para durar cinco minutos de celebridade – faça com que também sejamos célebres por não mais do que cinco minutos.* (1995:17)

6 *Transitório*: passageiro. Qualidade de algo que serve como passagem de um ponto para outro, período intermediário. *Descartável*: rejeitável, que pode ser desprezado. Qualidade de ser importuno, indesejável e, portanto, que pode ser desconsiderado. (LUFT, Celso Pedro. *Pequeno Dicionário da Língua Portuguesa*. São Paulo: Scipione, 1987).

Esta colocação permite-nos concluir que as produções acadêmicas podem ser, muitas vezes, úteis no momento presente, porém, não têm raízes o bastante para sustentar possibilidades futuras, conhecimentos de maior peso.

Assim, efetuando um balanço das questões até aqui discutidas, diríamos que a Universidade brasileira precisa, hoje, de um lado, lutar contra a falta de recursos, contra a burocracia paralisante e contra a produção de um tipo de conhecimento que, além de excessivamente disciplinar, ao invés de alçar vôos, contenta-se em tornar-se servil aos interesses mercadológicos; de outro lado, administrar os conflitos entre "generalistas" e "especialistas", e entre "ensino" e "pesquisa". Como a Universidade não pode, de forma alguma, desprezar a atual organização planetária, precisa assumir uma atitude frente ao modo de funcionamento do mercado capitalista e posicionar-se em relação a ele. (GIANNOTTI, 1995) Para tanto, torna-se necessário voltar-se para a compreensão daquilo que está à sua volta e, por meio da cultura local, alcançar o que é universal. Somente partindo da cultura local torna-se viável chegar com sucesso à compreensão do que é universal; voltar-se para este de forma genérica poderá se ter como resposta um pensamento utópico, no sentido etimológico do termo, isto é, sem lugar.

Por uma nova Universidade

Por estarmos convencidos da validade da Universidade, necessitamos lutar pela sua sobrevivência. Ela está em crise, é verdade, mas, para que supere a conjuntura de incertezas em que está existindo, torna-se necessária não sua extinção, e sim sua adequação às exigências do nosso tempo. Para que ela possa se tornar efetiva, precisará discutir minuciosamente os problemas da comunidade em que está inserida: compreender esses problemas exige relacioná-los com outros, próprios do contexto do Mundo. É o particular, o da cultura em que a Universidade se insere, que se constitui vetor para o universal, isto é, para o que é válido para todos, e é o universal que tem o poder de explicar o particular.

Algumas formas de ser da Universidade, hoje tradicionais, tornaram-se inadequadas e, por isso, ineficientes. É indício dessa situação o desconforto, o mal-estar manifestado por uma parte considerável dos cientistas, intelectuais, professores, artistas, técnicos e estudantes quando se referem ao espaço universitário. Não é difícil de se perceber a presença nesse meio de uma esperança por novas abordagens, que se abram ao que é conflitante, discrepante, aleatório. Sente-se, também, um ressentimento crescente entre os pesquisadores com o exagero da formalidade acadêmica e com a "ditadura" do método científico que conduz, por vezes, a somente se considerar real o que o mesmo abrange, deixando de lado uma parcela incalculável do Mundo. Embora nenhum cientista negue sua enorme importância, há muito mais a ser considerado na Realidade do que aquilo que pode ser encaixado dentro dos limites do método científico. (DEMO, 1997)

Cada vez mais se torna presente nas discussões acadêmicas a necessidade de se prestigiar as abordagens que levem em conta o pensamento complexo, o caos organizador, o poder estruturador dos acontecimentos, o não figurativo, as estruturas assimétricas ou "imperfeitas", a inter e a transdisciplinaridade... Na Universidade tradicional, apenas têm sido levadas em conta a simetria, a unanimidade, a igualdade, a perfeição, a linearidade e a disciplinaridade. Esta visão, marcada pela simplificação e pelo determinismo, desconsidera uma enorme parte do Real – é excessivamente reducionista. Tem-se clareza, hoje, da sua inadequação e da urgência de se avançar em outras direções. Para tanto, precisamos rever nossos modos de agir, de pensar, de ser, tanto profissionais quanto pessoais. É um grande desafio, pois exige que reconheçamos preconceitos, dosemos exigências legítimas, assumamos uma atitude de humildade diante de nosso próprio conhecimento. Isto é imprescindível porque o que está em jogo é nosso futuro, não apenas enquanto acadêmicos, mas enquanto espécie. (RIBEIRO, 1995) Essa nova postura envolve a discussão da Universidade que herdamos, a qual tem como uma de suas características fundamentais a de ter-se constituído como um sustentáculo de privilégios:

> *Isto é, o homem de cultura, o homem que frequentava os clássicos tinha, graças a essa sua frequentação, uma justificação ideológica bastante boa para seus privilégi-*

> *os econômicos, sociais, políticos etc. Um dos elementos básicos dos novos questionamentos que surgiram nas ciências humanas e sociais, para não falar nas humanidades, nas últimas décadas, é o ajuste de contas com esses privilégios.* (RIBEIRO, 1995:22)

Não se trata de repensar a Universidade a partir de velhos paradigmas. Precisamos de fundamentos novos, adequados ao nosso viver, que tragam em si a promessa de possibilidades futuras reais, capazes da re-construção do Mundo, voltadas para um desenvolvimento auto-sustentável. Nessa direção, a Universidade precisa se empenhar na tentativa de encontrar um sentido para a ação, o que exige a ousadia de voltar-se à pesquisa de conhecimentos considerados, à primeira vista, sem efeito prático (pragmático) algum. Temos que ter claro que a re-construção do Mundo é obra humana, assim como a nossa própria re-construção. Trata-se de uma obra de criação ou de re-criação, nunca uma obra de pura re-produção.

Ao falarmos de re-criação, somos levados a refletir, numa postura de compreensão e de abertura, sobre a significação ontológica de lugar e espaço, sobre a posição que a Universidade e nós ocupamos no Mundo. No caso da Universidade brasileira, perceber seu lugar ontologicamente falando significa compreendê-la como uma instituição que está existindo no interior de uma cultura dominada, isto é, seus rumos estão sendo determinados não por quem a habita, pois só habitamos no sentido estrito aquilo que nós próprios pensamos e construímos. (HEIDEGGER, 1973) Existe, porém, a possibilidade de ser habitada autenticamente por nós, desde que nós mesmos a pensemos e a construamos. Essa atitude nos exige um ato criador[7], o que implica que nos conscientizemos dos problemas que reclamam por solução

---

[7] Quando nos referimos a um ato "criador", talvez devêssemos colocar um ato "creador", porque a substituição do vocábulo latino "crear" pelo neologismo "criar" acabou por favorecer uma deturpação do significado originário do primeiro: *"Crear é a manifestação da Essência em forma de existência – criar é a transição de uma existência para outra existência"*. (ROHDEN, s.d.:6)

Como expressa esse autor, *"O Poder Infinito é o creador do Universo – um fazendeiro é criador de gado. Há, entre os homens, gênios creadores embora não sejam talvez criadores. A conhecida lei de Lavoisier diz que 'na natureza nada se crea e nada se aniquila, tudo se transforma'; esta lei está certa se grafarmos 'nada se crea' mas se escrevermos 'nada se cria', ela resulta totalmente falsa. Por isso, preferimos a verdade e clareza do pensamento a quaisquer convenções acadêmicas"*. (s.d.:6)

e das possibilidades de os solucionarmos. Se nossa vida vem se desdobrando no seio de uma cultura dominada e pretendemos, por meio do conhecimento, criar possibilidades de libertação, isto exige capacidade de criação. É no interior dessa cultura, da qual faz parte a Universidade, que emergirão as possibilidades de se chegar às transformações que se fazem necessárias.

Nos tempos atuais, a Universidade se estrutura tomando por base a maneira do construir tecnicamente, a qual implica em se fabricar objetos acabados, que podem ser manipulados e controlados. Esse modo de ser tem raízes na própria concepção e desenvolvimento da Ciência, cujo significado está em se visar no real apenas sua objetividade e aplicabilidade. Trata-se de uma postura utilitarista que não está presente unicamente nos homens de ciência, mas permeia a mentalidade de toda a ocidentalidade moderna. (CRITELLI, 1981) Pelo fato de desenvolvermos nossas vidas nesse espaço que é muito contraditório, de quando em quando em áreas básicas de nossas crenças abrem-se enormes fraturas de incertezas, as quais passam a ameaçar a estabilidade de nossa existência. (KUJAWSKI, 1985) Vemo-nos, assim, precipitados num verdadeiro 'mar de dúvidas'[8] e forçados a pensar, a fim de compreender o que está ocorrendo; é dessa atividade mental que em muitas ocasiões emerge a percepção de estarmos vivendo de maneira inautêntica e o desejo de encontrarmos outros modos de ser. É nesse momento que a Universidade poderá se mostrar como um lugar onde as pessoas encontrarão condições para desdobrar suas potencialidades, realizando um desenvolvimento harmonioso, superando o viver inautêntico. Em seu interior, se a Universidade se dispuser a alterar suas bases, elas poderão aprimorar sua educação, a qual vem sendo proporcionada desde o nascimento pela família, pelo grupo social a que pertencem, pelas outras instituições sociais, e, assim, encontrará meios para existir em autenticidade.

Atualmente, diríamos que viver em impropriedade é o modo de vida dominante no contexto universitário. Ali, a

---

[8] "E a dúvida – nota perspicazmente Ortega – não consiste em desacreditar, em não crer; muito pelo contrário, consiste em crer, ou em admitir como válidas teses contrapostas entre si. 'Duvida-se, porque se está em duas crenças antagônicas, que se entrechocam e nos lançam de uma para outra, tirando-nos o solo sob os pés. O *dois* aparece bem claro no *du* da dúvida'". (KUJAWSKI, *Filosofia: a razão a serviço da vida*, p. 49)

inautenticidade mostra-se presente de diversas maneiras, tais como: na adoção de modelos e sistemas educacionais importados; nos modismos em que são transformados os métodos de ensino; na não elaboração de conhecimentos próprios; na transmissão de conteúdos estranhos à nossa realidade. (CRITELLI, 1981) Como as pessoas recebem o produto acabado sem participar do processo de sua construção (não o "habitam"), fica para elas oculta a forma como o mesmo surgiu, parecendo haver uma ruptura entre processo-e-produto, dando a falsa idéia de que estes surgem independentemente dos homens ou que são superiores aos mesmos. O produto mostra-se objetivado e reificado. (ESPÓSITO, 1993)

O modo de existir em impropriedade leva-nos a perder de vista as questões da comunidade, dificulta-nos a conscientização dos problemas políticos e sociais. Provoca o que costumeiramente chamamos de *alienação*.[9] Entretanto, se a Universidade se transformar em espaço de *integração*, poderá oferecer a todos os que estão vivendo impropriamente oportunidades de *mudanças* no seu modo de ser, no seu modo de conceber o conhecimento, no do fazer, no do relacionar-se com os outros, no do projetar o futuro... Existem, na Universidade, possibilidades para que possamos *viver-com-os-outros* em propriedade, mas isto exige, como já colocamos, capacidade de *criação* (*creação*).

Enquanto instituição social, constatamos que a Universidade apresenta inicialmente um caráter *conservador*. Cabe-lhe *transmitir* conhecimentos, valores, modos-de-ser e modos-de-fazer pertinentes ao sistema ao qual pertence, com vistas a mantê-lo, conservá-lo. Nessa direção, ela costuma ser refratária às mudanças. Ao se dirigir à manutenção do sistema, com frequência perde de vista as transformações que ocorrem no interior dele próprio, acontecendo de fixar-

---

9 *Alienação:* um termo que carrega em si muitos significados e conotações, é dependente da disciplina científica que o emprega, da corrente dessa disciplina, do autor da corrente... Cf. ESPÓSITO, 1993:75-80. Etimologicamente, *alienação* origina-se do termo latino *alienatio, – onis*, subs. fem. – I. Sent. próprio: alienação, transmissão do direito de propriedade para outro. II. Sent. figurado: separação, afastamento, distanciamento, ruptura, desinteligência. (FARIA, 1962:59) Atualmente, na língua portuguesa, pode significar: ato ou efeito de alienar-se, alheação, cessão de bens, transporte, enlevo, arrebatamento. Em *Filos.* Processo ligado essencialmente à ação, à consciência e à situação dos homens, e pelo qual se oculta ou se falsifica essa ligação de modo que apareça o processo (e seus produtos) como indiferente, independente ou superior aos homens, seus criadores; falta de consciência dos problemas políticos e sociais. (AURÉLIO, p. 31)

se em modos-de-ser, conteúdos e valores não mais adequados à sustentação daquilo que se propunha conservar. Dessa forma, passa a privar-se da relação com a vida mesma e, neste "*sendo*", cria obstáculos para novas possibilidades de ordem social, política e cultural, e converte-se em colaboradora na construção de alienações. Perde a visão histórica e aliena-se também. Fica privada de dispor de seu modo-de-ser... Muitos em seu interior, contudo, buscam derrubar as barreiras que a têm separado das transformações sociais, políticas e culturais. Tentam libertá-la da dominação cultural, *re-criando-a* (*re-creando-a*).

É nesse contexto que se me *des-vela* como um dos grandes entraves para se chegar à libertação da dominação cultural, do viver em impropriedade, a *fragmentação* presente nos diversos setores universitários. Esta está presente desde a separação dos aspectos administrativos dos pedagógicos, com prevalência, na quase totalidade das situações, dos primeiros. A burocracia subordina, com muita frequência, os interesses pedagógicos. Do quadro exposto, pode-se dizer que a síntese do ser-com-os-outros na Universidade:

> *... é a tensão vivida pelo ser-aí*[10] *como ser capaz de optar por permanecer na inerência ao mundo, na completa alienação de si mesmo, do outro e do mundo, ou de 'tornar-se' um ser vivendo em propriedade, construindo e habitando o mundo que se constitui um privilégio específico ao homem. E, ainda, é a percepção da possibilidade de escolha que retira o selo das verdades prontas e abre ao homem um horizonte de possibilidades, situação esta que, ao gerar angústia, tensão e temor, pode ser assumida ou rejeitada*. (ESPÓSITO, 1993:87)

Por outro lado, mas não descolada da produção de um saber instrumental *versus* um saber "puro", há a questão da Universidade vir se debatendo com dois imperativos que envolvem praticamente todas as discussões referentes à po-

[10] O termo "aí" na filosofia hedeggeriana é tomado como sinônimo de mundo. Para Heidegger, o mundo é o "aí do ser", o "lugar da existência humana". Quanto ao "ser-aí", é empregado para designar o próprio ser humano. O ser humano existe no mundo, não há homem sem mundo, como não há mundo sem homem. Para esse filósofo, "ser humano" é "ser-no-mundo", é "existir-no-mundo", é "ser-aí"... (HEIDEGGER, M. *El ser y el tiempo*)

lítica universitária: formar pessoal mais qualificado, a fim de responder às novas exigências do mercado de trabalho, ou voltar-se para a pesquisa? (MARTINS, 1994) Às vezes, a ênfase recai sobre um, às vezes sobre outro desses aspectos – mas, quase sempre, o que tem predominado é o interesse e os critérios econômicos. (BERCHEM, 1992)

Parece-nos justo que os jovens esperem *tanto* uma cultura geral, que os auxilie a "saber a que se ater no mundo"[11] *quanto* uma formação profissional e científica. Mostra-senos *também* ser válido que a sociedade espere certa rentabilidade dos investimentos realizados. Entretanto, o que não nos parece legítimo é que a Universidade *se reduza* a local voltado *unicamente* a um saber diretamente ligado ao mundo profissional e tecnológico.

Quando o conhecimento transmitido/produzido na Universidade se restringe àquele que de imediato será necessário à profissionalização, há um sério risco de tornar-se obsoleto em pouquíssimo tempo, haja vista a rapidez das mudanças do mercado de trabalho, bem como o progresso tecnológico. Por isso, sentimos cada vez mais a necessidade de integrações de cursos, de disciplinas desmembradas, tentando uma adequada formação geral, que possibilite uma visão de conjunto e que proporcione aos egressos dos cursos superiores uma maior versatilidade.

Como estamos habituados a nos ver numa cultura dominada, ao organizar nossas Universidades costumamos tomar como modelo os programas e a organização das universidades européias e norte-americanas. Faz parte também desse modo de ser inautêntico a falta de criticidade, razão porque é comum as pessoas em nosso país acreditarem que o progresso do primeiro mundo é resultado *apenas* da industrialização e da modernização, importando *também* o modelo de crescimento econômico e social das nações economicamente desenvolvidas.

Se desejamos *ser-no-mundo-com-os-outros* autenticamente, necessitamos nos afastar dos modelos importados e buscar nossa modernização empregando os meios oferecidos pela nossa própria cultura e pelo conhecimento científico universalmente produzido, isto é, precisamos resgatar

[11] Expressão utilizada por Ortega y Gasset em sua filosofia existencialista, que me parece bastante própria à finalidade de uma cultura geral. Nota da autora.

nossa capacidade de *criar* (*crear*) e de *re-criar* (*re-crear*).

A essência[12] do espaço universitário consiste em ser um local científico. *"A questão da função cultural da Universidade consiste, pois, em reenfocar a relação entre cultura e ciência"* (BERCHEM, 1992:38), uma vez que, num aspecto, a cultura está além da ciência, noutro, aquém. Ela ultrapassa a ciência no momento em que envolve outros saberes e outros modos-de-ser que não apenas os científicos. Ela fica aquém da ciência quando se mostra associada a um dado contexto geográfico e social particular, não apresentando o seu caráter de universalidade. (BERCHEM, 1992) Ciência e cultura estão imbricadas, embora não possam ser confundidas. É a nossa cultura que nos possibilita compreender os saberes científicos universalmente produzidos. Por isso, a Universidade no Brasil, hoje, precisa oferecer aos jovens que a procuram *conhecimentos sólidos num dado domínio científico*, referentes à opção de cada um, mas sem se olvidar de possibilitar o estabelecimento de *relações com outras disciplinas científicas* e, também, *com o ser de sua cultura*.

De tudo o que foi dito, pode-se concluir que à Universidade cabem as funções de *preservar* o saber humano, *transmiti-lo* às novas gerações, *produzir* novos conhecimentos bem como *possibilitar* a crítica e a autocrítica desses saberes, redimensionados numa nova perspectiva de ciência. (BERCHEM, 1992) Para tanto, torna-se necessário que aqueles que, de uma forma ou de outra, estão envolvidos com o mundo acadêmico, desenvolvam possibilidades novas e autênticas de *criar* (*crear*) e de *re-criar* (*re-crear*), transformando o velho em novo.

Terá que fazer parte do novo modo de ser da Universidade brasileira o incentivo às discussões em seus espaços, às perguntas dos estudantes que, muitas vezes, podem levar os teóricos e os pesquisadores a rever posições, colocar-nos em situação de dúvidas e, a partir daí, surgir outras questões a serem pesquisadas, levando, dessa forma, ao aumento e ao enriquecimento do conhecimento. Nesses debates, também os conhecimentos em foco podem ser confrontados e

---

[12] O termo *essência* não é tomado aqui como na ontologia e metafísica tradicionais, que se reporta às idéias conseguidas por processo lógico de abstração, mas se refere ao fundamental "ser" enquanto existir. (HEIDEGGER, 1981:30)

colocados à prova relativamente aos valores culturais.

Ao nos posicionar a favor de uma nova Universidade, temos claro que isto somente será possível se conseguirmos ultrapassar o paradigma cartesiano de construção do conhecimento e, embora não negando o valor da disciplinaridade, assumirmos os princípios da Transdisciplinaridade.

Cabe à Universidade possibilitar aos estudiosos a ordenação dos conhecimentos científicos e o encontrar maneiras de aplicá-los a situações reais com responsabilidade, o que exige uma relação contínua e profícua entre a Universidade e as diversas comunidades, tanto em nível local quanto global. Mas isto só poderá ser realizado se os que aprendem tiverem uma visão de conjunto. Nesse caso, é necessário que os professores e os pesquisadores não se enclausurem em suas especialidades e que debatam as possíveis consequências das descobertas científicas. Esse trânsito de conhecimentos é um aspecto extremamente importante da Transdisciplinaridade.

Do mesmo modo como a conservação é indissociável da transmissão do saber, a pesquisa é inseparável do ensino, a função cultural da Universidade existe em conexão com suas outras tarefas sociais. (BERCHEM, 1992) Por isso, desvela-se-me que é possível construirmos uma ponte que integre a cultura à formação profissional, e a matéria-prima que possibilitará a construção é essa forma própria de ciência.

> *Enquanto a ciência e os métodos científicos concorrerem na formação do indivíduo, as universidades guardarão uma missão de formação que vai mais além da mera transmissão de conhecimentos e de iniciativas científicas.* (BERCHEM, 1992:42)

Como vimos, nos últimos tempos o trabalho científico viu seu domínio de investigação dividir-se e subdividir-se em progressão geométrica, a ponto dos próprios representantes de uma mesma área terem dificuldades de comunicação. Fato que também ocorreu no mundo do trabalho. Por isso, torna-se cada vez mais necessário o estabelecimento de diálogo e trocas, quem sabe mesmo uma verdadeira *interação* entre as disciplinas, as subdisciplinas, tentando restabelecer uma certa unidade, a possibilidade de melhor comunicação e, consequentemente, uma visão de conjunto. Torna-se necessária uma concepção *transdisciplinar* de ciência, iniciando a transformação, talvez por meio do estabelecimento da *interdisciplinaridade* no seio da Universidade. Para isso, é preciso coragem de inovar, de transformar o velho em novo, "*re-creando-o*", ou, quem sabe, permitindo que o velho dê origem ao novo, num processo de filiação. Em alguns casos, o novo *é* o antigo atualizado (não é o que ocorre muitas vezes com alguns aspectos do nosso planeta?), em outras ocasiões, surge o novo de um processo de filiação em relação ao velho (não é o que ocorre quando há síntese de elementos?).

Não podemos nos esquecer que a Universidade, enquanto instituição social, sempre se caracterizou por ser não apenas um espaço nacional como também internacional. (MARTINS, 1994) Nela encontramos professores de diferentes regiões do país e até mesmo do exterior. Nela é possível o colóquio científico internacional, projetos com instituições estrangeiras. Por isso; tem ela a possibilidade de tornar-se local privilegiado do diálogo entre culturas. Por meio desse diálogo, podem surgir oportunidades do reconhecimento da identidade de cada um, bem como uma frutuosa complementaridade cultural.

Em vista de seu aporte na própria cultura, a Universidade tem oportunidade de construir um *novo modo-de-ser*. A interdependência das ciências, e a aplicação prática que da mesma decorre, requer que sejam as diferentes universidades *abertas* umas às outras. É por meio das relações que estabelecem com os cientistas e estudantes estrangeiros, por meio de sua mobilidade, que a Universidade brasileira poderá se mostrar como local de aprendizagem, aprendizagem essa que, como nos coloca Berchem (1992), incluirá, como conteúdo pertinente ao próprio processo, a tolerância e a paz.

Nessa nova perspectiva, cabe à Universidade brasileira também oferecer àqueles que a frequentam instrumentalização teórica e ocasiões para o exercício do livre-arbítrio, num colóquio permanente, possibilitando-lhes decidir com responsabilidade sobre os critérios de sua ação a partir da reflexão sobre as consequências funestas que poderão resultar da atividade científica e técnica. Não se trata de reflexão relegada a especialistas da filosofia ou de áreas afins. Trata-se da dimensão ética que precisa permear o trabalho e o modo de ser de todo professor e de todo pesquisador: não há mais lugar, numa cultura e numa Universidade que se pretendam autênticas, para a *neutralidade científica.*

> *As universidades não podem e não devem lavar as mãos sobre os problemas práticos da humanidade, tanto menos quando esses problemas nascem do desenvolvimento científico. Não devem, tampouco, refugiar-se na sua 'torre de marfim'. Menos ainda deixar essa 'torre de marfim' para prover-se de conhecimentos e submeter o trabalho científico ao a priori dos critérios e das tomadas das posições sectárias.* (BERCHEM, 1992:47)

Esta postura exige que a Universidade no Brasil, hoje, para que possa dar conta de sua função cultural, incorpore ao seu modo-de-ser os modos-de-ser que se nos des-velam próprios de uma *cultura transdisciplinar.* (NICOLESCU, 1999)

Des-velando os modos de ser da Cultura Transdisciplinar

Transdisciplinaridade é uma palavra que vem sendo empregada cada vez com mais frequência nos últimos anos. Contudo, nem sempre o seu significado está claro para aquele que a aplica, pois costuma ser confundida ora com *puridisciplinaridade,* ora com *interdisciplinaridade* ou mesmo com vocábulos afins.

Segundo Nicolescu (1999), o termo "transdisciplinaridade" surgiu por volta da década de 1960, simultaneamente em trabalhos de diferentes pesquisadores (como Jean Piaget, Edgar Morin, Eric Jantsch, entre outros), tentando transmitir a idéia de transgressão das fronteiras disciplinares e buscando, justamente, ultrapassar, no campo do ensino, a pluri e a interdisciplinaridade. Entretanto, até por ser uma idéia bastante nova frente ao paradigma cultural do ocidente, seu uso, ao ser mundialmente intensificado, tem sido acompanhado de variadas distorções (como é hábito ocorrer em situações semelhantes), transformando-se, por vezes, em puro "slogan".

Para compreendermos o profundo significado de "transdisciplinaridade", precisamos no voltar para as origens da ciência moderna. É necessário termos claro que esta nasceu de um violento rompimento com os modos de existir e de pensar da Idade Média. Uma das grandes novidades que ela introduziu foi a de perceber o sujeito cognoscente separado da Realidade que ele busca conhecer. Na nova concepção, haveria entre esta e o conhecedor uma *total independência.*

O novo jeito de conhecer, e de entender esse conhecer, estabelecia três postulados fundamentais:

> *1. A existência de leis universais, de caráter matemático.*
> *2. A descoberta destas leis pela experiência científica.*
> *3. A reprodutibilidade perfeita dos dados experimentais.*
> (NICOLESCU, 1999:14)

O desenvolvimento da proposta trouxe consigo a criação de uma outra linguagem, diversa da empregada na cotidianeidade pelas "pessoas comuns" (por "a gente" de Heidegger) e, se não bastasse essa divisão (linguagem "comum" e linguagem "científica"), cada grupo de estudiosos, conforme a área do conhecimento a que se dedicava e à "tribo teórica" a que pertencia, foi criando seus próprios termos e jeitos de se expressar.

A proposição feita tornou-se extremamente exitosa quanto ao incremento científico-tecnológico. O sucesso despontou inicialmente na física: os trabalhos de Galileu, Kepler, Newton e Einstein são exemplos de extraordinárias conquistas teóricas, cujos desdobramentos práticos são incontestáveis.

Juntamente aos avanços científicos e tecnológicos, a física presenteou o mundo com uma nova *cosmovisão* que se associou à idéia de *progresso.* Além dessa contribuição, a vitoriosa ciência trouxe o conceito de *causalidade local,* instaurando um paradigma epistemológico caracterizado pela *simplicidade.* Segundo a causalidade local,

> ... *todo fenômeno físico poderia ser compreendido por um encadeamento contínuo de causas e efeitos: a cada causa em um ponto dado corresponde um efeito em um ponto infinitamente próximo e a cada efeito em um ponto*

dado corresponde uma causa em um ponto infinitamente próximo. (NICOLESCU, 1999:15)

Essa concepção é reducionista: reduz *tudo* a causalidades locais, decretando como ultrapassada a causalidade formal ou final dos antigos, a ponto de perder o adjetivo "local" para tornar-se apenas "causalidade". Entra, assim, na história da ciência a noção de *determinismo*: prever um dado fenômeno exige *apenas* conhecer suas *condições iniciais*.

O sucesso da física, hoje adjetivada de "clássica", fez com que ela se tornasse a "rainha" das ciências e, aos poucos, tudo foi a ela se reduzindo: o biológico e o psíquico passaram a ser vistos como "*etapas evolutivas de um único e mesmo fundamento*". (NICOLESCU, 1999:16) Desponta, a partir daí, a *ideologia cientificista*. Haveria apenas uma Realidade, a *objetiva* e, por consequência, o ser humano viu-se transformado em *objeto*, virou *res extensa*, porque para ser aceito como *objeto de estudo* da ciência teve que se despojar de tudo o que lhe era peculiar, de todas as características especificamente humanas, de toda sua subjetividade. Junto a essa perspectiva, está presente a aceitação de *um exclusivo nível de Realidade*.

Contudo, nos inícios do século XX, novas descobertas e avanços científico-tecnológicos sacudiram as certezas até então tidas e, com elas, o ideal do cientificismo. Despontou, no campo da física, a mecânica quântica, trazendo evidências de um outro tipo de causalidade: a "causalidade não local". Décadas após essa desestabilização das convicções do pensamento científico herdado do século XIX, emergiu outro conceito demolidor das antigas seguranças: *a não separabilidade*: concluiu-se que as entidades quânticas interagem independentemente do afastamento que possa ocorrer entre elas. A causalidade, além de não local passou a ser vista como *uma causalidade global*. (NICOLESCU, 1999:21)

Os conceitos provenientes da mecânica quântica provocaram não um questionar a causalidade ou a objetividade científica em si, mas colocaram em cheque a *causalidade local* e a *objetividade conforme vinha sendo admitida* e que se constituíam em pilares da física clássica e do cientificismo. Também o *determinismo*, introduzido nas ciências e na cosmovisão dos ocidentais dos séculos XVIII e XIX, foi ultrapassado, na escala dos quantum, pela concepção de *indeterminismo*: é impossível traçarmos uma trajetória bem determinada de uma partícula quântica.

> *O indeterminismo reinante na escala quântica é um indeterminismo constitutivo, fundamental, irredutível, que de nenhuma maneira significa acaso ou imprecisão*. (NICOLESCU, 1999:23)

O que, no fundo, foi de fato questionado com as descobertas da física quântica, foi a existência de um único nível de Realidade:

> *Deve-se entender por nível de Realidade um conjunto de sistemas invariantes sob a ação de um número de leis gerais: por exemplo, as entidades quânticas submetidas às leis quânticas, as quais estão radicalmente separadas do mundo macrofísico. Isto quer dizer que dois níveis de Realidade são diferentes se, passando de um ao outro, houver ruptura das leis e ruptura dos conceitos fundamentais (como, por exemplo, a causalidade).* (NICOLESCU, 1999:25)

As diferenças entre os níveis de Realidade não tornam, contudo, esses níveis incompatíveis de coexistirem.

É importante, nesse momento, que façamos distinção entre "níveis de Realidade" e "níveis de organização de um dado nível de Realidade". No segundo caso, não há ruptura dos conceitos e das leis fundamentais quando se passa de um nível de organização para outro, como é o caso das abordagens sistêmicas. São diferentes estruturações dentro de um quadro de mesmas leis fundamentais. Já no primeiro caso, trocar de nível significa *romper* com os conceitos e com o conjunto de leis que vigoram num primeiro nível ao adentrarmos no segundo.

Quando se trata de diferentes níveis de realidade, vem à tona a evidência da coexistência de pares de elementos contraditórios que, segundo a lógica clássica, seriam tomados como opostos e mutuamente excludentes. A lógica clássica apóia-se em três axiomas basilares:

> *1. O axioma da identidade: A é A.*
> *2. O axioma da não-contradição: A não é não-A.*
> *3. O axioma do terceiro excluído: não existe um terceiro termo T (T de "terceiro incluído") que é ao mesmo tempo A e não-A.* (NICOLESCU, 1999:29)

Na física quântica, entretanto, *há coexistência de pares contraditórios*, ferindo o segundo e o terceiro princípios da lógica clássica! Se *"A lógica é a ciência que tem por objeto de estudo as normas da verdade (ou da 'validade', se a palavra 'verdade' for forte demais em nossos dias)"* (NICOLESCU, 1999:30), como poderemos afirmar, em sã consciência, que, simultaneamente, preto *é* branco, noite *é* dia, vida *é* morte, homem *é* mulher? (Idem)

Não é possível desprezarmos a lógica, pois ela é "norma", e sem norma não há ordem, não há "leitura" do mundo, não há aprendizado, nem sobrevivência ou vida. Por trás de nossas ações e decisões existe uma dada cosmovisão que é apoiada por uma lógica. É uma certa lógica que sustenta a regulação social. (NICOLESCU, 1999)

Tendo em vista a incompatibilidade entre a lógica clássica, que permite a compreensão dos fenômenos existentes em nossa cotidianeidade (no mundo do "a gente", como diria Heidegger) e aquilo que se mostra através da física quântica, os fundadores desta nova ciência se questionaram sobre a possibilidade de uma "lógica quântica". As diferentes propostas de lógica surgidas na mecânica quântica somaram-se a outras, advindas do desenvolvimento da matemática.

Uma resposta possível e satisfatória aos impasses provenientes da discussão sobre "lógicas" *versus* "lógica clássica" pode ser encontrada quando introduzimos a noção de "níveis de Realidade". A nova concepção de lógica parte da idéia do "terceiro incluído", ou seja, se admitirmos diferentes níveis de Realidade, *é possível existir um terceiro termo T (T de "terceiro incluído") que é ao mesmo tempo A e não-A*, porque a incompatibilidade existe a partir da visão em *um dado nível de Realidade*, mas não em outro nível de Realidade. *"A lógica do terceiro incluído não elimina a lógica do terceiro excluído: ela apenas limita sua área de validade."* (NICOLESCU, 1999:34)

Juntamente com o surgimento das novas propostas de

lógicas, as quais emergem da complexidade do real, e da tomada de consciência de diferentes níveis de Realidade, apareceu no cenário científico, a partir do estudo dos sistemas naturais, um terceiro fator de forte impacto para o paradigma científico-cultural que vinha vigendo: *a complexidade*.

Mas, o que significa *complexidade*? Etimologicamente, essa palavra enraíza-se no termo latino *complexus*, que significa "aquilo que é tecido em conjunto". Poderíamos interpretá-la como sendo elementos heterogêneos que se nos mostram tecidos juntos, é o uno composto do múltiplo, é o tecido composto dos fios. Não se trata de um conceito teórico, mas de um fato da vida. Diz respeito

> *... à multiplicidade, ao entrelaçamento e à contínua interação da infinidade de sistemas e fenômenos que compõem o mundo natural. Os sistemas complexos estão dentro de nós e a recíproca é verdadeira.*
> (MARIOTTI)

No mundo fenomenal, a complexidade se mostra na teia de acontecimentos, ações, interações e acasos que constituem a própria realidade. Surge aí o que para nós se apresenta como um paradoxo: o entrelaçamento de tantos e diversos elementos parecem à nossa limitação humana confusão, desordem, ambiguidade, incerteza...

A complexidade é uma palavra problema e não uma palavra solução. (MORIN, 1990:8)

> *A complexidade nutre-se da explosão da pesquisa disciplinar e, por sua vez, a complexidade determina a aceleração da multiplicação de disciplinas.*
> (NICOLESCU, 1999:36)

Por sua própria natureza, a complexidade não pode ser reduzida a explicações simplistas ou esquemas fechados de idéias. Para entendê-la, necessitamos de um sistema de pensamento aberto e flexível, capaz de abarcar a multidimensionalidade dos fenômenos. Trata-se de um pensamento que se dispõe a compreender a realidade em constante mudança, na qual estão implícitas a aleatoriedade e a incerteza. A esse pensar, denominamos *pensamento complexo*. Pensar complexamente não consiste em evitar ou suprimir o desafio, mas ir à cata de sua revelação e, se possível, de sua ultrapassagem. (MORIN, 1990)

O pensamento complexo não abraça o reducionismo de buscar compreender o todo apenas partindo das qualidades das partes, nem adota a simplificação caracterizada pela negligência das partes na intenção de compreender o todo. O pensamento complexo identifica-se com o movimento circular que vai da parte ao todo, do todo às partes para, outra vez, chegar ao todo, compreendendo-o. (MORIN, 1996)

Essa necessidade de compreender o todo tendo por conhecida as partes fez surgir, na metade do século XX, a *puridisciplinaridade* e a *interdisciplinaridade*, buscando promover *laços* entre as diferentes disciplinas.

A *pluridisciplinaridade* é uma abordagem do conhecimento que ultrapassa as disciplinas mas que tem sua finalidade ainda inscrita na estrutura da pesquisa disciplinar. (NICOLESCU, 1999:45)

A *interdisciplinaridade*, embora compreendida de diferentes formas pelos diversos estudiosos, difere da pluridisciplinaridade, segundo Nicolescu, pela ambição que possui: ela busca transferir métodos de uma disciplina para outra, ou seja,

> *Podemos distinguir três graus de interdisciplinaridade: a. um grau de aplicação, por exemplo, os métodos da física nuclear transferidos para a medicina levam ao aparecimento de novos tratamentos para o câncer; b. um grau epistemológico, por exemplo, a transferência de métodos da lógica formal para o campo do direito produz análises interessantes na epistemologia do direito; c. um grau de geração de novas disciplinas, por exemplo, a transferência dos métodos da matemática para o campo de física gerou a física-matemática; os da física de partículas para a astrofísica, a cosmologia quântica; os da matemática para os fenômenos meteorológicos ou para os da bolsa, a teoria do caos; os da informática para a arte, a arte informática.* (1999:45-6)

Contudo, semelhantemente à pluridisciplinaridade, a

interdisciplinaridade tem sua finalidade também inscrita na pesquisa disciplinar.

Quanto à *transdisciplinaridade*, refere-se ao que está *entre* e *através* das disciplinas, embora essa afirmação possa parecer sem sentido aos adeptos do pensamento clássico: nesta visão, nada há entre as disciplinas e através ou para além delas. Se, para o pensamento clássico, a transdisciplinaridade apresenta-se como um absurdo, para a transdisciplinaridade o pensamento clássico é perfeitamente razoável, desde que o vejamos dentro dos limites de suas possibilidades, pois ele é restrito.

Tendo em vista que a transdisciplinaridade liga-se a diferentes níveis de Realidade, a pesquisa transdisciplinar é radicalmente distinta da pesquisa disciplinar, embora complementares.

A pesquisa transdisciplinar apóia-se em três pilares (NICOLESCU, 1999):

a) os níveis de Realidade;
b) a lógica do terceiro incluído;
c) a complexidade.

Estes pilares determinam *a metodologia da pesquisa transdisciplinar*. Dependendo do grau de satisfação dos três pilares metodológicos apontados, teremos *diferentes graus de transdisciplinaridade*.

Como vida é movimento, criatividade (creatividade),

> *Onde não existe espaço para a criatividade, a cultura (no sentido de cultivar, cuidar) fica estagnada, estéril, petrificada, fossilizada.* (SPANOUDIS, *in* CRITELLI, 1981:10)

Hoje, tendo em vista os impasses com os quais estamos nos defrontando e pela necessidade mesma de abrir novos horizontes, surgem fortes apelos, provindos dos mais diversos setores da sociedade, para que encontremos caminhos novos relativamente ao modo de construir conhecimento, aos modos de ser da Educação Brasileira, de nossa escola e de nossa Universidade. Para tanto, necessitamos de *uma atitude de abertura*, que comporte *o diálogo* e a *troca* entre os saberes já constituídos, que possibilite o desabrochar da "creatividade". E a Transdisciplinaridade, como modo de conceber, de abordar e de trabalhar o conhecimento, traz em si essas maneiras de ser. Trata-se de uma nova e original proposta para a cultura ocidental contemporânea.

Por outro lado, analisando-se o atual estágio do desenvolvimento científico e cultural em que nos encontramos, e considerando-se que a civilização de tipo ocidental tem-se expandido por todo o planeta, constatamos que na maior parte das vezes (especialmente na Universidade) estamos lidando com *um dado nível de Realidade* mas, mesmo assim, criamos entre nós uma verdadeira "torre de Babel" em termos de comunicação de saberes. Urge ultrapassarmos as divisões estabelecidas entre linguagem "comum" e linguagem "científica", entre os jeitos e termos próprios de cada "tribo teórica" construir sua ciência e se expressar, estabelecendo *laços* entre as diferentes disciplinas. Esse tipo de comunicação poderá ser inicialmente favorecido pela pluri e interdisciplinaridade, que são instâncias precursoras da transdisciplinaridade, possibilidades que atendem diferentes demandas em diferentes níveis de Realidade, coexistentes e não excludentes.

Levando-se em conta que o ser humano, em sua cotidianeidade, vive "fascinado com seu mundo" (HEIDEGGER, 1981), de maneira que essa fascinação acaba por levá-lo a viver em impropriedade, e também que é possível a quem está existindo "perdido", "encontrar-se", o ser[13] da Transdisciplinaridade desvela-se-nos como uma abordagem do saber que *possibilita o encontrar-se, o viver em propriedade, o libertar-se de dominações, o ser-si-mesmo*.[14]

A Transdisciplinaridade des-vela-se-nos como uma nova percepção da Realidade que nos possibilita superar o impasse de nossa mentalidade característica, baseada em modelos prontos, muitas vezes importados, voltados para uma falsa eficiência. A atitude transdisciplinar faculta-nos que evite-

[13] *Ser*: é a maneira como algo se torna manifesto, presente, criado, produzido, atuado, sentido etc. (SPANOUDIS, in HEIDEGGER, *Todos nós... ninguém: um enfoque fenomenológico do social*, p. 11)

14 Quando falamos que "o ser da Transdisciplinaridade des-vela-se-nos..." estamos querendo dizer que podemos apreender o modo de ser, de existir, da Transdisciplinaridade, quando as pessoas que procuram viver conforme as maneiras próprias da Transdisciplinaridade *encontram-se a si próprias, passam a viver em propriedade, libertam-se de dominações, tornam-se elas-mesmas*. Nota da autora.

mos trocar, no espaço da Universidade, a tirania de um modelo por outro, às vezes, de um modelo estrangeiro pela tirania de um modelo doméstico... E, assim, que permutemos de dominador, mas que permaneçamos dominados... Isto parece viável, porque ela parte, para avançarmos na compreensão da Realidade, daquilo que nos é próximo, ela leva em conta o cotidiano, voltando-se para as necessidades concretas do existir humano, e não de conceitos já dados e fechados em uma única epistemologia e referentes a um único nível de Realidade.[15]

Para tanto, é possível que principiemos por um trabalho de ordem interdisciplinar, ultrapassando incompreensões entre essas duas instâncias (trans e interdisciplinaridade). Ao voltarmo-nos para *o que está aí*, ao propormos *rever o velho para construir o novo* a partir de uma atitude interdisciplinar e de uma concepção transdisciplinar do conhecimento, estaremos criando condições bastante adequadas para uma revisita ao nosso mundo-vida a fim de compreendê-lo a partir de outras perspectivas. Trata-se de re-pensá-lo, de passá-lo por uma revisão sistematizada. Faz, pois, parte dos modos de ser da Inter e da Transdisciplinaridade reler nossa existência mesma e nossa própria história. Assim agindo, estaremos dando a nós mesmos oportunidades de enxergar nossas amarras particulares...

A cultura transdisciplinar solicita-nos que *superemos* a sedução do pensar representativo-sistêmico próprio da ocidentalidade moderna. Assim fazendo, buscamos evitar ao máximo a tendência de prendermo-nos a conceitos, categorias universais e eternas, fronteiras epistemológicas rígidas, e, seguindo a sugestão de Heidegger, atentar para as maneiras de como algo torna-se manifesto, presente, criado, produzido, atuado, sentido... Nesse trilhar, é imprescindível voltarmo-nos para o nosso cotidiano.

Quando prendemo-nos a conceitos universais e abstratos, como faz o pensar representativo-sistêmico próprio da nossa atual cultura, afastamo-nos da realidade mesma. Quando partimos do cotidiano para aproximarmo-nos dos con-

[15] Outra maneira de podermos apreender o modo de ser da Transdisciplinaridade é quando conseguimos nos livrar dos modelos prontos, sejam eles importados ou domésticos, para buscar soluções para os problemas que nos desafiam. Ela, por partir da realidade mesma na qual existimos, exige soluções específicas para as questões com as quais nos defrontamos; não há modelos, temos que utilizar nossa criatividade... Nota da autora.

ceitos fundamentais, descortinam-se as diversas maneiras de algo tornar-se manifesto, presente, existindo...

A Inter e a Transdisciplinaridade, em seus diferentes graus, ao terem como referência o cotidiano, permitem-nos captar esse *movimento* do aprender, do fazer, do *crear*... Cada vez que interrogamos um certo fenômeno na perspectiva de uma dada disciplina, estamos conhecendo-o em uma de suas maneiras de ser e, ao buscarmos o diálogo entre as diversas áreas do saber, vamos nos aproximando daquilo que a Fenomenologia chama de *essência*.[16] Mais ainda, quando intentamos percorrer o conhecimento *por entre* e *através* das disciplinas e *por entre* e *através* dos diferentes níveis de Realidade, estaremos libertando-nos de nossas amarras pessoais, construindo (re-construindo) o Mundo de modo que venha a se constituir em um espaço digno à vida, suportado por um desenvolvimento auto-sustentável. É nessa direção que entendemos ser imperativo o caminhar da Universidade, porque negar-se a caminhar nessa direção, permanecer do modo como ela vem existindo, é decretar seu fim para um tempo bem próximo. Não há como, é o que se pode inferir do contexto atual, permanecer tanto a Universidade quanto a cosmovisão hegemônica atual em bases mecanicistas e fragmentárias, e haver a perpetuação do Mundo, que é eminentemente humano.

É no Mundo que vemos manifestarem-se nossas possibilidades de ser.[17] Nele desdobram-se as maneiras de nosso vir-a-ser. Nele, autenticamente falando, não há espaço para estagnação, apenas para movimento, mudança, criatividade. Assim, fazem parte do existir no Mundo as dúvidas, as incertezas, os conflitos. E é com tudo isto que temos que aprender a conviver se quisermos pensar e agir de modo transdisciplinar, "creando" uma cultura transdisciplinar. A este fazer "creativo", habitando aquilo que se está construindo, denominamos ***poíesis***. (FERREIRA, 1996)

Ser-no-mundo-com-os-outros exige "um modo da presença humana em primeira pessoa, uma presença pessoal,

---

[16] O termo "essência" não é tomado aqui como na ontologia e metafísica tradicionais, que se reporta às idéias conseguidas por um processo lógico de abstração, mas se refere ao fundamental "ser" enquanto existir. Cf. HEIDEGGER, M. *Todos nós... ninguém: um enfoque fenomenológico do social.* Apresentação, introdução, notas e epílogo Solon Spanoudis; tradução e comentário Dulce Mára Critelli. São Paulo, Moraes, 1981, p. 30.

[17] HEIDEGGER, *El ser y el tiempo,* § 12.

mas não exclui em hipótese alguma o caráter basicamente relacional dela". (CRITELI, 1981:72) Donde se conclui a necessidade do respeito à subjetividade de cada um, que se complementa numa troca entre aqueles que dividem o *ser-no-mundo-com*, isto é, a intersubjetividade, para que possam partilhar daquilo que se desvela *como se existisse independentemente dos homens*, a objetividade... E é essa a visão que permeia a Inter e a Transdisciplinaridade...

Nessa trajetória, só mesmo através de uma relação íntima entre teoria e prática poderemos atingir nossas metas. Trata-se de uma teoria que necessita ser construída ("creada") a partir de uma visão de conjunto, que busque a totalidade do ser, que lhe permita o apropriar-se de sua identidade – aquilo que, mesmo em constante mudança, guarda uma unidade na multiplicidade. E é essa uma das características da cultura transdisciplinar...

Para que isso ocorra, não pode haver lugar para a fragmentação, seja ela em que nível for. A "Cultura Transdisciplinar" mostra-se-nos extremamente necessária e urgente, mais que um "convite", mas como um imperativo para o *ser-si-mesmo*, em *autenticidade*, o *libertar o homem de dominações*, favorecendo-o na travessia de um *estado de inautenticidade* para o de *propriedade*. São as características dos modos de ser dessa cultura que a Universidade, em nossa óptica, necessita incorporar.

Considerações finais

Após refletir sobre aspectos da atual Universidade, percebemos não ser possível efetuar exatamente uma conclusão, mas apenas tecer algumas considerações parcialmente conclusivas. A palavra *conclusão* traz em si a idéia de algo fechado, acabado. Mas sabemos que, em se tratando do conhecimento, em especial quando nele estão implicadas questões filosóficas, não há investigação que possa ser considerada acabada ou fechada: todas elas são um processo contínuo de incessante re-começar. Isto não significa fracasso, indefinição, muito pelo contrário! O inacabamento advém do reconhecimento da sua fertilidade e de sua tarefa de "revelar o mistério do mundo e o mistério da razão". (MERLEAU-PONTY 1945, Prefácio)

Dessa forma, entendemos que Transdisciplinaridade é *ação*, é *vida*, é ***poíesis***... Na óptica transdisciplinar, a Ciência é apenas *um ponto de vista* sobre a realidade e é preciso que nos liberemos dos grilhões a que esse *ponto de vista* nos prende (CRITELLI, 1984) – por isso a importância e a fidelidade das outras formas de nos expressar a respeito da realidade. Assim sendo, para que haja a admissão e a inclusão de saberes diversos no âmbito da Universidade, é preciso que ela deixe de ser reduto apenas do conhecimento construído conforme as concepções da ciência moderna e permita-se *trans-passar* por outras modalidades de saberes, construídos a partir de outras bases e relacionados com outros níveis de Realidade. E é isto que faz parte da cultura transdisciplinar e que exige de nós uma especial capacidade de *crear* e de *re-crear*...

Quando presos ao paradigma mecanicista da ciência, passamos a ver o mundo a partir do enquadramento de sua ótica, colocando no lugar da Realidade o que dizemos sobre ela. Dessa forma, na tentativa de des-velar o Real, pela maneira como o fazemos, acabamos conseguindo que ele volte a velar-se; o que se pretendia iluminado *re-torna* à obscuridade. Nesse movimento de des-velamento/re-velação, o sentido se perde (ou nunca é encontrado). Quando falamos de *sentido*, não estamos querendo nos referir ao significado das coisas em si, mas de como os elementos do Real se relacionam com a Totalidade, qual a representatividade, o *papel* deles no Mundo (no “nosso” Mundo...), juntamente com tudo o mais que com eles tem lugar.

Compreendendo o dizer poético como aquele que *ilumina em totalidade*, que possibilita as infinitas interpretações daquilo que está sendo dito, e ***Poíesis*** como o *habitar aquilo que construímos*, poderemos dizer que a Transdisciplinaridade, por ser *vida*, *movimento*, é também *poíesis*, possibilitando-nos compreensões que de outra forma não nos seriam possíveis, propiciando-nos o viver em propriedade, o ser-com-os-outros-no-mundo em autenticidade... De outro lado, ela só poderá ser compreendida, porém, por quem a constrói, a “crea” e a habita... Por quem ousa *crear* e *re-crear*.

Nesse contexto, a Universidade numa cultura transdisciplinar será a que carregar em si modos-de-ser próprios da Transdisciplinaridade:

> *Rigor, abertura e tolerância são as características fundamentais da atitude e da visão transdisciplinares. O rigor na argumentação, que leva em conta todos os dados, é a melhor barreira em relação aos possíveis desvios. A abertura comporta a aceitação do desconhecido, do inesperado e do imprevisível. A tolerância é o reconhecimento do direito às idéias e verdades contrárias às nossas.*
>
> Carta da Transdisciplinaridade: artigo 14. Convento da Arrábida, 6 de novembro de 1994. Comitê de Redação: Lima de Freitas, Edgar Morin e Basarab Nicolescu. In: Nicolescu, 1999:150.

Referências Bibliográficas

BERCHEM, T. *A missão da universidade na formação e no desenvolvimento culturais: a diversidade no seio da universidade.* In: *Temas Universitários I.* Porto Alegre: PUCRS, 1992.

CRITELLI, D. M. *Educação e Dominação Cultural: tentativa de reflexão ontológica.* São Paulo: Cortez/Autores Associados, 1981.

DEMO, Pedro. *Conhecimento Moderno; sobre ética e intervenção do conhecimento.* Petrópolis: Vozes, 1997.

______. *Ontologia do cotidiano ou resgate do ser: poética heideggeriana.* In: MARTINS, J. e DICHTCHEKENIAN, M. F. (org). *Temas fundamentais de fenomenologia.* São Paulo: Moraes, 1984.

ESPÓSITO, V. H. C. *A Escola: um enfoque fenomenológico.* São Paulo: Escuta, 1993.

FERREIRA, Maria Elisa M. P. Interdisciplinaridade como poíesis. Tese de Doutorado. São Paulo: PUC, 1996.

GIANNOTTI, José A. *Comentários.* In: JANCSÓ, István (org). *Humanidades, Pesquisa, Universidade.* São Paulo: Comissão de Pesquisa/FFLCH/USP, 1995. (Seminários de pesquisa, 1)

HEIDEGGER, Martin. *Sobre o Humanismo.* Tradução, introdução e notas de Emmanuel Carneiro Leão. Rio: Tempo Brasileiro, 1967.

______. *Essais et Conférences.* Paris: Gallimard, 1973.

______. *El ser y el tiempo.* 5ª ed. Mexico: Fondo de Cultura Economica, 1974.

______. *Todos nós... ninguém: um enfoque fenomenológico do social.* São Paulo: Moraes, 1981.

KUJAWSKI, Gilberto M. *Filosofia: a razão a serviço da vida.* São Paulo: Nacional, 1985.

LUCCHESI, Martha A. S. *A universidade no limiar do terceiro milênio: desafios e tendências.* Santos (SP): Leopoldinianum, 2002.

MARIOTTI, H. *Complexidade e Pensamento Sistêmico* (texto introdutório digitado). São Paulo: Associação Palas Athena, Grupo de Estudos de Complexidade e Pensamento Sistêmico, (s.d.).

MARTINS, J. *Um enfoque fenomenológico do currículo: educação como poíesis*. Organização do texto Vitória Helena Cunha Espósito. São Paulo: Cortez, 1992.

MARTINS, J.; DICHTCHEKENIAN, M. F. *Temas Fundamentais de Fenomenologia*. São Paulo, Moraes, 1984.

MARTINS, M. A. V. A distância entre a universidade e a escola de 1º grau – naquilo que é específico a ambas: a educação e a docência. Tese de Doutorado. São Paulo: PUC, 1994.

MERLEAU-PONTY, M. *Phénoménologie de la perception*. 5ª ed. Paris: Gallimard, 1945.

MORIN, E. *Introdução ao Pensamento Complexo*. Lisboa: Instituto Piaget, 1990.

______. *Ciência com Consciência*. 2ª ed. Rio de Janeiro: Bertrand Brasil, 1998.

NICOLESCU, Basarab. *O Manifesto da Transdisciplinaridade*. São Paulo: TRIOM, 1999.

RIBEIRO, Renato J. *Comentários*. In: JANCSÓ, István (org.). *Humanidades, Pesquisa, Universidade*. São Paulo: Comissão de Pesquisa/FFLCH/USP, 1995. (Seminários de pesquisa, 1)

ROHDEN, Huberto. *Einstein – O Enigma da Matemática*. 2ª ed. São Paulo: Alvorada, s.d.

SANTOS, Milton A. *As Humanidades, o Brasil, Hoje: dez pontos para um debate*. In: JANCSÓ, István (org). *Humanidades, Pesquisa, Universidade*. São Paulo: Comissão de Pesquisa/FFLCH/USP, 1995. (Seminários de pesquisa, 1)

Motivo 3

Arremate: *Experiências Concretas de Exercício Transdisciplinar*

ARREMATE

O mestre LÜ DSU dizia:

"Há muitos tipos de vivências confirmadoras. Não devemos nos contentar com exigências modestas, mas nos elevar ao pensamento de que todos os seres vivos devem ser salvos. Longe de nós a negligência e a leviandade; esforcemo-nos no sentido de confirmar nossas palavras pelas ações.

(...) Quando, depois, todas as aberturas estão tranquilas e a lua de prata se acha no meio do céu e se tem a impressão de que a grande terra é um mundo de luz e claridade, isto é sinal de que o corpo do coração se abre para a lucidez. Este é o sinal de que a flor de ouro desabrocha."

R. Wilhelm, em *O Segredo da Flor de Ouro*

Detalhe de tecido masculino *Baulé*
African Textiles, de John Gillow

Neste terceiro *Motivo,* escolhemos o *Arremate* como uma imagem muito forte que nos remete ao sentido de juntar os fios e fazer os nós, para que aqueles que ficaram soltos possam se prender e não se soltem da peça que acabamos de fiar ou costurar, ou do tecido que se está tecendo, pois, do contrário, corremos o risco de estragar o que já foi feito.

Simbolicamente, fiar e tecer, costurar e descosturar, arrematar, criar formas, talvez poéticas, se assemelham às ações que realizamos para elaborar este livro, pois, essas ações só podem ser realizadas quando se ligam os fios ou *sutras*, sejam eles fios fiados na roca, sejam os fios simbólicos que nos unem, ou os fios do sentido que unem nossos artigos.

No nosso livro fomos costurando aqui, descosturando acolá, o sentido foi fugindo, poderíamos até escrever nos inspirando em Gaston Pineau, que nos falou sobre "o sentido do sentido". No entanto, isto só foi possível porque conseguimos um espaço de paz e segurança, em nós e fora de nós, nos quais nossa integridade física e psicológica foi absolutamente protegida.

Começamos então a fazer ligações e arremates, concluindo o trajeto dos fios antigos e iniciando o percurso dos novos fios. Os textos apresentados neste *terceiro Motivo* são aqueles que abrem caminhos, pelo fato de termos podido acolher, durante o nosso processo de convivência, enriquecido ainda mais durante nossos encontros quando *perlaborávamos* os nossos artigos, o diferente, o inusitado, a alteridade do outro e a nossa própria, desfazendo nós complicados deixados por nossa tradição durante a elaboração do conhecimento humano.

Começamos a arriscar o desenho de novos *Motivos*, alegres, vivos, irônicos, suaves ou firmes e fortes, na trama de nossas vidas, que se cruzam nesta obra coletiva.

Adriana Caccuri: Professora de Espanhol LE. Projetos com visão transdiscplinar aplicada ao ensino e aprendizado da Língua Espanhola como LE. Tradutora Pública Juramentada e Design Gráfico Escola Panamericana de Arte. Sócia diretora da Studium Assessoria Empresarial: Projetos de Espanhol LE e Avaliações Linguísticas em contextos empresariais. Membro da Equipe de Coordenação da Companhia de Aprendizagem do Centro de Educação Transdisciplinar – CETRANS. Idealizadora do Método de Espanhol LE em CDRom do Projeto O Encontro dos Tempos. Professora de Ensino Secundário, Normal e Especial em Letras, Universidade de Buenos Aires, Argentina – UBA – Fac. de Filosofia e Letras (revalidação USP). adriana@cetrans.com.br

Marly Segreto: Psicóloga – PUCSP. Psicoterapeuta. Membro da equipe de coordenação da Companhia de Aprendizagem do Centro de Educação Trandisciplinar – CETRANS. Tradutora de autores transdisciplinares: Noel Denoyel, Hélène Trocmé-Fabre, Pascal Galvani, Patrick Paul. Formada pelo curso de aperfeiçoamento "Medicina Chinesa, Antropologia da Medicina e Transculturalidade" – Dr. Patrick Paul – Fac. Saúde Pública – USP. Foi Orientadora Educacional da Escola de 1º grau Novo Horizonte. Foi professora da cadeira Aconselhamento Psicológico I e II na Universidade Metodista de Piracicaba. Realizou atendimento clínico, individual e grupal, e trabalhos de Educação Comunitária para a Saúde no Serviço de Orientação da Família – SOF. marly@cetrans.com.br

Monica Osório Simons: Membro da Equipe de Coordenação da Companhia de Aprendizagem do Centro de Educação Transdisciplinar – CETRANS. Mestranda em Educação pela UNICID. Especialista em Educação Ambiental pela Centro Universitário Fundação Santo André. Coordenadora e docente da Pós-Graduação em Educação Ambiental da Faculdade SENAC de Educação Ambiental. Diretora da Empresa de Consultoria em Educação Ambiental CEAG – Centro de Educação Ambiental de Guarulhos.
monica@cetrans.com.br.

Teresa Cristina F. Bongiovanni: Membro da Coordenação da Companhia de Aprendizagem do Centro de Educação Transdisciplinar – CETRANS e da Coordenação Virtual do CETRANS. Integrante da equipe LINCA (Laboratório de Investigação de Novos Cenários de Aprendizagem) da Escola do Futuro da USP como pesquisadora, revisora e editora de conteúdos do Projeto Telemar de Educação. Graduada em Pedagogia. Graduada em Biblioteconomia e Documentação pela Escola de Biblioteconomia e Documentação de São Carlos; respondeu 25 anos por biblioteca escolar da Rede Estadual de Educação paulista e biblioteca universitária do centro Educacional Metodista do Sul Paulista. Mediadora em oficinas de leitura, literatura e teatro. tereza@cetrans.com.br

A Companhia de Aprendizagem Transdisciplinar:

O desafio da construção de um processo de formação em co-formação

Resumo:

A formação de grupos em diversos contextos, educacionais, empresariais e públicos, frequentemente, apresentam programas prontos, sem a consideração de uma démarche que leva a modificações no seu próprio processo de construção. A vivência de um processo de formação em co-formação, buscando o desenvolvimento da visão, atitude e práxis transdisciplinares, e uma nova relação com o ato de aprender podem se desenvolver em uma estrutura aberta de reflexão e experimentação, visando à aplicação concreta da proposta transdisciplinar em diferentes contextos de atuação na busca por novas formas de relação entre as pessoas e delas com o meio. Na Companhia de Aprendizagem trata-se de favorecer a auto-formação, ao dar espaço para que todos os participantes sejam atores e autores nesse processo. Assim, a partir de quatro olhares sobre uma mesma experiência partilhamos o ser e o fazer da Companhia de Aprendizagem.

Palavras-chave: Formação. Auto-formação, Hetero-formação, Eco-formação. Co-formação. Método. Registro. Práxis transdisciplinar.

Introdução

A natureza do trabalho transdisciplinar desenvolvido pelo Centro de Educação Transdisciplinar – CETRANS – se amplia com a criação da Companhia de Aprendizagem, que surgiu em continuidade aos cursos desenvolvidos em 2002: "O Pensamento Transdisciplinar", Tópicos Avançados em

Transdisciplinaridade", e do grupo de estudo independente QuaQuaQua Quantum.

A Companhia de Aprendizagem CETRANS propõe:

• a vivência de um processo de auto-formação em co-formação, buscando o desenvolvimento da visão, atitude e práxis transdisciplinares;

• uma estrutura aberta de reflexão, experimentação e aplicação concreta da proposta transdisciplinar em diferentes contextos de atuação;

• o favorecimento da auto-formação, ao dar espaço para que todos os participantes sejam atores e autores nesse processo;

• constituir um ponto de partida para a criação de uma rede de companhias de aprendizagem, contribuindo para a evolução da educação e formação transdisciplinares.

Aqui, procuramos relatar a trajetória da Companhia de Aprendizagem. Ao procurarmos comunicar uma experiência formativa vivida é preciso considerarmos as possíveis lacunas e desvios interpretativos, mas também a existência de uma zona desconhecida, não expressada, não revelada. Não é possível abarcar a totalidade da experiência e nem mesmo transmiti-la. A formação é um processo complexo que acontece em diferentes níveis de realidade. Mas podemos nos debruçar sobre ela, procurando perceber processos e mapear caminhos, sinalizados pelo que ficou inscrito durante o seu percurso e que foi significativo para nós. O presente artigo tem como intuito principal o de propiciar uma partilha que possa vir a alicerçar buscas e experiências semelhantes.

1. A formação da Companhia de Aprendizagem e o processo de formação

Como se forma uma Companhia de Aprendizagem numa abordagem transdisciplinar? Como se dá o processo de formação das pessoas que dela participam?

A Companhia de Aprendizagem, atualmente em seu terceiro ano de existência, foi esboçando um *modus operandi* e uma identidade própria à medida que ia desenvolvendo conjuntamente um saber-fazer-fazendo articulado a um saber-ser-sendo, num processo de formação experiencial.

Para Fabre (citado por PAUL, 2003), a formação experiencial pode ser vista tanto como uma filosofia da experiência relacionada a um saber fazer, como uma filosofia de vida e do espírito inscrevendo-se no quadro do saber ser e da busca de sentido.

Segundo Delevay (cit. Paul, 2003), o conhecimento experiencial permite "a articulação das percepções, emoções e intuições com a razão, estando mais atento aos fatos, seus encaixes e correlações do que a uma causalidade que, no entanto, ele não nega". Christian Verrier se interroga sobre duas facetas da experiência consideradas como componentes importantes da auto-formação: por um lado uma experiência intencional e refletida – o querer viver uma experiência numa auto-formação-experimentação de si – a experiência buscada sendo, então, imaginada, projetada, organizada e realizada; e, por outro lado, uma experiência não intencional, não refletida, mas também ativa na auto-formação existencial e possuindo virtudes formativas. O que poderia ser relacionado com as atitudes não intencionais investigadas por Mariana Lacombe. Segundo Patrick Paul, "a auto-formação experiencial participa de uma apropriação pelo sujeito daquilo que foi vivido por ele, a gestação das diferentes aprendizagens saindo do campo da experiência percebida, mas ela pertence também ao mundo da imaginação, [do sonho] e da intuição", daí a importância da consideração do homem em sua globalidade, "como sendo construído ao mesmo tempo sobre os regimes diurno e noturno, enraizado no sentir, identificado com representações e integrado num ambiente natural e social, situações essencialmente complexas".

A própria denominação, Companhia de Aprendizagem, nos ofereceu elementos de reflexão; etimologicamente, segundo o Dicionário Houaiss, a palavra companhia – formada pela raiz latina cum+panis, paralelo a *companio*, compania – significava "conjunto de pessoas que comiam o seu pão juntamente" e teria sido generalizado para "pessoas que vão juntas". Esta palavra nos remete também a uma relação associativa organizada em torno de um objetivo comum, envolvendo produção e trocas recíprocas.

O ato de acompanhar e de ser acompanhado, a presença junto aos outros, o movimento conjunto e o "alimento" comum nos forneceram pistas que poderiam conduzir ao sentido da formação de uma Companhia e do processo de formação das pessoas que dela participam. O que levantou a questão de saber, como sugere Gaston Pineau, se poderíamos sair de uma hetero-formação que atribui o poder de formação aos outros e que, frequentemente, vai contra a auto-formação, para chegarmos a uma co-formação, que é o seu complemento vital.

A palavra aprendizagem, por sua vez, que vem do latim *prend, prahendo* (tomar, agarrar, segurar, prender, atingir, chegar a), significa o ato, a duração e a experiência de aprender. Apreender, aprender e compreender têm a mesma origem, contendo o gesto de trazer para si, interiorizando, um saber e um conhecimento, a partir da relação consigo mesmo, com os outros e com o mundo. A complexidade do ato de aprender nos levando, então, a refletir sobre as etapas do saber-aprender (TROCMÉ-FABRE, 2004), procurando criar uma dinâmica de busca participativa, de co-construção de saberes e de partilha do sentido do processo de aprendizagem.

A imagem simbólica manifestando o sentido

Durante a fase de elaboração de um projeto para a Companhia de Aprendizagem emergiu a imagem da teia/tecelagem, remetendo ao simbolismo da aranha, do fio, do tecer e do tecido. A emergência do simbólico, mediando e favorecendo a integração, constituiu a metáfora geradora que deu nome ao nosso projeto, em 2003: Urdidura.

O simbolismo do tecer e do tecido contém as idéias de ligação, de entrelaçamento, de entrecruzamento de dois elementos: trama e urdidura. (CHEVALIER, 2000) A urdidura, conjunto de fios dispostos no tear e por entre os quais passam os fios da trama, religa os mundos e os estados, constituindo um eixo vertical. A trama representaria a geração condicionada e temporal de cada um desses mundos e estados, constituindo um eixo horizontal. No cruzamento da verticalidade com a horizontalidade encontramos o Humano. No ato de tecer criamos um mundo.

Mas, podemos ficar impressionados pelas aparências do mundo visível, que constitui um véu que nos impede de considerar o invisível, pois no tecido se manifestam duas faces:

uma visível e aparente, e a outra invisível e oculta, simbolizada pelo fio que passa pelas profundezas do tecido, não podendo ser visto. (PAUL, 2003) Encontramos aí a fragilidade de uma visão apenas parcial da realidade, que pode ser ilusória e enganadora. Essa ambivalência simbólica também pode ser encontrada no mito de Aracne, mortal que tenta rivalizar com a deusa Atena na arte da tecelagem, é derrotada e se suicida, tendo sido transformada pela deusa em aranha. (BULFINCH, 2000) O mito de Penélope, que durante o dia tecia e à noite desmanchava o que havia feito, nos remete à dialética do fixo e do móvel, a parte noturna desmanchando o que a parte diurna havia fixado. (PAUL, 2003)

Tecer representa um ato criativo relacionado à geração de novas formas (morfogênese) e ao processo de transformação (metamorfose), podendo ser visto tanto no que se refere ao sujeito – que, como a aranha, tira de si mesmo o material que vai tecer a teia – como no que diz respeito à relação intersubjetiva, onde cada um pode perceber-se como estando interligado e integrado num todo maior social e em interação com um ambiente natural e cultural, mas como estando, também, diante do desconhecido e do Mistério.

A relação entre trama e urdidura poderia ser vista como análoga à relação entre complexidade e diferentes níveis de realidade e, no vai e vem da lançadeira, o jogo dialógico das polaridades, da potencialização e atualização, integrando parte e todo, múltiplo e uno, verso e reverso, diurno e noturno, existência e essência, imanência e transcendência. "O simbolismo do fio nos remete ao agente que liga todos os estados da existência entre si e ao seu Princípio." (Guénon citado por CIRLOT, 1982) "Somos os fios, cuidado com o arremate!", disse um dos participantes da Companhia. Para que possa ser alcançada a religação com um centro unificador, é preciso que o fio seja acompanhado passo a passo em todo o processo. O que nos faz lembrar do fio de Ariadne, que permitiu a Teseu orientar-se no labirinto.

Essa imagem inspiradora e geradora nos acompanhou explicitamente, em 2003, e implicitamente, em 2004, pois, apesar de não nomeada, permaneceu subjacente ao processo, demonstrando o poder de mediação e a força de ressonância do imaginário mito-simbólico, favorecendo a integração e a manifestação do sentido.

O ESPAÇO-TEMPO FORMATIVO E A AUTO-FORMAÇÃO

É possível perceber, no início das atividades da Companhia, tanto em 2003 como em 2004, que houve a necessidade de uma etapa exploratória, de reconhecimento do terreno, de saber o que poderíamos realizar juntos, de nos conhecermos e buscarmos estabelecer vínculos que favorecessem o respeito e a inclusão das diferenças, o que permitiria passar da possível oposição para uma composição, fiando juntos.[1]

Dessa ação relacional, durante a realização de nossas sessões presenciais mensais, foi emergindo a necessidade do exercício contínuo do diálogo e de uma escuta sensível que pudessem lidar com a questão do automatismo concordo/discordo, instaurando o círculo da palavra no espaço da intersubjetividade e de busca conjunta de sentido. (GALVANI, 2002)

Percebemos que o modo como lidamos com o tempo também reflete uma questão formativa. Em 2003, com o apoio do texto de Maria F. de Mello, "Cronosformação", e dos desenhos de cada participante da Companhia representando o tempo, fomos reconhecendo a importância e a influência dos vários níveis de temporalidade. Esta percepção repercutiu em nossas ações, refletindo-se na elaboração dos cronogramas, no respeito ao horário das sessões e sua adequação às possibilidades dos participantes, e fazendo com que nos interrogássemos sobre a relação que estabelecemos com o tempo em nossas vidas pessoais e profissionais.

O questionamento da relação coordenação/participantes, ainda em 2003, nos levou a buscar esclarecer a função da coordenação como organizadora e mediadora, envolvendo um compromisso maior pela exigência de uma visão mais ampla do processo. Ao mesmo tempo, procuramos promover o exercício de uma hierarquia distributiva, considerando que todos estamos em processo de auto-formação.

Paralelamente, nas sessões virtuais mensais e fóruns, nos dedicamos à reflexão e trocas sobre a abordagem biocognitiva da auto-formação, como é desenvolvida por Pascal

---

[1] Confiar = fiar juntos – contribuição de Silvana Cappanari e Marise Rayel no curso *O Pensamento Transdisciplinar*, realizado pelo CETRANS na Escola do Futuro – USP, em 2002.

Galvani, em seu artigo "Auto-formação, uma perspectiva transpessoal, transdisciplinar e transcultural". Na sequência dessas trocas e da pesquisa em outros textos que poderiam esclarecer os conceitos contidos no artigo, fomos, então, compreendendo como se formam os nossos sistemas de representação, a partir dos diferentes níveis de interação e de retroação: consigo mesmo (auto), com os outros (hétero), com o meio ambiente (eco-formação); interações estas que nos formam e nos transformam. Ou seja, como construímos a nossa visão de mundo, a partir da qual compreendemos, interpretamos e explicamos as nossas experiências interiores e exteriores, e que estrutura a nossa ação. Galvani propõe três níveis de interação formadora (simbólica, prática e epistêmica), correspondentes a três níveis de representação (imagem, gesto e conceito) e a três níveis de manifestação de sentido (como sensibilidade, orientação e significação). A cada nível de interação formadora corresponde um tipo de inferência (razão sensível, razão experiencial e razão formal). Esses níveis de interação formadora estão ligados entre si, aos níveis de percepção e de consciência, e aos regimes do trajeto antropológico do imaginário (G. Duran) diurno e noturno sintético/místico.

Como, então, trabalhar a auto-formação em co-formação considerando a articulação de todos esses níveis?

Encontramo-nos diante do desafio envolvido num trabalho que implica um reviramento da ação formativa, onde o nosso próprio ser está no centro e em diferentes níveis de realidade e de consciência. Não se trata de uma técnica ou de uma proposta pedagógica, embora possa contribuir com uma proposta pedagógica que leve em consideração a auto-formação dos atores envolvidos. Trata-se antes de um processo vital e cotidiano, de uma busca existencial, de uma tomada de consciência e de poder sobre o nosso próprio processo formativo, do reconhecimento de que estamos em formação e de que vivemos em formação, desembocando numa visão de antropo-formação e de onto-formação.

Em 2004, fomos nos apropriando da proposta metodológica de acompanhamento da auto-formação (GALVANI, 2001): retorno reflexivo sobre a experiência, exploração intersubjetiva, mediatização e cruzamentos; que também foi utilizada no trabalho desenvolvido com as etapas do saber-aprender (TROCMÉ-FABRE, 2003), procurando relacionar auto-formação e processo de aprendizagem. O saber-descobrir, saber-reconhecer as leis do vivo, saber-organizar, saber-criar sentido, saber-escolher, saber-inovar e saber-trocar, foram sendo vistos em relação ao nosso próprio processo, enquanto Companhia, procurando reconhecer e compreender as questões envolvidas no ato de aprender e direcionando para o desenvolvimento da autonomia/ontonomia, que estruturam e manifestam o saber-compreender, saber-integrar e saber-comunicar.

Ser ator, espectador e autor

A questão do desenvolvimento da autonomia é encontrada tanto na abordagem tripolar da auto-formação – vendo a "auto-formação como um processo cotidiano, humano, vital, que permite a cada pessoa produzir uma forma pessoal a partir do conjunto de suas interações com o meio ambiente" (GALVANI, 2002) – como na proposta do saber-aprender – lembrando que todo ser humano nasce com um potencial de aprendizagem, ou seja, de adaptação e de auto-organização, na sua interação com o ambiente natural e social. Mas a autonomia é, frequentemente, confundida com individualismo. Não se trata, simplesmente, de desenvolver uma individualização da formação ou da aprendizagem, que busca responder apenas aos interesses individuais de maneira isolada, mas de uma ação formativa que considera a pessoa como uma atividade vivida de autocriação, gestando e gerindo a si mesma e em relação com os outros e com o mundo.

Nesse contexto, trata-se, então, de reconduzir o sujeito ao centro do processo formativo e educativo, como um ator, espectador e autor, que busca integrar as diferentes influências recebidas e existir como uma totalidade, e em devir. No início do processo de auto-formação, o sujeito, ao se perceber como ator, começa a desempenhar um papel ativo, opondo-se aos determinismos herdados e incorporados, numa busca de diferenciação e autonomização como sujeito psicológico[2], o que pode ser relacionado à jornada heróica do

[2] "*O centro de toda perspectiva individual*". Lavelle, citado por Galvani, 2002.

regime diurno do imaginário. Pudemos reconhecer em várias situações e intervenções, durante o processo da Companhia, essa dinâmica conflitual emergindo, seja na relação interpessoal, seja na relação de cada um consigo mesmo. O que nos fez perceber a importância da criação de uma intercompreensão da experiência vivida, numa perspectiva antropológica e a partir de uma boa compreensão do nosso próprio processo auto-formativo.

Nesse sentido, o retorno reflexivo que cada um fez sobre o seu processo auto-formativo, proposto na Companhia, foi fundamental, pois permitiu a tomada de consciência de ser sujeito e objeto de sua própria formação e de seu aprendizado. E, ao mesmo tempo como ator e espectador de si mesmo, poder agir, experimentar, refletir e se distanciar da experiência, ficando receptivo ao que possa emergir, revelando o autor. Essa passagem para o regime noturno, incluindo e transcendendo o regime diurno, revela a relação sujeito psicológico/sujeito transcendental[3], favorecendo a convergência, a construção conjunta e o desenvolvimento da ontonomia.

Como diz Galvani: "Eu só tenho consciência de mim mesmo porque um nível superior (sujeito transcendental) me permite me pensar como um eu entre outros eus e, portanto, integrar a possibilidade de outros centros de perspectiva sobre o real. Mas, além disso, essa possibilidade de todas as perspectivas sobre o real só se justifica pelo sujeito absoluto[4], estranho a todas as perspectivas e que contém a todas."

A finalidade da auto-formação não seria, então, ultrapassar a dimensão pessoal em busca do transpessoal, da antropo-formação e, em última instância, da onto-formação?

É interessante notar que a primeira etapa da Árvore do Saber-Aprender, saber-descobrir (contextualizar), também diz respeito ao saber descobrir a si mesmo, o que estabelece uma ligação com a décima etapa: saber comunicar, construir junto, ao se desenvolver o saber Ser.

---

[3] *"O centro de toda perspectiva em geral".* Idem.

[4] *"O centro sem perspectiva, consequentemente, não mais o centro abstrato de todas as perspectivas particulares, mas o centro concreto que as abole e ao mesmo tempo as fundamente"* - Ibidem.

2. O registro como possibilidade de um olhar avaliativo do processo de Auto-formação

Sou homem: duro pouco e é enorme a noite.
Porém olho para cima: as estrelas escrevem.
Sem entender compreendo: também sou escritura
e neste mesmo instante alguém me soletra.
Octavio Paz, poeta mexicano, 1914-1998

A Companhia de Aprendizagem e o Registro

O registro tem sido uma estratégia fundamental na formação e atuação da Companhia de Aprendizagem CETRANS desde a sua constituição em 2003; a necessidade e importância de registrar[5] emergiram naturalmente neste processo, quer como memória de um projeto experimental em desenvolvimento, quer como recurso utilizado nas *démarches* de acompanhamento da Auto-formação propostas por Galvani. (GALVANI, 2001) Durante seus dois anos de existência, a Companhia construiu seu percurso, retratado e ajustado permanentemente, onde seus registros não apenas documentam, mais indicam sempre novas possibilidades e rotas, auxiliando sobremaneira a descoberta de novos sentidos para o que estamos fazendo, num saber-fazer-fazendo articulado a um saber-ser-sendo. Na perspectiva da busca de sentido (PINEAU, 2000), o registro enquanto gesto nos remete ao sentido como orientação. Registrar é uma ação prática, gestual, de fixar um momento vivido ou algo acontecido, porque pleno de sentido como significação e/ou sensibilidade. Dispor do registro enquanto fonte e suporte do conhecimento é poder revisitar o momento registrado, resgatar o seu sentido além do tempo e do espaço, além do seu próprio criador; é poder encontrar o sentido pela significação. Elaborar e/ou decodificar registros nos permite uma reestruturação da consciência, possibilitando a descoberta

---

[5] Registro: do latim *registrum*, *regesta* (catálogo), *regerere* (repor, tornar a trazer, ajuntar, reunir, inserir para substituir, copiar). Raiz *gest*, que também dá origem a gesto, gestor, gestação, digestão, sugestivo. (Houaiss)

do sentido como sensibilidade. Assim, os registros feitos pela Companhia de Aprendizagem, na sua diversidade de formas e linguagens, permitiram desenvolver e corporificar as propostas da Auto-formação e seu acompanhamento (GALVANI, 2002), e constituem valioso material de pesquisa sobre formação em co-formação e companhias de aprendizagem. Alguns depoimentos dos participantes da Companhia de Aprendizagem registrados durante todo nosso trajeto em 2003/2004 ilustram as proposições aqui apresentadas.

> "A meu ver a questão do registro é fundamental, pois organiza e orienta o nosso fazer formativo e auto-formativo, individualmente e em grupo, ao mesmo tempo em que concretiza o processo histórico de desenvolvimento da nossa Companhia de Aprendizagem."
>
> A, postado em 25.08.2003 no IV FORUM

A importância do registro no processo de Auto-formação

Indissociáveis, as três dimensões do saber e do sentido estão sempre presentes no processo de Auto-formação. Através do registro se constrói a memória de um processo (os saberes de ação), o que permite reativar operações mentais e cognitivas na reconstrução do seu trajeto (os saberes formais) e que trazem no seu bojo impressões de outras naturezas, dos níveis experienciais e/ou simbólicos (os saberes existenciais) que se conjugam e imprimem no ato de representar (escrita ou outras formas simbólicas), criando consciência sobre a trajetória até então percorrida, e evocando o sentido que a conduziu ou concretizou. Como nos lembra Morin em suas proposições sobre o sentido: "O sentido é hologramático, isto é, o fato de o todo emergir contribui para dar sentido às partes, como elas dão sentido ao todo... O sentido é o surgimento de uma relação que une elementos sem isso separados. Tudo se encontra incluído no sentido, mas este é algo que emerge do todo." (PINEAU, 2000)

"A:

Lendo a tua inserção, percebo novamente dois aspectos importantes relacionados ao registro. Enquanto estamos buscando a seleção das idéias, a construção das frases, a escolha das melhores palavras, o ritmo da narrativa textual que representem o que desejamos, estamos também re-elaborando a experiência, organizando aspectos e nuances dela que talvez não tivéssemos percebido durante a própria vivência do processo – construindo um espaço de reflexão. Um segundo aspecto diz respeito ao registro em si, acabado, como produto que nos permite tudo que você aponta, instrumento que pode traduzir formalmente uma experiência (nos aspectos em que ela for traduzível) e torná-la acessível a outros. Para mim, há uma espécie de majestade na experiência de escrever, é um espaço criativo inesgotável, que se perpetua, se re-significa, nos faz avançar."

B, postado em 25.08.2003 no IV FORUM

O REGISTRO ESCRITO REESTRUTURANDO A CONSCIÊNCIA

Ao registrar, damos perenidade ao fugaz. Quando se registra alguma coisa percebida, descoberta ou vivenciada, vai-se além do fenômeno; mediatiza-se o fenômeno através dos signos, recria-se o fenômeno que não é mais puro em si mesmo, mas está mesclado com a auto-referência de quem registra. E porque essa auto-referencia é mutável e inclusiva, o mesmo registro espelha diferentes apreensões ou percepções, seja do próprio autor do registro em diferentes momentos, seja de todos os seus leitores. O registro escrito, especialmente, amplia suas dimensões de alcance: "O paradoxo da escrita está no fato de que a mortalidade do texto, seu afastamento do mundo, da vida cotidiana, sua rígida fixidez visual, garante sua durabilidade e seu potencial para ser ressuscitado em contextos vivos ilimitados, por um número potencialmente infinito de leitores vivos." (ONG, 1998) Pesquisas sobre oralidade e cultura escrita levantam importantes dados sobre o ato da escrita enquanto instrumento de reestruturação da consciência e segundo ONG, a escrita é uma tecnologia fundamental para a realização de potenciais humanos mais elevados interiores, conforme releva o registro abaixo que tece uma belíssima tapeçaria com essas idéias:

> Dando continuidade ao tema trazido pela B encontro no livro *Oralidade e Cultura Escrita*, de Walter Ong, não só a possibilidade de entender a escrita como uma invenção que transforma um estado de consciência em outro, mas a possibilidade de refletir sobre o assunto. *"A escrita, ou registro escrito, como tal, difere da fala pelo fato de que não brota inevitavelmente do inconsciente. O processo de registrar a linguagem falada é governado por regras conscientemente planejadas e inter-relacionadas..."* (ONG, 1998:99)

Durante este breve recorrido da C. A. CETRANS, utilizamos alguns tipos de registros entre outros: Collage colaborativo, Cronosformação: o desenho sobre o tempo ampliado pela escrita, um dossiê de síntese em forma de "cartaz", na nossa última sessão presencial com as reflexões escritas sobre a auto, hetero e eco-formação. O que fazia o homem antes de escrever? Desenhava. O que predomina nesta nossa primeira etapa em nossos registros conjuntos e colaborativos?

> *Os estágios de consciência altamente interiorizados nos quais o individuo está imerso inconscientemente nas estruturas de grupo são estágios, que segundo parece, a consciência nunca alcançaria sem a escrita. A interação entre a oralidade na qual todos os seres humanos nascem e a tecnologia da escrita, na qual ninguém nasce, atinge as profundezas da psique. Ont e filogeneticamente é a palavra falada que primeiro ilumina a consciência com a linguagem articulada. A primeira que divide o sujeito e o predicado e depois os relaciona entre si, e que estabelece laços entre os seres humanos na sociedade. A escrita introduz divisão e alienação, mas também uma unidade maior. Ela intensifica a percepção do eu e alimenta uma interação mais consciente entre as pessoas. A escrita eleva a consciência.* (ONG, 1998:199)

Fala e escrita denotariam níveis de realidade diferentes? E, se assim fosse, sem um registro escrito na C. A. CETRANS, não estaríamos perdendo a possibilidade de ler e reler, sempre descobrindo, em termos de Ong, "uma interação mais consciente entre as pessoas?

C, postado em 25.08.2003 no IV FORUM

O REGISTRO COMO ESTRATÉGIA DA COMPANHIA DE APRENDIZAGEM

O registro tem sido uma estratégia fundamental na metodologia de acompanhamento do processo de Auto-formação utilizada pela Companhia de Aprendizagem CETRANS. A princípio, em 2003, ano inicial do Projeto Urdidura, os registros feitos pretendiam salvaguardar o percurso do projeto para que posteriormente fosse sistematizado; uma abundante documentação cuidadosa e pormenorizada, foi então acumulada com esse propósito. Ela contém a apresentação do projeto em si, a memória das reuniões semanais da coordenação para o planejamento das sessões, seu(s) cronograma(s), a memória e os eventuais registros produzidos pela Companhia durante as sessões, quer as presenciais, quer as virtuais, e que foram reunidos num documento chamado Dossiê do Projeto Urdidura – 2003 da Companhia de Aprendizagem CETRANS. Nas sessões presenciais mensais os registros são de diferentes naturezas, abarcando textos escritos, fotos, desenhos e/ou colagem, tecelagem etc, buscando registrar o conhecimento manifestado nos diferentes níveis: epistemológico, experiencial e simbólico. As sessões virtuais mensais chamadas Ágora Virtual (AVT), são precedidas pelo estudo do texto-base: "A Auto-formação, uma perspectiva transpessoal, transdisciplinar e transcultural", de Pascal Galvani, subdividido para estudo mais aprofundado em sete etapas mensais. Os participantes levantam questões sobre o trecho lido, que são postadas no Fórum Virtual. Após a realização de cada sessão, a interação é editada e disponibilizada no mesmo ambiente; a descrição e análise delas foi feita e registrada no nosso Dossiê-Síntese de 2003.[6]

Em 2003, a infra-estrutura poderosa do ambiente virtual então usado e disponibilizado pela Escola do Futuro da USP, nos permitiu utilizar em tempo real, diferentes tipos de registros escritos, todos eles instrumentos valiosos para a própria percepção, tomada de consciência das ações realizadas no caminhar da Companhia de Aprendizagem. Dispúnhamos então das seguintes seções no ambiente virtual: Avisos para os participantes: comunicações virtuais entre a Coordenação-membros da Companhia de Apreendizagem; Agenda; Fóruns; AVTS (*chat*); Documento-base; Documentos complementares; Documentos de Gestão (Glossário, Normas bibliográficas, Netetiqueta, Acordos de convivência); *Links*; Diários Colaborativos e Trabalhos dos Estudantes.

Durante esse processo híbrido, devido à própria alternância presencial/virtual e diversidade dos registros produzidos, desenvolveu-se um movimento de itinerância, que a princípio manifestou-se tanto na consulta e produção dos registros, como nas questões levantadas nas sessões presenciais a partir das sessões virtuais e vice-versa, e que, posteriormente, viria a ganhar novos contornos e representações. Começam então as primeiras experiências de produção de dossiês reflexivos/ avaliativos de cada sessão, iniciativa livre estimulada pelo próprio processo de Auto-formação em curso, onde o exercício do olhar sobre o fenômeno instigava novas descobertas e trazia novas possibilidades e ângulos de visão. Desse exercício, também emergem as primeiras reflexões da Companhia de Aprendizagem sobre a importância do registro como estratégia no processo de sua constituição:

Até que ponto percebemos e aceitamos que a utilização desse instrumental que é o registro escrito – sob a forma de dossiê, diário colaborativo, relato de experiências, por exemplo – é uma estratégia fundamental para a vivência desse processo? Ou não seria?

---

[6] Dossiê-Síntese de 2003 da Companhia de Aprendizagem CETRANS – documento final contendo os registros do processo vivido nesse período.

> Postagem de B resgatada por C na 4ª AVT de 26.08.03, cujo tema foi A EXPLORAÇÃO DOS NÍVEIS DE RETROAÇÃO REFLEXIVA DA AUTO-FORMAÇÃO e re-contextualizada na Tabela reflexiva organizada após a 4ª AVT para responder à questão levantada por A:
>
> Vejo que as estratégias adotadas ainda não dão conta de atingir os objetivos pretendidos. D

Em 2004, alojada em outro espaço físico, através da colaboração da Unidade Jabaquara do SENAC, e tendo uma percepção mais clara de sua característica itinerante, a Companhia de Aprendizagem cadastrou-se no Yahoo como grupo fechado (www.yahoo.companhiadeaprendizagemcetrans.grupos.com.br), dando assim continuidade às suas sessões virtuais. Entretanto, essa estrutura, limitada tecnicamente em relação à anterior, e instável durante a interação virtual, conduziu a algumas modificações no processamento dos registros virtuais: as sessões eram fotografadas pelas coordenadoras através do *print screen*, no que era possível devido à instabilidade do sistema, e depois reunidas, organizadas e encaminhadas via e.mail a todos os participantes. A precariedade desse processo virtual de interação tornou nossos registros truncados e incompletos, mas gerou também uma nova dinâmica na condução das sessões virtuais:

> Durante a reunião de coordenação de 06.04 fizemos uma releitura contínua de todas as telas salvas e cuidadosamente editadas pela E, no preparo do próximo passo a ser dado na 2ª Sessão Presencial de 13.04.04. Neste exercício, percebi que cada uma de nós, coordenadoras, manteve um foco durante a AVT: C, instigando a perspectivas e reflexões futuras, E fazendo a mediação entre o que emergia ali nas situações colocadas pelos participantes e o processo de formação, B relacionando as questões levantadas com o texto estudado de Galvani. Este é um exemplo de como se manifesta o acompanhamento da Auto-formação a partir da *démarche* proposta por Galvani na sua etapa inicial de refletir sobre a experiência vivida que, nesse registro, avança para suas próximas etapas: registro e produção pessoal

e socialização com o grupo.

Comentário de B na construção da Tabela reflexiva das Primeiras Sessões Presencial (16.03.04) e Virtual (30.03.04).

> *Novas formas de registro presenciais desenvolveram-se, dando cada vez mais sentido a ação e ser da Companhia de Aprendizagem. O estudo do texto* A Árvore do Saber-Aprender (TROCMÉ-FABRE, 2004) *como referencial cognitivo, gerou importantes formas de registro em 2004; o acompanhamento do estudo e apresentação das etapas da árvore acoplado ao retorno reflexivo sobre a experiência sugerido pela Auto-formação produziu auto-avaliações e relatos experienciais que, ouvidos através de uma escuta sensível, eram então transcritos por cada participante e entregues ao relator para posterior análise e reflexão. Outro tipo de registro surgido foi uma sondagem com os participantes sobre como eles entendiam previamente cada uma das etapas da árvore do saber-aprender a serem trabalhadas. Esses instrumentos aprofundaram a compreensão epistemológica dos textos estudados, oportunizaram uma revisão na prática de cada membro e promoveram o resgate do sentido através da compreensão no nível simbólico.* (DENOYEL, 1999)

O registro como possibilidade de gerar diferentes olhares

Durante o processo de elaboração do Dossiê-Síntese da Companhia de Aprendizagem em 2003, foi feita a análise de nossos registros feitos no ambiente virtual dos Fóruns e AVTs; dela emergiram algumas reflexões que mostraram-se úteis e pertinentes para nossa orientação/ação em 2004. Lembrando Galvani: "Construir uma *démarche* de acompanhamento da auto-formação só pode se fazer baseando-se numa boa compreensão do próprio processo" que leva em conta as diferentes dimensões dos saberes e do sentido, na sua indissociabilidade.

A experiência da Companhia de Aprendizagem, com a elaboração de diversos tipos de registros realizados ao longo do seu processo, vem demonstrando que eles podem suscitar diferentes olhares sobre o mesmo fato ou situação (parte) e sobre o processo (todo) gerando assim novos saberes: epistêmicos e formais – para serem verificados; experienciais – o ato de registrar torna-se um nosso fazer: "Trata-se de propor suportes que permitam a tomada de consciência, o desenvolvimento e a diversificação dos saberes de ação" (GALVANI, 2001); o registro permite também uma ressignificação do sentido ao tornar reconhecível e palpável aquilo que se reconfigura em nós internamente, durante o processo de Auto-formação. "A formação não se limita à aquisição dos saberes e ao desenvolvimento de competências. Ela é também um processo existencial de construção de uma forma pessoal e de produção de sentido." (Pineau, 1983 cf. GALVANI, 2002) Essas dimensões do saber estão contidas potencialmente no registro enquanto instrumento tangível e passível de mediação, mesmo feito em diferentes linguagens e formas: seja a linguagem verbal (oral e escrita), seja a gestual (rituais, danças), ou a linguagem artística e simbólica. O fato é que nossa interação com o registro nos permite vivenciar um retorno reflexivo sobre a nossa experiência, partilhá-la e ressignificá-la, quer como leitores/espectadores das nossas próprias produções ou elaborando-os enquanto atores/autores.

A práxis da Companhia de Aprendizagem também demonstrou que a natureza e a qualidade do registro tem uma relação direta com o contexto onde ocorre o que foi registrado, refletindo o grau de envolvimento de seus autores e leitores (espectadores) conforme depoimentos registrados:

> Até que ponto percebemos e aceitamos que a utilização desse instrumental que é o registro escrito – sob a forma de dossiê, diário colaborativo, relato de experiências, por exemplo – é uma estratégia fundamental para a vivência desse processo? Ou não seria? Alguns temas estão presentes: a questão das estratégias, a questão do tempo e o comprometimento. C.
>
> A questão do tempo e dos registros permeiam a questão da maior coesão e participação do grupo. B

Os registros requerem uma dedicação... uma abertura de tempo e espaço, especialmente dentro de nós mesmos." A

Quando nos reunimos em volta de uma mesa e cada um expõe na sua reflexão sobre o seu processo de auto-formação, a exploração intersubjetiva, podemos começar a refletir sobre a contribuição de cada nível desses em nosso processo. E

Sendo construído a partir de diferentes percepções, alternadas no tempo e nos níveis de realidade de onde elas emergiram, o registro pode refletir tanto a mudança do olhar enquanto sujeito-observador que interage com o processo – entre, através e além da realidade observada – quanto a dinâmica do processo do ser em auto-formação, o que permite que ele, processo, seja abarcado, avaliado e validado a partir de múltiplos olhares, vindo assim contribuir significativamente para o enriquecimento do processo de Auto-formação, num movimento recursivo.

No presente registro, um fio de navalha separa as nuances do processo, das reflexões sobre o próprio processo. Pode-se dizer que o processo contém as referidas reflexões; ao mesmo tempo, as reflexões do processo têm uma inflexão do *a posteriori*, enquanto as falas agrupadas como registro do processo parecem revelar descobertas feitas no momento registrado. Há situações em que elas se entremesclam. Refletir sobre isso poderá constituir um poderoso exercício que nos permita novos encaminhamentos.

B, Anexo II do Dossiê-Síntese de 2003

3. À PROCURA DE UM MÉTODO DE PRÁXIS TRANSDISCIPLINAR

A Experiência nunca erra; é só nosso julgamento que erra em prometer a si mesmo resultados que não são causados por nossos experimentos – Leonardo da Vinci

Estamos conseguindo criar uma metodologia de Práxis Transdisciplinar com base na errância, no erro e na incerteza humana?

Estamos conseguindo criar um método, ou métodos, cujas estratégias para o conhecimento e a ação se realizam em um caminho que se pensa?

Ofereceremos ao leitor olhares que se dirigem ao que é feito, visando à compreensão do que é vivido. Não possuímos uma fórmula prescritiva e normativa. O foco na *démarche* dos projetos mostra-se muito mais difícil e decepcionante do que parece ser numa primeira abordagem. E, no entanto, as apostas revelam-se extraordinariamente grandes:

- por um lado conscientiza os atores da formação da não "utilização de estratégias indiretas de demonstração social de sua capacidade social de dominar uma situação" (BARBIER, 1991:20),
- e por outro, evita "projetos-vitrine ou projetos-alibi" que têm apenas como efeitos os da sua enunciação.

Vivemos em uma civilização de projetos. Esta "palavra mágica e cheia de promessas" parece ocupar o essencial do campo da renovação das práticas sociais ", sendo uma "via privilegiada de ação para todos os que investigam uma transformação dos sistemas de formação" e auto-formação, e acreditam que esta transformação passa também pela paciente realização de mudanças muito concretas... que implicam na sua condução os atores e autores diretamente interessados, tocando-os em suas atividades quotidianas. (BARBIER, 1991:21)

Práxis Transdisciplinar

A Companhia de Aprendizagem do Centro de Estudo Transdiscplinar (CETRANS), propõe a vivência de um processo de auto-formação em co-formação buscando o desenvolvimento da visão, atitude e práxis transdiscplinar. Entendemos por práxis transdisciplinar a prática dos pilares da metodologia transdisciplinar: a complexidade, os níveis de realidade e a lógica do terceiro incluído aplicados a projetos de ação (práxis), planificação (organização) e experimentação (pathos). (HOUAISS, 2001:2278)

Consideramos a práxis em sua etimologia, como ação, agir, execução, realização, empresa. Condução de um caso, maneira de agir, conduta, maneira de ser, resultado de uma ação, consequência em sua práxis: "participação ativa em umas ações práticas, considerando o que surge em oposição ao 'pathos'". (SAMPIERI, COLLADO, LUCIO, 2003:12)[7]

Podemos então nos perguntar se existe uma metodologia transdisciplinar. A reposta é sim, ela existe:

> *A metodologia foi estabelecida em dois congressos internacionais: o 1º Congresso Mundial da Trandisciplinaridade, Arrábida, Portugal, 1994, e o Congresso de Locarno, Suíça, 1997, ambos organizados em parceria da UNESCO e CIRET (Centro Internacional de Pesquisas e Estudos Transdisciplinares – Paris). Os participantes desses congressos definiram, então, a metodologia transdisciplinar como sendo constituída por três pilares: 1. a Complexidade, 2. a Lógica do Terceiro Incluído e 3. os Diferentes Níveis de Realidade.*[8]

A teoria em oposição a Práxis, a Metodologia triádica e nossa procura por experenciar vários métodos. Para um pensamento complexo – "o pensamento complexo engloba a experiência do ensaio" – a experiência se daria *a priori*, o método *a posteriori*. Este "método gerado pela teoria regenera a própria teoria" Mas a "teoria adquire vida com a intervenção do sujeito" (MORIN: 2003: 335), e o método só existe com o sujeito.

Nosso método, o "pleno emprego das qualidades do

---

[7] Historicamente, sabemos que as pesquisas dentro das Ciências Sociais e Humanas apresentam alguns problemas relacionados com a epistemologia e a metodologia na interpretação de dados.

Os problemas epistemológicos delineiam a relação sujeito-objeto, supondo a polêmica sobre o compromisso da própria ciência e sua definição do objeto de estudo. Nos referimos a que posição que toma um pesquisador ou alguém frente à realidade.

Os problemas metodológicos *mostram a dificuldade que as Ciências Sociais e Humanas possuem para adotar o método experimental e a medição, a quantificação através dos enfoques quantitativos, qualitativos e mutimodais. O mundo da pesquisa divide-se assim em puristas, que demandam o divórcio entre o enfoque quantitativo e qualitativo, situacionais, onde cada enfoque resulta mais apropriado para uma situação específica, e pragmáticos que integram ambos enfoques. Acreditamos, como Denzin (1978:14) que a "triangulação" ou convergência seria a mais adequada, na medida em que esta triangulação é complementar".* La triangulación es complementaria en el sentido de que traslapa enfoques y en una misma investigación mezcla diferentes facetas del fenómeno de estudio".

[8] http://www.cetrans.com.br/Saber/co-formação FAQ.

sujeito, supõe a presença inevitável da arte e da estratégia

a) no pensamento complexo conferindo sentido à complexidade;

b) na interligação dos diferentes níveis de realidade da auto-formação tanto no plano teórico quanto nas práticas de acompanhamento de auto-formação;

c) na percepção do terceiro dinamismo desenvolvendo estratégias para o conhecimento, para a experimentação e para a ação." (MORIN, 2003:32)

É possível se pensar numa prática transdisciplinar sem o conhecimento da metodologia?

> *Sim e não. Sim, pois mesmo antes da metodologia atual ter sido estabelecida e mesmo pessoas que ainda não conheçam ou não dominem a metodologia da TD, existiam e existem pessoas, nos diversos campos do conhecimento e da prática, imbuídas de uma atitude transdisciplinar. Por isso, há graus de transdisciplinaridade: " ... a maior ou menor satisfação dos três pilares metodológicos da pesquisa transdisciplinar gera diferentes graus de transdisciplinaridade".* (NICOLESCU, 1999:48)

O método gerado pelos pilares transdisciplinares regeneraria a própria transdiscplinaridade?

Os e.mails como um sistema

Os primeiros *e.mails* trocados entre as coordenadoras da Companhia de Aprendizagem se transformam em objeto de análise e reflexões[9], vindo a constituir um sistema sequencial de informações; documentos que registram todos os temas tratados, o processo e evolução dos atores participantes, os perfis dos coordenadores e suas habilidades, cujas funções nasceram de iniciativas espontâneas respondendo às necessidades do momento. O ato de reuni-los e analisá-los posteriormente, como registro produzido, possibilitou interessantes descobertas sobre o método que se desenvolvia paralelamente à formação da própria Companhia, como demonstram as transcrições inseridas abaixo.

[9] Nossa troca de *e-mails* tem sido registrada e armazenada; de 2003 até 07.03.2005 totalizamos 3360 *e.mails*.

05 de dezembro de 2002, 10h50
XXX,
Está sendo marcada uma reunião do C. A. CETRANS para o dia 16 de dezembro, segunda-feira, das 9h às 11h, no Bloco I da Escola do Futuro. Você pode? Você comunica isso para a XX para ver se ela também pode? Abraço, XXX.

Você pode?

O que faz uma simples pergunta! Ela abre opções: sim posso, não posso, e uma terceira, aquela que pode representar todas as possíveis respostas que desconheço. Assim começamos, nós coordenadores com cinco "sins". Hoje somos quatro. O amanhã, desconhecemos.

Assim abre-se um caminho que não existe, que se faz ao andar, e os versos tão conhecidos do poeta espanhol modernista, longe de ser um improvisar caminhos, escondem a "experiência de uma dolorosa e lúcida percepção da complexidade da vida e do humano". Esse caminho que não existe e se faz ao andar, buscando as perguntas que orientem, transforma-se em um "método como caminho que se experimenta", sendo ao mesmo tempo um método que "se dissolve ao caminhar". (MORIN, 2003:21) Então, esse projeto que não existe se vai fazendo...

Segunda-feira, 16 de dezembro de 2002, 11h11
Estimados Todos,
Já está criado o C. A. CETRANS. Todos estão inscritos segundo o perfil combinado...
Com amizade, XXX.

Quarta-feira, 18 de dezembro de 2002, 20h56
Cara XXX,
Realmente o desafio é enorme, mas com certeza acredito que a dimensão tempo estará a nosso favor na proporção em que caminharmos um passo de cada ve,z sem ansiedade e com total desapego.
Com carinho, XXX.

Quinta-feira, 2 de janeiro de 2003, 15h04
Caríssim@s Tod@s! Feliz Eterno Agora para tod@s !

Gostaria de lembrar a mim mesma, e se servir, ao grupo que, conforme Michel Random, "A primeira virtude é recusar o adquirido. Nossas certezas são nossos piores inimigo, pois nos impedem de dominar a paisagem, de criar grandes convergências", e que "Para integrar o trans precisamos ser poetas".

Quarta-feira, 15 de janeiro de 2003, 09h53
Amigos,
Qualquer que seja nossa proposta de trabalho, não podemos perder de vista que o foco de toda nossa energia deve ser a sustentabilidade planetária, e, assim sendo, nosso projeto deve orientar-se para a consciência que cada um de nós, envolvidos, deve ter de sua postura e ação no momento presente, e como ela contribui para a construção do conhecimento que nos encaminhe para isso.
Conforme foi sugerido, o trabalho sobre a Auto-formação é prioritário, principalmente se considerarmos a oportunidade que ele nos dá de refletirmos sobre nosso pensar e agir individual, e na poderosa ferramenta que forjamos a partir de nossas escolhas.
Abraços fraternos a vocês. XXX.

Domingo, 2 de fevereiro de 2003. 08h21
Car@s Tod@s,
Enfim estamos de volta, dando início à nossa roda viva... mas isto é bom,, por ser desafio e convite a permanente construção em co-autoria com os outros por um "outro mundo" que com certeza é possível!
Um beijo carinhoso, XXX.

Terça-feira, 4 de fevereiro de 2003, 17h23
De fato, XXX, acredito que precisamos ainda discutir um pouco mais para afinarmos o olhar quanto ao formato e funcionalidade do trabalho que faremos na Companhia, tendo a preocupação não somente de valorizar o aprofundamento teórico mas, com base nele, podermos desenvolver uma práxis que possa se refletir nos nossos respectivos campos de intervenção sócio-ambiental. Pessoalmente vejo na TransD. uma inédita e fantástica ferramenta que poderá alavancar a construção de uma contracultura que, no meu entender, é urgen-

te e emergente, e para a qual é necessária uma fecunda interlocução. Acredito que este seja o nosso principal papel enquanto coordenadores da C. A. CETRANS, a de mediadores de uma interlocução.

Concordo com você. Quando optamos, numa primeira instância, pelo texto da Auto-formação, imaginei que nossa Companhia fosse um espaço onde poderíamos nos aprofundar teoricamente no texto e conviver efetivamente dentro da perspectiva de auto e hetero-formação... o que equivale a dizer que estaríamos praticando a convivência dentro dos princípios transdisciplinares. Por isso sugeri estarmos refletindo em alguns pontos básicos (recortes do trabalho do XXX que já enviei anteriormente a vocês) sobre o que nos faz decidir – que elementos transdisciplinares podem nos tornar mais cônscios a respeito do que nós decidimos (ou não) fazer... o texto da Auto-formação seria um bom ponto de partida. Talvez você seja mais operativa do que eu e possa reverter essa minha reflexão para a ação! Tomara... risos... seria uma "baita" ajuda! O que poderíamos oferecer como proposta de convivência (real e virtual) que nos motivasse, a cada um de nós mesmos, a aderir à Companhia? Aguardo vocês! Grande abraço, XXX.

Quarta-feira, 5 de fevereiro de 2003, 15h31

Agradeço as mensagens recebidas e a riqueza das contribuições de cada um...

Concordo com a XXX sobre a necessidade de definirmos as bases do C. A. Cetrans e com o XXX, no sentido de, nas primeiras reuniões, envolvermos os participantes, conhecendo as suas expectativas e necessidades para, conjuntamente, construirmos a nossa Companhia de Aprendizagem...

Foi bem oportuna a contribuição da XXX levantando a questão da prática transdisciplinar como ação em qualquer campo, da atitude transdisciplinar e dos diferentes graus de transdisciplinaridade, o que nos remete ao ato de religar como fundamental em qualquer proposta permeada pela transdisciplinaridade.

A proposta da XXX de buscarmos sentido e significado me parece importante no que diz respeito à resolução de conflitos que poderão emergir, considerando a com-

plexidade e a diversidade de interesses e atuações dos participantes.
Bom... por hoje é só. Aguardo resposta. Um grande abraço a todos XXX.

O caminho vai sendo feito.

A idéia de método em geral remete a Descartes e se caracteriza pela "necessidade de proceder, em qualquer pesquisa ou estudo, a partir de certezas estabelecidas de maneira ordenada, nunca pelo acaso". "Entendido desta forma (...) o método é um programa aplicado a uma natureza e a uma sociedade consideradas como algo trivial e determinista. Pressupõe que se pode partir de um conjunto de regras certas e permanentes, possíveis de serem seguidas mecanicamente." (MORIN, 2003:21) Podemos pressupor que a criação de qualquer projeto, inclusive a própria criação da nossa Companhia de Aprendizagem, se dê em um contexto que se caracterize unicamente pela ordem, determinismo, objetividade, causalidade e controle?

A realidade muda sempre e se transforma, então nada estático, rígido ou programado poderia acompanhar as mudanças. Um método como sinônimo de programa não pode nos dar um suporte verdadeiro para compreender nossa *démarche*. Situações complexas envolvem os projetos que estão realizando hoje os participantes da Companhia: sejam ligados à violência como A, futuros ateliês experimentais, como é o caso da B, novas formas de ver o objeto, como propõe a C, a consideração do meio ambiente com programas para jovens sob a responsabilidade de D, a formação de futuros formadores, no caso de E, e F com uma visão do turismo eco-hetero e autoformativo, a composição de uma companhia de aprendizagem exige muita flexibilidade, clareza e lucidez e os programas feitos, completos de nada nos servem. "Podemos afirmar o seguinte: em situações complexas, nas quais, num espaço e tempo, não há apenas ordem, mas também desordem; não há apenas determinismos, mas também acasos; em situações nas quais emerge a incerteza, é preciso atitude estratégica do sujeito ante a ignorância, a desarmonia, a perplexidade e a lucidez." (MORIN, 2003:19)

Hoje nossos e-mails são documentos que poderão vir a constituir um ensaio, e "em sua concepção o pensamento complexo engloba a experiência do ensaio". "Pensar uma obra como ensaio e caminho é empreender uma travessia que se desdobra em meio à tensão entre a fixação e a vertigem. Tensão que por um lado, permite resistir ao fragmento e, por outro, a seu contrário: o sistema filosófico entendido como totalidade e escrita acabada." (MORIN, 2003:19)

Sábado, 8 de fevereiro de 2003, 11h43
Assunto: O que estou fazendo aqui
Coordenadores do C. A. CETRANS,
Um Bom Dia. Para responder à pergunta que a XXX fez, vou levar parte da introdução de uma tese de doutoramento, defendida em Portugal. O que o texto diz é o que eu estou fazendo aqui! Cordialmente, XXX.

O que estou fazendo aqui?
O que você está fazendo aqui?
O que nós estamos fazendo aqui?
Quais são as perguntas do grupo no qual estamos inseridos?
Caminhe, porque o método não precede a experiência, o método emerge da experiência.

Domingo, 9 de fevereiro de 2003, 09:56
Bom dia!
Como você está? Acabei de ler o texto da Matriz que você teve a feliz inspiração de sugerir... e, fazendo algumas perguntas a partir dessa leitura e da aplicação da Matriz a mim mesma, eu gostaria que você me ajudasse a respondê-las, se fosse possível:
Considerando que os grupos são sempre heterogêneos em maior ou menor grau (a partir do nosso, por exemplo, e do que estamos pretendendo coordenar):
1. É possível e mesmo natural que o foco pessoal de cada um esteja ajustado a apenas um ou alguns aspectos da Matriz?
2. É possível que através de uma ação (conceitual e prática) transdisciplinar como a que cada um de nós vivenciou no seu respectivo curso no CETRANS, possamos a criar um patamar comum e/ou compartilhado de auto e hetero-formação, considerando a compreensão e

trânsito pela Matriz como meta?
3. É possível que cada membro de um grupo assim formado perceba onde está o seu foco e busque o seu equilíbrio pessoal/grupal?
4. E, finalmente (por hora...), é possível que nesse exercício de construção de uma Matriz coletiva uma Companhia de Aprendizagem se estruture a partir de uma prática transdisciplinar? E sendo isso possível, é desejável?
Meu abraço a você, XXX.

É possível o "método-caminho"?
Sim. Um "método-caminho que transite entre a experiência da pluralidade e da incerteza, experiência que hoje a educação deve encorajar, estabelecendo uma relação direta com a revelação da multiculturalidade das sociedades no âmago da planetarização". (MORIN, 2003:20)

Quinta-feira, 13 de fevereiro de 2003, 10h36
Saudações a todos e um bom dia!
Estou enviando o resumo da reunião, que foi muito boa e esclarecedora. Temos um grande desafio pela frente, mas confio na nossa coragem, determinação e união, para tocarmos esse projeto adiante... Um grande abraço XXX.

Quinta-feira, 13 de fevereiro de 2003, 20h58
Oi, XXX,
Estou grata pela sua contribuição. Nada como trabalhar num espírito de colaboração... Grande abraço, XXX.

Sexta-feira, 14 de fevereiro de 2003, 07h48
Caros coordenadores do C. A. CETRANS,
... O trabalho com o texto de Paul Galvani, sobre auto/hetero/eco-formação deverá constar do processo com o grupo. As pessoas interessadas em participar vêm de 3 grupos com diferentes experiências de contato com a transdisciplinaridade. Como articular o trabalho considerando isso? Como envolvê-los na construção da proposta de trabalho? Percebemos a necessidade de fazer contato com as pessoas interessadas em participar do C. A. CETRANS o quanto antes, para recuperar o entusias-

mo manifestado no final dos cursos.
Pensamos em elaborar um instrumento que permita fazer um levantamento das expectativas e necessidades dos membros do grupo, para prepararmos a 1a reunião: 1) listas dos interessados; 2) quando, quem e como iniciar os contatos com o grupo de interessados? Um abraço, XXX.

Sexta-feira, 14 de fevereiro de 2003, 20h50
... O laboratório começa conosco, vamos experimentar as formas e exercitar o diálogo entre nós. Neste fim de semana, lerei com mais atenção todo o material recebido. Bom fim de semana e até 2ª feira. Um grande abraço, XXX.

Em 14 de fevereiro de 2003
... Nesta etapa inicial, podemos ir experimentando diversas formas de apresentação dos conteúdos até chegar àquele que seja mais eficiente e permita visualizar melhor a opinião de cada um... Também estou elaborando um planejamento de reunião. Na nossa última reunião fiz uma pergunta pessoal, acreditando que a reunião havia finalizado, mas na verdade havia finalizado para mim e não para os outros. Uma simples avaliação do processo de reunião, evita algo tão simples.

COMPANHIA DE APRENDIZAGEM CETRANS – UM PROJETO EM ESTRUTURAÇÃO

A COMPANHIA responde ao CETRANS

1. Nosso papel institucional: Coordenadores do C. A. CETRANS.

"A realidade antropossocial é multidimensional; ela contém sempre uma dimensão individual, uma dimensão social e uma dimensão biológica." (Edgar Morin, p. 190, *Ciência com Consciência*)

Os coordenadores do C. A. CETRANS poderão, futuramente, participar da Lista de Discussão.

O que tem sido feito pelo CETRANS? XXX disse estar muito feliz com a iniciativa da construção do C. A. CETRANS, idéia inovadora, sístole/diástole, pulsação da Transdisciplinaridade, indo da teoria para a prática.

Algumas questões iniciais levantadas:

Como engendrar um projeto como esse em países em desenvolvimento, considerando as condições econômicas e onde a maioria não fala uma língua estrangeira? Que instituições o aceitariam?

2. Como dar início ao projeto sem nenhum suporte financeiro?

Temos que:

- lidar com problemas financeiros e tentar continuar mesmo quando faltam os recursos;
- lidar com problemas decorrentes da complexidade, do terceiro incluído e dos diferentes níveis de realidade;
- favorecer criações individuais e coletivas;
- cuidar para que as coisas não sejam menos inovadoras para conseguir aceitação;
- não forçar encaixes; nada deve ser forçado a se encaixar aonde não pertença.
- não ser confundido com a interdisciplinaridade;
- não temer experimentar e errar;
- encontrar a medida justa – Nêmesis. É esta a palavra? Tive que ir ao dicionário Houaiss; p. 2007: Nêmesis: ... 4. Etim GR. "justiça distributiva";
- criar metacomunicação para superar rígidas fronteiras entre disciplinas;
- operativo;
- ter rigor epistemológico e procedimentos metodológicos pertinentes;
- ser humildes e otimistas.

3. Como considerar o que é Transdisciplinar?

a) Tem que haver os 3 pilares, que podem ser aplicados separadamente mas que, para serem incorporados, é necessário considerar sua inter-relação, sua conjunção.

b) Co-formação: auto/hetero/eco-formação.

c) Avaliação Quali-Quanti, vista em termos de um processo formativo; diálogo solitário e solidário.

d) Vetor, Imagem, Idéias, Frases Inspiradoras, Palavras Chaves: já percorrem todos os níveis de realidade da sessão (ver instrumentos utilizados no Curso Pensamento Transdisciplinar). O vetor é um pilar da racionalidade.

4. Definição das Bases do C. A. CETRANS:

Como surgiu a idéia? A natureza do trabalho transdisciplinar se completa quando se criam Companhias de Aprendizagem e aplicação concreta; essa é uma experiência pioneira e que pode dar grande sustentabilidade à transdisciplinaridade.

Por que Companhia?

Quando nomeamos, configuramos um universo. Buscamos algo que proporcionasse diálogo, fosse aberto, permitisse produção concreta – projetos, indicasse uma proximidade, uma troca.

O que é o C. A. CETRANS?

Um laboratório. Foi discutida a necessidade de definirmos melhor a sua identidade. Como será constituído? Começar com o público alvo já constituído, por um ano, com um máximo de 25 alunos.

Onde? Quando?

A coordenação do CETRANS reservará uma sala para as sessões presenciais e uma sala com computadores para a orientação da utilização do ambiente virtual durante a primeira aula presencial. As sessões virtuais serão realizadas à noite, em horário a ser definido, quinzenalmente, conforme calendário anexo. Estou sugerindo cronograma das reuniões presenciais:

3as feiras, das 14 às 20h00: abril 08; maio 13; junho 10; agosto 12; setembro 09; outubro 14; novembro 11; dezembro 09. OBS: sugiro a antecipação da data de outubro

>(XXX) > A sessões presenciais deverão ter início em abril, devido à necessidade de nos organizarmos melhor, sempre às terças feiras, das 14 às 20h00. (Foi lembrado que muitos dos interessados residem fora de S.Paulo e o período da tarde poderia ser mais conveniente.)

Quais são os nossos objetivos? Teremos que definir os objetivos gerais, e os objetivos específicos serão definidos de acordo com o processo do grupo.

Qual é o papel dos coordenadores? Como articular o trabalho dos coordenadores entre si e da coordenação do C. A. CETRANS com a coordenação do CETRANS? XXX manifestou sua inquietação no que diz respeito à responsabilidade dos coordenadores. Percebemos a necessidade de fazermos mais reuniões da coordenação e de agilizarmos os contatos virtuais, antes de abrirmos para o grupo todo.

XXX relatou que a experiência da relação entre os coordenadores do CETRANS ajudou a metacomunicar com os grupos. Sugeriu:

- sermos reciprocamente livres e estarmos voluntariamente juntos;
- definir o que se pretende;
- evitar disputas de poder e proselitismo;
- exaurir todas as possibilidades;
- ter filtros no que é discutido;
- fechar as reuniões;
- simplicidade, humildade e otimismo;
- utilizar uma linguagem compreensível;
- adotarmos uma estratégia de exercício de produção escrita a ser desenvolvida com o grupo Sugestões que já foram feitas pelos membros da Coordenação, via *e.mail.* "

"(...) método não precede a experiência, o método emerge durante a experiência e se apresenta ao final, talvez para uma nova viagem. "A experiência precede", afirma Zembrano, "precede qualquer método." (ZEMBRANO, 1989) Poder-se-ia afirmar que a experiência constitui um *a priori* e o método um *a posteriori*. Isto é verdadeiro como uma indicação, já que a verdadeira experiência não pode ocorrer sem a intervenção de uma espécie de método. Desde o início, o método deve conter dada experiência bem precisa que, graças a ele, adquira forma e sentido.

"Foi indispensável uma dose de aventura e até mesmo uma certa perdição na experiência; foi necessário que o sujeito se perdesse em sua própria experiência. Esse modo de perdição transformar-se-á em liberdade." (MORIN, 2003:21)

Quinta-feira, 3 de abril de 2003, 17h32

Estive refletindo sobre o ocorrido na reunião passada e gostaria de compartilhar algumas idéias e sentimentos com vocês. Só com vocês. Farei uma separação impossível, mas creio que didaticamente se explicaria melhor "as 2 XXX, entre milhares de XXX". Eu não posso "segurar a primeira", aquela que vive inventando a mil, sem olhar às vezes as consequências.

É ela que me dá "as forças dos viveres", a energia pura,

não controlada, que busca das emoções, das novidades, da existência.
Aquela que procura, e nem sempre encontra. A que vive em abdução, dentro de uma linguagem de Charles Peirce. Aquela que chora também, como agora. A outra XXX aparece também hoje, e recolhendo a primeira, se reconcilia com ela, pois sendo duas, três e muitas mais, elas são um grupo, e elas, entre as outras mil, devem se integrar para construir algo belo que está para acontece, que é a criação do C. A. CETRANS.

Domingo, 16 de fevereiro de 2003, 23h30
Cara XXX
Acredito que, pelo adiantado da hora, já não há muito a fazer.
Amanhã esclarecerei as dúvidas.
Li com bastante cuidado as contribuições de Todos e devo confessar que estou um pouco assustada com a dimensão da empreitada na qual estamos envolvidos... mesmo sabendo que se faz caminho ao andar, mais ainda no caso da TD, em que há uma trilha e não uma estrada, mas desde o momento em que estamos assentando o alicerce de algo inédito a responsabilidade é maior, uma vez que, tanto o horizonte a ser alcançado quanto o leme desta nau está nas nossas mãos, mesmo que multiplicadas na sua potencialidade na proporção em que nosso grupo for coeso. Acredito na força do querer coletivo quando ele está voltado para o bem comum.
Até amanhã. Abraços cordiais. Luz. XXX.

Quinta-feira, 20 de fevereiro de 2003, 17h37
Pessoal:
Só uma brincadeira para animar vocês! Adaptei de um e-mail recebido.
Abraços fraternos, XXX.

COMPANHIA DE APRENDIZAGEM CETRANS VOCÊ FAZ PARTE DELA! USP – ESCOLA DO FUTURO – CETRANS
No princípio, são só alguns! solitários, giram em volta de si mesmos e do que estão percebendo... atônitos com as novidades descobertas! Possibilidades mil... infinitas... começam de repente a ganhar corpo, nome, identidade, tornam-se proba-

bilidades concretas de transformação DA REALIDADE.
E porque você é um construtor do Conhecimento, queremos você com a gente!!!
(...) se existe um método, este só poderá nascer durante a pesquisa; talvez no final poderá ser formulado e, até em alguns casos, "formalizar-se".
O que propor: projetos ou linhas de ação?
Vários projetos com pessoas que se encaixam numa linha de ação?
Quando introduzir?
Registro do processo: Como introduzir a prática do registro?
Um grande abraço a todos, XXX.

Estamos nos referindo sempre à palavra método. E a teoria?

É importante relacionar o método com a prática que, nesse caso, tratando-se de práxis, ele, o método, vem se apresentando depois da vivência, e observamos que não precede a experiência.

A teoria em sua perspectiva complexa é um engrama[10]; possui traços permanentes. O método, para ser colocado em funcionamento precisa de estratégia, iniciativa, invenção, arte. O método gerado pela teoria regenera a própria teoria.

A Trandiscplinaridade tem uma "metodologia transdisciplinar como sendo constituída por três pilares: 1. a Complexidade, 2. os Diferentes Níveis de Realidade e 3. a Lógica do Terceiro Incluído.

Sua prática transdisciplinar "seria uma ação, em qualquer campo, levando em conta os três pilares atuais da metodologia da transdisciplinaridade". Esta metodologia tem seu fundamento em dados que emergem "da ciência moderna (física quântica), do diálogo com outras culturas e do *corpus* cognitivo de todas as grandes tradições de conhecimento do presente e do passado...". "Para resolver problemas com eficiência, é necessário adotar a compreensão transdisciplinar da complexidade e de sua descrição, como na teoria sistêmica e na cibernética de segunda ordem".

---

[10] Engrama: "Traço ou marca duradoura": dá-se no nível físico (marca impressa em um tecido nervoso por estímulo muito forte) psíquico (traço impresso na psiquis por uma experiência muito forte) "ETIM. En + grama (gr. Grama, atos, caráter de escrita, letra, texto, inscrição, registro, tratado, algarismo)" (HOUAISS, 2001:1150)

É possível, então, se pensar numa prática transdisciplinar sem o conhecimento da metodologia?

No presente momento esta pergunta permanece em aberto, pois acreditamos que seja necessária uma reflexão a seu respeito, a partir de outras possíveis indagações: Não precisaria a Transdisciplinaridade, cuja metodologia sendo constituída por três pilares Complexidade, Diferentes Níveis de Realidade e Lógica do Terceiro Incluído, os conservar a "custa de uma recriação intelectual permanente"? (MORIN, 2003:24) Não seria o sujeito, consciente e inconsciente, construtor e des-construtor, o terceiro incluído, neste nível mediando a teoria e a práxis? Uma "(...) teoria só cumpre seu papel cognitivo, só adquire vida, com o pleno emprego da atividade mental do sujeito". (MORIN, 2003:24)

Estamos ainda em um período de ajustes. Um vocabulário metafórico começa a girar entorno à teia, tecelagem, fios, etc, começam a se desenhar.

> Segunda-feira, 24 de fevereiro de 2003, 08h01
> *Cara XXX*
> *Incrível sintonia!*
> *Eu havia pensado como imagem para a 1ª sessão a Tecelagem, e como vetor a Co-Formação. Conversaremos mais na reunião. Grata pela colaboração.*
> *Um grande abraço, XXX.*

Quinta-feira, 27 de fevereiro de 2003, 14h20
Oi, XXX,
Cronograma recebido, agradeço.
Nossa reunião acabou meio que de repente, não é?
Teremos tempo no Encontro para reatar os fios que ficaram pendurados.
Grande abraço, XXX.

> Quinta-feira, 27 de fevereiro de 2003, 22h29
> *Boa noite a todos.*
> *Cara XXX,*
> *A reunião foi realmente intensa. Sinto que todas nós somos impulsionadas por um profundo desejo de oferecer o que temos de melhor em nós. Apesar da correria, tenho refletido muito sobre o nosso processo e algumas*

coisas começaram a ficar mais claras para mim. Nestes feriados terei mais tempo para elaborar por escrito alguma coisa para compartilhar com vocês. Boa viagem e bom descanso.
Um grande abraço, XXX

Quarta-feira, 5 de março de 2003, 19h53
Cara XXX,
Gracias pelo resumo da sua apresentação. Infelizmente, as setas vieram à parte do texto. Gostaria de conferir com vc onde elas estão inseridas. Concordo e acho boa a idéia da produção de um CDRom e da criação de materiais e ambiente virtuais de qualidade. A sua contribuição tem sido muito rica, considerando que muitos de nós não têm tanta familiaridade com o assunto. O que ainda não está claro para mim é se este seria o projeto do C. A. CETRANS, ou um dos possíveis projetos a serem desenvolvidos. Como diz Philippe Quéau, "A transdisciplinaridade aplica-se em primeiro lugar a si mesmo; é antes de tudo uma lição que devemos aprender para nós: somos nós que devemos ser trans. Trata-se, no fundo, de uma trans-formação do humano, de uma trans-humanização." (Michel Randon – O Pensamento Transdisciplinar e o Real, p. 77)
Estaremos constituindo um grupo de apreendentes em Transdisciplinaridade e penso que não podemos perder isso de vista.

Em 28 de fevereiro de 2003
XXX
As práticas de elaboração de projetos são experiências que se situam no campo dos fenômenos mentais e intelectuais, tendo como suporte estados de consciência.
XXX, sugiro que, ao invés de trabalharmos com a noção de estados de consciência, poderíamos pensar em níveis de consciência, níveis de representação e níveis de realidade, fazendo a ponte com o texto sobre Autoformação do Galvani.
Neste sentido considero que a estrutura apresentada de palavras chaves, vetor, etc, é uma representação criada pelo CETRANS para os cursos e não é uma representação criada por nós.
XXX, e por que não conhecer, tentar compreender, mes-

mo que decidamos por outro tipo de encaminhamento?
Quando a XXX disse na reunião que com isso já passava pelos diferentes níveis de realidade, e reconhecendo que essa experiência no curso nos sensibilizava para o que ia ser apresentado, achei que seria bom compartilhar com vocês.
Considero que a REPRESENTAÇÃO TEIA, vinda simultaneamente de parte da XXX e da XXX e logo incorporada por mim e a XXX, sim é algo que começa a ter "corpo" em nós.
XXX, foi realmente um momento de convergência entre nós, de ressonância. Sugestão: Que tal acrescentarmos ao "como fazer aplicando" a compreensão "do que" estamos fazendo e do "para que e em nome do que" estamos fazendo? ("A compreensão só pode vir de um reequilíbrio entre o saber e o ser interior," B. Nicolescu)
No Encontro teremos a oportunidade de aprofundar estas questões.
Um grande abraço a todos, XXX.

Um fluxo temático e o registro continuam: encontro, ritmo, ordem subjacente ao caos, aranha, representação, matrizes, imaginário, primeiro cansaço, luz nas trevas, diário de bordo, simulado, prática de mediação, tecendo... tecendo, momentos constantes de reflexão, reta final de algo que começa, amanhã continuamos caminhando juntos, obstáculos, a descoberta da verdade que não é inalterável, laboratório, cuidados, novas perguntas, texto inspirador para a primeira sessão, a segunda, a terceira, assim até hoje, terça-feira, 11 de novembro de 2003.

Podemos resistir à racionalização? É difícil, porque só passando pelo processo da racionalização e quebrando o processo ao aceitar enxergar o que realmente está acontecendo demora um tempo. Estes processos são simultâneos: dá-se na relação com o fazer em co-formação e na consciência de um processo de si mesmo. Tivemos que aceitar imprevistos, sustos, a incompletude, o vazio. A excelência será difícil, nos expressou a XXX e ela é. Iremos encontrando as complementações, as palavras, evitando que toda obra aberta se disperse.

Teremos conseguido construir um método? O método

tem princípios gerativos e estratégicos. O método ajuda a conhecer e é também conhecimento.

É possível o regresso, a volta ao inicio do caminho?

"(...) o retorno não será um círculo completo, pois isso é impossível, uma vez que, para o homem, qualquer método traz consigo a antiquíssima experiência da viagem... Se o caminho é uma trajetória em espiral, o método, agora consciente de si, descobre e nos descobre diferentes... um retorno ao início da travessia também revela precisamente o quanto esse início encontra-se longínquo no presente." (MORIN, 2003:22)

Diz Nietzsche que "aquele que quer chegar à liberdade da razão só tem direito (ao menos por certo tempo) a se sentir na terra como um viajante sem direção fixa. Terá que se deslocar com os olhos muito abertos e conservar as imagens que o mundo oferece... O viajante passará noites ruins e se sentirá cansado, encontrará fechada a porta da cidade, ouvirá rugir as feras do deserto, enquanto um vento gelado castigará seu corpo." (cf. MORIN, 2003:22)

"É impossível reduzir o método/caminho/ensaio/travessia/pesquisa/

estratégia a um programa, e ele tampouco pode ser reduzido a uma constatação de uma vivência individual. Na verdade, o método define-se pela possibilidade de encontrar nos detalhes da vida concreta individual, fraturada e dissolvida do mundo, a totalidade de seu significado aberto e fugaz... O caminho se inicia a partir de algo e também prefigura um fim. (MORIN, 2003:23)

Considerações finais

Conseguimos criar uma metodologia de Práxis Transdisciplinar com base na errância, no erro e na incerteza humana?

Conseguimos criar um método cujas estratégias para os conhecimentos e as ações se realizam em um caminho que se pensa?

Desde o início de nosso projeto Urdidura tivemos um lema: este projeto não existe, se faz. Com este ponto de partida apontamos um enfoque de projeto como representação, evitando criar um projeto-vitrine. Essa era nossa intenção. Criando uma comunhão de seres que se apóiam, se complementam, se ajudam, fomos reconhecendo em nós mesmos nossa incompletude: Quanto há por aprender e viver!

Assim fomos deslizando e observando nossa *démarche*. Um fazer identificado com a criação de regras não premeditadas com a utilização de estratégias, que saíram da relação ensinar/aprender para o âmbito da experiencial.

Gaston Bacharelad diz o seguinte: "Toda descoberta real determina um método novo, portanto deve arruinar um método anterior". (BACHELARD, 1989:159) Nada é fixo. Não existe programa que defina o que acontecerá se quisermos ser seres criativos, autopoiéticos.

E você, como iniciou seu caminho nos projetos que está realizando? Eu iniciei a partir de uma pergunta: Você pode? Eu respondi:

– Eu posso!

E assim continuaremos esta reflexão, sabendo que refletiremos sobre as novas experiências, observações de onde surgirão outras hipóteses, dúvidas e incertezas através de processos também abdutivos. Os métodos que hoje estamos utilizando serão modificados, caso um método mais apropriado responda às nossas experiências. O que hoje estamos manifestando talvez seja modificado pelo que será vivido. E o que importa é a vida.

4. A Companhia de Aprendizagem e a Educação sócio-ambiental

> *Não há como se quantificar o sujeito humano.*
> *Dor e amor não podem ser quantificados.*
> *Não há unidade de medida para o amor (...)*
> *Muitas coisas realmente importantes na vida*
> *não podem ser quantificadas e*
> *neste sentido a ciência é metáfora.*
> (Edgar Morin, 2001:30)

Vivemos tempos difíceis, conturbados. Tempos de conflito, de crise, de insegurança, de transição, de falta de solidariedade e de amor, de profunda incerteza como nunca antes vivenciamos em tamanha dimensão e profundidade.

Vivemos tempos absolutamente imprevisíveis, era de descartáveis, sejam carros ou empregos, copos ou pessoas. Temos a sensação de que tudo está sendo banalizado, de que tudo é transitório e relativo além do natural e necessário; que valor é sinônimo de preço, referindo-se ao que está implícito nas coisas, no palpável, mensurável e vendável, apesar dos avanços da ciência que hoje, não tendo mais tantas "certezas", começa a aceitar outros caminhos complementares à sua essência e possivelmente convergentes, como válidos e confiáveis, (quebrando) rompendo com o mito dela ser considerada a única solução para os problemas planetários.

Vimos consolidando, principalmente a partir da metade do século passado, um cenário que coloca em risco a vida planetária nas suas mais diversas formas de expressão, devido ao desenvolvimento de modelos sócio-econômicos que, concentrando o poder hegemônico num grupo minoritário, relegam a grande maioria dos povos a assustadoras condições de miserabilidade, associado a condições ambientais não menos alarmantes, não somente no sentido utilitário de entendermos a diminuição de recursos naturais ou a poluição como uma condição que coloca em risco a sobrevivência de nossa espécie, mas a do direito à vida no seu sentido mais transcendente!

Gradativamente, principalmente a partir da década de 1970, em virtude dos impactos decorrentes de grandes desastres ambientais, vem se consolidando um movimento de percepção e tomada de consciência com relação a esta realidade e de reação traduzida na busca de modelos civilizatórios mais condizentes com o equilíbrio ecológico, a equidade econômica e a justiça social, caracterizando uma mudança global de visão e de ação, em busca da concretização do que tecnicamente vem sendo denominado de "Desenvolvimento Sustentável".

Cabe perguntarmo-nos, então, quais seriam os caminhos que devem ser percorridos para tornar o Desenvolvimento Sustentável um fato? Que ferramentas, que articulações, que tipo de formação e de educação serão necessários?

É nesta busca que a Companhia de Aprendizagem enquanto uma das formas de atuação do Centro de Educação Transdisciplinar – CETRANS, traz uma importante contribuição, uma vez que, estando pautada nos pilares e princípios da Transdisciplinaridade, propicia um ousado trânsito por diferentes níveis de realidade, consciente da condição de complexidade com que o mundo se apresenta e vendo na lógica do terceiro incluído uma porta de passagem possível para o inédito, tendo um total compromisso com o rigor que fundamenta toda a sua contribuição epistêmica, com a necessária abertura ao novo, exercitando o princípio da tolerância ao entender o diferente como um patrimônio!

No seu desenvolvimento, a Companhia tem tido como base de trabalho uma profunda preocupação com os processos formativos do ser e com a busca do que seria uma práxis transdisciplinar, tendo voltado seu olhar para a análise, compreensão e prática da formação em co-formação, na tripolaridade apresentada por Pascal Galvani, auto, hetero e eco-formação, por entender a importância de se compreender a inter-relação das três áreas necessárias à consolidação do Desenvolvimento Sustentável, ambiente, sociedade e economia, e de se buscar uma práxis educativa que contemple esta relação.

Transdisciplinaridade e Sustentabilidade

Diversos sinais de desequilíbrio sócio-ambiental, tais como poluição, erosão, perda da biodiversidade, desmatamento, efeito estufa, desemprego e fome, dentre outros, enquanto frutos da separação sujeito/objeto própria da visão mecanicista da ciência moderna, são reflexo dos modelos espoliadores de uso da natureza que, tal como o homem, visto sob o prisma linear e concreto deste modelo científico, passou a ser entendida como mero objeto, deixando assim de ter alma. Num movimento transcultural e transnacional, principalmente nas últimas quatro décadas, a sociedade humana despertou para a necessidade de repensar a qualidade das relações que ela vinha mantendo com a natureza e consigo mesma, mobilizando-se na busca por novas formas de relacionamento social, ambiental e econômico.

Neste cenário, podemos arrolar diversos marcos históricos nos quais começa a ser discutida esta condição de impacto e desequilíbrio, num processo crescente de profundidade e propriedade, refletindo em ações cada vez mais globalizadas na busca por soluções: a I Conferência das

Nações Unidas para Meio Ambiente e Desenvolvimento Humano, em 1972 em Estocolmo, Suécia, em que, pela primeira vez na história da humanidade se discute a condição ambiental planetária; o documento denominado Limites do Crescimento, produzido pelo Clube de Roma[11], que denuncia os perigos implícitos na busca de crescimento a qualquer custo, apontando para um colapso potencial iminente, o documento Nosso Futuro Comum, divulgado em 1987[12]; a II Conferência das Nações Unidas para Meio Ambiente e Desenvolvimento, em 1992 no Rio de Janeiro, com a consolidação da Agenda 21 enquanto plano estratégico global para gerenciamento sócio-ambiental; e em 1994, o I Congresso Mundial de Transdisciplinaridade, realizado em Arrábida, Portugal, que teve como produto principal a Carta da Transdisciplinaridade. Ao lermos no artigo nº 8 desta Carta, percebemos a importância de considerar a relação parte-todo e a dimensão do sentido de pertinência que é necessário desenvolver nas sociedades contemporâneas, para somente assim poder promover nas pessoas um real e consciente movimento de co-responsabilidade na busca por um novo projeto civilizatório. Por outro lado, no artigo nº 12, lemos também o que propicia uma reflexão profunda sobre as possíveis formas de ação que as sociedades precisam encontrar para inverter a situação vigente com relação às questões econômicas, refletindo, necessariamente, em questões como consumo, egoísmo, desapego, humildade, solidariedade.

Percebendo a propriedade destes artigos no cenário até aqui retratado, vemos então reforçado o valor da pesquisa transdisciplinar e a busca de uma práxis proposta pela Companhia, perante a urgente necessidade de socializar cada vez mais, e para o maior número possível de pessoas, uma reflexão que ajude a superar o mito apontado por Morin: "(...) atribuir à técnica, à ciência, a missão providencial de solução de todos os problemas humanos – esta era a idéia até a metade deste século – era uma idéia mitológica. Havia

---

[11] Grupo de 30 cientistas, liderados pelo industrial Arillio Peccei, reunidos na cidade de Roma, analisaram as condições ambientais planetárias em virtude de um alerta levantado pela jornalista Rachel Carson, em 1962, no seu livro *Primavera Silenciosa*, quanto à contaminação por agrotóxicos.

[12] Relatório da Comissão Mundial criada pela ONU em 1983, também denominada Comissão Brundtland, que aponta para soluções que se contrapõem à visão apocalíptica do documento precedente *Limites de Crescimento*.

uma mitologia do progresso como uma lei da história que, automaticamente, iria produzir o melhor e cada vez melhor. Hoje sabemos que não é assim." (MORIN, 2001:27)

E como é então...?

Acreditamos que a resposta a esta pergunta possa começar pautada na afirmação feita por Coll: "Conseguir a plenitude humana não pertence a uma única cultura nem religião e é por isso que precisamos de uma solidariedade integral entre todos os seres"; ou seja o "como", passa necessariamente por todos, num sentido ético de co-responsabilidade, num movimento que aponta para uma "solidariedade sincrônica com a geração atual e diacrônica com as gerações futuras", tal como aponta Ignacy Sachs[13] (2002:67), movimento para o qual a abordagem transdisciplinar, com seu caráter transpessoal e transcultural oferece todo um inédito instrumental que viabiliza novas percepções e ações, como tivemos oportunidade de vivenciar na Companhia, numa escala local e de maneira direta nas interações entre os seus participantes, e indiretamente através da repercussão dessa vivência na atuação dos mesmos em outros contextos, o que vem propiciando condições para uma construção de conhecimento diferenciada, perpassada pelos níveis epistêmico, simbólico e prático. A experiência construída na Companhia vem consolidando uma maneira de agir diferenciada, com uma maior abertura e sensibilidade para a problemática sócio-ambiental contemporânea. Estamos aprendendo, entre outras habilidades, a desenvolver uma escuta sensível e, portanto, sem pré-julgamentos, favorecendo a capacidade de dialogar e de compreender o diálogo como um espaço de compartilhamento que promove a ressignificação conjunta, e a ver o outro como importante referencial para a nossa própria atuação enquanto seres globais com capacidade potencial para termos relações sociais, ambientais e econômicas harmônicas, enquanto sujeitos e portanto livres, autônomos e responsáveis, que acreditam que "um outro mundo é possível".[14]

---

[13] Ignacy Sachs, Diretor de Pesquisa na École des Hautes Études en Sciences Sociales, Paris.

[14] "*Um outro mundo é possível*", slogan que caracteriza o Fórum Social Mundial, movimento social internacional de contracultura ao modelo econômico vigente, tendo tido a sua origem em Porto Alegre, Brasil.

Conclusão

Às vezes parece que nós estamos no centro da festa,
Mas no centro da festa não há ninguém,
No centro da festa há o vazio,
Mas no centro do vazio há uma outra festa.
Juaroz

Referências Bibliográficas

BACHELARD, Gaston. *Epistemologia*. Barcelona: Anagrama, 1989.

BARBIER, Jean-Marie. *Elaboração de Projetos de Ação e Experimentação*. Portugal: Porto Editora, 1996.

BULFINCH, Thomas. *O Livro de Ouro da Mitologia: (A idade da fábula) Histórias de deuses e heróis*. Rio de Janeiro: Ediouro, 11ª ed., 2000.

CHEVALIER, J.; GHEERBRANT, A. – *Dicionário de Símbolos*. Rio de Janeiro: José Olympio, 2000.

CIRLOT, Juan-Eduardo. *Diccionario de Símbolos*. Barcelona: Labor, 1982.

COLL, Augustí Nicolau. As culturas não são disciplinas: existe o transcultural?, em *Educação e Transdisciplinaridade II*. São Paulo: TRIOM/UNESCO, 2002.

DA VINCI, Leonardo. *Da Vinci por Ele Mesmo*. São Paulo: Madras, 2004.

DENOYEL, Noël. *Alternance tripolaire et raison experiéntielle à la lumière de la sémiotique de Peirce*. Revue Française de Pedagogie, nº 128, 1999, p. 35-42.

DURAND, Sonia E.; MOMBRÚ, Andrés (compiladores). *Encrucijadas del pensamiento. Análisis críticos del quehacer científico*. Buenos Aires: Gran Aldea Editores, 2003.

GALVANI, Pascal – A auto-formação, uma perspectiva transpessoal, transdisciplinar e transcultural, em *Educação e Transdisciplinaridade II*. São Paulo: TRIOM/UNESCO, 2002.

HOUAISS, Antonio; VILLAR, Mauro de Salles; FRANCO, Francisco Manoel. *Dicionário Houaiss de Língua Portuguesa*. Rio de Janeiro: Objetiva, 2001.

LACOMBE, Mariana. Os descolecionadores: uma pedagogia do risco. Tese de Doutorado em Filosofia da Educação – UNICAMP, 2003.

MORIN, Edgar. *Saberes globais e saberes locais: o olhar transdisciplinar.* Rio de Janeiro: Garamond, 2001.

______. *Ciência com Consciência.* Rio de Janeiro: Bertand, 2001.

MORIN, Edgar; CIURANA, Emílio-Roger; MOTTA, Raul Domingo. *Educar na era planetária: o pensamento complexo como método de aprendizagem pelo erro e incerteza humana.* São Paulo: Cortez; Brasília: UNESCO, 2003.

NICOLESCU, Basarab. *O Manifesto da Transdisciplinaridade.* São Paulo: TRIOM, 1999.

ONG, Walter. A escrita reestrutura a consciência, em *Oralidade e Cultura Escrita: a tecnologização da palavra.* Campinas: Papirus, 1998.

PAUL, Patrick. *Formation du sujet et transdisciplinarité: histoire de vie professional et imaginale.* Paris: L'Harmattan, 2003. (a tradução para o português será publicada pela TRIOM)

PINEAU, Gaston. O Sentido do Sentido, em *Educação e Transdisciplinaridade.* Brasília: UNESCO, 2000. (edição esgotada)

SACHS, Ignacy. Ca*minhos para o Desenvolvimento Sustentável.* Organização STROH, Paula Yone. Rio de Janeiro: Garamond, 2002.

SAMPIERE, Roberto H.; COLLADO, Carlos F.; LUCIO, Pilar B. *Metodología de la investigación.* México: McGraw-Hill, 3ª ed., 2003.

SANTAELLA, Lucia. *Matrizes da Linguagem e Pensamento.* São Paulo: Iluminuras, 2001.

TROCMÉ-FABRE, Hélène. *A Árvore do Saber-Aprender: rumo a um referencial cognitivo.* São Paulo: TRIOM, 2004.

ZEMBRANO, M. *Notas de um Método.* Madrid: Mandadori, 1989.

Webgrafia:

GALVANI, Pascal – Accompagner l'autoformation, une démarche et ses variantes: didactique, pratique et symbolique. http://membres.lycos.fr/autograf/galvani2001.htm, acessado em maio/2003.

MELLO, Maria F. de – Cronosformação. www.cetrans.com.br – Documentos.

VERRIER, Christian – Les dimensions expérientielles de l'autoformation – Symposium GRAF, Bordeaux, 2002. www.membres.lycos.fr/autograf/, acessado em jan/2003.

Derly Barbosa

Sociólogo, licenciado em Ciências Sociais, Geografia e Pedagogia. Especialista em Gestão Educacional e do Ensino Superior. Mestre e Doutor em Educação e Currículo. Professor há 38 anos de Educação Fundamental, Supletivo, Ensino Médio e Ensino Superior. Diretor de Escola Pública. Professor do Centro Universitário FIEO (Fundação Instituto de Ensino para Osasco).

A Atitude Transdisciplinar na Educação Escolar

1. Introdução

Neste texto apresento a compreensão da atitude transdisciplinar na educação escolar, entendendo esta como processo de ensino e aprendizagem do sujeito e sua relação com o conhecimento.

Esta reflexão é desenvolvida a partir de exemplos vividos como educador, neste tempo de surgimento do novo paradigma epistemológico – a transdisciplinaridade – que interfere decisivamente na atitude do educador desde que esteja aberto para receber esta nova tendência educacional.

A **atitude** transdisciplinar precisa ser entendida como abertura para perceber o novo na educação, disposição para a mudança de paradigma epistemológico, compreensão do movimento que propõe a incerteza, articulação dos saberes e aceitação de que a transdisciplinaridade possibilita a compreensão do mundo presente.

Este estudo tem como escopo a abertura do conhecimento para percepção do mundo vivido, presente, cotidiano, concreto.

2. Metodologia Transdisciplinar na Educação

A transdisciplinaridade enquanto ação, pode ser compreendida a partir do seu próprio significado. A base da expressão é a disciplinaridade, ou seja, a ação disciplinar própria da formação cultural e educacional da civilização ocidental. O prefixo **trans** significa perceber o conhecimento **entre** as disciplinas, **através** das mesmas e **além** da visão disciplinar. O sufixo **idade** significa ação, movimento da construção do conhecimento.

No plano da **disciplina** o conhecimento se limita à memória dos conceitos, significados e fatos.

Na proposta transdisciplinar o conhecimento está envolvido pelas circunstâncias do sujeito que é o agente da ação de aprendizagem, não se limita a uma relação linear entre ensinante e aprendente; supera a dictomia entre sujeito e objeto e recoloca o sujeito no processo de construção do conhecimento.

A metodologia transdisciplinar, ou seja, o caminho a ser seguido para se alcançar a compreensão do mundo presente, apoia-se em três pilares: a complexidade, os níveis de realidade e a lógica da inclusão.

2.1 – Complexidade é a compreensão da realidade através do conhecimento em todas as suas injunções. A percepção da complexidade é própria do indivíduo, desde que incluído nesse movimento transdisciplinar.

As "coisas" do mundo, assim como os fenômenos sociais, físicos e biológicos, nos parecem separados entre si. O conhecimento nos é dado como fragmentado, guardando cada área, cada disciplina, sua autonomia e separabilidade das demais. Essa constatação aparente induziu o sujeito a aceitar as "coisas", os fenômenos explicados pelo conhecimento científico estabelecido como certeza na compreensão do mundo. Entretanto, a transdisciplinaridade nos mostra a complexidade do real, da ligação dos fenômenos e das coisas. A complexidade consiste em entender que nada está separado, tudo está ligado na natureza física, humana e social.

Organismos são formados por uma multiplicidade de células que se renovam, morrem e renascem, e não podem ser vistos de maneira simplificada ou apenas de uma forma. Complexidade não significa complicação, ou dificuldade, mas tem o sentido de riqueza de elementos.

Para alcançar a complexidade o sujeito precisa ver a realidade com uma visão dialética na qual todas as coisas se relacionam, se aproximam e se separam. O estado de contradição dos fenômenos físicos e sociais dá a medida do movimento da natureza e da sociedade. É preciso compreender este movimento para perceber a complexidade. Assim dizendo, entende-se que nada está isolado e tudo se relaciona.

Os fenômenos físicos e sociais não são fixos como propunha a física clássica, mas estão em permanente movimento, sujeitos ao acaso, a indeterminações e incerteza.

Nesse sentido, a educação transdisciplinar possibilita desenvolver uma pedagogia da incerteza que propõe condições para o educando buscar soluções com que se defronte na vida, não esperando respostas prontas da escola. Esta constitui-se o centro de irradiação de conhecimentos que servirão de guia para o aluno aprender a aprender.

A educação transdisciplinar consiste em admitir a complexidade dos fenômenos e ensina a realizar a articulação do conhecimento das "coisas" físicas e sociais. A incerteza está presente no nosso cotidiano em face da complexidade do real e por isso precisamos aprender a conviver com ela e a buscar novos caminhos para superá-la. Possibilita aprender a solucionar problemas concretos apresentados pela existência.

2.2 – Níveis de realidade: O nível educacional inclui-se no nível social-histórico e ético, mas apresenta seus próprios níveis de realidade. A educação do sistema propõe a sua realidade aos alunos, que hoje é a lógica do mercado, a sobrevivência numa sociedade que se sustenta no preconceito, na ganância, no fetiche da mercadoria e na discriminação. Ao ouvir os alunos, o professor estará aprendendo sobre outro nível de realidade que poderá não ser o seu e nem o mesmo na ótica do sistema.

A realidade é entendida tanto no sentido pragmático como ontológico. No sentido pragmático a Física Quântica explica. No sentido ontológico está relacionada à percepção do sujeito-observador e dos seus interesses, e manifesta-se em diversos níveis.

> Os diferentes níveis de Realidade são acessíveis ao conhecimento humano graças à existência dos diferentes níveis de percepção, que se fundamentam na sua correspondência biunívoca com os níveis de Realidade. Esses níveis de percepção permitem uma visão cada vez mais geral, unificadora, englobante da Realidade, sem jamais esgotá-la completamente. Como nos casos dos níveis de Realidade, a coerência dos níveis de percepção pressupõe uma zona de não resistência à percepção. (NICOLESCU, 2000, p. 142)

O conhecimento dos níveis de realidade é uma qualidade altamente necessária ao educador enquanto gestor educacional.

• Saber Ver

A percepção dos níveis de realidade depende da localização do sujeito-observador na realidade. De cada posição percebemos os fenômenos de uma maneira diferente, assim como sob a influência da educação, da religião, dos aspectos psicossociais, familiares e outros.

Um exemplo destes planos de percepção, descrevo a seguir:

Na antiga China um discípulo procurou o seu mestre, que habitava no topo de uma montanha, para aprender a perceber o mundo e a observar as coisas.

Apesar de ter estudado muitos anos com o mestre o discípulo não alcançou a iluminação, ou seja, não conseguiu ver as coisas além do nível imediato. Desanimado o discípulo tomou a decisão de abandonar os estudos e descer a montanha e comunicou ao mestre sua iniciativa. O mestre pediu mais um pouco de paciência ao discípulo e disse-lhe que no dia seguinte desceriam a montanha juntos.

Na manhã seguinte, antes de começar a descida o mestre olhou em torno da paisagem que circundava a montanha e perguntou ao discípulo: "O que você vê?"

O discípulo respondeu: "Vejo o sol começando a levantar-se no horizonte, montanhas que se estendem por quilômetros a fio, o vale, o lago e uma velha vila". O mestre sorriu, e eles iniciaram a caminhada.

Hora após hora, enquanto o sol cruzava o céu, eles andaram. Só pararam no sopé da montanha.

De novo o mestre pediu ao discípulo que lhe dissesse o que havia visto. O discípulo disse ao mestre que via "ao longe galos correndo pelo poleiro, vacas dormindo no prado, velhos tomando o sol da tarde e crianças brincando no riacho". O mestre em silêncio continuou a caminhar até chegar ao portão da vila. (KIM e MAUBORGNE, 1992)

A percepção da realidade é como a jornada montanha abaixo. A compreensão da realidade só ocorre àqueles que se dão conta de que o que se vê de um ponto não é igual ao que se vê de outro ponto. Sem esse conhecimento fechamos nossas mentes a tudo aquilo que não podemos ver de onde estamos.

Limitamos então nossa capacidade de crescer, de nos aprimorarmos. Com esse conhecimento há um despertar e nossas mentes ficam abertas ao aperfeiçoamento, preconceitos são derrubados e aprendemos a respeitar o que a princípio não podemos ver.

A gestão educacional transdisciplinar possibilita ao educador perceber a vida da escola de diversos pontos e notar que o que se vê de um ponto do espaço da escola pode ser visto de outra maneira de outro ponto.

Esta experiência, vivenciei quando fui gestor educacional na rede estadual de ensino na década de 1990.

A escola situava-se na periferia da Grande São Paulo, e atendia a uma população de crianças, jovens e adultos em diversos níveis de aprendizagem, desde a pré-escola até o ensino médio e suplência.

A ação do gestor desdobra-se a partir de diversos níveis de realidade e mostra a especificidade do trabalho que vai desempenhar, e sensibilidade política para relacionar-se com a comunidade, atender aos órgãos da administração centralizada e compreender os alunos.

O trabalho cotidiano na escola caracterizava-se por atender às questões estruturais da administração e por resolver conflitos que ocorriam entre os segmentos que compunham o quadro de recursos humanos da escola.

A complexidade do trabalho do gestor se manifestava através das ações burocráticas que desempenhava com a ajuda de alguns auxiliares. A maior parte do trabalho administrativo era consumida com essas questões, tanto no espaço interno da escola para caracterizá-la em funcionamento, quanto no atendimento das exigências de informações advindas dos órgãos superiores da administração da educação.

É fato que cabe ao gestor orientar e supervisionar a escrituração e o atendimento das exigências formais da administração escolar mas, mesmo assim, o seu tempo fica quase que totalmente tomado.

Não obstante essa ocupação, criava oportunidades para circular pela escola e vê-la de diversos ângulos e posições: de minha sala, da sala dos professores, das salas de aula, do pátio, da secretaria, da comunidade. Procurava ouvir os alunos a partir de diversos planos, desde o mais relevante ruído até o menos perceptível, como a ansiedade, as limitações da aprendizagem, da sociedade e da vida, pois são ruídos percebidos apenas pelos espíritos mais sensíveis. Procurava, também, ouvir os professores nas suas menores emoções e nos seus mais íntimos desejos.

Assumi a direção da escola pensando em trabalhar a questão pedagógica, mas as atividades burocráticas adquiriam um *status* de prioridade. A referência a esse trabalho ficava, então, restrita às reuniões pedagógicas bimestrais, aos momentos de "planejamento" e a certas orientações informais.

Como gestor de escola sentia a contradição existente entre minhas intenções e a realidade proposta pelo trabalho.

Entretanto fui percebendo algumas prioridades, por exemplo, a relação professor/aluno que é, talvez, a questão mais séria e mais problemática que ocorre no interior da escola e interfere profundamente no processo de ensino e aprendizagem.

Estas são questões que podem ser observadas na escola e depende do olhar do sujeito-observador.

A **observação transdisciplinar** é ampla e próxima ao mesmo tempo. Na medida em que aprende a perceber o todo, como o discípulo da parábola da montanha, o sujeito transdisciplinar aprende que precisa também perceber as partes, o que ocorre com o discípulo na medida em que desce a montanha e vê outras coisas, com mais nitidez, ao estar próximo delas.

Na observação da escola aprende-se a perceber como é a proposta geral da gestão escolar ensinada na academia, mas só percebemos seus detalhes quando nos defrontamos com a realidade educacional e como ela se manifesta nos recônditos do espaço escolar, no atendimento dos vários segmentos internos e externos à escola, da comunidade, aos órgãos centrais do sistema educacional.

A observação tansdisciplinar nos mostra que "a passagem de um nível de realidade a outro é assegurada pela lógica da inclusão ou mediação".

2.3 – Lógica da inclusão: na educação racional, positivista, o que predomina é o professor e o conhecimento. A lógica desse processo educacional é que o aluno deve receber o conteúdo da disciplina numa aceitação simples e demonstrar mecanicamente se aprendeu ou não.

Ao aluno não é dada a oportunidade de demonstrar uma outra situação da possibilidade de aprendizagem. Na aprendizagem transdisciplinar é preciso considerar o conhecimento que o aluno traz na sua bagagem de vida, de suas experiências, de sua cultura.

Como diz Maturana (2000),

> ... a transdisciplinaridade é uma abordagem na qual temos liberdade de olhar do outro lado sem sermos acusados de estarmos pisando onde não devemos e sem temermos ser acusados de estarmos pisando onde não devemos. Nesse sentido, tem a ver com reflexão e liberdade de reflexão, pois nos permite olhar de um lado, olhar de outro, e relacionar esses dois campos ou aceitar a legitimidade de sua separação. E isso é algo que precisa ser aprendido. E isso é aprendido pela criança quando ela aprende *legitimidade de determinado campo*, aceitamos a *legitimidade de outro campo*, e depois podemos olhá-los, relacioná-los ou mantê-los separados conforme for o nosso entendimento.
>
> Assim, suponho que esse *terceiro incluído* nos permite dar um passo mais amplo, que faz com que, através da expansão da visão, possamos ter uma nova compreensão. Ele nos permite relacionar coisas que de outra forma não poderiam ser relacionadas. Assim, esse terceiro passo é abarcador. Mas isso precisa ser aprendido, pois em nossa cultura aprendemos exatamente o contrário. (p. 114)

Esta mudança educacional desenvolve uma proposta de ensino que tem como ponto de partida a valorização do sujeito que aprenderá a perceber as contradições do real vivido, a conviver com o outro, a valorizar sua interioridade, respondendo ao chamado da sua subjetividade, desenvolvendo a afetividade, a intuição, a espiritualidade.

A percepção da interioridade do sujeito é um aprendizado de meditação. O professor que medita consegue alcançar o sentimento dos seus alunos além da exterioridade que apresentam. A pedagogia da meditação revela aspectos até então não propostos pela pedagogia diretivista e racionalista. Na nossa prática educacional não estamos acostumados a exercícios de reflexão que desperte a subjetividade meditativa. Só com exercícios de atividades espirituais é possível perceber o que outros não percebem no processo educativo.

• A Arte de Ouvir

Conta a lenda que na antiga China um certo príncipe procurou o mestre para aprender a relacionar-se com outras pessoas. O mestre passou-lhe um exercício aparentemente simples: o príncipe deveria ir à floresta para ouvir os sons que ali se manifestavam. Como bom discípulo o príncipe dirigiu-se à floresta e por um ano ficou ouvindo os sons. Passado esse prazo o discípulo voltou ao mestre e disse-lhe: "Mestre pude ouvir o canto dos cucos, o roçar das folhas, o alvoroço dos beija-flores, a brisa batendo suavemente na grama, o zumbido das abelhas e o barulho do vento cortando os céus".

Quando terminou sua exposição o mestre mandou-o de volta à floresta para ouvir tudo o mais que fosse possível.

Por longos dias e noites o príncipe se sentou sozinho na floresta, ouvindo, ouvindo. Mas não conseguiu distinguir nada de novo além daqueles sons já mencionados ao mestre. Então, certa manhã, sentado entre as árvores da floresta, começou a discernir sons vagos, diferentes de tudo o que ouvira antes. Quanto mais atenção prestava, mais claros os sons se tornavam. Uma sensação de encantamento tomou conta do rapaz. "Esses devem ser os sons que o mestre queria que eu ouvisse", pensou. Sem pressa, o príncipe passou horas ali, ouvindo e ouvindo pacientemente. Queria ter a certeza de que estava no caminho certo.

Quando retornou ao templo, o mestre lhe perguntou o que mais ele tinha conseguido ouvir. "Mestre", respondeu reverentemente o príncipe, "quando prestei mais atenção, pude ouvir o inaudível – o som das flores se abrindo, do sol aquecendo a terra e da grama bebendo o orvalho da manhã". O mestre acenou com a cabeça em sinal de aprovação.

Ouvir o inaudível é ter a disciplina necessária para se tornar um educador transdisciplinar. Apenas quando aprende a ouvir o coração das pessoas, seus sentimentos mudos, os medos não confessados e as queixas silenciosas, um educador pode inspirar confiança a seus alunos. (KIM e MAUBORGNE, 1992)

A arte de ouvir na educação é o primeiro passo da relação inter-subjetiva entre o sujeito que ensina e o sujeito que aprende. Os alunos têm muito a nos dizer. O ato de ouvir é o primeiro passo para efetivação da inclusão. Ao ouvir o que o aluno tem a dizer da sua prática de vida o professor rompe os limites da sua disciplina e vai além dela, adentrando espaços culturais até então por ela desconhecidos.

Rubens Alves (2004) nos diz que, de todos os sentidos, o mais importante para a aprendizagem em geral do amor, da vida e da cidadania, é a audição.

> Só posso ouvir a palavra se meus ruídos interiores forem silenciados. Só posso ouvir a verdade do outro se eu parar de tagarelar. Quem fala muito não ouve. O aprendizado do ouvir não se encontra em nossos currículos. A prática educativa tradicional se inicia com a palavra do professor. (p. 24)

Ao ouvir o aluno, a prática disciplinar se rompe e a ela vai se juntando a contribuição dos aprendizes. É nesse momento que o professor vai além da disciplinaridade e resgata a inclusão do sujeito que aprende no processo de ensino.

Nesse sentido o processo educativo, que antes se dava numa linearidade do professor, e o conhecimento, com a inclusão do saber dos alunos, cria três pólos recíprocos: o professor, o conhecimento e o aluno, agora não mais como ser passivo na aprendizagem.

A reflexão sobre a realidade vivida pelos alunos estimula momentos de debate, onde se pode exercitar a audição e a fala tanto dos alunos quanto do professor.

Esta proposta, vivenciei desde a década de oitenta quando lecionava nos cursos de suplência em escola da Grande São Paulo.

Ouvindo os alunos, pude perceber que suas falas tinham profundos significados, pois refletiam preocupações nascidas das suas experiências de vida como cidadãos, pais de famílias e força de trabalho: emprego, salário, compra de casa própria, problema de assistência à saúde, transporte urbano, custo e qualidade da educação, administração pública. Entremeando estes assuntos, discutiam também diversos problemas sociais como violência, preconceito racial, drogas, desigualdade sexual, entre outros.

Era perfeitamente visível o entusiasmo dos alunos quando discutiam essas questões. Não me lembro de tê-los visto com a mesma empolgação discutindo qualquer assunto do programa oficial desenvolvido pelas disciplinas que compõem o currículo.

É compreensível essa atitude, pois aqueles assuntos retratam aspectos culturais vivenciados, revelam a importância do saber popular que se manifesta como expressão da sua classe social e estão presentes no cotidiano das suas preocupações.

Por ser disciplinar, o saber escolar não considera que os alunos possuem essa "*cultura geral*" resultante de práticas sociais, políticas e econômicas do seu cotidiano. Por isso, não abre a possibilidade de se decifrar, ampliar e integrar essa cultura ao conhecimento que se ensina nas escolas. À margem desse "*saber oficial*" aparecia aquele "*saber não oficial*", mas real, concreto, vivido, que os alunos discutiam na hora do recreio e nas aulas que abriam espaço para que se manifestassem.

Como professor, vivi essa contradição de ter que ensinar o conhecimento proposto pelo currículo oficial, por sua natureza desatualizado para as novas realidades, para alunos que estavam preocupados com a sua realidade, com os fatos do seu cotidiano. Diante dessa contradição assumi a atitude transdisciplinar de incluir esses assuntos no programa de cada série, abrindo assim um espaço para o saber do cotidiano se manifestar.

Por outro lado, discordava da maneira pragmática e mecanicista da maneira como os conteúdos estavam relacionados nos livros didáticos.

Nos cursos de suplência ensinava História e Geografia.

Entendia a História e a Geografia como disciplinas dinâmicas, do presente. Por isso, não me sentia à vontade ensinando essas disciplinas conforme a visão positivista, que se preocupa apenas com o passado, com o acontecido, com o espaço estático, sem a movimentação humana, fugindo intencionalmente de explicar o hoje e as transformações a que o espaço está submetido.

A proposta curricular institucionalizada deveria ser cumprida para atender ao objetivo inicial dos alunos (aprovação em concursos, ascensão social, melhoria salarial) e não possibilitava sequer integrar o ensino de História e de Geografia ao de outras disciplinas. O ensino dessas disciplinas deveria ser realizado dentro dos princípios tradicionais e em momentos diferenciados.

Assumindo essas limitações, procurei fazer das aulas de História e Geografia o momento para as discussões, a fim de que todos pudessem dizer o que sentiam porque, na verdade, era o que viviam. Procurava estabelecer uma relação crítica com o saber sistematizado, elaborando o conhecimento num processo de transformação do currículo oficial, superando a visão disciplinar nele contida e possibilitando que os alunos compreendessem a realidade social de maneira transdisciplinar.

Esta experiência demonstrou que é possível uma prática educacional onde a apropriação do conhecimento pelos alunos não se realize desvinculada da realidade de cada um.

A lógica da inclusão é a percepção do sujeito nas suas múltiplas referências.

Na minha prática pedagógica este sujeito é o aluno da educação de adultos, do trabalhador que volta para a sala de aula e não se vê nos conteúdos ensinados, é a criança cujo saber e experiência fica fora da sala de aula, é a dona de casa que volta à escola nos cursos de Pedagogia, enfim é a pessoa humana no seu cotidiano, mas que está fora do conhecimento científico construído.

Pensando neste sujeito que existe mas só aparece no processo de ensino enquanto objeto de aprendizagem, a transdisciplinaridade procura resgatar a presença das muitas vidas do sujeito enquanto aprende. Cada aluno tem sua história de vida desenvolvida num contexto de complexidade e de níveis de realidade.

O sujeito aprendente tem sua fala própria, sua cultura específica, seja criança, adolescente, jovem ou adulto. A todos a educação transdisciplinar se propõe a escutar, com todos se propõe a falar e o seu "modus vivendi" pretende respeitar, e vê-los na complexidade social.

3. Educação Transdisciplinar

Em face da metodologia transdisciplinar exposta no item anterior, consideramos que a ação educativa transdisciplinar para ser "autentica não pode privilegiar a abstração no conhecimento. Deve ensinar a contextualizar, concretizar e globalizar. A educação transdisciplinar avalia o papel da intuição, da imaginação, da sensibilidade e do corpo na transmissão do conhecimento". (C.T. art. 11)

Neste item queremos dar ênfase ao ato de ensinar a contextualizar, concretizar, globalizar.

3.1 – Contextualizar

Pela sua própria natureza, a educação transdisciplinar precisa ser contextualizada. A aprendizagem deve partir de uma série de acontecimentos nos quais o sujeito aprendente tomou parte.

A contextualização insere o educando na Realidade, que se torna acessível ao seu conhecimento.

Nesse sentido, deve-se tomar como ponto de partida não mais a teoria mas a própria realidade. A construção do conhecimento deve partir das coisas e dos problemas, pois o ser humano é feito daquilo que ele faz.

Essa prática didática mostra que a pedagogia transdisciplinar atua diretamente no cotidiano do aluno fazendo a relação dialética entre teoria e prática.

Com esta metodologia instaura-se uma nova forma de educação ativa, viva, ao alcance da nossa mão.

Esta proposta evidencia a presença da cultura do ser humano, enquanto sujeito capaz de propor e desenvolver novas ações com atividades abertas, não lineares, no processo de ensino e aprendizagem.

Ensinando Metodologia de Gestão Educacional em cursos de Formação de Gestores Escolares, os alunos aprendem princípios e métodos de gestão observando e vivenciando o contexto escolar, seja no próprio exercício do magistério para os que já são professores, seja nos estágios para os que ainda não exercem a docência.

O estudo começa com um olhar sociológico sobre a escola. Através de um roteiro proposto, o futuro gestor aprende a observar a escola nos seus mínimos detalhes humanos, técnico-burocráticos, culturais étnicos, comunitários e outros.

Nesse processo de observação o aluno-gestor aprende a perceber os aspectos que em outras circunstâncias não seriam percebidos; aprendem a ouvir os ruídos da escola,e a ver o que está próximo e o que está distante. De início objetiva, a observação torna-se subjetiva, pois o observador vai exercitando seus sentidos, sua intuição e sentimentos no processo de gestão.

3.2 – Concretizar

O que é concreto existe em forma material. É o contrário de abstrato. Diz-se daquilo que se insere em seu critério de realidade.

Concretização é a duração do real, isto é, a vida da consciência em sua mediação. Aprender a concretizar significa mergulhar no cotidiano dos contextos onde o sujeito aprendente tem sua referência: na família, no trabalho, na escola.

Nesse sentido a aprendizagem não se dará apenas no âmbito da escola, mas também no espaço da vida. Estes dois ambientes de aprendizagem poderão realizar trocas e se tornar complementares. As disciplinas serão vistas e aplicadas como transdisciplinas.

Os casos citados anteriormente são exemplos claros do ato de concretizar a aprendizagem.

Em outro exemplo o aluno torna-se sujeito ativo deste processo.

No ensino de metodologia científica em curso da graduação e pós-graduação, seja em nível de especialização ou mestrado, tenho desenvolvido a didática transdisciplinar para que o aluno aprenda a construir o conhecimento científico.

Nesse processo o primeiro passo é a escolha do tema. Este deixa de ser uma abstração para tornar-se uma escolha concreta na metodologia transdisciplinar.

O aluno é orientado a mergulhar no seu cotidiano e

observar o que ocorre ali, destacando fatos sociais que, aparentemente corriqueiros, exigem um estudo mais profundo para serem compreendidos. Por exemplo: no ambiente escolar, a questão da indisciplina, da relação professor/aluno, dos processos de aprendizagem, as relações interpessoais, a participação dos pais na escola, entre outros; numa empresa, as relações humanas entre chefes e subordinados, o humor dos funcionários, as relações interpessoais, o uso de *softwares* para a dinamização de procedimentos, entre outros.

No início do processo discute-se o cotidiano em seus diversos segmentos. O sujeito-pesquisador iniciante é despertado para observar, para ver e ouvir o que está perto e o que está contextualizado.

Os fatos sociais, pelo senso comum, possuem respostas que podem ser soluções aparentes, mas superficiais. Na metodologia científica o objetivo é construir o conhecimento científico que, para existir, é preciso que se conheça o que está oculto por traz da aparência dos fatos sociais que se percebe no conhecimento vulgar.

A pesquisa que o aluno fará para desvendar a essência do fato requer um primeiro contato com o fato social através da observação e da descrição.

A **observação** é o primeiro contato com o fato e se dá através dos sentidos, da consciência, da subjetividade. É a partir da observação que compomos nosso mundo de experiências e construímos as coisas. Os fatos só existem porque lhes damos existência. Sem a imaginação humana não há fatos e nem verdades que os explicam.

O fato observado torna-se objeto de estudo, de pesquisa. Nessa perspectiva o aluno-observador relaciona o fato ao seu contexto e destaca as hipóteses para sua compreensão.

A **descrição** é concomitante à observação. À medida que observa, o aluno-pesquisador vai anotando o que está percebendo do fato. O registro do que os sentidos lhe mostram servirá para fazer um retrato fiel do fato.

Descrever é falar das coisas tais como elas são. É um recorte da realidade; é anterior às explicações teóricas; é a apresentação do fato à realidade científica.

Com a descrição o pesquisador-aprendiz será iluminado a buscar a teoria para começar a entender o fato e criará sua própria metodologia de pesquisa.

Após a descrição a pesquisa transdisciplinar propõe a busca da explicação dos autores para o problema proposto pelo fato evidenciado.

Os autores apresentam explicações do fato/problema que foram construídas a partir de sua observação, descrição e contextualização. A contribuição dos autores não apresenta a solução definitiva do problema, mas é uma outra maneira de vê-lo. É uma verdade relativa ao momento histórico, ao contexto sócio-cultural em que o autor estava inserido, ou seja, a explicação do autor é a sua verdade, que poderá não ser a nossa.

A verdade do fato a ser construída pelo aluno pesquisador está na busca de novos dados através da pesquisa feita no seu momento histórico, no seu contexto sócio-cultural e com a sua descrição e explicação.

A pesquisa transdisciplinar segue tecnicamente a pesquisa disciplinar, mas, epistemologicamente, tem outro enfoque.

Enquanto a pesquisa disciplinar propõe o conhecimento numa construção circular, a pesquisa transdisciplinar encaminha o conhecimento para uma forma de espiral, sem fechar-se sobre o conhecimento já construído, mas buscando outras formas de conhecer o fato e o problema levantado.

Após estes três momentos ? descrição do fato, explicação dos autores e pesquisa de novos dados concretos? a pesquisa transdisciplinar exige uma síntese-crítica do estudo do fato. Esta síntese crítica é o novo conhecimento, é a demonstração do novo sujeito conhecedor.

3.3 – Globalizar

A educação globalizada completa a trilogia transdisciplinar com a contextualização e a concretização na medida em que entendemos a globalização como o ato de englobar, totalizar, integralizar.

A formação integral do educando implica propiciar-lhe condições para desenvolver a intuição, a imaginação, a sensibilidade e o corpo. Poderíamos dizer educar o corpo e a mente na busca do conhecimento totalizante.

Ninguém vai adquirir a totalidade dos conhecimentos, mas, conforme suas aptidões e tendências, poderá englobar novos saberes..

Por outro lado, globalizar a educação significa não restringi-la ao espaço da sala de aula, à disciplina e ao ambiente imediato, mas ver o mundo, a sociedade, de forma planetária. Nessa perspectiva temos que ensinar que os problemas que acontecem fora do nosso meio, do outro lado do mundo, com outras etnias e crenças, também nos dizem respeito.

Hoje por força do avanço tecnológico, as sociedades estão interligadas e, por isso, problemas e valores que se materializam com mais intensidade em outros lugares também acabam por nos atingir de uma forma ou de outra.

Aprender a globalizar a educação é dar asas à reflexão transdisciplinar.

4. Conclusão

A atitude trandisciplinar na educação escolar engloba, portanto, a complexidade, os níveis de realidade, a lógica da inclusão e a capacidade para contextualizar, concretizar e globalizar o ensino e a aprendizagem.

Nesta prática o professor não atua sozinho, mas tem o aluno como parceiro e o conhecimento como suporte de reflexão.

Referências Bibliográficas

ALVES, Rubens. "Ouvir para aprender". Folha de São Paulo (sinapse), 21 de dezembro de 2004.

C. T. CARTA DA TRANSDISCIPLINARIDADE. Convento de Arrábida, 6 de novembro de 1994.

KIM, W. Chan e MAUBORGNE, Reneé A. "A arte de comandar sem tropeçar". Revista Exame, 28 de outubro de 1992.

NICOLESCU, Basarab. *Educação e Transdisciplinaridade*. Brasília: UNESCO, 2000.

Josinete Aparecida da Silva Bastos

Enfermeira graduada em 1995 (Universidade de São Paulo-USP), com especialização em Saúde Pública (USP), Ensino Religioso (PUC-SP) e Mestrado em Enfermagem na Saúde do Adulto (USP); realizou trabalhos nas áreas de oncologia, cardiologia e saúde indígena; atualmente dedica-se ao ensino de enfermagem.

josinete@cetrans.com.br

Yara Boaventura da Silva

Enfermeira graduada em 1990 (USP), com especialização em Administração Hospitalar (IPH-SP) e Mestrado em Enfermagem na Saúde do Adulto (USP); atua na área de enfermagem oncológica.

yaraboaventura@zipmail.com.br

As autoras agradecem a leitura do original e as sugestões realizadas nas reuniões de "perlaboração" realizadas com Amâncio Friaça, Américo Sommerman, Elisabeth Saporiti, Maria F. de Mello, Mariana Lacombe, Silvia Fichmann e Vitoria Mendonça de Barros.

O ENTRE E O ALÉM DA EXPERIÊNCIA DE VIDA-MORTE

A enfermagem é tradicionalmente descrita como ciência e arte do cuidar das pessoas que enfrentam doenças. Na formação dos enfermeiros, diversos referenciais filosóficos e metodológicos são apresentados, contudo, inegavelmente, é predominante o modelo que objetiva a prevenção ou a recuperação da doença fisiológica.

Nesse modelo de percepção da realidade, a vida é ressaltada como bem único e máximo, então a perda ou ausência de vitalidade dos órgãos é desvalorizada, vida e morte são compreendidas como situações antagônicas, bipolares e desconexas, estando desconsideradas outras diversas potencialidades e capacidades do ser humano que permanecem mesmo na situação de deterioração do corpo físico.

O sofrimento e a morte, não queridos socialmente, no hospital recebem também um "tratamento" por meio de diversas técnicas de controle dos doentes, das famílias e dos profissionais. (ARIÉS, 2003) Utilizando-se da lógica binária, pretende-se, ilusoriamente, extinguir as experiências associadas à dor e à morte.

Este artigo pretende apresentar uma reflexão sobre o processo de vida e morte como experiência subjetiva e, portanto, individual, como experiência familiar e social, como experiência cultural e religiosa, desdobrando e reconstituindo esse fenômeno por meio dos três pilares da transdisciplinaridade: complexidade, nível de realidade e terceiro incluído.

A idéia surgiu da necessidade de revermos nossos próprios pressupostos e práticas e incluirmos diferentes lógicas de raciocínio ao observarmos a realidade, sem considerá-las excludentes, mas as aceitando como complementares. É inspirado, ainda, no artigo 11 da Carta da Transdisciplinaridade, elaborada em 1994, no 1º Congresso Mundial sobre a Transdisciplinaridade, em Arrábida, Portugal:

Uma educação autêntica não pode privilegiar a abstração no conhecimento. Ela deve ensinar a contextualizar, concretizar e globalizar. A educação transdisciplinar revaloriza o papel da intuição, do imaginário, da sensibilidade e do corpo na transmissão dos conhecimentos.

A Complexidade de Sermos Humanos

Toda teoria baseada exclusivamente no "visível" equivale a uma cancerização do corpo da Realidade. Na futura pesquisa transdisciplinar, o estudo do homem e o estudo do universo sustentam-se mutuamente. – NICOLESCU,1985

O humano arranja-se estruturalmente em diversas materialidades: física, psíquica, espiritual, social. Essas materialidades poderiam ser ainda mais categorizadas, e teríamos, então, os sistemas físico-químico-fisiológicos, o pensamento, do sentimento, da família, do grupo profissional, da comunidade de origem, dos mitos ancestrais, antigos e contemporâneos.

Contudo, as matérias que formam o humano são de diferentes naturezas, cada uma delas com um corpo próprio, e que estão sempre ligados, em uma complexa teia de inter-relações, gerando o corpo que somos.

Experimentamos as potencialidades e maravilhas propiciadas pelos nossos corpos – andar, comer, correr, cheirar, ver, tocar, sentir, pensar, ficar parado contemplando a natureza, alcançar altitudes no movimento integrado de músculos, pulmões e coração.

Mas, nem todos possuem as mesmas habilidades: entre crianças, jovens, idosos, atletas, sedentários, deficientes físicos e doentes existem diferenças de capacidades. Contudo, em algum grau, sentimos nossos corpos.

Da simples expressão fisiológica, também comum aos vegetais e outros animais, evoluímos com uma estrutura cognitiva complexa, que nos possibilita encontrar significado e sentido nas difíceis situações de limitação física. As riquezas mentais capacitam-nos, inclusive para, agindo com solidariedade, facilitar a adaptação e a participação na sociedade daqueles com prejuízos fisiológicos; do contrário, favoreceríamos seu isolamento.

Reconhecer todas essas dimensões da vida é permitir-se ter uma visão mais clara sobre a realidade e a natureza do corpo humano. Compreender as partes "invisíveis" exige empenho individual, atenção à expressão de sinais verbais e não verbais indicativos dessas experiências. (SILVA, 1998)

Por exemplo, compreender mitos é uma tarefa árdua e clarificadora. Os mitos alertam-nos para as características complexas do corpo e, ao mesmo tempo, expressam um rol de conhecimentos sobre a humanidade, suas reações e as saídas possíveis diante de impasses, as quais estiveram impressas na história.

Joseph Campbell sugeriu uma prática de "corporar", treinar a manifestação do mítico. Essa prática consiste na vivência dos diversos personagens do mito, em uma situação orientada por um "terapeuta". Caso a pessoa participasse de uma dinâmica sobre a Lenda de Parsifal, poderia aprender e refletir em seu próprio corpo as experiências do orgulho à compaixão, típicas desse mito. (KELEMAN, 1999) Envolver-se nessa atividade poderia trazer benefícios a todos, na presença ou não de doenças, e proporcionaria autoconhecimento, revelando novas possibilidades de expressão corporal.

Nos poemas antigos, como a *Ilíada* e a *Odisséia* de Homero, *soma* significa o morto e *psyche* o fantasma do morto, que não possue sentimentos ou pensamentos, enquanto a pessoa viva é *kephale (cabeça) ou o nome próprio do indivíduo*, o qual revela a multiplicidade de ações que realiza. (REALE, 2002)

Também em nossos tempos, amontoados de corpos destituídos de vida são frequentes em jornais impressos ou televisivos, como relato de guerras em todo o mundo, assemelhando-se bastante às batalhas cruentas descritas por Homero. (SONTAG, 2003) Essas visões confundem nossas concepções acerca do sentido da vida, da igualdade entre as pessoas e povos, da bestialidade também intrínseca ao humano.

Para Reale (2002), esses conceitos de corpo (*soma*) e alma (*psyche*) separados, tal qual são conhecidos hoje, foram formados a partir de Pitágoras e amplamente difundidos no século V a.C, por influência de Platão. Segundo Platão, a psyche possue três partes com funções diferentes – *logos* (inteligível), *epithymetikon* (concupiscível) e *thymos* (irascível). (PLATÃO, 2004, 2005)

Na tradição judaica, o humano individual pode ser compreendido por alma, mente e corpo. A alma tem três partes – *neshamah* (imortal), *ruach* (racional) e *nephesh* (instintiva). (GODWIN, 2004)

Tanto em Platão como na tradição judaica, a alma está relacionada a determinados órgãos corporais. Nessa compreensão, o sofrimento da alma, é superior ao sofrimento físico, e como estão hierarquicamente ligados, o sofrimento que há na alma transforma o físico e vice-versa, sendo a doença a sinalização e, por vezes, a solução dos problemas da alma. (SOUZENELLE,1995; PLATÃO, 2004)

Adentrando mais o espaço dos conhecimentos tradicionais, como o taoísta, vemos transparecer significados nos órgãos do corpo, cada um deles integrados à dinâmica psicológica, familiar, social, gerando doenças como forma de expressão mútua do desequilíbrio entre as partes. (DETHLEFSEN, DAHLKE, 1999)

Também as religiões conferem ao corpo simbolismos clarificadores de sua função em determinada sociedade. Os orientais ao se cumprimentarem, comumente inclinam seu tórax para frente, meneando a cabeça: trata-se de uma atitude de reverência perante o outro, todos os corpos são sagrados: "... uma longa coisa é o longo Corpo do Buda, uma coisa curta é o Corpo curto do Buda". (verso zen citado em CAMPBELL, 1995)

Esta última citação outra vez nos ilumina sobre a complexa unidade corpo-alma, exterioridade e interioridade, alma bastante negada na cultura materialista ocidental, alma águia que permite conexões do corpo no além espaço-tempo, conexão com o cosmos e toda humanidade. (BOFF, 1997)

Na impossibilidade de adentrarmos mais sobre as contribuições das culturas às nossas vidas, sugerimos a leitura do artigo de Agustí Nicolau Coll "As culturas não são disciplinas – existe o transcultural?", no livro *Educação e Transdisciplinaridade II*, da Editora Triom.

A Complexidade do Processo de Vida-Morte

Repercussões dessa complexidade na pessoa:

• desde que nascemos, nossas células estão envolvidas em processos de construção e degeneração, os sistemas biológicos sendo fundamentados no anabolismo, catabolismo;

• indivíduos em estado de coma (inclusive vegetativo) expressam facialmente sentimentos na escuta ou no toque de significativos;

• falar sobre o próprio processo de perdas e morte pode aliviar a angústia e solidão dessa vivência, e também sintomas físiológicos;

• algumas pessoas que estão morrendo necessitam do apoio ou presença de parentes ou amigos distantes para resolução de antigos problemas, "controlando" de alguma forma a data de morte;

• os pacientes têm direito a tratamentos paliativos que garantam maior qualidade de vida, inclusive em alguns momentos críticos, como na vigência de patologias fora de possibilidades atuais de cura, ou em situação de morte iminente, mas também têm direito a não recebê-los, se os julgarem agressivos ou inúteis;

• a degeneração do corpo pode levar vários meses ou anos, com falências consecutivas, assim como a morte corporal ocorre lentamente, enquanto milhares de células continuam vivas (com sua potencialidade de memória e inteligência), inclusive na constatação do óbito (parada cardíaca ou eletroencefalograma isoelétrico), levando dias nessa condição, o que garante, por exemplo a realização de transplantes halogênios.

Repercussões dessa complexidade na família:

• o processo de morte geralmente é vivenciado também pela família ou outros significativos; familiares e amigos significativos para o doente frequentemente relatam sonhos ou intuições sobre a progressão da doença e morte do doente;

• a participação no cuidado do doente ou em rituais religiosos facilitam em algumas culturas a aceitação da morte e a diminuição do sofrimento pela perda de um ente querido.

Repercussões dessa complexidade na sociedade:

• toda pessoa amadurece e acumula experiências em sua trajetória, a morte pode ser um momento de apagamento dessas experiências, quando essas não forem comunicadas aos demais membros sociais, ou a possibilidade de transferência dessas conquistas e reflexão sobre os impedimentos que limitaram a vida da pessoa.

O Acesso aos Diferentes Níveis de Realidade

Os doentes descrevem seu processo de vida e morte além da experiência física. As experiências da pessoa com doenças fora das possibilidades atuais de cura podem ser consideradas pertencentes a diferentes níveis de realidade e de percepção, nos mundos objetivos e subjetivos.

Muitos doentes relatam que possuem melhor percepção da realidade quando estão morrendo. Esses relatos são recheados por descrições de sentimentos, sonhos, pensamentos sobre suas vidas, de familiares e da sociedade, ou simplesmente de experiências de vazio, paz, harmonia, conexão com a humanidade, com o cosmo, ou da angústia de não vivê-las.

Maggie Callanan e Patricia Kelley, enfermeiras norte-americanas que acompanharam um grande número de pacientes terminais, descreveram em seu livro *Gestos Finais* (CALLANAN e KELLEY, 1994), que muitas pessoas reconhecem seu processo de morte e expressam suas experiências pela descrição de sonhos e visões, utilizando termos como *viagem* ou *visita de um conhecido já falecido.* Essas comunicações, por vezes, são atribuídas a alucinações inerentes ao processo de morte e desconsideradas pela equipe de saúde ou família.

Pode-se admitir que, desde tempos antigos, as sociedades atribuíram aos sonhos e às intuições um poder curativo, descrito, por exemplo, nas sessões de incubação em Epidauro, onde a doença e a morte tinham um significado real para as pessoas que os viviam. (MEIER, 1999)

A aceitação dos diversos níveis de realidade, suas singularidades e diferenças, constitui-se no maior desafio à nossa mentalidade pós-moderna. Não temos instrumentos específicos para mensurá-los, não há gravadores ou câmeras para registrar o momento do pensamento, do sentimento, intuição, da imaginação. E, embora a maioria de nós confie na integridade dos processos cognitivos e psicológicos, estamos distantes de concebê-los plenamente.

Quem somos? O que é a realidade?

Nós só conhecemos o ser humano que somos e, por duvidarmos tanto de nós mesmos, desconfiamos dos que ousam verbalizar a riqueza de outras realidades que vivenciam, julgamos tratar-se de uma ilusão autocriada por algumas pessoas apenas, já que a maioria não a menciona, ainda que nos fique sempre a dúvida do motivo pelo qual as descrições são tão parecidas ou tão verdadeiras.

Lembramo-nos do filósofo Rubem Alves (1999):

> ... o que faz um jardim são os pensamentos do jardineiro... os sonhos é que nos separam dos animais. Nossos corpos fazem amor com o que não existe, ficam grávidos e parem. Existe um mundo que acontece pelo desenrolar lógico da história, em toda a sua crueza e insensibilidade. Mas um mundo igualmente concreto que nasce dos sonhos: a "Pietá" de Michelangelo, o "Beijo" de Rodin, as telas de Van Gogh e Monet, as músicas de Tom Jobim, os livros de Guimarães Rosa e de Saramago, as casas, os jardins, as comidas – eles existiram primeiro como sonho, antes de existir como fatos. Quando os sonhos assumem forma concreta (Hegel dava a isso o nome de "objetivação do espírito"), surge a beleza. Zaratustra dizia haver chegado o tempo para que o homem plantasse as sementes de sua mais alta esperança.

O Terceiro Incluído em Nós

A morte pode ser determinada espaço-temporalmente, mas não pode ser precisada; ao lidar com pessoas devemos sempre considerar que não há um antagonismo entre morte e vida, já que existem sinais evidentes de vida na morte e de morte na vida, sendo mais real, portanto, considerarmo-nos em um contínuo processo de morte-vida.

Verdadeiramente, há perda física no processo de morte, mas também há a continuidade de outras dimensões da pessoa na história familiar, social, cósmica. A pessoa morre e permanece entre nós. Um pouco de nós acaba e é transfigurado ao acompanharmos alguém em processo de morte. Essa visão só é possível quando admitimos um nível além do físico, um nível *metafísico*, que regula os aparentes opostos dessa dinâmica.

A aceitação dos nossos corpos em sua complexidade auxilia-nos a compreender os diversos níveis de realidade e a integrar as experiências contraditórias que vivemos, em nossos processos de vida e de morte.

A função principal da enfermeira é posicionar-se muito próximo desse nível metafísico, transformando as relações entre o doente e seus familiares. Esse posicionamento deve ocorrer de forma sutil, portanto, principalmente através de sua presença, a qual modificará o ambiente, inclusive quando não verbaliza, não age, ou seja, na inatividade.

Propomos o seguinte desenho para expressar estes últimos parágrafos:

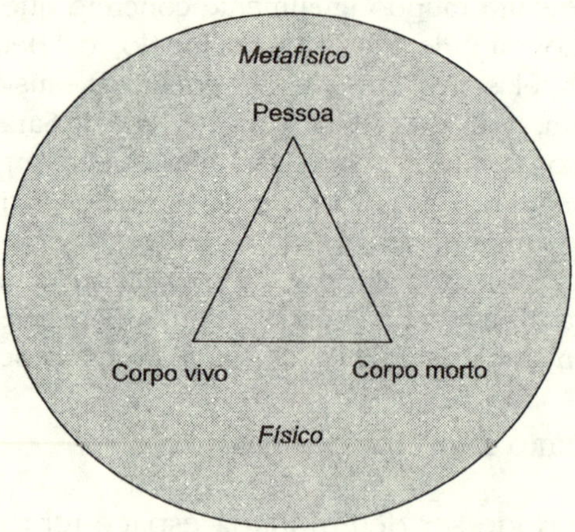

Implicações das Concepções sobre o Corpo na Prática de Enfermagem

O corpo é o principal objeto e sujeito da prática de enfermagem. É através de nossos próprios corpos que realizamos os cuidados de enfermagem, aprendemos a ser enfermeiras e ensinamos outros a fazer enfermagem. (LARSEN, 2002; FIGUEIREDO, CARVALHO, 1999)

Por meio de nossos corpos interagimos com as pessoas que cuidamos. A prática de enfermagem com qualidade almeja restituir aos corpos humanos conforto, inteireza e dignidade.

As concepções que a enfermeira ou enfermeiro tem sobre seu corpo (e os corpos dos outros) interferem diretamente na qualidade e especificidade dos cuidados de enfermagem.

Compreender a complexidade dos corpos induz ao planejamento da prática de enfermagem no sentido de lidar com corpos sujeitos, não corpos objetos, com pessoas e comunidades inteiras, não dissecadas.

Goldberg (2001) aponta que o dualismo cartesiano está presente em muitas ações de enfermagem, que há necessidade de retomarmos o diálogo com os "corpos vividos" dos pacientes que atendemos.

Como estamos inseridos neste momento histórico, é importante reconhecer os inúmeros benefícios que a ciência pós Descartes trouxe a todos nós – experimentação, especialização, novos tratamentos para inúmeras doenças. E que é sobre esta base que podemos almejar atendimentos ainda mais completos.

No entanto, esse modelo que valoriza somente um nível de realidade, a fisiológica, não resolve todas as necessidades na área da saúde, e só pode ser superado por meio do aprendizado sobre outras disciplinas (filosofia, antropologia, história, artes), a busca pelo autoconhecimento e pelo desenvolvimento de habilidades para o relacionamento humano, que refletirão no aperfeiçoamento dos cuidados oferecidos. Esse é um trabalho para a vida inteira!

Na área da saúde, não se deve fazer conexão direta entre transdisciplinaridade e práticas complementares. Os autores que acentuam a transdisciplinaridade como uma resposta necessária aos graves problemas mundiais (fome, analfabetismo, doenças, pobreza, guerras) não privilegiam qualquer forma de organização de conhecimento, pelo contrário, sugerem a urgência de integração das disciplinas, visando ao desenvolvimento de todos os povos.

Entretanto, valorizando os conhecimentos das diversas culturas, não podemos ter uma atitude preconceituosa sobre as práticas complementares, de tal forma que a Enfermagem, assim como a Medicina, Psicologia, Fisioterapia, e outras áreas, podem desenvolver intervenções importantes a partir dessas tradições e integradas aos conhecimentos contemporâneos, as quais certamente deverão estar pautadas em conhecimento e responsabilidade.

Gostaríamos de sugerir como pistas de estudos, os trabalhos da enfermeira norte-americana Jean Watson e do médico francês Patrick Paul.

Jean Watson (1999) desenvolveu estudos independentes sobre a essência do cuidado de enfermagem. Concluindo que, perante todos os conhecimentos que acumulamos até a pós-modernidade, a enfermagem deve visualizar o corpo como um espelho sagrado, contemplando as inúmeras formas e sutilezas que estão presentes em cada pessoa. Essa teorista sugere intervenções de enfermagem relacionadas a arte, meditação, conhecimentos de diferentes culturas e ao espaço arquitetônico. Atualmente é professora na Escola de Enfermagem da Universidade de Colorado, Estados Unidos da América.

Os estudos do médico Patrick Paul (2000), que participa de diversos congressos sobre transdisciplinaridade, apontam sobre as possibilidades de tratamento a partir da Halopatia, teorias da Educação, teorias da Psicologia e Medicina Tradicional. Este autor salienta que diversas práticas médicas tradicionais descritas como bem sucedidas, devem ser estudadas e ensinadas nos dias de hoje. Ele próprio é professor universitário na Universidade de Tours e na Universidade Paris XIII, França.

A revolução transdisciplinar começa em cada um de nós, no conhecimento teórico e na experimentação de novas formas de prevenir, cuidar e tratar problemas de saúde. em atitudes insurgentes, marginais, porém também cooperativas e colaborativas, não inconsequentes. As novas formas de cuidado deverão estar registradas em pesquisas rigorosamente registradas, com comprometimento ético dos profissionais.

Finalmente, muitos de nós, enfermeiros brasileiros, já estamos atentos à importância do corpo em nossa vida e nossa prática, realizando pesquisas de aprofundamento sobre o seu significado através do diálogo com outras fontes de conhecimento, como com a arte e outros autores, como Mircea Eliade. (SILVEIRA *et al*, 2002; SILVEIRA, 2001; FREITAS, 1999) Devemos receber alegremente o novo que brota em nós.

Referências Bibliográficas

ÁRIES, Philippe. *História da Morte no Ocidente*. Rio de Janeiro: Ediouro, 2003, p. 275-302.

ALVES, Rubem. *Entre a Ciência e a Sapiência: o Dilema da Educação*. São Paulo: Loyola, 1999.

BOFF, Leonardo. *A Águia e a Galinha – uma metafísica da condição humana*. 4ª ed. Petrópolis: Vozes, 1997.

CALLANAN, Maggie; KELLEY, Patricia. *Gestos Finais*. São Paulo: Nobel, 1994.

CAMPBELL, Joseph. *As Máscaras de Deus – Mitologia Oriental*. 2ª ed. São Paulo: Palas Athena, 1995, p. 392.

DETHLEFSEN, Thorwald; DAHLKE, Rudiger. *A Doença como Caminho*. 9ª ed. São Paulo: Cultrix, 1999.

FIGUEIREDO, Nébia Maria Almeida de; CARVALHO, Vilma de. *O Corpo da Enfermeira como Instrumento do Cuidado*. Rio de Janeiro: Revinter, 1999.

FREITAS, Maria Edila Abreu. *A Consciência do Corpo – Vivência que assusta: a percepção de profissionais de enfermagem na área hospitalar*. São Paulo. Tese (Doutorado) Escola de Enfermagem, Universidade de São Paulo, 1999.

GODWIN, David. *A Verdade sobre a Cabala*. Rio de Janeiro: Mauad, 2004.

GOLDBERG, Lisa. *Rethinking the Birthing Body: Cartesian Dualism and Perinatal Nursing*. Journal of Advanced Nursing, v. 37, n. 5, 2002, p. 446-451.

Keleman, Stanley. *Mito e Corpo – uma conversa com Joseph Campbell*. São Paulo: Summus, 1999, p. 95-115.

LARSEN, Kristian. Bodily Learning in Nursing Education. Apresentação: II Encontro Internacional de pesquisa em enfermagem – trajetória espaço temporal da pesquisa, Águas de Lindóia, São Paulo, 28 a 31 de outubro de 2002, p. 249 (resumos).

MÉIER, C A. *Sonho e Ritual de Cura: incubação antiga e psicoterapia moderna.* São Paulo: Paulus, 1999.

NICOLESCU, Basarab. *Nous, la particule et le monde.* Le Mail, 1985, p. 24, citado em Random, Michel. *O Pensamento Transdisciplinar e o Real.* São Paulo: TRIOM, 2000, p. 24-25.

PAUL, Patrick. *Origens da Doença e a Busca do Equilíbrio.* São Paulo: Ágape, 2000.

PLATÃO. *Fédon: diálogo sobre a alma e morte de Sócrates.* São Paulo: Martin Claret, 2004.

PLATÃO. *A República.* São Paulo: Martin Claret, 2005.

REALE, Giovanni. *Corpo, Alma e Saúde: o conceito de homem de Homero a Platão.* São Paulo: Paulus, 2002, cap. 1: O corpo humano nos poemas homéricos, e cap. 5: A natureza do homem homérico exprime-se no seu agir.

RESSEL, Lúcia Beatriz; SILVA, Maria Julia Paes da. *Reflexões sobre a Sexualidade Velada no Silêncio dos Corpos.* Revista Escola de Enfermagem da USP, v. 35, n. 2, p. 150-4, jun 2001.

SILVA, Maria Júlia Paes da. *Comunicação Tem Remédio – a comunicação nas relações interpessoais em saúde.* 3ª ed. São Paulo: Gente, 1998.

SILVEIRA, Maria de Fátima de Araújo et al. *A Enfermeira e o Corpo da Cliente: Vislumbrando o Sagrado e o Simbólico.* Apresentação: II Encontro Internacional de pesquisa em enfermagem – trajetória espaço temporal da pesquisa, Águas de Lindóia, São Paulo, 28 a 31 de outubro de 2002, p. 89 (resumos).

SILVEIRA, Maria de Fátima de Araújo. *A Sagração das Flores – um ritual para encantar o corpo da mulher no cuidado.* São Paulo: Tese (Doutorado) Escola de Enfermagem, Universidade de São Paulo, 2001.

SONTAG, Susan. *Diante da Dor dos Outros.* São Paulo: Companhia das Letras, 2003, cap. 5, p. 64.

SOUZENELLE, Annick de. *O Simbolismo do Corpo Humano – da Árvore da Vida ao Esquema Corporal.* 10ª ed. São Paulo: Pensamento, 1995.

WATSON, Jean. *Postmodern nursing and beyond.* London: Churchill Livingstone, 1999.

Marise Lafourcade Rayel

Aquariana nascida no verão de 1958, no dia 27 de janeiro. Administradora de Empresas graduada bacharel pela Universidade Mackenzie em 1980. Psicoterapeuta Corporal especialista em Educação Somática Existencial. Sócia e Consultora da PIQUE Consultoria Empresarial. Pesquisadora em Esquizoanálise com Ana Lucia Rocha, Zeneide Monteiro e Margaret Chillemi. Pesquisadora em Psicologia Formativa fundamentada no trabalho de Regina Favre no Brasil e Stanley Keleman nos Estados Unidos. Parceira e Consultora do Núcleo de Consultoria Profissional NCP do Centro de Educação Somática Existencial. Membro formador do CETRANS – Centro de Educação Transdisciplinar – co autora do projeto "Corpo Processo – a Transdisciplinaridade em Nós".

mariserayel@ig.com.br

Educação Somática Existencial

Uma atitude encarnada ou o corpo como instrumento da canção de estar presente

o ideal se torna possível,
o teórico se torna prática,
a experiência se torna consciência encarnada

A Vida faz Forma

A metodologia de corporificar a experiência é uma prática que implica experimentarmo-nos como seres encarnados, desenvolvendo o processo de conhecimento corporificado. Assim sendo, corpo, somos uma maravilhosa aparelhagem e se nos tornamos presentes e nos acompanhamos, ganhamos de volta um instrumento de vida que há muito deixamos de tocar.

Nós somos corpos sensíveis que podemos captar mundo e nós mesmos. Nós somos corpos que sentem e pensam mundo e nós mesmos. Somos o processo vivo/encarnado que se atualiza constantemente. E assim podemos vir a ter uma postura sensível ao nosso próprio processo vivo, uma atitude dedicada e humilde de pesquisador. Podemos constituir uma presença-processo cheia de musicalidade, nos encontros, no mundo, em nossa própria experiência de nós mesmos.

A prática adotada para experienciar o próprio princípio organizador, chamamos Metodologia do Como e sua aplicação contempla a lógica do terceiro incluído, baseada no teorema de Göedel, "**A, que num termo T pode ser em si não-A**". Inclui-se aí a alteridade em nós.

O organismo como um ambiente, tem em si um impulso organizador que estabelece e sustenta múltiplos estados para que dêem suporte à vida, uma organização que garante o prosseguir formando-vivendo. Experimentar o impulso organizador leva-nos ao conhecimento e ao *insight* sobre a diferença entre viver e ser vivido, entre escolha e destino.

A vida faz formas, somos adultos já desde o nosso nascimento, adultos em forma de bebê, de criança, de homem ou mulher em crescimento e, mais tarde, em forma de adultos maduros e de adultos envelhecentes.

Uma atitude encarnada é aquela que pode nos colocar no momento mesmo da experiência que estamos vivendo e diante da qual emerge uma multiplicidade de estados (formas) em nós, formas sentimentais, intelectuais, sociais, formas humanas complexas, o que somos e o inédito da própria experiência em si.

Quando apenas um olhar mostra como estou tentando me colocar à distância, quando minha cabeça avança mas meu corpo recua, quando faltam-me as pernas e o estômago se contrai, e eu não tenho um único grau de possibilidade de regular-me nesta experiência, estou vivendo uma única forma de me usar. Sou todo o tempo A, elemento em um dado nível de realidade presentificada, apoiado apenas por uma ordem linear, separada, marcada e configurada para existir unidimensionalmente. Uso–me em partes, privilegio o automático e desprezo o amplo espectro de harmônicos que, como instrumento, sou o tempo todo. Paro de cantar, de ressoar em subtons. Porém, "eu fico com a pureza da resposta das crianças"[1] que criam e mais inventam enormemente, dentro do seu processo de desenvolvimento.

Um convite

Experimentemos: pare e repare, veja como você está lendo este texto. Você lê avidamente? Você lê com receio de ser invadido pelas idéias? Você lê com superioridade? Como está sua cabeça? Duramente erguida sobre o pescoço? Relaxada numa almofada? Baixada/pendida sobre o peito sendo sustentada pela nuca? Que experiência você terá se resolver apoiá-la na palma da mão esquerda à altura da têmpora? Faça. Muda alguma coisa? O que você aprende de você?

Evidenciar a própria experiência corporal concreta nos educa no sentido do aprender: – como nos fazemos presentes? As respostas orgânicas são acontecimentos internos profundos, informações e notícias de um outro nível de per-

---

[1] Trecho de uma canção do compositor brasileiro Luis Gonzaga Junior, o Gonzaguinha.

cepção de si e de um estágio de auto-organização, acessável e acessível na experiência de ser humano.

Um pouco da história

Eu, psicoterapeuta educadora somática existencial, formando e crescendo em mim, escolhi em minha vida diária navegar no mundo do hipertexto o site do CETRANS. Fui levada por um sentimento forte de que os seres humanos buscam continuamente conhecer e conhecer-se, sobretudo. Buscava respostas para uma problemática que há muito me inquietava: como vamos poder ajudar aos mais jovens a se sair melhor do que nós em suas vidas, em suas relações, em suas escolhas profissionais, na forma de estar no mundo?

De que forma poderemos tornar disponível para esses jovens algo que ainda não recuperamos em nós? Como mudar o mundo senão operando novas formas?

Otimista e confiante eu sempre afirmei que "tudo se pode aprender" e creio que os adultos, nas famílias, nas escolas, nas instituições públicas e privadas, ensinam ao jovem, servem de modelo à criança, ao seres menos organizados, aos menos formados. Ensinam o modo de cuidar, das coisas, do animal, do lixo e dos negócios, ensinam o interessar-se pelo novo e pelo velho, pelo outro ou só por si mesmo, ensinam o modo de compartilhar opiniões, dificuldades, conhecimento e experiências, e o modo de ser íntimo de se dizer, de não se dar, de brincar, de desdenhar ou de trabalhar. Dessa forma, num processo de corporificação diário, de imitação dos gestos/atitudes, os seres humanos seguem juntos na formação do homem.

Ao incluir-me no Projeto CETRANS, fui banhada por uma onda de novas possibilidades. Pensar, criar e construir conhecimento em grupo, encontrando os meios de transformar o processo do desenvolvimento humano e de se educar pessoas. Não mais sozinha, não mais me sentindo "um gaiato no navio"[2].

Nesta onda eu mergulhei, nadando por vezes angustiada e expectante, mas, sincrônica e lentamente, trouxe-me até aqui. A contribuição de que disponho busca compor

---

[2] Frase de uma canção do grupo musical brasileiro Paralamas do Sucesso.

com este grupo que pensa e investiga sobre práticas transdisciplinares e com nossa forma pessoal de nos vincularmos, privilegiando uma coerência que vislumbro no pilar transdisciplinar da metodologia, a lógica do terceiro incluído, já citado, que dimensiona o outro, a alteridade, o estranho e o diferente em nós.

Aqui nasce um Projeto! [3]

Educação Somática Existencial é uma articulação de diversos matizes conceituais. Está fortemente alicerçada na Psicologia Formativa de Stanley Keleman, com contribuições da cartografia existencial da filosofia de Deleuze e Guattari, com elementos vários da atual neuro-ciência em autores como Antonio Damasio e Gerald Edelman, e partículas da visão de desenvolvimento e vínculo de autores como Daniel Stern e John Bolwby.

Nas palavras textuais de Regina Favre: "Essas ferramentas cuidadosa e continuamente forjadas, vêm nos permitindo ser coerentes com uma visão da realidade enquanto produção, um contínuo processo de existencialização e, não como um dado, o que nos situa no campo da educação e da clínica da diferença".

O que gostaria de compartilhar neste livro E.T. III do CETRANS, é uma experiência prática que visa incluirmo-nos como o próprio objeto e sujeito transdisciplinar. A vida tem um padrão e aprende uma forma. Tudo o que vive desenvolve, mantém e muda de forma. Como podemos deixar crescer em nós outras formas? Como experimentar o que está entre, através e além de toda experiência que temos de nós mesmos? Como podemos ampliar nosso olhar, nosso repertório de formas num devir canção... *poderíamos mudar o mundo, quem roubou nossa coragem?*[4]

Vários autores deste livro Educação e Transdisciplinaridade III têm expressado suas percepções quanto ao fato de no "encontro" com as pessoas, com suas crenças, valores e em suas mais variadas formas (aluno/professor; coordenador pedagógico/professor; pensador/comunidade acadêmi-

---

[3] O artigo acima fez parte de nossa apresentação por ocasião do IIIº Encontro Catalisador do CETRANS, em maio de 2001, na Escola do Futuro da USP.

[4] Trecho de uma canção do compositor brasileiro Renato Russo.

ca etc) é que se define, ou melhor, se apresenta e se configura o campo no qual acontecem, ou não, as práticas transdisciplinares. E mais, o quanto isto pode vir a facilitar ou a dificultar as tarefas que empreendemos junto a esses grupos e em suas pesquisas. Penso eu que nossa dificuldade pode ser ainda maior, uma vez que minha prática trata mais de considerações pessoais e da minha própria percepção do que configura, dispara e faz acontecer um "encontro", uma relação, e das subsequentes afetações às quais estamos sujeitos. Reconheço assim que, pela natureza do assunto, a tudo abordo de forma pessoalizada, talvez, mais do que seria habitual ou mesmo necessário. O que eu gostaria de compartilhar neste artigo do livro é sobre o encontro, é a experiência mesmo que tivemos junto, membros formadores e coordenação durante a realização do mesmo.

Muitos de nós por ocasião desse encontro, que se deu no auditório da Escola do Futuro da USP, estavam se apresentando ao grupo pela primeira vez e isso criava um certo suspense e, ao mesmo tempo, um nível de expectativa elevado tanto no âmbito pessoal quanto no grupo como um todo. Muitos ajustes na ordem das apresentações foram negociados (ordem de apresentação, horário de finalização) e, mesmo assim, alguns companheiros não conseguiram terminar no tempo previsto suas explanações. Frustrações e conflitos tiveram espaço e tempo para serem cuidados e transformados. A experiência de estarmos fazendo juntos um Encontro Catalisador entre os membros do CETRANS, como ainda não havia ocorrido nos dois encontros anteriores, deu ao grupo uma qualidade de aproximação que foi importante, fez diferença e permitiu muitas trocas e intimidade entre os participantes.

Para criar uma possibilidade de devir[5] outros, múltiplas formas de ser humano (com o meu corpo afetável e vibrante ao encontrar com estas forças da existência), com este grupo, reconhecemos essa força viva que se manifesta em nós como carne percorrida por ondas nervosas, um corpo vibrátil. Desejei praticar este conhecimento a partir de mim e dar lugar a esta experiência de ser um corpo processo.

---

[5] Devir: ato que só pode estar contido em uma vida e expresso em um estilo, imperceptível fenômeno de dupla captura e de evolução a-paralela (conceito de Giles Deleuze e Felix Guattari).

Penso eu poder viabilizar, desta forma, uma atitude transdisciplinar a partir de mim mesma, apresentando um modo de ser sujeito e de estabelecer relações com o outro. Com o sentido de fazer uma apresentação que promovesse uma experiência vivencial aos participantes, terminei minha explanação cantando uma canção do compositor Milton Nascimento que diz a certa altura: *"há canções e há momentos, que eu não sei como explicar, em que a voz é um instrumento que eu não posso controlar..."* Surpresa e um certo encantamento nos outros, alegria e excitação em mim. Imagino que lhes proporcionei assim uma micro experiência de conexão com um corpo vibrátil preenchido de emoções e sentimentos. O meu corpo sendo usado como uma maquínica[6], cantando para me fazer presente aos presentes.

Assim sendo e fazendo a partir de nós mesmas, minha parceira[7] e eu tecemo-nos neste projeto do CETRANS, nos incluímos e participamos ativamente de quase todas as atividades propostas ao longo deste tempo, construindo com nossa presença pessoal uma forma estar com este grupo em encontros presenciais do CETRANS, onde estamos e continuamos, fazendo perguntas, nos expressando em nossas percepções e disseminando reflexões que favoreçam a processualidade da vida grupal. Como foi discutido no artigo da Ecleide Furlanetto neste livro, cuidamos do instante, criando assim uma nova ordem nas coisas, boas e belas, difíceis ou frágeis, que se pode compartilhar.

Foi largo este tempo da transformação, ora raso, ora profundo. Vezes sem conta tivemos que recombinar nossas formas de funcionar, em nós Marise e Silvana, conosco e com o grupo, para fazer valer um jeito, uma atitude entre nós que possibilitasse avançar e suportar a troca e a construção conjunta deste projeto-processo de transdisciplinaridade em nós.

Creio eu que, de tudo o que aprendi ao longo destes anos fazendo parte deste grupo transdisciplinar, o que nos pôde orientar foi considerar sempre que havemos de ter uma *paciência ardente e uma capacidade de antecipação,* em nós, entre nós e para além de todos os encontros fora de

---

[6] Maquínica: gerador do processo de produção de si mesmo através das interações e transformações, continuamente auto-criador (conceito de Giles Deleuze e Felix Guattari).

[7] Silvana Cappanari, também presente neste livro com seu artigo.

nós. Paciência esta que é a ferramenta do processo transdisciplinar de construção de conhecimento, de experiência vívida de transformar atitudes em nós e a partir de nós e que viabiliza no tempo, as dificuldades de formativamente nos endereçarmos ao ensinamento da processualidade da vida. A experiência de participar como um viajante.

Toda obra é uma viagem, um trajeto, mas que só percorre tal ou qual caminho exterior em virtude dos caminhos e trajetórias interiores que a compõem, que constituem sua paisagem ou seu concerto.[8]

Referências Bibliográficas:

KELEMAN, Stanley. *Amor e Vínculos.* São Paulo: Summus,1995.

_____ *Corporificando a Experiência.* São Paulo: Summus, 1994.

_____ *Mito e Corpo.* São Paulo: Summus, 1999.

DELEUZE, Giles. *Crítica e Clínica.* São Paulo: Editora 34, 1997.

[8] Gilles Deleuze.

Silvana Cappanari

Psicóloga e Terapeuta de adolescente, adulto, casal e família. Especialista em Terapia com Adolescente pelo Instituto Sedes Sapientiae. Especialista em Terapia Psicanalítica pelo Instituto Sedes Sapientiae. Especialista em Terapia de Família e Casal pela PUC SP. Terapeuta e Pesquisadora em Psicologia Formativa com Regina Favre e Stanley Keleman. Mediadora Transformativa pelo Instituto Familiae. Membro da Oficina de Mediação Coorporativa no Instituto Familiae. Fundadora e Coordenadora da CLIFAM – Clínica de Terapia de Família e Casal – São Paulo. Membro Fundador da Associação Paulista de Terapia Familiar. Parceira e Coordenadora do Espaço Intergeracional – Projeto de Atendimentoa pais e adolescentes. Parceira e Consultora do Núcleo de Consultoria Profissional do Centro de Educação Somática Existencial. Consultora e Mediadora de projetos de Implantação da cultura da Mediação em equipes em escolas e empresas pela CLIFAM. Membro formador do CETRANS – Centro de Educação Transdisciplinar – co-autora do projeto "Corpo Processo – a Transdisciplinaridade em Nós". Coordenadora de Práticas Formativas do CETRANS – Centro de Educação Transdisciplinar. Coordenadora de Grupos de Estudo "Intervenção em Sistemas Familiares" – CLIFAM. Coordenadora de Oficinas de Conversa – CLIFAM. Coordenadora do "Um Curso em Conversa, Uma Conversa em Curso" – CLIFAM.

silvana@cetrans.com.br

Equipe Reflexiva

Uma prática transdisciplinar possível, onde todos têm voz para compartilhar ressonâncias e acessar múltiplos versos.

O Contexto de uma Apresentação, Vivencial...

Por ocasião do III Encontro Catalisador do CETRANS, ocorrido na USP, em São Paulo, entre os dias 18 e 21 de maio de 2001, os então 40 membros formadores apresentaram, uns aos outros, seus projetos matriciais. Trabalhos esses que, agora, compõem este livro. Parceiras no projeto "Corpo Processo – a Transdisciplinaridade em Nós", Marise L. Rayel apresentou "*Educação Somática Existencial – o corpo como instrumento da canção de estar presente*" e eu, Silvana Cappanari, apresentei "*Equipe Reflexiva – uma prática transdisciplinar para avaliar e ampliar a visão...*".

Levando em conta não só a proposta do nosso trabalho, "Corpo Processo – a Transdisciplinaridade em Nós", mas o contexto do evento na ocasião e o fato de não ter consultado com antecedência os coordenadores, pedi aos colegas presentes que escolhessem uma entre três possibilidades de apresentação: uma teórica, uma de esclarecimento e uma vivencial. O objetivo desta consulta era ter a adesão da maioria, em qualquer uma delas.

A maioria dos colegas presentes escolheu experimentar uma "Equipe Reflexiva", um formato proposto por Tom Andersen e muito usado entre os sistêmicos construcionistas sociais.

Uma "Equipe Reflexiva" pode ter muitas utilidades. Ela pode funcionar como um f*eedback* para quem organiza um evento, como um curso, workshop, palestra, congresso, terapia etc. Ela pode ser convocada por alguém que precise ampliar sua visão a respeito de algum tema ou trabalho que está desenvolvendo. E como o titulo diz, ela consiste numa prática transdisciplinar, onde todos os participantes têm voz para compartilhar ressonâncias e acessar múltiplos versos.

Antes mesmo da escolha pelos colegas, havia consultado os técnicos de som e de computação contratados para registrar o evento, sobre a vontade e disponibilidade deles em participar de uma conversa no formato "Equipe Reflexiva". Neste caso, eles funcionariam como representantes do grupo para quem o trabalho estava sendo apresentado. Três deles aderiram: Bento, Luisão e Isaac (nomes fictícios).

Rapidamente contei aos colegas, que a participação de uma "Equipe Reflexiva", implicaria no consentimento e na adesão de todos os envolvidos no evento a algumas "regras do jogo". Essas regras "simples" consistiam em formarmos duas equipes, onde cada uma a seu turno falaria sobre algo, enquanto a outra ouviria sem interromper. Cada equipe teria dez minutos para falar. O processo foi facilitado por mim.

O objetivo de uma "Equipe Reflexiva", neste formato e com estas regras, é poder receber do público alvo de um determinado evento, uma visão ampla e uma avaliação do mesmo. Em geral a primeira equipe a falar é a que recebeu o trabalho oferecido no evento. A segunda a falar é a que organizou, coordenou e ofereceu o evento. E por fim, a ultima palavra é de quem recebeu o evento.

Seguindo os princípios deste formato, propuz que a primeira equipe a falar fosse a dos técnicos contratados. A segunda, a dos membros formadores que apresentaram seus projetos e a última, a dos técnicos novamente. Por ter tido pouco tempo para preparar e organizar a vivência, tive que ser muito pratica, concisa e acreditar que ela se autojustificaria. Assim aconteceu.

Nos primeiros dez minutos, formei um grupo com os três técnicos e convidei-os a conversarem entre si e comigo, como facilitadora, sobre como foi para eles estar ali conosco naqueles três dias. Convidei-os a comentarem o que quisessem sobre o evento e ou o que viram e ou ouviram ali.

Luisão se disse um evangélico e fez uma longa fala, comparando o que aconteceu naquele evento com os princípios da Bíblia. Nos advertiu ainda, que se estivéssemos de mãos dadas, tudo o que tínhamos falado brotaria....

Isaac se desculpou por "não saber analisar" (sic) como fez seu colega e se confessou preocupado com as próprias questões técnicas que lhe cabiam cuidar. Disse ser muito difícil para ele comentar algo sobre nós.

Bento agradeceu o "privilégio" (sic) de presenciar o

intercâmbio de cada palestrante, dentro da sua própria área, sobre a educação neste pais.

Numa segunda rodada, de mais dez minutos, pedi que cada um de nós, membros formadores do CETRANS, falássemos sobre algo "útil" do que havíamos ouvido. Lembrei que, para dar oportunidade a todos, teríamos que ser concisos individualmente.

Transcrevo aqui algumas das falas dos meus colegas formadores: "transferimos a condição de palestrante e cada um tem, assim, a oportunidade de dizer o que sente sobre o trabalho apresentado"; "estava preocupado em como retribuir a qualidade do serviço prestado por eles, de coração"; "bom poder ouvir que somos progressivos e lentos"; "existe uma unidade na diversidade que deixa a riqueza maior e nos unimos quando temos objetivos comuns"; "precisamos ser abertos, circular em outros grupos e receber novas pessoas, para não perder a união"; "eles foram capazes de ver a unidade entre nós e ver, de cada mensagem, a coisa boa que ficou"; "eles já tem uma visão que determina o que viram de transdisciplinaridade em nós"; "estamos criando uma dança"; "a fala técnica deles, do meu ponto de vista, tem a qualidade que queremos, que é fazer algo de gostoso e ouvir a voz do eco"; "o sonho não acabou"...

Na terceira e última rodada, lembrando que a ultima palavra seria a dos três técnicos, pois foram eles que receberam os efeitos do nosso evento, pedi a eles que conversassem sobre o que foi útil e o que não foi útil para eles, do que haviam ouvido dos formadores.

Desta vez, Luisão falou menos, dizendo somente: "me emocionou, transformou".

Bento comentou que "a maior grandeza do ser humano é a humildade e a transformação" e disse ainda: "parabéns a cada um de vocês, na sua área, levando conhecimento e transformação".

Isaac, que na primeira rodada se desculpou por não saber analisar, desta vez disse: "Agradeço a você pelo espaço e oportunidade de falar. Nunca ninguém deu espaço para um técnico... e considero humano vocês quererem ouvir nossa opinião. Daqui para a frente, vamos melhorar mais a qualidade... Temos muita opinião para dar e também ouvimos muita coisa construtiva. Esse é o melhor trabalho que fiz este ano, por ter podido falar e gravar e meu patrão poder ouvir também..."

Experimentamos assim como pode funcionar uma "Equipe Reflexiva" para avaliar um evento e ampliar nossas perspectivas a seu respeito.

Assim como as metáforas e as histórias, a "Equipe Reflexiva" permite que cada pessoa se conecte ao que lhe faz sentido.

Ao incluir o outro, no processo, não só ampliamos nossos conhecimentos com os seus múltiplos versos, mas o colocamos como co-responsável na construção de um novo conhecimento.

Outra riqueza deste processo emerge do seu efeito ampliador, multiplicador e recursivo, pois, a partir dos nossos recortes individuais, afetamos outros e somos recursivamente afetados por eles. Trabalhamos no espaço entre as verdades de cada um sem saber aonde vai dar...

Considerações Vivenciais e Teóricas...

Foi há 25 anos quando, começando a trabalhar com famílias e sentindo que a psicanálise já não satisfazia às questões que se me impunham na clínica que, com toda a angustia do não saber e o entusiasmo das novas perspectivas, entrei em contato com outro paradigma – o sistêmico.

Nessa época, me dando conta da dimensão desta epistemologia e de uma prática correspondente, já vislumbrava os enormes benefícios desta forma de pensar, não só para as questões familiares com suas vicissitudes, mas também para as questões sociais, educacionais, e todas as questões relativas às organizações humanas.

Os sistêmicos, interessados nos sistemas humanos em termos de conexidade, complexidade, relações e contexto, dentre eles, um grupo de cientistas multidisciplinares, iniciaram formalmente suas pesquisas por volta da década de 1940, no Mental Research Institute – MRI – em Palo Alto, nos EUA, pela vertente da comunicação humana. Essa vertente encaminhou esses pesquisadores a pensarem os problemas familiares primeiro, desde uma perspectiva estratégica e, em seguida, desde uma estrutural. Gradualmente estas perspectivas foram sendo incorporadas por outros grupos que também lidavam com sistemas de relações humanas e que foram se aprimorando em perspectivas construtivistas e construcionistas sociais, mais condizentes com o novo paradigma nas ciências, chegando ao rigor de aplicarem às suas pesquisas, uma metodologia de 2ª ordem, onde o profissional se inclui no sistema que está sendo questionado.

O termo "de 2ª ordem" vem da cibernética – disciplina cientifica fundada por Norbert Wiener no final da década de 1940, que surgiu no meio de um questionamento sobre os pilares da tradição científica, como o mecanicismo e o objetivismo. A cibernética emerge como a disciplina da inter e da transdisciplinaridade em resposta ao esforço de vários cientistas, como G. Bateson, N. Wiener, H. von Foerster, J. Piaget e outros de diferentes áreas e países, participantes das Conferencias Macy, nos EUA, sobre mecanismos circulares e de retroalimentação em sistemas sociais e biológicos.

A nova perspectiva teórica considera que todos esses sistemas – das maquinas artificiais aos organismos vivos e aos fenômenos psicológicos e sociais – obedecem a princípios organizacionais ligados à informação.

A cibernética de 2ª ordem estimulou o estudo dos sistemas auto-organizadores, ressaltando as noções de autonomia – sistemas regidos pelas próprias leis – e de autoreferência – uma operação lógica por meio da qual uma operação toma a si própria como objeto, como, por exemplo, o fato do ser humano ser consciente de sua própria consciência.

Os sistemas auto-organizadores, como os sistemas biológicos e sociais, são extremamente complexos e continuamente vão combinando desordem e ordem. As mudanças nesses sistemas se dão a partir do funcionamento interno e ou externo, aleatoriamente, e têm destino imprevisível e irreversível.

A cibernética de 2ª ordem re-introduz ao campo, temas como o conhecimento, a linguagem, a construção do sentido e da subjetividade, e esse efeito, segundo von Foerster, Bateson, Packman e outros, transformou a cibernética em uma epistemologia ou uma tentativa de responder às perguntas sobre o conhecimento e o conhecedor.

Segundo Edgar Morin (1973), a evolução cientifica contemporânea provoca brechas em cada paradigma isolado, de onde vão emergindo outros domínios e através dos quais se operam novas conexões e emergências teóricas.

Nesse ponto, a idéia de Maturana e de outros, de que a realidade é construída no interjogo de nossa coordenação com os outros e não mais como objetiva, marca o que Bateson chamou de "uma diferença que faz diferença".

Uma Ética que Norteia a Nossa Prática...

No mundo dos "construtivistas" a ética está voltada para a responsabilidade e para a crença no papel da multiplicidade, da singularidade, e no homem, como protagonista do seu próprio destino. Segundo von Foerster (1981), a posição construtivista, contida na cibernética de 2ª ordem, tem como conseqüência, uma atuação sempre voltada para aumentar as alternativas e gerar novas conexões.

Com outros pesquisadores na área de sistemas de relações humanas, compartilhamos uma ética pautada na inclusão de si e do outro, como um legítimo outro; nos processos de transformação e de construção de conhecimento; na complexidade dos sistemas, com suas singularidades; na noção de realidade entre parênteses etc.

Considerar o que vemos e fazemos como um mundo construído com outros, na ação e na linguagem, implica que o ponto de vista do outro seja tão válido quanto o nosso, embora possa nos parecer menos confortável. Isso, por sua vez, implica na legitimação da existência do outro e na responsabilidade pelo agir e interatuar com ele, além de termos que levar em conta o contexto da relação e a visão de mundo de cada um.

Um Recorte de uma História em Contexto...

É no "espírito" desta epistemologia que Tom Andersen, psiquiatra e professor, juntamente com um grupo de profissionais da área da saúde, em Tromso, na Noruega, vem desenvolvendo formas de operar com sistemas humanos bloqueados em seu momento evolutivo. A esse formato ele deu o nome de "Equipe Reflexiva", onde são estimulados diálogos e meta-diálogos, ou "diálogos sobre diálogos".

Em 1985, nessa mesma cidade, com suas peculiaridades geográficas e culturais, num contexto especifico de aprendizagem em saúde mental onde se privilegiava o conhecimento via leitura e observação do trabalho de outros, é que Tom Andersen e sua equipe observaram, atrás de um espelho unidirecional, a dificuldade de um jovem médico da equipe em lidar com uma família. Por ser já esperada uma intervenção da equipe, esta resolveu perguntar para a própria família se gostaria de ouvi-la, por um momento, sobre algumas idéias. Para que médico e família pudessem observar as pessoas da equipe conversando, as luzes e o som na sala onde se encontravam seriam diminuídos, e aumentados na sala da equipe. A família concordou, dando à equipe uma chance de poder fazer algo por eles. A família, depois de excitada com aquela novidade, fez um longo silêncio no final e, em seguida, começou a conversar numa relação diferente da habitual dela. Tom conta que, naquele momento, experimentaram o significado da famosa frase de Bateson: "A diferença que faz diferença".

"Equipe Reflexiva" surgiu a partir de sucessivos processos reflexivos entre eles, e entre eles e seus clientes, e de sucessivos questionamentos sobre seus conceitos básicos e sobre como transformar esses conceitos em prática. Ao ir "coletando peças durante a própria caminhada" e ir se dando conta do estimulo e da transformação que isso propiciava, foram buscando um modo de operar com famílias, mais compatível com o próprio modo de pensar. Ao longo desse processo de reflexões e experimentações, Tom Andersen foi desenvolvendo a conceituação e a prática, influenciado por algumas preferências e posturas que iam confirmando-as recursivamente.

Algumas Implicações...

O formato de Equipe Reflexiva pressupõe a concordância de todos os seus participantes sobre suas responsabilidades e em acatar as regras de funcionamento. Esse formato implica em algumas questões, tais como a própria disponibilidade de se sentir observado enquanto observa, se questionar sobre suas responsabilidades, preservar as diferenças aceitando os multiversos sobre os fatos, conseguir identificar e pontuar as conotações positivas do contexto, compartilhar o processo de uma estrutura hierárquica mais horizontal etc.

A Equipe Reflexiva pressupõe conversas onde cada pessoa envolvida participa de um dialogo interno e um externo simultaneamente, e onde diferentes sistemas de significado co-existem numa mesma organização.

Meus Norteadores...

Pelos benefícios dessa forma de operar em grupos e pela plasticidade desse processo, outros usos lhe foram sendo dados, como, por exemplo, avaliar processos educacionais, implantar culturas de mediação em escolas e empresas, envolver pessoas de forma responsável na formação de organizações etc.

Já tendo contado, em outras ocasiões, inclusive para o grupo do próprio CETRANS, sobre minha história e o entrelaçamento desta com minha postura ideológica e minhas escolhas profissionais, e agora, um pouco das influências recebidas por estes pensadores e cientistas, acho que posso repetir algumas reflexões que têm norteado meu caminho de busca de possibilidades de uma educação pautada na construção, mais que na instrução. Penso que qualquer projeto que vise o desenvolvimento sustentável da sociedade e do ser humano, deva incluir sistemas que gerem continuas reflexões compartilhadas. Afinal, acredito que a produção de conhecimento se dá em contexto, de forma encarnada e compartilhada.

O desafio das abordagens de 2ª ordem é estimular e gerar sistemas multiplicadores de construção de interação, encaminhando o ser humano para uma cultura da inclusão, da com-versa e da paz. Nesse sentido, algumas disciplinas, como por exemplo, a cibernética e a mediação, funcionam como meta disciplinas, à medida que facilitam a transdisciplinaridade.

Por que penso os processos reflexivos como uma possibilidade transdisciplinar?

Por vislumbrar uma educação onde:

- em conversa – com diferentes versos – poderíamos nos incluir e incluir os outros;

- a construção do conhecimento se daria na interface entre os processos pessoais e os alheios, entre a auto e a hetero-formação;
- no exercício da auto-referência se verificaria permanentemente a pertinência e viabilidade das construções geradas no contexto em questão;
- o não saber passaria a ser um estado de base que geraria mais curiosidade que busca de certezas;
- a preocupação maior seria gerar contextos que propiciassem a multivisão e valorizassem o multiverso como atitudes.

Acredito que esse modo de pensar e uma prática compatível desembocariam na possibilidade de uma educação pautada no princípio de inclusão de nós e dos outros, preocupada em desenvolver processos estimuladores de conversas geradoras de reflexões que, por sua vez, facilitassem o já tão citado "conhecimento encarnado" em trocas continuas.

Algumas inquietações...

- *Como aproveitar o nosso gigantesco potencial humano para gerar sistemas de construção de conhecimento?*
- *Como implantar e/ou incrementar sistemas de relações que estimulem as pessoas a ter voz e responsabilidade?*
- *Como desenvolver projetos onde a autoria e a responsabilidade dos processos sejam compartilhadas?*
- *Como estimular atitudes transdisciplinares?*
- *Como estimular ações que contemplem os três pilares da transdisciplinaridade, a saber: os diferentes níveis de realidade, a complexidade e o terceiro incluído?*
- *Como operar em ambientes estranhos às nossas crenças e valores?*

Dentro da minha maneira de pensar uma educação para o desenvolvimento sustentável do homem, e na tentativa de encontrar respostas, vou inevitavelmente fazendo mais e mais perguntas, mesmo sabendo que elas em si não são necessariamente reflexivas, mas que a relação que as inclui é que proporciona espaço para a reflexão.

Não é fácil esta empreitada de gerar atitudes transdisciplinares na medida em que saímos da perspectiva de saber como poder, para a de um conhecimento construído a partir do conjunto desses vários saberes e da minha relação comigo e com o outro.

Quem Sabe...?

Falo do desejo de orientarmo-nos por determinados parâmetros...

Ao nos orientarmos pelas possibilidades dadas numa construção conjunta, estimularíamos o cuidado responsável de nossas escolhas. Nossos atos são frutos de escolhas, no terreno da incerteza e da constante mudança, como uma atualização contínua de nossos processos. Esta é só uma versão possível sobre o contexto em questão.

Abrir espaços para reflexão e ampliar alternativas são possibilidades. Será na troca com vocês que saberemos se isso nos guiará a uma experiência.

Quando abrimos várias perspectivas, damos mais possibilidades para que cada um se inclua por um ponto com o qual tenha ressonância.

A preocupação em experimentar ferramentas forjadas para ampliar as perspectivas em relação a um evento ou uma troca, implica no cuidado ao criarmos contextos colaborativos que facilitem as com-versas.

Esta proposta de formato em "Equipe Reflexiva" é distante de uma proposta intelectual. Envolve outras formas de acesso ao conhecimento. Implica numa mudança de atitude, mais atrelada ao conhecimento de si e às formas de compor com outros conhecimentos e pessoas, nos mais diversos contextos.

Outras Questões...

- *Como desenvolver um registro de uma produção grupal que inclua as diferentes perspectivas dos participantes?*
- *Como desenvolver um registro de uma produção grupal que seja fiel à multiplicidade de versões?*
- *Como criar uma nova linguagem buscando termos que dêem conta de descrever os processos?*
- *Como trabalhar na complexidade, respeitando as singularidades?*

- *Como incrementar formas de conhecer "como penso o que penso"?*
- *Como incrementar formas de conhecer "como faço o que faço"?*
- *Como legitimar e incluir a epistemologia de cada participante no processo coletivo?*
- *Como validar o processo do outro se não apreendermos formas de validar o nosso?*
- *Quiçá tenhamos, em outro momento, a oportunidade de conversarmos sobre cartografias?*

Tendo tido a oportunidade e o privilégio de experimentar os resultados desta forma de trabalhar com o próprio Tom Andersen e com outros que compartilham essa epistemologia e essa prática, venho colhendo frutos, não só no meu processo pessoal, como nos trabalhos com famílias, empresários, educadores na área de saúde e outros grupos preocupados com os resultados do seu modo de funcionar.

No formato em "Equipe Reflexiva", conversas sobre conversas é que constituem a mudança e meta comunicam um jeito de compor com os múltiplos versos no nosso fazer cotidiano.

Pelos pressupostos básicos deste trabalho, ele só faz sentido, e é possível, com o consentimento das pessoas que, depois de informadas sobre o seu funcionamento, queiram experimentá-lo. Espero que seja o caso de vocês...

Referências Bibliográficas

ANDERSEN, Tom. *Processos Reflexivos.* Rio de Janeiro: Instituto Noos ITF, 1999.

FOERSTER, Heinz von. *Las Semillas de la Cibernetica; Obras escogidas.* España: Gedisa Editorial, 1991.

GERGEN, Kenneth J.. *El Yo Saturado, Dilemas de Identidad en el Mundo Contemporáneo.* Barcelona/Buenos Aires/Mexico: Paidos Contextos, 1992.

MATURANA, Humberto e VARELA, Francisco. *De Máquinas y Seres Vivos, Autopoiesis: La Organización de lo Vivo.* Chile: Editorial Universitaria, 1995.

RAPIZO, Rosana. *Terapia Sistêmica de Família, da Instrução à Construção.* Rio de Janeiro: Instituto Noos, 1998.

SCHNITMAN, Dora Fried (organizadora). *Nuevos Paradigmas, Cultura y Subjetividad.* Buenos Aires: Paidos, 1994.

SCHNITMAN, Dora Fried e LITTLEJOHN, Stephen. *Novos Paradigmas em Mediação.* Porto Alegre: Artemed, 1999.

VASCONCELOS, Maria José Esteves de. *Pensamento Sistêmico, o Novo Paradigma da Ciência.* Ed. Papirus: PUC Minas, 2002.

Silvia Fichmann

Pesquisadora e coordenadora do Laboratório de Investigação de Novos Cenários de Aprendizagem (LINCA) na Escola do Futuro da USP. Membro-fundador do Centro de Educação Transdisciplinar (CETRANS). Mestranda em Ciências da Comunicação na Escola de Comunicação e Artes (ECA-USP). Graduada em Pedagogia na Pontifícia Universidade Católica (PUC), com licenciatura em Supervisão Escolar e Orientação Educacional. Consultora de gestão de projetos educacionais e sociais permeados pela transdisciplinaridade com utilização de tecnologias de informação e comunicação (TICs) e criação de comunidades virtuais de aprendizagem.

silvia@cetrans.com.br / silviaf@futuro.usp.br

Formação de Formadores
Transdisciplinaridade e Tecnologia: uma Utopia?

Quando uma abordagem diferentemente de pesquisa e ensino torna-se uma nova abordagem de conhecimento? Quando uma maneira diferente de fazer as coisas passa a ser um modelo? Uma revolução? As linhas divisórias não são bem claras. Algumas mudanças tem sido rápidas e dramáticas. Outras ocorrem silenciosamente. Novas palavras entram no vocabulário, velhas palavras incorporam novos significados, marcando câmbios e perspectivas e novas maneiras de ver.

Susan Suleiman[1], 1980

Introdução

Este artigo apresenta a fundamentação teórica e as estratégias utilizadas para a implementação de projetos de formação de professores/formadores para a utilização das tecnologias de informação e comunicação – TIC, aplicadas à educação. A epistemologia transdiciplinar permeou todas as ações, apoiada nos seus três pilares: complexidade, níveis de realidade e terceiro termo incluído; nos três princípios da atitude transdisciplinar: rigor, abertura e tolerância; e nos três pólos de formação: auto, hetero e ecoformação. Além da inclusão digital de professores e alunos, os projetos objetivaram a formação de formadores, capazes de atuar como agentes de mudança em suas instituições, promovendo a melhoria do processo ensino-aprendizagem e a reflexão sobre novas práticas pedagógicas com a utilização do computador. O grande desafio constituiu-se em desenvolver as ações, de forma presencial e à distância, mantendo a

---

[1] *Introduction: Varieties of Audience-Oriented Criticism*, in *The Reader in the Text: Essays on Audienceand Interpretation*, ed. Susan Suleiman and Inge Corsman, 2-25. Princeton: Princeton Univ. Press. Suleiman, Susan. 1980.

visão, a atitude e a práxis transdisciplinar, criando pontes entre a teoria e a prática, a fim de que os sujeitos participantes do processo passassem por transformações e rupturas cognitivas, perceptivas e atitudinais.

Esses projetos foram desenvolvidos na Escola do Futuro da Universidade de São Paulo, pela equipe do Laboratório de Investigação de Novos Cenários de Aprendizagem – LINCA, sob a coordenação da autora deste artigo, com a colaboração de equipe multidisciplinar[2] de pesquisadores da Escola do Futuro da USP[3] que atuam em instituições públicas e privadas com o objetivo de criar e implementar projetos de formação de formadores mediadores (FM)[4] que inovem as suas práticas pedagógicas e a de seus pares, com o auxilio das tecnologias de informação e comunicação – TICs, fundamentados na epistemologia transdisciplinar.

As primeiras experiências desta equipe aconteceram em cursos presenciais de formação de professores, nos quais o foco era o aprimoramento da prática pedagógica com a utilização das TICs, softwares educacionais e Internet. O objetivo principal desses cursos foi a inclusão digital de professores, a fim de que eles pudessem utilizar o computador como ferramenta educacional. Com o passar do tempo, e principalmente após o aprofundamento na epistemologia transdisciplinar, esses cursos foram transformados em projetos de formação de formadores. Com o apoio constante e vibrante da Prof. Maria F. de Mello[5], a equipe LINCA, aos poucos, aplicou a teoria às suas práticas, empenhando-se em investigar os processos de formação de FM, presencial e à distância, de forma diferenciada, criando estratégias e referenciais cognitivos para a sistematização de suas ações.

As investigações atenderam também às demandas da educação e do sistema escolar vigente, que exigiram a re-

[2] A equipe é composta de profissionais de diferentes áreas de conhecimento: Linguística, Educação, Matemática, Ciências,, Tecnologia e Sistemas, Artes: Maria F. de Mello (co-fundadora do CETRANS), Maria Claudia Regis, Pedro Luiz Volcov, Heloisa H. Steffen, Katya Garabetti dos Santos, Vera Lucia R. Laporta, Tereza Cristina Bongiovani, e uma assistente administrativa: Barthyra Fernandez.

[3] Núcleo de pesquisas das novas tecnologias de informação e comunicação – http://www.futuro.usp.br

[4] FM são os professores capacitados, denominados "formadores mediadores", pois serão responsáveis pela formação de outros professores e alunos. Pretende-se criar uma cadeia de formação de outros professores e alunos.

[5] Prof. Maria F. de Mello, co-fundadora do Centro de Educação Transdisciplinar – CETRANS e orientadora transdisciplinar dos projetos da equipe LINCA.

estruturação dos currículos escolares, o desenvolvimento de competências pessoais e profissionais de professores, a fim de ampliar a visão do conceito de educar os futuros atores da sociedade. Essa visão inclui o desenvolvimento de habilidades de pensar, aprender e se expressar com rigor e criatividade; a capacidade de compreender idéias e as suas consequências no contexto; o comprometimento de viver em sociedade; a aprendizagem em comunidades colaborativas; e o anseio pela busca da verdade (AAC&U, 2005). De acordo com Imbernón (1998), é necessário que a formação de educadores transcenda as meras atualizações científicas, pedagógicas e didáticas, e se transforme na possibilidade de criar espaços de participação e de reflexão para que os atores aprendam e se adaptem para conviver com a mudança e a incerteza.

A fim de que a formação desses educadores fosse permeada pela transdisciplinaridade[6], considerou-se:

– os três princípios da atitude transdisciplinar: rigor, abertura e tolerância;

– a realidade como multidimensional e multirreferencial (CARTA DA TRANSDISCIPLINARIDADE, 1994);

– os três pólos de formação: auto, hetero e ecoformação[7] (PINEAU, 1988).

Além disso, a articulação entre **os sentidos, o sentido e a significação,** apontada por Denoyel (1999) com base nas três razões, experiencial, sensível e formal, formuladas a partir da pragmática de Charles Pierce (1859-1914), nos permite ultrapassar a abordagem clássica binária prática/teoria. A razão formal está relacionada aos conceitos, a razão experiencial à vivência, e a razão sensível à percepção do sujeito. É a razão formal, com suas regras instituídas, que estimula a razão experiencial a inventar novas regras, e é a razão sensível que a nutre com a criatividade do seu procedimento analógico e reflexivo; assim, é possível uma mudança de paradigmas e de práticas educacionais. A razão experiencial integra-se indissociavelmente com as duas outras razões e parece transversal em relação aos diferentes contextos de aprendizagem, questionando uma oposição

---

[6] Considerando o que está entre, através e além das disciplinas e do sujeito.

[7] Autoformação: na relação consigo mesmo; Heteroformação: na relação com o outro; Ecoformação: na relação com o ambiente.

cortante entre formação formal e formação experiencial.

O grande desafio é articularmos o estático e o dinâmico, ainda que em situações específicas possamos privilegiar um ou outro. (DENOYEL, 1999) Essa articulação pode apoiar-se nas tecnologias de informação na educação. A seguir, é apresentado o cenário em que elas estão inseridas nas escolas.

O Cenário: Tecnologia nas Escolas

As TICs foram incorporadas ao universo escolar com o objetivo de "quebrar" as paredes da escola, democratizar o conhecimento, estimular a aprendizagem colaborativa e criar redes de interação e de comunicação. O computador, equipamento que integra várias tecnologias[8], foi introduzido e incorporado à educação, antes mesmo que os educadores se apropriassem dele e compreendessem a sua utilização como recurso pedagógico. Para os otimistas, o computador é uma "nova esperança", igualando-se a uma nova inteligência, uma tecnologia de ponta que pode revolucionar a educação tradicional e modificar os velhos paradigmas; para outros, trata-se de uma "invenção da modernidade" que complica, exige mais tempo e atrapalha o desenvolvimento dos conteúdos curriculares, alterando as suas práticas pedagógicas. Mas só a utilização do computador não garante a mudança de paradigmas educacionais e de práticas pedagógicas na sala de aula. É necessária uma reflexão cuidadosa sobre o cenário atual da tecnologia na educação, das necessidades dos projetos de formação de FM responsáveis pela educação de crianças e jovens, e de estratégias para a sistematização de ações integrando a teoria e a prática.

O sentido do uso do computador na educação e os seus benefícios no processo ensino-aprendizagem têm sido questionados pelos educadores, que têm dúvidas a respeito dos fatores que contribuem para o sucesso de um projeto que incorpore o computador às atividades escolares. A proposta da sua utilização como ferramenta educacional, impli-

[8] Nas primeiras propagandas da Apple Computer, acima da foto do computador havia um funil gigante contendo na parte superior uma TV, um vídeo, um equipamento de som, um jornal, uma revista e imagens diversas.

ca em uma mudança no fazer pedagógico e, consequentemente, no replanejamento das atividades escolares. O fato dos laboratórios de informática estarem acessíveis para professores e alunos impulsiona o processo de incorporação da ferramenta às atividades curriculares, e exige uma reformulação do projeto político-pedagógico da escola.

Valente e Almeida (1997) avaliam os programas de implantação da informática no Brasil, e afirmam que "embora a mudança pedagógica tenha sido o objetivo de todas as ações dos projetos de informática na educação, os resultados obtidos não foram suficientes para sensibilizar ou alterar o sistema educacional como um todo". De acordo com estes pesquisadores, os trabalhos realizados nos centros do EDUCOM só possibilitaram o entendimento e a discussão das grandes questões da área e, apesar das diversas experiências instaladas no Brasil que apresentam mudanças pedagógicas fortemente enraizadas, essas idéias não se alastraram, pelo fato de serem subestimadas as implicações das mudanças pedagógicas propostas no sistema educacional como um todo, isto é, a mudança na organização da escola e da sala de aula, no papel do professor e dos alunos, e na relação aluno versus conhecimento.

Para melhor compreender o caminho trilhado pela tecnologia na educação no Brasil, a Figura 1 ilustra a sua trajetória, desde a década de 1970 até os dias atuais.

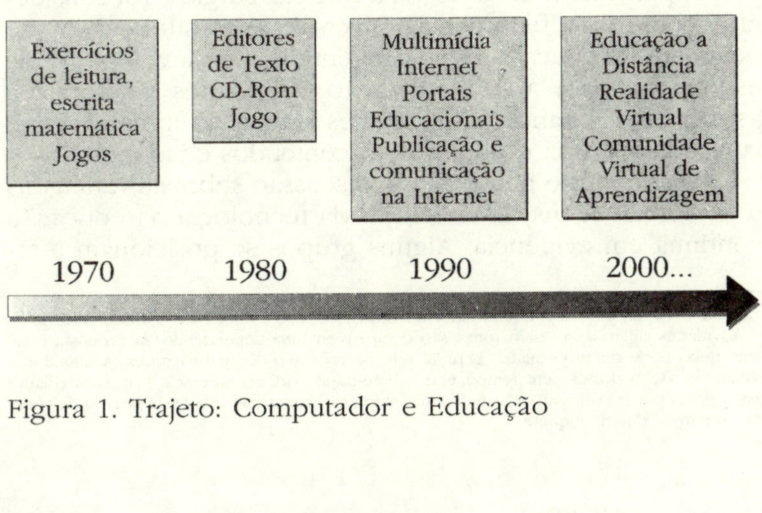

Figura 1. Trajeto: Computador e Educação

Na década de 1970, os professores utilizavam programas de exercícios, no computador, como atividade complementar de reforço e de desenvolvimento de habilidades isoladas. A ênfase era dada aos programas de leitura, escrita e matemática. À medida que as escolas começaram a utilizar os seus computadores em rede, eles se tornaram sistemas de aprendizado integrado.

Em seguida, na década de 1980, Seymour Papert criou a Linguagem Logo e modificou o conceito de "alfabetização tecnológica", afirmando que "a verdadeira alfabetização tecnológica não significa apenas saber como utilizar computadores e idéias computacionais, e sim saber quando fazê-los". Dando continuidade às idéias desse estudioso, surgiram *softwares* educacionais multimídicos, aliando som e imagens animadas que contribuíam para motivar os alunos e para desenvolver competências e habilidades cognitivas de ordem superior. (PAPERT, 1985)[9] No final dessa década, com o advento dos programas de edição de textos, os educadores começaram a considerar o computador como uma ferramenta prática. O alcance do computador como uma ferramenta útil, recebeu um impulso considerável com o desenvolvimento da tecnologia de CDrom, que expandiu amplamente a quantidade de informações que podia ser acessada num único disco. Com a variedade de áreas de conhecimento que os mesmos abrangiam, as escolas começaram a planejar a utilização dos computadores em laboratórios de informática ou, em alguns casos, na sala de aula.

A partir da década de 90, a Internet surgiu e foi considerada como uma ferramenta universal de comunicação e de pesquisa. Os educadores se concentraram na investigação de estratégias para a sua utilização, atividades síncronas e assíncronas[10], criando comunidades virtuais de aprendizagem, cursos à distância e portais com conteúdos educacionais.

Diante deste panorama, a discussão sobre as vantagens e as desvantagens da utilização da tecnologia na educação continua em evidência. Alguns grupos se posicionam a fa-

---

[9] Seymour Papert em *Logo: Computadores e Educação*. São Paulo: Editora Brasiliense, 1985.

[10] Atividades síncronas e assíncronas são complementares; dependendo da proposta feita, uma delas pode ser privilegiada, permite retorno reflexivo dos participantes. As atividades síncronas são realizadas em tempo real – bate-papo, videoconferência – e as atividades assíncronas podem ser realizadas independentemente da sincronicidade de horário de conexão – e-mail, fórum, enquete.

vor, chegando até ao fanatismo, e outros grupos, céticos, denunciam os seus efeitos prejudiciais e se negam a considerar o computador como uma ferramenta educacional. Equipes de centros de pesquisa nacionais e internacionais desenvolveram pesquisas para avaliar e buscar estratégias eficazes para a formação de professores capazes de implementar a informática nas escolas, contribuindo para o desenvolvimento de habilidades cognitivas necessárias para a aprendizagem.

Formação de Formadores e Tecnologia de Informação e Comunicação

Em relação às TICs, é importante considerar que formar para as novas tecnologias é formar o julgamento, o senso crítico, o pensamento hipotético e dedutivo, as faculdades de observação e de pesquisa, a imaginação, a capacidade de memorizar e classificar, a leitura e a análise de textos e de imagens, a representação de redes, de procedimentos e de estratégias de comunicação. As novas tecnologias de informação e comunicação transformam espetacularmente não só nossas maneiras de comunicar, mas também de trabalhar, de decidir, de pensar. (PERRENOUD, 2000) Além disso, o olhar transdisciplinar transforma a organização do currículo em redes a serem exploradas de forma a transcender as disciplinas. A pedagogia de projetos e a epistemologia transdisciplinar podem contribuir para a mudança na prática pedagógica do professor. A partir de vivências em atividades formativas, ele tem a possibilidade de utilizar a tecnologia integrada a novas práticas pedagógicas, exercitando o trabalho colaborativo, refletindo sobre a sua própria aprendizagem para futura aplicação com os seus alunos.

Refletindo sobre a formação dos professores para a utilização da TIC na educação, a equipe responsável pelo projeto Salas de Aula do Futuro da Apple (ACOT), uma colaboração de pesquisa entre universidades, escolas públicas e a Apple Computer, criou estágios para a sistematização do processo de formação. Foram definidos cinco estágios de evolução instrucional para a incorporação do computador como ferramenta educacional. Estes estágios foram classificados como: exposição, adoção, adaptação, apropriação e inovação. ((SANDHOLTZ, RINGSTAFF, DWYER, 1997)

1. **Exposição / entrada** – A tecnologia em si
2. **Adoção** – Elos entre a tecnologia e a aprendizagem
3. **Adaptação** – Uso significativo da tecnologia
4. **Apropriação** – Mudanças de atitude pessoal/incorporação da tecnologia
5. **Inovação/ Invenção** – Experiências com novos padrões instrucionais

A questão fundamental é desenvolver estratégias para que os professores atinjam rapidamente e com eficiência a etapa de inovação, impulsionando mudanças no processo educacional. Nos projetos de formação desenvolvidos pela equipe LINCA, foram utilizados como parâmetros os estágios descritos acima. A partir de um diagnóstico inicial, constata-se em que estágios estão os formadores. Os conteúdos abordados estão relacionados a projetos permeados pela transdisciplinaridade e novas tecnologias de informação e comunicação, *softwares* educacionais e aplicativos e utilização da Internet, integrada aos conteúdos curriculares. Pretende-se oferecer subsídios para a prática de experiências que conduzam os participantes ao estágio de inovação, quando as mudanças acontecem na sala de aula. Nesse estágio os professores são capazes de implementar novas ações em sua prática pedagógica.

A partir da formação inicial presencial[11], é possível identificar o estágio em que cada participante encontra-se em relação ao uso da tecnologia, a fim de readaptar o plano de trabalho e atender às suas necessidades. O atendimento é personalizado e os grupos de trabalho são estruturados de forma a integrar pessoas de estágios diferentes. Após essa ação, com base em ambientes virtuais de aprendizagem, dá-se a formação continuada à distância, com a utilização de ferramentas de publicação, comunicação, busca de informação e interação *on-line* tais como bate-papo, fórum, e-mail.

---

[11] Os Formadores mediadores das escolas participam inicialmente de atividades presenciais com carga horária de 40 a 80 horas, dependendo do escopo do trabalho.

Formação de Formadores, Transdisciplinaridade e Referenciais Cognitivos

Furnaletto (2002) refere-se à palavra formação como um movimento de busca dos contornos que conferem um feitio, uma configuração e uma identidade. Para a autora, formação é a ação de buscar formas do professor. O processo de formação do professor prevê a construção coletiva, que é realizada em parceria, nas atividades desenvolvidas nas instituições educacionais, tais como cursos, grupos de estudo, desenvolvimento de projetos. Ser professor é um processo de busca de autoria que não dispensa a adoção de modelos: o espaço escolar precisa ser transformado para que possibilite novas formas de relação com o conhecimento que produzam sentido. As aulas tradicionais devem dar espaço para as atividades colaborativas. Aprender implica em construir significados pessoais e, ao mesmo tempo, tecer redes de significado coletivo, exercitar a capacidade de resolver problemas, projetar, construir hipóteses e estabelecer relações.

O professor reflexivo é um agente de transformação social e não um mero transmissor de conteúdos: a aula frontal, em que ele assume o papel principal no processo ensino-aprendizagem deve ser introduzida em momentos estratégicos permeados pelo papel ativo do aluno. Espera-se que o educador respeite também os estilos diversificados de aprendizagem.

Sommerman (2003) conclui, ao final de sua pesquisa sobre a formação transdisciplinar, que ela é complementar à formação disciplinar, leva a transformações profundas nos sujeitos que dela participam, a partir de rupturas cognitivas, perceptivas e atitudinais, além de contribuir para o desenvolvimento sustentável dos sujeitos, estabelecendo novos diálogos internos e externos e em diferentes níveis. A fim de sistematizar a fundamentação teórica apresentada e facilitar o planejamento, o desenvolvimento e avaliação das ações, a equipe LINCA utilizou três referenciais cognitivos, que serão apresentados a seguir:

- Matriz Transdisciplinar de Exploração – MTE[12]
- Metodologia de Projetos – MP[13]
- Árvore do Saber-Aprender – ASA[14]

O primeiro referencial cognitivo, **A Matriz Transdisciplinar de Exploração,** foi utilizado para o planejamento das ações de formação. Ela deu a possibilidade de planejar, acompanhar e avaliar os projetos de formação; é um instrumento heurístico que nos ajuda a ver e a compreender, através de seus nove compartimentos, a realidade exterior, material, e também a realidade interior, não material, ambas igualmente relevantes para o exercício da transdisciplinaridade. Ao mesmo tempo, partindo do contexto escolar existente, ela visualiza e explicita o sentido da formação e avaliação de forma mais ampla e pertinente. Partindo do passado, ela projeta para o futuro. Constituída por uma Base: a) física, b) cognitiva, c) perceptiva; por um Espaço de Transformação: a) sócio/econômico, b) local específico, c) humano interno; e por um Sentido: a) global, b) local, c) pessoal. (MELLO, 2001) Os conteúdos são inseridos em cada compartimento, permitindo a reflexão sobre os níveis de realidade e de percepção do sujeito aprendente, priorizando um ou outro de acordo com as metas a serem atingidas.

A MTE mostrou-se eficaz para responder impasses relacionados à inclusão das diferentes dimensões do sujeito e a inter-relação entre conceitos, sentimentos e prática, sem perder-se de seus princípios norteadores.

Os conteúdos do projeto são identificados, relacionados e inseridos em seus devidos compartimentos:

---

[12] Matriz Transdisciplinar de Exploração, criada por Ruedi Hogger, sob o título de *Nine-Square-Mandala* (Raju, 2000) e adaptada por Maria F. de Mello em 2000 para os Projetos da Equipe LINCA.

[13] A Metodologia de Projetos foi criada pela autora deste artigo, com a colaboração da equipe multidisciplinar responsável pela concepção pedagógica do Colégio Sidarta (Cotia, 1994). Ela é utilizada como procedimento metodológico para o planejamento e desenvolvimento do currículo escolar e de atividades formativas.

[14] *A Árvore do Saber-Aprender* foi proposta por Hélène Trocmé-Fabre (2004) e é utilizada para a avaliação formativa dos formadores que participaram dos projetos desenvolvidos pela equipe LINCA- EF-USP.

SENTIDO 9. Pessoal	8. Local	7. Global
ESPAÇO DE TRANSFORMAÇÃO 6. Humano Interno	5. Escola/Site /Comunidade	4. Sócio/ Econômico
BASE 3. Perceptiva	2. Cognitiva	1. Física

Figura 2. Matriz Transdisciplinar de Exploração

O segundo referencial cognitivo, A Metodologia de Projetos, se constituiu em um excelente instrumento para o desenvolvimento dos procedimentos metodológicos de projetos de formação de formadores, que se enriquecem quando considerados como projetos. A palavra projeto deriva do latim, projectus/projeciere, e significa o ato de projetar, lançar para frente. Ao nascer, o ser humano é lançado ao mundo, como um jato de vida que se projeta para o futuro. O prefixo "pro" se articula com "problemas" e com "programa". "... cada ser humano é como um misterioso programa, que se desenvolve por meio dos problemas enfrentados, em busca de realizar projetos que o caracterizem como pessoa." (MACHADO, 2000)

De acordo com Hernández (1998), "a finalidade da organização dos conhecimentos em experiências substantivas de aprendizagem num currículo integrado não é favorecer a capacidade de aprender conteúdos de uma maneira fragmentada, e sim interpretar os conhecimentos que se encontram nessas experiências. (...) os projetos de trabalho constituem um planejamento de ensino e aprendizagem vinculado a uma concepção da escolaridade em que se dá importância, não só à aquisição de estratégias cognitivas de ordem superior, mas também ao papel do estudante como responsável pela sua própria aprendizagem. "ensinar mediante projetos não é fazer projetos."

Como sistematizar as ações de um projeto? Alguns professores sabem ensinar mediante projetos, outros fazem projetos. Para auxiliá-los, foi preciso criar estratégias e uma delas é a utilização de um referencial cognitivo[15] que contenha as etapas e os procedimentos metodológicos para a elaboração do projeto. A MP criada e implementada nas escolas obteve resultados positivos, possibilitando aos professores a estruturação de projetos, permeados pela transdisciplinaridade, integrando as disciplinas e desenvolvendo competências e habilidades nos alunos, culminando com a realização de ações concretas na comunidade.[16]

Seria possível a utilização dessa mesma metodologia em projetos de formação de formadores? A Equipe LINCA decidiu utilizar esse mesmo instrumento para o desenvolvimento dos procedimentos metodológicos do projeto de formação de formadores, visto que este desenvolvimento prevê um crescente envolvimento dos participantes, culminando com transformações pessoais que só acontecem em decorrência de uma intenção explícita refletida no plano de trabalho. Esse referencial cognitivo contém cinco etapas: 1. **sensibilização**, 2. **investigação**, 3. **atividade criativa**, 4. **esquema**, 5. **dossiês e portfolios**. Para o planejamento de cada projeto são descritas as atividades que serão realizadas em cada uma dessas etapas. Partindo da sensibilização até a elaboração dos portfolios, os participantes vivenciam os processos de percepção, investigação, reflexão-produção, reflexão, análise, síntese e retorno reflexivo[17], relacionando, estabelecendo nexos, encontrando evidências e exemplos, generalizando, aplicando, estabelecendo analogias e interpretando os conhecimentos a partir das experiências.

[15] Vide nota 10.

[16] Antes da utilização da MP, os professores desenvolviam projetos disciplinares que tinham como objetivo final a elaboração de produtos tais como monografias, maquetes, cartazes, apresentações. A MP propôs, além da integração das disciplinas, a elaboração de portfolios, dossiês, momentos de reflexão e a realização de ações concretas para atender as necessidades da escola e da comunidade.

[17] Cada um desses processos é priorizado em cada uma das etapas, mas, ao mesmo tempo, é contemplado em todas as etapas.

ETAPA	Sensibilização	Investigação e Descoberta	Atividades Criativas	Esquemas	Dossiês e Portfólios
Objetivo	Motivação para a aprendizagem	Resgate do do conhecimento	Produção de conhecimentos	Síntese das informações relevantes	Registro do processo e das informações coletadas
	Ampliação das sensações	Estímulo a a pesquisa	Expressão artística	Elaboração de mapas conceituais	Elaboração de portfólio individual
		Busca, análise e organização dos dados	Expressão textual Expressão gráfica	Reflexão sobre a aprendizagem e sentido	Elaboração de dossiê coletivo Elaboração de "diário de bordo" e projeto pessoal.

Figura 3. Objetivo das etapas da MP

Complementando, o terceiro referencial cognitivo, **A Árvore do Saber-Aprender** foi um instrumento útil para a auto-avaliação e reflexão sobre o processo vivido durante a formação. A partir das etapas, é possível também planejar as atividades de um projeto. O simbolismo da árvore foi utilizado para posicionar esses diferentes conceitos e respeitar a dinâmica do processo no próprio âmago do vivo. O papel do educador é o de lembrar ao aprendente que aprender é, por essência, a recusa ao fechamento, é coerente com a realidade cognitiva, quando o educador acompanha o aprendente em sua descoberta do meio ambiente e na exploração de suas próprias capacidades de troca com esse ambiente, em seu percurso em direção à autonomia, ou seja, em direção ao momento em que ele será capaz de gerir a si mesmo. A autonomia não é dada, ela deve ser construída a partir dos dez atos fundamentais da vida mental: contextualizar, decodificar, selecionar, auto-estruturar-se, decidir, adaptar, trocar, compreender, integrar e comunicar. As atividades desenvolvidas nos projetos de formação são concebidas de acordo com estes atos.

Trocmé-Fabre (2003), em seu livro *A Árvore do Saber-Aprender*, define as etapas do processo formativo como pólos estratégicos da evolução e referências no caminho em direção à autonomia, no qual o aprendente no ato de aprender se engaja e investe na sua aprendizagem. Essas etapas correspondem aos lugares e aos momentos favoráveis em que se atualizam as potencialidades do aprendente. As duas palavras " atualização" e "potencialização" são inseparáveis. O percurso educativo, isto é, o espaço-tempo durante o qual o mestre acompanha o aluno, comporta sete etapas, e o percurso do aprendente comporta dez. As sete primeiras etapas se dão de forma colaborativa e as três últimas de forma individual e solitária, quando os projetos pessoais são desenvolvidos:

Etapas solidárias

- **O saber-descobrir**: contextualizar, entrar em relação com o mundo físico, com as formas, as cores, as dimensões, os sons, os odores, os gostos, as associações, as relações, as nuances e as combinações de toda a sorte.
- **O saber-reconhecer as leis do vivo**: respeitar a lógica do vivente, a complexidade.
- **O saber-organizar**: categorizar. Consolidar o saber: comparar, classificar, selecionar, generalizar, codificar e abstrair.
- **O saber-criar sentido**: ancorar, fazer emergir o sentido, dos diferentes níveis de compreensão e de motivação, das memórias e dos ritmos plurais.
- **O saber-escolher**: decidir, engajar-se, entrar em relação com seu próprio sistema de referência.
- **O saber-inovar**: criar, imaginar, diversificar, acreditar na perspectiva de mudança, fazer vivo o objeto criado.
- **O saber trocar**: entrar em reciprocidade, abrir-se para a realização social, exprimir e exprimir-se, transformar.
- **Etapas solitárias – rumo à autonomia**[18]: as etapas do saber-aprender são pólos estratégicos de evolução e de reparos sobre a via em direção à autonomia (ontonomia).
- **Saber compreender**: entrar em ressonância, entrar em relação, "re-fletir".
- **Saber integrar**: acolher, englobar, senso profundo do plural e da globalidade do real.
- **Saber comunicar**: representa o saber SER.

---

[18] Vide neste volume o artigo de Vitoria Mendonça de Barros: *Alteridade: autonomia ou ontonomia.*

Figura 4 – Árvore do Saber-Aprender

Entre, Além e Através do Sujeito

Após a experiência vivenciada, concluo que é necessário considerar o caráter aberto, flexível e sistêmico do planejamento, do desenvolvimento e do acompanhamento de projetos de formação de formadores, que integram a tecnologia à transdisciplinaridade. A integração dos processos, das pessoas e da tecnologia deve acompanhar o fluxo das mudanças, mantendo a visão, a atitude e a práxis transdisciplinares, O dialogo dialogal[19] e o retorno reflexivo sobre as ações durante o processo de implementação com os desafios que se apresentam durante o percurso, fazem parte do processo de formação.

A tecnologia passa a se constituir um meio para o desenvolvimento das ações, e a Internet, um ambiente virtual que pode ser integrado à realidade, possibilitando o acesso

[19] Diálogo dialogal começa com o pressuposição que o outro é também uma fonte original de compreensão humana e que, em um dado nível, pessoas que entram em diálogo têm a capacidade de comunicar suas experiências e compreensões únicas um ao outro. Os pré-requisitos indispensáveis para o diálogo dialogal incluem uma profunda honestidade humana, abertura intelectual e uma vontade de ultrapassar preconceitos em busca da verdade, conquanto mantendo "profunda lealdade em direção a sua própria tradição". Cada um precisa um compromisso e um desejo de entender uma outra tradição, o que significa estar aberto para uma nova experiência de verdade já que "cada um não pode verdadeiramente entender as visões do outro se ele não as compartilhar". (Hall, 2002)

às informações, o contato com pessoas de diferentes localidades e o desenvolvimento de uma inteligência diferente, mais rápida, mais intuitiva, mais imaginária, com respeito a estilos diferentes de aprendizagem.

A integração entre a tecnologia e a transdisciplinaridade possibilita a formação diferenciada de formadores que atuam e atuarão na educação do futuro, uma utopia pragmática capaz de resgatar o prazer de educar incluindo o respeito, a multidimensionalidade e multirreferencialidade dos sujeitos com base em uma cultura ligada a todos os lugares que possibilite a ampliação do processo educacional.

Quéau (2000) chama esta cultura utópica de cultura cibernética. *Cyber,* que simboliza hoje, no mundo inteiro, a revolução das TICs, tem um sentido mais amplo, pois em grego *cyber* significa "leme", "dirigir". Então, uma cultura cibernética pode ser considerada uma cultura de navegação, em que os que manejam "o leme" têm o desafio de civilizar globalmente e permitir que a humanidade passe para um novo estágio de consciência de si mesma.

Referências Bibliográficas

AAC&U, Association of American Colleges and Universities. *Celebrating 90 years of leadership for liberal education.* AAC&U statement on liberal learning. Washington DC, 2005.

CARTA DA TRANSDISCIPLINARIDADE. In: *Educação e Transdisciplinaridade.* Brasília: Unesco/USP, 2000.

DENOYEL, Noel. *Alternância tripolar e razão experiencial à luz da semiótica de Peirce.* In Revue Française de Pédagogie, nº 128, julho-agosto-setembro 1999, 35-42.

FURLANETTO, Ecleide Cunico. *A formação interdisciplinar do professor sob a ótica da psicologia simbólica.* 216 f. Tese (Doutorado em Educação) – Pontifícia Universidade Católica de São Paulo, São Paulo, 1997

HALL, Gerard. *Intercultural and Interreligious Hermeneutics, Diatopical Hermeneutics, Dialogical Dialogue and Homeomorphic Equivalence.* Simpósio Internacional – The Intercultural Philosophy of Raimon Pannikkar. Barcelona, 2002.

HERNANDEZ, Fernando. *Transgressão e Mudança na Educação.* Porto Alegre: Artmed, 1998.

IMBERNÓN, Francisco. *La formación y el desarollo professional del professorado. Hacia uma nueva cultura profesional.* 3ª ed., Barcelona: Ed.Graó, 1998.

MACHADO, Nilson José. *Educação: Projetos e Valores.* São Paulo: Escrituras, 2000.

MELLO, Maria F. "Formação e Transdisciplinaridade" e "A Matriz Transdisciplinar de Exploração". Textos escritos para a formação de formadores do Projeto Telemar Educação. São Paulo: CETRANS, Escola do Futuro da USP, 2001.

NICOLESCU, B. *O Manifesto da Transdisciplinaridade.* São Paulo: Triom, 1999.

PAPERT, Seymour. *Logo: Computadores e Educação.* São Paulo: Brasiliense, 1985.

PERRENOUD, Philippe. *Dez Novas Competências para Ensinar.* Porto Alegre: Artes Médicas, 2000.

PINEAU, Gaston. *A autoformação no decurso da vida: entre a hetero e a ecoformação.* In *O método (auto) biográfico e a formação.* Lisboa: Ministério da Saúde, 1998.

QUÉAU, Philippe. *Noosfera e Cibercosmo.* In *O Homem do Futuro – Um ser em Construção.* Org. Groupe 21. São Paulo: Triom, 2001.

SANDHOLTZ, Judith Haymore, RINGSTAFF, Cathy, DWYER, David C. *Ensinando com tecnologia. Criando salas de aula centradas nos alunos.* Porto Alegre: Artes Médicas, 1997.

SOMMERMAN, Americo. *Formação e Transdisciplinaridade. Uma pesquisa sobre as emergências formativas do CETRANS.* Dissertação de mestrado. Programa Ciências da Educação: Faculdade de Ciências e Tecnologia da Universidade Nova de Lisboa e Université François Rabelais de Tours.

SULEIMAN, Susan. "Introduction: Varieties of Audience-Oriented Criticism". In *The Reader in the Text: Essays on Audience and Interpretation*, ed. Susan Suleiman and Inge Corsman, 2-25. Princeton: Princeton Univ. Press, 1980.

TROCMÉ-FABRE, Hélène. A Árvore do Saber-Aprender. São Paulo: Triom, 2004.

VALENTE, José Armando; ALMEIDA, Fernando José de. *Visão analítica da informática na educação no Brasil: a questão da formação do professor.* Sociedade Brasileira de Computação: Revista Brasileira de Informática na Educação, nº 1, setembro, 1997. Disponível na Internet http://www.inf.ufsc.br/sbc-ie/revista/nr1/valente.htm> (25/10/2002)

MOTIVO 4

Forma e Vazio: *Indagações, Dúvidas e Questões de Natureza Transdisciplinar*

Forma e Vazio

A Infinitude Vazia

Sem começo, sem fim,
Sem passado, sem futuro.
Um Clarão de luz circunda o mundo do espírito.
Esquecemo-nos uns dos outros, puros, silenciosos,
vazios e onipotentes.
O vazio é atravessado pelo brilho do coração celeste.
Lisa é a água do mar e a lua se espelha em sua superfície.
Apagam-se as nuvens do espaço azul; lúcidas,
cintilam as montanhas.
A consciência se dissolve em contemplação.
Solitário, repousa o disco da lua.

C. J. Jung e R. Wilhelm, em *O Segredo da Flor de Ouro*

Detalhe de tecido Yorubá
African Textiles, de John Gillow

"Gate gate paragate parasamgate bodhi soha."
Forma é vazio. Vazio é forma. Forma nada mais é do que vazio.
Sutra do Coração, traduzido pelo Lama Padma Santem

Foi deste modo que a figura emblemática, central de nosso encontro, começou a se delinear, o papel ético, suporte mediador e norteador, como bússola, dos objetos de saber *perlaborados* coletivamente durante a pesquisa transdisciplinar, e, talvez, até durante qualquer processo de conhecimento humano. Este livro, metaforicamente esta tapeçaria coletiva não é nem o produto, nem o resultado de nossos oito anos de encontros e pesquisas comuns, ele é tão somente o vestígio. Experienciamos que o que nos articula, o que nos religa: é este sereno fazer coletivo, cujo sentido nos ultrapassa e nos legitima, pois nenhum de nós poderia, individualmente, dizer tão bem aquilo que está sendo compreendido e cruzado lado a lado por cada um de nós, e nem fomentaria tantas indagações, projetos, discussões, quanto todos nós juntos conseguimos desencadear. Hoje somos um primeiro livro e este livro nos faz grupo: somos uma tapeçaria, uma metáfora, talvez imperfeita, inacabada, com lacunas; no entanto, ele testemunha que conseguimos sair dos vasos disciplinares estanques que nos limitavam, nos constituindo num movimento rizomático e contemporâneo de composição, assumindo o risco do encontro e do estranhamento, de abrir espaço ao que vive e ao que morre em nós, ao que chora, ao que sorri e ao que dá gargalhadas, ao afeto e à dor contida, ao prazer por saber que ela vai acabar, ao devir, ao sabor, ao gozo, ao sublime, nas nossas tradicionais e por vezes temerosas instituições de ensino.

Os três artigos deste *Motivo* mostram indagações, dúvidas e algumas certezas dos autores, que nos apontam caminhos diferentes que se interconectam transversalmente através do fio condutor que nos levou a sair do nosso próprio labirinto: a coragem de perceber e a vontade de conhecer o homem e o mundo, sempre levando em conta que a realidade não se cristaliza num conceito fechado, mas é aberta e está sempre em constante mudança, ainda que alguns princípios fundamentais do humano permaneçam sempre os mesmos.

Amâncio C. S. Friaça

Amâncio Friaça é astrofísico, professor associado do Instituto de Astronomia e Geofísica da Universidade de São Paulo, com doutorado e livre docência pela Universidade de São Paulo. Tem trabalhado como pesquisador nas áreas de cosmologia e astronomia extragaláctica em diversas instituições internacionais: Royal Greenwich Observatory; University of Cambridge; Royal Observatory of Edinburgh; European Southern Observatory, Munchen; INAOE, Mexico; Institut d'Astrophysique de Paris. Estudioso de Transdisciplinaridade nos campos da Pesquisa e Educação. Membro fundador do CETRANS – Centro de Estudos Transdisciplinares. Coautor dos livros *Trivium e Quadrivium*, *Descobrindo o Universo* e *Decifrando o Tempo Presente.* Organizador e co-autor do livro *Astronomia: uma visão do Universo*, pelo qual recebeu o Prêmio Jabuti 2001 na categoria Melhor Livro de Ciências Exatas, Tecnologia e Informática.

amancio@astro.iag.usp.br

O Vácuo e o Espaço Transdisciplinar

Somente aqueles que vêem o invisível são capazes de fazer o impossível.[1]

Em 1998, dois grupos de astrônomos que estudavam a expansão do Universo, independentemente realizaram uma descoberta que constitui a maior surpresa científica do final do século: o conteúdo de energia do Universo é dominado pelo vácuo e não pela matéria. Antes de 1998, falava-se de matéria escura, distinta da matéria ordinária, visível através da luz (radiação eletromagnética) em todas suas formas, que, contudo, é dominada pela esquiva matéria escura na proporção aproximada de 1:10. Após 1998, fala-se da dominante energia escura do vácuo. Eis a nova receita para o cosmo: 70% da energia do Universo em vácuo e apenas 30% em matéria (e meros 3% em matéria ordinária). Em física quântica o vácuo não é inerte, mas sim um frenesi de energia que pode emergir como criação de partículas. Mas mesmo a física quântica é incapaz de reproduzir o total de energia do vácuo cósmico. Pressente-se, na aurora do século XXI, uma Nova Física que lide com o Vácuo, e que represente uma ruptura tão radical quanto aquela desencadeada pela física quântica no começo do século XX.

Cabe perguntar-se se esta mudança de episteme assinalada pela Nova Física não estaria ocorrendo, ou em vias de ocorrer, em outras áreas do saber, com o resgate do conceito do Vácuo. Assim, em Transdisciplinaridade, como considerada por Nicolescu, o Vácuo parece iluminar a noção de Espaço Transdisciplinar, assim como permite a sua realiza-

[1] "Message from Tokyo", in: *Science and Culture: a common path for the future. Final Report.*, UNESCO/UNU Symposium, Tokyo, 10 a 15 de setembro de 1995. A autoria desta frase é de Bernard Lown, Prêmio Nobel da Paz de 1985.

ção. De fato, o prefixo "trans" refere-se a esse Espaço Transdisciplinar, onde há e não há disciplinas. Haver e não haver em simultaneidade é um atributo do Vácuo, como percebem as grandes tradições espirituais, o Maha Shunyata (o Grande Vazio), o Wu Chi (o Extremo Vazio), onde Não-Ser e Ser coincidem, e é portador de uma criatividade infinita. No Ocidente, o Vazio não é de modo algum estranho à religião, à mística e à metafísica, como claramente ilustrado por Plotino e Jacob Boehme.[2] Assim, o Espaço do Vácuo, além de ser o Espaço Transdisciplinar, é também o Espaço Sagrado por excelência. O que o Tao Te Ching[3] nos recorda sempre e sempre:

> O Tao é vazio [Chong], mas inesgotável.
>
> Que abismo!
>
> Parece o ancestral dos dez mil seres.[4]
>
> Trinta raios convergentes unidos ao centro formam a roda,
>
> mas é o vazio [Wu] central que move o carro.
>
> O vaso é feito de argila,
>
> mas é o vazio [Wu] que o torna útil.
>
> Abrem-se portas e janelas nas paredes de uma casa,
>
> mas é o vazio [Wu] que a torna habitável.[5]

---

[2] Ver Sommerman, "Plotino e Jacob Boehme – A tradição ocidental e os diferentes níveis de realidade", neste volume.

[3] O Tao Te Ching é o livro que condensa a doutrina de Lao Tsé. Este filósofo chinês, nascido em 604 a.C, é considerado o fundador do Taoísmo, mas sua vida é envolta em mistério. Segundo o *Shi Ji* do historiador Si Ma Qian (145?-90 a.C.), Lao Tsé era da aldeia de Qu Ren, no estado de Chu. Era arquivista da corte em Zhou, a capital do Império Chinês em formação. Desgostoso com a decadência de Zhou, abandonou a cidade. O Tao Te Ching só foi escrito porque, a ponto de transpor a fronteira da China, o guardião da Passagem Oeste, Yin Xi, exigiu que Lao Tsé deixasse um resumo da sua doutrina. Neste artigo, a maior parte das citações do Tao Te Ching provêm da tradução em português por Marcos Martinho dos Santos (São Paulo, Attar Editorial, 2.a edição revista e ampliada, 1995) da tradução para o francês de Marc Haven e Daniel Mazir, realizada no início do século XX. Nas *Referências* constam, sob as diversas grafias para Lao Tsé (Lao Tse, Lao Tsu, Laotse, Laozi) outras traduções do Tao Te Ching (que também tem as grafias *Tao Te King* e *Dao De Jing*) consultadas neste trabalho. As traduções para o português de traduções para línguas ocidentais são de minha autoria.

[4] Tao Te Ching, capítulo 4.

[5] Tao Te Ching, capítulo 11.

O Vazio Sagrado, na concepção taoísta (*Chong* – no capítulo 4 do Tao Te Ching, ou *Wu* – no capítulo 11) e hindu (*Shunya*) é o Vazio Criativo. Já no campo da física, o vácuo quântico, introduzido em mecânica quântica por Paul Dirac em 1927, pode ser visto como uma categoria do Vazio Criativo. Com respeito à Transdisciplinaridade, Nicolescu menciona explicitamente o vácuo quântico, e sugere sua relação com o Vazio Criativo, ao comentar o prefixo "trans" de transdisciplinaridade.

> Haveria alguma coisa entre e através das disciplinas e além delas? Do ponto de vista do pensamento clássico, não há nada, absolutamente nada. O espaço em questão é vazio, completamente vazio, como o vazio da física clássica.
>
> ...
>
> Diante de vários níveis de Realidade, o espaço entre as disciplinas e além delas está cheio, como o vazio quântico está cheio de todas as possibilidades: da partícula quântica às galáxias, do quark aos elementos pesados que condicionam o aparecimento da vida no Universo.[6]

No mundo quântico, abandonamos de vez uma das últimas sobrevivências da física aristotélica no mundo moderno, que é o "horror ao vácuo". De fato, Aristóteles conseguiu errar o máximo possível com respeito à física. Pelo menos desde Aristóteles, o vácuo é visto pelo ocidente como uma imperfeição que deve ser preenchida ou uma impossibilidade.[7] Este "horror ao vácuo" estaria por trás da necessidade de preenchimento e conquista de todos os espaços pelo homem moderno. Tal conceito de vácuo tem uma conotação negativa, conforme seu significado dado pelo dicionário de *"espaço, imaginário ou real, não ocupado por coisa alguma"*, que em sua segunda acepção, utilizada em física "*pressão menor do que a atmosférica*"[8], que também tem um uso coloquial através da expressão *"a vácuo"* fazendo antes referência à

[6] Nicolescu, *O Manifesto da Transdisciplinaridade*, p. 46;__, *Educação e Transdisciplinaridade*, p. 15-16.
[7] Aristóteles, *Physics*.
[8] Aurélio Buarque de Holanda, *Novo Dicionário Aurélio*.

pressão do ar que circunda um vazio relativo e que procura preencher este vazio. De fato, o "vazio ocidental" é sujeito à implosão. Ele consiste de "buracos" ou "falhas" que o homem moderno ocidental[9] necessita preencher. Devemos distinguir este "vácuo" do vazio criativo do pensamento oriental, que o deixa vazio e ao qual não ocorre a idéia de preenchê-lo. O "vazio oriental" pode ser a manifestação da qualidade "tranquilidade". Mas ele também pode transbordar sem que jamais se esgote. Finalmente, em seu potencial criativo, ele poder ser uma explosão.

O vazio quântico pertence à categoria do "vazio oriental". Nas palavras de Nicolescu:

> O *vazio vazio* da física clássica é substituído pelo *vazio cheio* da física quântica. A menor região do espaço está animada por uma extraordinária atividade, sinal de um movimento perpétuo. As flutuações quânticas do vazio determinam o súbito aparecimento de pares partículas – antipartículas virtuais que se aniquilam reciprocamente em intervalos extremamente curtos de tempo. Tudo se passa como se os quanta de matéria fossem criados a partir de nada. Um metafísico poderia dizer que o vazio quântico é uma manifestação de uma das faces de Deus: Deus o Nada. Em todo o caso, no vazio quântico tudo é vibração, uma flutuação entre o ser e o não-ser. O vazio quântico está cheio, cheio de todas as potencialidades: da partícula ao universo. Fornecendo energia ao vazio quântico, podemos ajudá-lo a materializar suas potencialidades. É exatamente o que fazemos construindo os aceleradores de partículas. E é precisamente quando certos umbrais energéticos são atingidos que partículas, que já não são mais virtuais mas reais, subi-

---

[9] Aqui, oriental e ocidental não tem um significado geográfico estrito, mas antes "ocidental deveria ser pensado, mais precisamente, como o sintagma "ocidental moderno" e, em um sentido mais difuso, como "referente à antiguidade clássica ocidental. Neste sentido, a Idade Média européia não seria puramente "ocidental". Nem nós. Quanto ao termo "moderno", ele cobre temporalmente um arco que vai do século XV ao começo do século XX. Enquanto alguns podem argumentar que "nunca fomos modernos" (Latour, *Nunca Fomos Modernos*), parece-me que nosso mundo, como foi assinalado por vários autores, não mais apresenta as características da modernidade clássica, que estamos na "pós-modernidade" (Lyotard, *A Condição Pós-moderna*), "alta modernidade" ou "modernidade tardia" (Giddens, *As Consequências da Modernidade*), "modernidade reflexiva" (Beck et al., *Modernização Reflexiva*), "supermodernidade" (Augé, *Não-lugares – Introdução a uma antropologia da supermodernidade*), "modernidade líquida" (Bauman, *Modernidade Líquida*), "hipermodernidade" (Lipovetsky, *Les temps hypermodernes*).

> tamente se materializam, sendo literalmente puxadas do nada.... o próton, o nêutron, o elétron são suficientes para construir a quase totalidade de nosso universo visível. Porém, o homem conseguiu criar, a partir do nada, centenas de outras partículas...[10]

Avançando um pouco mais, poderíamos aproximar o Vácuo da *zona de não-resistência*, que é o prolongamento do conjunto dos *níveis de Realidade*. Se *Realidade* é aquilo que *resiste* às nossas experiências, representações, descrições, imagens e formulações matemáticas, a zona de não-resistência é de transparência absoluta às nossas experiências etc. Os diferentes níveis de Realidade são acessíveis ao conhecimento humano através de diferentes *níveis de percepção*, em correspondência biunívoca com os níveis de Realidade. O conjunto dos níveis de Realidade e a zona de não-resistência constituem o *Objeto Transdisciplinar*, enquanto que o conjunto dos níveis de percepção e a zona de não-resistência constituem o *Sujeito Transdisciplinar*.[11] A zona de não-resistência é comum ao objeto e ao sujeito transdisciplinares. O conhecimento transdisciplinar decorre de *fluxos de informação* através dos níveis de realidade e de *fluxos de consciência* entre os níveis de percepção. Fluxo de informação e fluxo de consciência devem se encontrar ao menos em um ponto, o *Termo de Interação*, que é o terceiro termo do conhecimento transdisciplinar.[12] Este "ponto" não seria o meio dentro do Vácuo? O Vácuo não seria o "quarto" dentro da transdisciplinaridade? O Meio onde está o meio, onde está o terceiro incluído? Em chinês, o ideograma para vazio, *Chong*, 沖, difere do ideograma para meio, *Zhong*, 中, apenas pelo acréscimo de um elemento, significando "água", à esquerda do ideograma Zhong. De fato, o radical "água" é o desenho da água fluindo. Assim, o Vazio alia o fluir à centralidade. Poderíamos falar de ponto de encontro, ou melhor, de confluência, de com-versar[13], de derramar, de verter ("verser") juntos nossos conteúdos, e,

---

[10] Nicolescu, *O Manifesto da Transdisciplinaridade*, p. 62-63.

[11] Nicolescu, *Educação e Transdisciplinaridade*, p. 142;__, *Educação e Transdisciplinaridade II*, p. 54-55.

[12] Nicolescu, *Educação e Transdisciplinaridade II*, p. 56.

[13] O conceito de com-versar foi laboriosa e meticulosamente tecido ao longo dos diversos encontros dos autores do presente livro.

quem sabe, nos esvaziarmos. Neste esvaziamento, deixamo-nos levar pela corrente da criatividade primordial ao mesmo tempo que a Harmonia[14] se estabelece *entre, através e além* de nós.[15]

Além disso, central não significa neutro, mas sim polar, isto é, aquilo em torno do qual tudo revolve, portanto provido de dinamismo, e na realidade, do dinamismo extremo, como no exemplo do vazio da roda que a faz girar (Tao Te Ching, capítulo 11). É interessante observar que em sânscrito, uma das palavras para o Vazio, *Kha* (vide o grego Chaos), que designa o zero aritmético, significava originariamente (e.g. no Rig Veda) o cubo de uma roda.[16] O vácuo quântico também tem o caráter dinâmico. É o vácuo que fornece energia para os elétrons se manterem em movimento ao redor do núcleo atômico. Além disso, é um reservatório inesgotável de energia. O $E=mc^2$ da Teoria da Relatividade, faz corresponder uma enorme quantidade de energia E à matéria, à massa M. Uma quantidade enorme, porém finita. Contudo, o vácuo não obedece à limitação de $E=mc^2$. Além da *convivência de opostos*, do *dinamismo*, da *inesgotabilidade*, o Vácuo é caracterizado pela *espontaneidade*, pois gera sem cessar, e de um modo imprevisível, energia, que se manifesta como pares de partículas.

A plausibilidade de consideramos o vácuo como "o quarto" é ainda consistente com a ordem do enunciado dos três pilares da transdisciplinaridade – os níveis de realidade, a lógica do terceiro incluído e a complexidade.[17] Tal enumeração pode ser entendida como uma ordem de desenvolvimento histórico. Primeiramente, a partir da segunda década do século XX, a partir da nova mecânica quântica de Niels Bohr, tornou-se claro que o mundo atômico tinha características sem análogos na física clássica. Daí a justificativa em se falar de dois níveis de realidade, fundamentalmente descontínuos entre si – o nível quântico e o nível macroscópico. Posteriormente, os achados da física quântica

[14] Ver Lao Tse, *Tao Te Ching*. Trad. Wu Jyh Cherng. O tradutor, que é monge taoísta, traduz Chong (Chun em sua grafia) como Vazio ou Harmonia.

[15] Este seria o fundamento do *transhumanismo* (Nicolescu, *O Manifesto da Transdisciplinaridade*, p. 143).

[16] Coomaraswamy. Kha et autres mots signifiant "zéro" dans leurs rapports avec la métaphysique de l'espace. In: *Le Temps et l'Eternité*, p. 117-131.

[17] Nicolescu, *O Manifesto da Transdisciplinaridade*, p. 47.

evocaram a aplicabilidade (e mesmo a inevitabilidade da aplicabilidade) de lógicas distintas da aristotélica às realidades quânticas. Por fim, na segunda metade do século XX, a teoria da complexidade faz a sua aparição, impulsionada pelo desenvolvimento da investigação de sistemas distantes do equilíbrio, na esteira do trabalho pioneiro de Ilya Prigogine. Não seria um quarto momento nessa progressão a descoberta, em 1998, de que a matéria atrativa é um componente menor no balanço de energia do Universo, dominado por um componente repulsivo universal identificado à energia do vácuo? Não seria o Vácuo o "quarto pilar" da transdisciplinaridade?

O "quarto recalcitrante" novamente reaparece no Relatório Delors elaborado pela Comissão Internacional Sobre a Educação para o Século XXI, ligada à UNESCO, que ressalta os quatro pilares de uma educação para o nosso tempo: aprender a conhecer, aprender a fazer, aprender a viver junto e aprender a ser. E trata-se do inefável aprender a ser, que se relaciona de perto ao aprendizado do vazio. Este conhecimento da interioridade encontra eco em uma das propostas para que a universidade experimente uma evolução transdisciplinar: a criação de lugares de silêncio e de meditação transreligiosa e transcultural.[18] Não nos pode passar desapercebida a importância desta proposta. Espaços dedicados ao silêncio e à meditação são poderosos suportes para a formação integral da pessoa. O vazio instalado pelo silêncio e meditação gera a compreensão profunda.

A Vacuidade é primeiro dos Sábios Ensinamentos das doutrinas do budismo Mahayana, ilustrados de modo claro no *Bardo Thodol*, o Livro Tibetano dos Mortos. Em todos os sistemas tibetanos de Yoga, o grande objetivo é a realização da Vacuidade (tibetano *Stong-pa-ñid*; sanscrito *Shunyata*). Realizá-lo é atingir o Dharma Kaya, o "Corpo Divino da Verdade", o estado primordial do incriado, da Pleniconsciência do Buda – o estado Búdico. A realização do Vazio (pali *Sunnata*) é também o alvo do budismo Theravada.[19]

Deve-se mais uma vez assinalar as resistências dos oci-

---

[18] *Que universidade para o amanhã? Em busca de uma evolução transdisciplinar para a universidade.* Congresso de Locarno, Síntese do Congresso.

[19] Evans-Wentz, *The Tibetan Book of the Dead*, p. 10.

dentais com respeito ao estado de vacuidade que é buscado na meditação oriental. Há a tendência a contrapor as técnicas de oração (cujo mais significativo representante é a "oração do coração" da tradição hesicasta, ensinada na *Filocalia*) às práticas meditativas orientais, como as do yoga. Nesse sentido, cabe assinalar um texto do Cardeal Joseph Ratzinger, de 1984, em que ele alerta os católicos para não confundirem a oração cristã com a meditação oriental. Segundo o Cardeal, o esvaziamento da mente, como é buscado, por exemplo, no Soto Zen, é perigoso para o católico, que deveria concentrar-se sempre na Trindade.[20]

Na realidade, a oposição oriental-ocidental com respeito ao esvaziamento é uma simplificação. Ao longo de toda a história do cristianismo, o silêncio está no centro da vida monástica e a vida contemplativa é uma via de excelência para o cristão. Recentemente, as práticas de meditação têm retornado ao meio cristão. Além da grande difusão das práticas e escritos hesicastas, há ainda práticas cristãs de caráter mântrico. Esse caso é representado pela prática de meditação cristã desenvolvida pelo beneditino John Main, e, posteriormente difundida pelo também beneditino Laurence Freeman. Tais práticas geram o esvaziamento do julgar, suspendem o pensamento em Deus para estarmos com Deus. A meditação cristã de John Main e Laurence Freeman é feita diariamente. Além disso, com uma certa periodicidade, os praticantes reúnem-se em grupos, que fazem explicitamente da meditação "uma via de tolerância e compaixão, para construir pontes do espírito entre povos de diferentes crenças, ente ricos e pobres, e entre todos aqueles que sofrem o conflito e a divisão".[21]

Também o Taoísmo assinala a importância central do silêncio não só para a realização do ser, mas para a arte de conviver. Enquanto que a linguagem é particular, o silêncio é universal. Mais do que as palavras, é o silêncio que permite o entendimento entre os homens. O monge taoísta Wu Jyh Cherng nos dá um exemplo singelo. "Se um chinês, um brasileiro e um mongol se encontram e cada qual fala em sua língua, eles não conseguem se comunicar, por

---

20 Carvalho, *O Encontro de Velhas e Novas Tradições*, p. 89.

21 Main, *Meditação Cristã*; Freeman, *A Luz que Vem de Dentro*; __, *Prática Diária da Meditação Cristã*.

que as palavras os separam... Mas, por certo, o silêncio de todos eles é o mesmo. O silêncio que surge na ausência de frases em chinês em português ou em mongol é exatamente o mesmo."[22]

Assim, à dimensão auto-formativa da compreensão profunda corresponde uma dimensão co-formativa. Através do silêncio, do vazio, alcançamos a dimensão da *filoxenia.* A filoxenia, a acolhida ao estrangeiro, ao outro, ultrapassa e aprofunda a tolerância. Constitui a base de uma ética transdisciplinar. Trata-se do antídoto contra os fundamentalismos e fanatismos. Nos locais de silêncio e meditação, cada um, ao se aprofundar no silêncio nutrido por sua própria religião e sua própria cultura, poderá comungar com o outro. O vazio que nos traz o silêncio nos leva à uma real comunicação com o outro.

E talvez mais do que isso. No vazio experimentamos uma forma de conexão que não mais pode ser descrita por um termo tão pobre como comunicação. Comunhão e unidade além do eu-outro se instalam dentro do Vazio. Podem se estabelecer. E de novo, o "quarto"... Os quatro fundamentos da física quântica – continuidade, determinimismo, simplificabilidade e causalidade local – são rompidos um a um pela física quântica. A ruptura da primeira, com a descontinuidade do quantum de luz proposto por Planck, funda a própria física quântica. Mas é o quarto fundamento, a causalidade local, cujo desmonte pela física quântica é mais sutil. O próprio Einstein não aceitou tal desmonte da causalidade como ele conhecia, pois em um sistema quântico as partes estariam instantaneamente conectadas, assim contradizendo a teoria da relatividade onde nenhum sinal viaja mais rápido do que a velocidade da luz. Assim, ele propôs em 1935 o experimento, conhecido como experimento EPR (Einstein-Podolsky-Rosen) para testar esta previsão da mecânica-quântica. Bohr, respondeu, furiosa e sutilmente, assinalando que o modo de causalidade da teoria da relatividade é um modo de sinalização, em que elementos se comunicam a uma velocidade, limitados pela velocidade da luz. Mas comunicação implica ignorância entre as partes. Ora, em um sistema quântico não há ignorância entre as partes.

---

[22] Cherng, *Iniciação ao Taoísmo,* p. 54-55.

Não há comunicação, não há conexão por sinais, há apenas conexão por uma unidade indissolúvel. Quase cinquenta anos após o embate Einstein-Bohr, o experimento de Allan Aspect, realizado em 1982, deu a razão a Bohr: em um sistema de dois fótons um sempre parece saber do outro, não importa a distância.

Mas, não é o sentimento de unidade indivisa aquela que os homens têm do que chamam de sagrado, e da qual se aproximam com fascinação completa, mas também com o mais profundo terror?[23] Por sua vez, Nicolescu identifica a zona de não-resistência ao sagrado[24]. Para nos referirmos a esta zona novamente nos socorremos do sufixo "trans": é o *transcendente*, que "ascende além" de qualquer coisa e que escapa a qualquer delimitação.

Assim, a zona de não-resistência absoluta do sagrado é um espaço ilimitável, um *ápeiron*.[25] O Espaço Sagrado por excelência é o Vácuo. Ele se manifesta, por simetria inversa, no *Templum*, o espaço sagrado particular, separado, "cortado" do mundo em torno, como nos assinala Mircea Eliade.[26] Continuando no pensamento eliadiano, o lugar nunca é "escolhido" pelo homem; ele é simplesmente "descoberto" por ele. O espaço sagrado revela-se por si só. [27] Tal espontaneidade, cabe lembrar, é um atributo do Vazio.

O sagrado é inefável, dele não se pode falar. Implica Silêncio. Retornando aos níveis de realidade e de percepção da cosmologia basarabiana, "O espaço entre os níveis de realidade e os níveis de Realidade é o espaço deste silêncio; é o equivalente, no espaço interior, daquilo que é chamada de vácuo quântico no espaço interior".[28] Ou seja, Vácuo é o Lugar do Mistério. Ora, a palavra mistério vem do grego muein, "estar fechado (especialmente dito dos lábios e dos olhos)", derivado da raiz indo-européia *mu*, cujo significa-

[23] É o *numinoso* de Otto (*The Idea of the Holy*).

[24] Nicolescu, *Educação e Transdisciplinaridade*, p. 142; __, *Educação e Transdisciplinaridade II*, p. 58-59, 61-62.

[25] Os dois primeiros filósofos-físicos jônios, Tales de Mileto e Anaximandro, estabeleceram como princípio (*archê*) de todas as coisas a água e o ápeiron, respectivamente. A escolha da água nos remete à composição de um dos ideogramas para Vazio, Chong, de elementos referentes à água e ao centro. *En passant*, não poderíamos também falar dos filósofos-físicos quânticos – Bohr, Heisenberg, Pauli, Schrödinger?

[26] Eliade, *O Sagrado e o Profano*.

[27] Eliade, *Tratado de História das Religiões*, p. 297.

[28] Nicolescu, *Educação e Transdisciplinaridade II*, p. 68-69.

do é "murmurar". Mistério é o que nos fecha os olhos e os lábios. É o que fala, no limite do não-falar, o capítulo 1 do Tao Te Ching:

> o curso [Tao] que se pode discorrer não é o eterno curso
>
> o nome que se pode nomear não é o eterno nome
>
> imanifesto [Wu] nomeia a origem do Céu e da Terra
>
> manifesto nomeia a mãe dos dez mil seres
>
> portanto,
>
> no imanifesto se contempla seu deslumbramento
>
> no manifesto se contempla seu delineamento
>
> ambos...
>
> o mesmo saindo com nomes diversos
>
> o mesmo diz-se mistério [Xuan]
>
> mistério que se renova no mistério...
>
> porta de todo deslumbramento.[29]

---

[29] Laozi *Dao De Jing*. Trad. Mário Bruno Sproviero.

Referências Bibliográficas

ARISTÓTELES. *Physics*. In: *The Works of Aristotle*. Oxford: Claredon Press, 1948.

AUGÉ, Marc. *Não-lugares – Introdução a uma Antropologia da Supermodernidade*. Campinas: Papirus, 2003.

BAUMAN, Zygmunt. *Modernidade Líquida*. Rio de Janeiro: Jorge Zahar Editor, 2000.

BECK, Ulrich; GIDDENS, Anthony; LASH, Scott. *Modernização Reflexiva*. São Paulo: EDUNESP, 1995.

CARVALHO, José Jorge de. O Encontro de Velhas e Novas Tradições: Esboço de uma Teoria dos Estilos de Espiritualidade. In: MOREIRA, Alberto, e ZICMAN, Renée (orgs.). *Misticismo e Novas Religiões*. Petrópolis: Vozes, 1994.

CHERNG, Wu Jyh. *Iniciação ao Taoísmo*, vol. 1. Rio de Janeiro: MUAD Editora, 2001.

COOMARASWAMY, Ananda K. *Le Temps et l'Eternité*. Paris: Dervy-Lives, 1976.

ELIADE, Mircea. *Tratado da História das Religiões*. São Paulo: Martins Fontes, 1998.

______. *O Sagrado e o Profano*. Lisboa: Ed. Livros do Brasil, 1976.

EVANS-WENTZ, W. Y. *The Tibetan Book of the Dead*. New York: Oxford University Press, 1978.

FREEMAN, Laurence. *A Luz que Vem de Dentro*. São Paulo: Edições Paulinas, 1989.

______. *Prática Diária da Meditação Cristã*. São Paulo: Edições Paulinas, 1995.

GIDDENS, Anthony. *As Consequências da Modernidade*. São Paulo: EDUNESP, 1991.

HOLANDA, Aurélio Buarque de. *Novo Dicionário Aurélio*. São Paulo: Nova Fronteira, 1986 (2ª edição).

LAO TSE. *Tao Te Ching*. Rio de Janeiro: MUAD Editora, 2003. Trad. Wu Jyh Cheng.

______. *Tao Te King*. São Paulo: Attar Editorial, 1995. Trad. Marcos Martinho dos Santos. (2.a edição para o português, revista e ampliada, da tradução para o francês de Marc Haven e Daniel Mazir, realizada no início do século XX)

LAO TSU, *Tao Te Ching*. Harmondswoth, Inglaterra: Penguim Books, 1976. Trad. D. C. Lau.

LAOTSE, *Vom Sinn und Leben*. Jens, Alemanha: Eugen Diederich, 1911. Trad. Richard Wilhelm.

LAOZI. *Dao De Jing*. São Paulo: Hedra, 1996. Trad. Mário Bruno Sproviero.

LIPOVETSKY, Gilles. *Les Temps Hypermodernes*. Paris: Grasset, 2004.

LYOTARD, Jean-François. *A Condição Pós-moderna*. Lisboa: Gradiva, 1989.

MAIN, John. *Meditação Cristã*. São Paulo: Edições Paulinas, 1987.

MESSAGE from Tokyo, http://unesdoc.unesco.org/images/0010/001055/105558e.pdf

NICOLESCU, Basarab. *O Manifesto da Transdisciplinaridade*. São Paulo: TRIOM, 1999.

______. In: *Educação e Transdisciplinaridade*. São Paulo: UNESCO, 2000.

______. In: *Educação e Transdisciplinaridade II*. São Paulo: TRIOM/UNESCO, 2002.

OTTO, Rudolf. *The Idea of the Holy*. Londres: Oxford University Press, 1980.

QUE universidade para o amanhã? Em busca de uma evolução transdisciplinar para a universidade. Congresso de Locarno, Síntese do Congresso, 1997. http://perso.club-internet.fr/nicol/ciret/locarno/locarno4.htm

SOMMERMAN, Américo. "Plotino e Jacob Boehme – A tradição ocidental e os diferentes níveis de realidade", neste volume.

Luiz Eduardo V. Berni

Mestre em Ciências da Religião PUCSP, Doutorando em Psicologia USP, Docente e Coordenador de Desenvolvimento Pedagógico da Universidade Anhembi Morumbi, editor da Revista Momento do Professor: Revista de Educação Continuada.

levberni@hotmail.com

O *Vortex* Sagrado-Profano:
Uma Zona de Não-Resistência entre Níveis de Realidade

Apresentação

Certamente uma das questões mais polêmicas que aquece o debate, da ciência ao esoterismo é a questão da Realidade. A matéria é por vezes tão escorregadia que sinto um certo receio em lidar com a mesma. Ao mesmo tempo, pensar sobre o Sagrado torna-se igualmente problemático, pois apesar de ter sido atacado, desmistificado, analisado por diversas áreas do conhecimento, ele continua a resistir e se faz presente em nossos dias como um fantasma a nos assombrar.

A reflexão transdisciplinar, ao retomar esta questão, o faz através de um conceito antigo que há muito havia sido deixado de lado: trata-se do conceito de Nível de Realidade, que em muitos autores pode ser encontrado como Dimensão, Mundos, entre outros conceitos semelhantes. (NICOLESCU, 1999, e PAUL, Patrick, s.d.) Esse conceito parece ser uma das chaves para o desenvolvimento de uma nova epistemologia da ciência, uma vez que permite o diálogo e a articulação flexível entre diferentes saberes que até então se encontravam isolados por epistemologias lineares do tipo excludente. A reflexão sobre a Realidade a partir desse referencial parece ganhar novo impulso, permeada pelo espírito transdisciplinar, e permite o resgate do Sagrado ao abrir um novo diálogo entre esses antigos conceitos que, por sua vez, nos possibilita resgatar o *homo religiosus* que vive, muitas vezes secretamente, em todos nós.

1. Da Redução ao Diálogo

Desde as grandes navegações e com o avanço da ciência, vivemos sob a égide de um reducionismo que para alguns se constitui a única forma de conhecer, visto que o conhecimento do todo é virtualmente impossível. Nas relações humanas esse tipo de raciocínio foi particularmente desastroso, pois inúmeras culturas que se julgaram (e infelizmente ainda se julgam) superiores a outras, passaram a impor seus valores sobre as demais. Essa busca pela homogeneização parece ser trazida para o campo do conhecimento pela redução a uma Realidade única a ser conquistada.

Fato relevante acontece, entretanto, à medida que esta cultura científica, que num primeiro momento julgava poder explicar essa realidade através de suas partes, se defronta com sua incapacidade em fazê-lo. As incertezas do caminho se descortinam diante de olhos atônitos, e algo que parecia sólido, a realidade, se desvanece numa onda... Um novo nível de realidade se apresenta, o nível quântico, onde as leis macro-cósmicas não mais funcionam!! Um nível que aparentemente sempre estivera lá, mas só agora se apresentava para nós.

Este fato suscitou uma reviravolta em "como se faz o conhecimento". Os cientistas desnorteados pela ausência de referencial discutiam entre si, "se Deus jogava dados, ou não". Deus? Como é possível falar em Deus numa área de conhecimento que procurou banir esta entidade, conceito, reflexão de seu campo de reflexão.

Na reviravolta que se seguiu, o ocidente descobriu o oriente e começou a procurar dialogar com este, na busca de soluções para resolver os novos problemas que se colocava e que não mais eram resolvidos pela epistemologia de um paradigma moribundo.

Com toda essa discussão que está sendo tratada pela academia, surgem (ou ressurgem) propostas que procuram contemplar ambos os lados desta moeda epistemológica paradoxal. Talvez fomentada a partir das idéias esclarecedoras de Thomas Kuhn desde os anos 1950/60, passando pelo Movimento do Potencial Humano dos anos 70, pelo Movimento Holístico dos anos 80, chegando ao Transdisciplinar dos anos 90 e de nossos dias. O fato é que a visão de Realidade tem passado por uma revisão em todas as ciências – se é que houve algum período em que isso deixou de acontecer. Uma revisão que a coloca numa perspectiva mais abrangente, ou talvez seja melhor dizer, menos reducionista;

mais voltada para a compreensão da "complexidade", do irredutível. Seja como for, estamos menos centrados em perspectivas lineares, unívocas, e mais abertos, portanto, a questões de diversidade e sistêmicas.

Com tudo isso, nós nos abrimos para considerar o Sagrado, que assim como os mal tratados nativos da terra insistem em se manifestar numa matriz antiga e ancestral que retorna à cena sem, entretanto, querer assumir a supremacia do palco, como o fizera no passado. Ele parece catalisar nossa atenção e fornecer respostas que só fazem sentido se considerarmos a Realidade numa ótica diferente, a partir de uma lógica diferente. A persistência do Sagrado nos leva à perspectiva apontada por Nicolescu (2002:54-56) como "Zona de não-resistência que não se submete a nenhuma racionalização (...) [que] tem o papel do terceiro secretamente incluído que permite a unificação do Sujeito transdisciplinar e do Objeto transdisciplinar, preservando, ao mesmo tempo, sua diferença".

Mas, nem sempre foi assim. Houve um tempo em que a situação estava invertida!

2. Sagrado

Durante a maior parte da história humana o Sagrado se apresentou como Nível de Realidade absoluto, forneceu respostas e permitiu ao homem viver num mundo holisticamente organizado. O Sagrado, entretanto, foi manipulado e distorcido pelo homem e, com o advento da ciência, banido como categoria secundária fruto de desejos humanos reprimidos ou não realizados e, então, o Nível de Realidade Profano passou a vigorar absoluto sob a égide da Ciência Ocidental. Apesar de sua exclusão do meio acadêmico, o Sagrado sempre esteve presente. Agora, com o advento da reflexão transdisciplinar esses Níveis de Realidade vêm encontrar um equilíbrio entre si, e o Sagrado passa a retomar seu devido lugar no espaço acadêmico de reflexão, não apenas restrito ao âmbito das Ciências da Religião, mas de maneira geral promovendo um diálogo na complexidade da Realidade.

Uma Questão Incontornável

Ao tratar do tema relacionado com o Sagrado uma questão complexa se impõe, pois há uma incrível sensação de familiaridade, um *déjà vu*, com o qual a humanidade sempre esteve envolvida, pois todas as culturas possuem vocábulos para exprimir o Sagrado. (CHAUI, 1995:297) Etimologicamente, o termo sagrado é explicado por diferentes raízes linguísticas. Alguns afirmam que o termo vem de uma raiz etrusca ***sac*** que significaria "fazer que uma coisa chegue a ser real". (MARDONES, 21) Outros afirmam sua inacessibilidade, então, o reconhecem a partir de uma origem latina ***sacer***, que quer dizer aquilo que não pode ser tocado sem sujar, mas também aquilo que não pode ser tocado sem ser sujado. (NICOLESCU, 1999:127)

Apesar dessa ancestralidade familiar, constante, ainda nos dias atuais, a primeira questão que se coloca diz respeito à real origem de sua existência. O Sagrado existiria por si só ou se trataria de uma criação humana? Evidentemente, no universo religioso, seu existir é um ponto pacífico, todavia, não o é no mundo Acadêmico, constituindo-se, provavelmente, no item mais polêmico de uma infindável discussão. (KUJAWSKI, 1994) Assim, alguns autores irão reduzi-lo ao nível conceitual como uma criação humana. É o caso de Émile Durkheim no seu *As Formas Elementares de Vida Religiosa* e de Sigmund Freud em *Totem e Tabu, O Futuro de uma Ilusão* e *O mal-estar na cultura*, entre outros escritos, apenas para citar dois dos autores mais famosos.

Outros autores, porém, vêem a questão do Sagrado como complexa e irredutível, tendendo a considerá-la em nível ontológico e, portanto, como uma noção que pode ser constatada, mas não definida, um outro Nível de Realidade. É o caso de Rudolf Otto no seu *O Sagrado* e Mircea Eliade em *O Sagrado e o Profano,* entre outros escritos.

> O sagrado é, antes de mais nada, interpretação e avaliação do que existe no domínio exclusivamente religioso. Sem dúvida, esta categoria passa por outros domínios como, por exemplo, a ética; mas ela não provém desses domínios paralelos. Essa categoria é complexa; compreende um elemento de qualidade absolutamente especial que se subtrai a tudo aquilo que nós chama-

mos de racional; é completamente inacessível à compreensão conceitual e constitui algo inefável. O mesmo acontece com a conceituação do belo em outros domínios do conhecimento. (OTTO, 1985:11)

Os que tratam o Sagrado como construto humano, parecem afirmar sua artificialidade, enquanto os que o tratam de forma ontológica, parecem afirmar sua existência real. Para afirmar ou negar o Sagrado, é preciso considerá-lo como algo que assume contornos reais e, portanto, apresenta diferentes níveis de interferência na construção da realidade. No entanto, dada a universalidade da questão, pode-se afirmar com segurança que se trata de uma preocupação humana impossível de ser ignorada. Portanto, o Sagrado existe e deve ser considerado.

2.1. A Capacidade Humana de Percepção do Sagrado

Ao definir Nível de Realidade, Niscolescu (1999) o faz afirmando que o que caracteriza tal instância é a existência de leis próprias de funcionamento, algo que seja *sui generis* ao próprio nível.

Um ponto de vista ontológico sobre o Sagrado é detalhadamente descrito por Rudolf Otto, no livro *O Sagrado*, já mencionado. Em sua descrição Otto se atém à capacidade humana de percepção do Sagrado, portanto procura definir o estado psicológico geral de um ser humano ao entrar em contato com esse Nível de Realidade.

O Numinoso

Para Otto, o Sagrado é uma categoria fundamental *"sui generis"*, que diz respeito exclusivamente ao aspecto religioso, mas que pode ser encontrado noutros domínios, como, por exemplo, nas artes. Trata-se do elemento que dá vida a uma religião. Entretanto, Otto percebeu que, ao se falar do Sagrado, o sentido que lhe é normalmente atribuído distancia-o de seu significado original, que é de ordem eminentemente emocional, posição corroborada por Nicolescu.

A capacidade humana de percepção do Sagrado é antes uma habilidade emocional que racional. A fim de procurar resgatar esse elemento "perdido", forjou um termo através do qual se lançou na exploração de um referencial e, com isso, acreditou poder recuperar uma dimensão, que julgou ainda latente.

Na cunhagem desse termo, Otto recorreu ao latim e, ao usar uma língua *sagrada*, pareceu querer despertar no leitor todo o "charme misterioso" que ela pode exercer, despertando-o para os elementos não-racionais que buscou explorar[1]. A palavra escolhida foi *numem* (divindade) e o termo cunhado *Numinoso*. A partir da criação desse termo, procurou deixar claro que o elemento explorado, o Sagrado, só poderia ser encontrado de "forma íntima", ou seja, o Sagrado teria de ser obrigatoriamente vivido, para que fosse compreendido. (OTTO, 1985:12)

Sem dúvida, Otto dimensionou a dificuldade de sua empreitada, ao afirmar que o *homo sapiens* era, antes de tudo, um *homo religiosus* e constatou a alienação do primeiro em relação ao segundo:

> O homem pode ser capaz de dirigir a sua atenção para os sentimentos que ele prova na idade da puberdade, os seus problemas gástricos ou mesmo os seus sentimentos sociais, e ser incapaz de prestar atenção aos sentimentos especificamente religiosos. (OTTO, 1985:13)

Assim, todo o esforço de seu trabalho visou levar o Homem ao reencontro de sua capacidade em perceber o Sagrado a partir da descrição fenomenológica dos estados emocionais comuns diante do numinoso, a fim de que o ser humano pudesse integrá-lo à sua consciência.

O Sentimento de Criatura

Após a qualificação do Sagrado como numinoso, fez uma detalhada análise dos componentes não-racionais, presentes nessa categoria. Primeiramente, procurou reconhecer esse elemento em algumas emoções através das quais se costuma definir o Sagrado, aprofundando a análise em bus-

---

[1] Embora o latim tenha sido usado como língua acadêmica até o século XVIII, parece que a intenção de Otto foi criar no leitor o mesmo efeito que ele provoca em seu livro, quando fala do charme de usar-se uma língua sagrada para descrever fenômenos religiosos. Otto, *O Sagrado*, 1985:69.

ca de seus componentes mais primais. Ou seja, a manifestação do Sagrado pode ser diversa, mas do ponto de vista da fenomenologia da percepção de Otto, o Sagrado é vivenciado de uma forma comum pelos seres humanos.

Sua primeira constatação foi quanto ao sentimento de dependência absoluta ou "de ser criatura", vivenciado em relação ao Sagrado. Trata-se, pois, de um sentimento "totalizante", ou que toma o ser humano em sua totalidade, que o invade e o faz perceber-se frente a algo inenarrável, transcendente, tão majestoso, fazendo-o sentir-se pequeno, insignificante: "algo como o sentimento da criatura frente ao Criador". (OTTO, 1985:14)

O reconhecimento da magnificência do Numinoso faz surgir no Homem sentimentos paradoxais, que o fazem, ao mesmo tempo, fugir e se aproximar do Sagrado. Um sentimento de temor e de fascínio.

O Sentimento de Temor

É o sentimento da criatura que a leva a dimensionar a "grandeza" do Sagrado através de um outro sentimento, que Otto afirma ser o temor, um sentimento de medo daquilo que é totalmente diferente. (OTTO, 1985:14)

Todos os sentimentos que Otto procurou descrever podem ser qualificados como primais, fundamentais, não devendo, portanto, ser confundidos com os outros que deles derivam, presentes no dia-a-dia. É o que define o sentimento de medo frente ao inefável. Sentimento que pode fazer com o Homem se afaste do Sagrado, mas antes que isso possa se concretizar surge, muitas vezes, o desejo de atração.

O Mistério que Faz Tremer

Então a percepção do Sagrado causa tanta emoção que torna o Homem estático, capaz de sentir no próprio corpo, talvez num arrepio, o sentimento de medo que se transforma em fascínio, provocando o surgimento do desejo de aproximação. (OTTO, 1985:17)

E esse mistério que faz tremer frente ao Sagrado, ativa todo o potencial emocional do Homem, provoca sensações fisiológicas definidas e até alterações de estado de consciência, denominado por Otto de "estado de alma", capaz de promover aproximação e ao mesmo tempo repulsa. É certamente um sentimento primal, totalizante, envolvente, levando ao êxtase e a alucinações, sentimento que faz calar e provoca um profundo silêncio e que, normalmente, cessa quanto se volta ao lado profano da vida.

> O sentimento que ele [o Sagrado] provoca pode se espalhar na alma como um calafrio. É a onda de quietude de um profundo recolhimento espiritual. Esse sentimento pode transformar-se também num estado de alma constantemente fluido, semelhante a uma ressonância que se prolonga por muito tempo, mas que termina por se apagar na alma que volta ao seu estado profano. Pode também surgir bruscamente na alma como choques e convulsões. Pode conduzir a estranhas excitações, a alucinações, a transportes e a êxtase. Existem formas selvagens e demoníacas, que podem assumir fórmulas de horror irracional. Existem, também, graus inferiores de manifestações brutais e bárbaras que possuem uma capacidade de desenvolvimento pelo qual ele se afirma, purifica e se sublima. Ele pode tornar-se silencioso e humilde na criatura que permanece paralisada na presença daquilo que está, num mistério inefável, acima de toda a criação. (OTTO, 1985:18)

Assim, a alteração do estado de consciência frente à percepção do Sagrado, dá-se mediante uma tensão atrativa encontrada no paradoxo de sentimentos, sempre totalizantes, ora no enlevo sublime, ora no pavor convulsivo.

O Temor, a Majestade e a Energia

Frente a tal potência *primal*, Otto passa a explicar o tremendo através dos três elementos que o constituem: o temor, a majestade e a energia.

O temor (tremor), como medo, é bastante conhecido. Otto, entretanto, como já se disse, ao explorar esse sentimento, enfoca-o de forma primal, diferenciando-o do medo que se sente por qualquer coisa natural. É um sentimento revelador de sua "inacessibilidade absoluta", não obstante, de maneira misteriosa, se revela à consciência humana. Trata-se do elemento constituinte da "religião primitiva". (OTTO, 1985:19,20)

O misticismo, entretanto, é capaz de promover um mergulho na dimensão do Sagrado, rompendo com essa distinção inicial "[a] inacessibilidade extingue-se, como pode acontecer no misticismo." (OTTO, 1985:23)

O temor é complementado por uma dimensão de poder ou força, de superioridade absoluta, que explica o sentimento de esfacelamento do eu frente ao Sagrado e justifica a humildade religiosa. Esse sentimento frente a esse poder é refletido na *majesta* ou majestade. "É a este superpoder absoluto à *majesta* do numinoso, que se relaciona o sentimento de ser criatura."

O mergulho místico no Sagrado elimina, como foi visto, a distância, mas não a percepção desse poder absoluto; ao contrário, enfatiza o quanto a criatura não é nada frente à grandiosidade do Sagrado, agora num sentimento de soberania absoluta.

O poder que confere ao Sagrado essa soberania absoluta sustenta-se por uma energia que, diferente dos demais elementos, permanece inalterada desde os primórdios de sua manifestação e, possivelmente, explique por que, apesar das deturpações contemporâneas, o verdadeiro sentido do Sagrado continua preservado.

Ao explorar o "Mistério que Faz Tremer", Otto, como exposto anteriormente, começa sua análise pelo segundo elemento, o *tremendum*, por julgá-lo menos atraente que o *mysterium*. O termo mistério vem da raiz sânscrita *MUS*, que significa agir às ocultas, às escondidas. "*Mysterium* significa qualquer coisa de secreto, algo que nos é estranho, incompreensivo, inexplicável." (OTTO, 1985:30)

> O objeto realmente misterioso é incompreensível e inconcebível, não apenas porque o meu conhecimento relativo ao objeto tem limites determinados e inflexíveis, mas porque os meus limites chocam-se com alguma coisa qualitativamente diferente, uma realidade que por sua natureza e essência é incomensurável e diante da qual eu manifesto o meu estupor. (OTTO, 1985:31)

Dada sua característica, esse elemento do Sagrado se sobrepõe ao *tremendum* e quase o ofusca, pois trata-se de algo que está completamente fora da realidade profana, visto que os homens são capazes de sentir o *terror* em situações profanas. O sentimento de mistério, entretanto, é o sentimento do desconhecido, do totalmente outro.

O Fascinante

O Sagrado tem uma qualidade paradoxal, pois, ao mesmo tempo que paralisa, atrai e fascina. "O mistério não é apenas surpreendente é também maravilhoso." Esse elemento pode ser captado através dos sentimentos de felicidade, compaixão, amor e consolo que, em última instância, podem ser atribuídos à qualidade da graça.

E assim, através da descrição minuciosa dos sentimentos que envolvem a percepção do Numinoso, ficaram evidenciados os que fazem o Homem tremer frente a uma potência inefável, transcendente, sentimentos primais, origem de tantos outros, perdidos na teia complexa da realidade, nos dias atuais. Isso possibilitou a Rudolf Otto resgatar o Sagrado em toda a sua paradoxidade, de atrair e de repelir, de provocar temor e fascínio simultaneamente.

3. A Manifestação do Sagrado

Foi Mircea Eliade em seu *O Sagrado e o Profano* (1999), que, a partir das reflexões de Otto, descreveu detalhadamente as manifestações do Sagrado. Veja-se como ele o fez.

Hierofanias

Enquanto Otto cunha o termo numinoso para explicar as características fundamentais do Sagrado, Eliade desenvolve um outro para explicar a manifestação do Sagrado. Usando o termo grego *hieros* (sagrado), cria o termo Hierofania, definindo-o como "algo de sagrado se revela".

A manifestação hierofânica é de ordem simbólica, enquanto o Sagrado é reconhecido através de um objeto intermediário, de uma "coisa" que o representa. Entretanto, essa manifestação, enquanto "coisa", não é algo desconhecido, como a princípio se pudesse pensar, visto que o Sagrado é o totalmente outro. O Sagrado se manifesta em coisas absolutamente conhecidas, comuns, como uma pedra, por exemplo. É possível somente através da capacidade simbólica do Homem, reconhecer nessa "coisa", o Sagrado, enquanto numinoso, totalmente outro.

Eliade classifica essa manifestação em duas categorias: Hierofanias Elementares, quando o Sagrado se projeta sobre um objeto, uma pedra, por exemplo, e Hierofanias Supremas, quando o Sagrado assume a forma de uma divindade viva, como a encarnação de Deus.

Assim, as Hierofanias são de ordem dual, manifestamse sempre através de um paradoxo, pois simultaneamente são e não são Sagradas, ou seja, quando o Sagrado se manifesta através de um objeto ou de um indivíduo, esse objeto e/ou indivíduo é, ao mesmo tempo, Sagrado e Profano. Sagrado, porque se apresenta como receptáculo do mesmo, e profano, porque pertence ao mundo natural. Dessa forma, o Sagrado tem potencialmente a possibilidade de manifestar-se em qualquer contexto, objeto e/ou situação.

O termo *hieros*, usado para formar a hierofania, é também usado para formar hierarquia, que se trata, primeiramente, como já foi constatado, de uma ordem divina. Assim, enquanto o Sagrado era considerado o único nível de realidade, fornecia uma hierarquia de valor capaz, nas sociedades primitivas e pré-modernas, de organizar a vida, uma vez que ocupava o ápice dessa escala.

Aqui cabe uma advertência importante: o Sagrado enquanto Nível de Realidade capaz, portanto, de se revelar ao ser humano, conforme descrito por Otto, não o faz de uma forma universal, mas sim de maneira plural, ou seja, o que é Sagrado para um determinado grupo, cultura e/ou civilização pode não ser para outra. Tomar a manifestação do Sagrado como universal (única) pode levar a diferentes formas de centralizações e discriminações que são bastante abundantes na história do homem e da qual o conhecimento científico procurou se livrar, ainda que tenha ocupado o mesmo lugar, como se viu.

Do ponto de vista transdisciplinar essa talvez seja uma das "leis" que rege esse Nível de Realidade e que, portanto, deve ser considerada como das mais relevantes para a compreensão do próprio nível, ou seja, embora o Sagrado seja universal, sua manifestação está subordinada à cultura.

4. Sagrado e Profano: Dois Níveis de Realidade

Diferente de Otto, que se ateve à caracterização da vivência emocional do Sagrado, Eliade, embora também preocupado com essa dimensão, destacou explicitamente a existência de dois dos níveis que compõem a Realidade: o do Sagrado e o do Profano. Entretanto, a tensão gerada pela interpenetração desses níveis pode estar escondida numa concepção de realidade que privilegie apenas um deles, camuflando o outro.

> O mundo profano na sua totalidade, o Cosmo totalmente dessacralizado, é uma descoberta recente na história do espírito humano. (ELIADE, 1999:19)

O Sagrado em si remete a um Nível de Realidade diferente do Profano. O conceito de Nível de Realidade é um dos conceitos mais antigos do pensamento humano, como já se explicou, usado por diversas áreas do conhecimento, ao longo dos tempos, através de termos como: Dimensões, Mundos, Universos, Realidades, entre outros. Ele está na raiz do pensamento mítico e do pensamento religioso do ser humano.

> (...) o sagrado e o profano constituem duas modalidades de ser no Mundo, duas situações existenciais assumidas pelo homem ao longo da sua história. (ELIADE, 1999:20)

O homem religioso, desde sempre, teve a percepção de que o mundo apresentava uma ruptura, ou seja, ele era capaz de perceber que havia dois Níveis de Realidade: uma realidade Sagrada e outra Profana.

O conceito do Sagrado, como Nível de Realidade independente, pode ser encontrado também em Otto, quando defende que o Sagrado deve ser tratado como realidade em si, como é o caso da Moral e do Belo. Evidentemente, não é simples reconhecer a dialógica entre o Sagrado e o Profano, dada a ambiguidade dos fenômenos e a diversidade de sua manifestação. Uma primeira síntese desses conceitos é apresentada no gráfico 1.

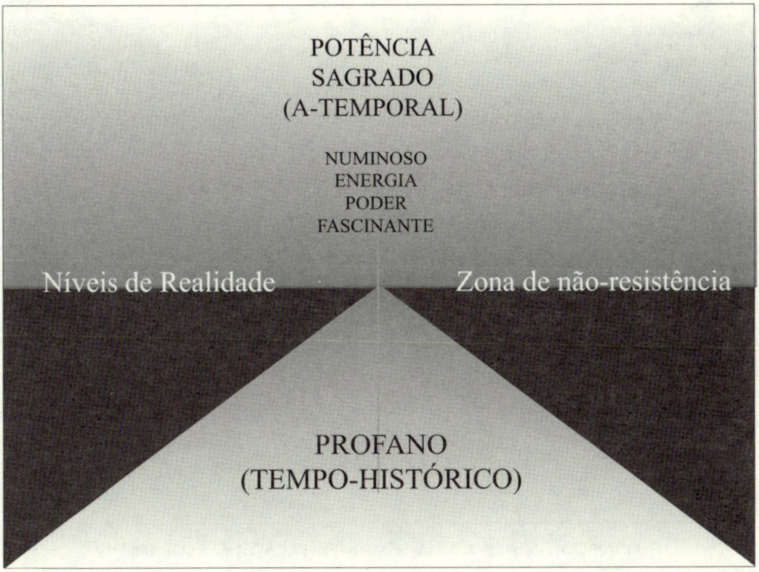

GRÁFICO 1 – OS NÍVEIS DE REALIDADE SAGRADO E PROFANO

4.1. O *Vortex* Sagrado-Profano: Zonas de não-resistência Espaço-temporais

Se o Sagrado se constitui num dos Níveis que compõem a Realidade, esse nível é passível de ser percebido pelo homem sendo, portanto, descrito pela fenomenologia dos estados psicológicos, conforme descrita por Otto.

Também já foi afirmado que a manifestação do Sagrado é a hierofania, e que ela surge pela tensão gerada na interpenetração dos Níveis Sagrado e Profano, que pode ser captada pelo Homem através de sua capacidade para (de)codificar o Sagrado manifesta nos sentimentos totalizantes e paradoxais descritos por Otto, bem como, pela paradoxidade hierofânica da manifestação do Sagrado sobre o Profano que é de ordem eminentemente simbólica.

As hierofanias, por sua vez, configuram espaços simbólicos considerados Sagrados. Para o homem religioso, essa configuração funda o mundo, ou seja, dá origem à realidade objetiva ou Profana. (ELIADE, 1999:25-26)

GRÁFICO 2 - HIEROFANIA, A MANIFESTAÇÃO DO SAGRADO

A transdisciplinaridade, por sua vez, nos fornece um outro conceito particularmente útil para que se possa compreender a relação entre os níveis de realidade. Trata-se do conceito de Zonas de não-resistência que são, portanto, roturas entre os níveis nos quais os esquemas de um nível se revelam ao outro. (NICOLESCU, 1999:55)

Assim, o espaço fundante hierofânico só ganha sentido à luz desse conceito, pois o Sagrado, ao se infundir no natural Profano, o faz através de uma dessas zonas de não-resistência. Que, portanto, proporciona um espaço diferenciado, privilegiado de relaxamento e tensão entre ambos os níveis Sagrado e Profano. Esses níveis só são compreensíveis entre si porque existe tal Zona, e ao Homem é dada a capacidade de percebê-la. Mas essa Zona é mais do que apenas espacial, é algo como um espaço-tempo de interpenetração, um *Vortex* Sagrado-Profano. Em diferentes culturas, o local em que se manifesta essa hierofania passa a ser consagrado e torna-se, muitas vezes, o fundamento da realidade objetiva.

Nesse espaço fundante onde o Sagrado se manifesta,é erigido um marco, o templo através do qual é, ou foi, assegurado o acesso à realidade do Sagrado. Todo templo tem características simbólicas próprias que permite a (re)ligação com o Sagrado. Geralmente tem um "centro", que pode ser um altar dedicado ao *numem* ou divindade, que se presentifica no ritual. Aliás, a palavra templo vem do latim *templum*, que significa lugar elevado, no qual se faz o contato com a divindade, e que também pode ser simbolizado por um poste, uma árvore sagrada, o *Axis Mundi* ou um eixo do mundo, ao redor do qual se organiza a realidade, surge o Cosmo.

No templo, o tempo cronológico deixa de existir, dá-se o ritual através do qual se (re)vive a realidade Sagrada. (ELIADE, 1999:63-64)

O Templo é, portanto, o local onde o tempo-espaço se funde num *continuum* cíclico sem fim, ou seja, é no Templo que se atualiza constantemente a cosmogonia, o mito da criação, onde os campos se interpenetram e o Sagrado se revela através dos sentimentos que se materializam simbolicamente nas hierofanias.

Portanto, a hierofania ocorre na Zona de não-resistência entre o Nível Sagrado e os diferentes Níveis Profanos, configurada através de um *Vortex* espaço-temporal, cujo lugar (espaço) configura o templo, onde se vivenciam sentimentos totalizantes, na presentificação (tempo) do Numinoso (o Sagrado). (ELIADE, 1999:78)

Como se viu, o *Vortex* Sagrado-Profano, Hierofânico, configura-se pela criação de um espaço Sagrado, o Templo, onde, num tempo a-cronológico, se (re)vive a história sagrada, o Mito.

4.2. O Mito: A Narrativa do Sagrado

E então a palavra se revela. O Sagrado que se revela ao sentimento humano pelo Numinoso e se manifesta na hierofania é agora expresso em palavras no Mito. O Mito, contado ou (re)criado no templo durante o ritual, é a história sagrada, é a expressão verbal, é a narrativa do Sagrado. É no mito que o símbolo se explica em palavras e orienta, através de seu valor exemplar.

> A função mais importante do mito é, pois, fixar os modelos exemplares de todos os ritos e de todas as atividades humanas significativas: alimentação, sexualidade, trabalho, educação etc. Comportando-se como ser humano plenamente responsável, o homem imita os gestos exemplares dos deuses, repete as ações deles, quer se trate de uma simples função fisiológica, como a alimentação, quer de uma atividade social, econômica, cultural etc. (ELIADE, 1999:87)

O Sagrado e o Profano são dois dos níveis que compõem a Realidade. Uma das características mais marcantes do nível Sagrado é o tempo a-cronológico, oposto ao Profano, cronológico. A manifestação do Sagrado ocorre na Hierofania que se realiza, quando os níveis Sagrado e Profano se encontram através de uma Zona de não-resistência e, ao mesmo tempo, de tensão, Sagrado-Profano. Nessa Zona configura-se o *Vortex* espaço-temporal que, enquanto espaço, revela o Templo e, enquanto tempo, revela o Ritual no qual se (re)cria o Mito, a história do Sagrado.

Portanto a manifestação ganha concretude através da narrativa mítica e na expressão dramática do ritual de características eminentemente culturais. Assim é dado ao homem todo um instrumental através do qual ele pode expressar o Sagrado que é capaz de perceber.

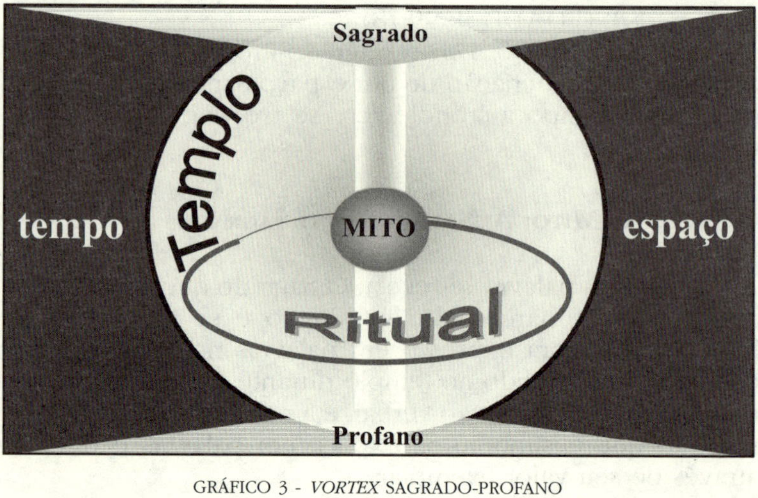

GRÁFICO 3 - *VORTEX* SAGRADO-PROFANO

5. O Resgate do *Homo Religiosus*

Ao falar sobre o Sagrado como categoria *sui generis*, Eliade estabelece as bases para a descrição do homem religioso, enquanto Otto fundamenta as bases psicológicas de sua capacidade para o Sagrado. O *homo religiosus* é, sem dúvida nenhuma, mais antigo que o *homo sapiens*, como se verá, mas, nem por isso, mais importante, como bem apresenta a transdisciplinaridade.

Para Eliade, o *homo faber* era igualmente *ludens*, *sapiens* e *religiosus* (ELIADE, 1976:25) Coube a Eliade, portanto, o papel de resgatar essa dimensão fundamental da ação humana, tornando possível sua compreensão nos dias atuais. Entretanto, é preciso que dele se aproxime de maneira íntima, de modo a se vivenciarem seus referenciais, para assim, melhor apreendê-lo. Esse é o ponto focal da abordagem fenomenológica desses autores.

O homem religioso é o homem integral, holístico por excelência, que se percebe totalmente identificado com o Todo, *holos*.

> Para o homem religioso o Cosmo vive e fala. A própria vida do Cosmo é uma prova de sua santidade, pois ele foi criado pelos deuses, e os deuses mostram-se aos homens por meio da vida cósmica. É por essa razão que, a partir de um certo estágio de cultura, o homem se concebe como um microcosmo. Ele faz parte da Criação dos deuses, ou seja, em outras palavras, ele reencontra em si mesmo a santidade que reconhece no Cosmo. (ELIADE, 1999:135)

A perspectiva desse ser antropocósmico é dual, ou seja, "a vida é vivida num plano duplo; desenrola-se como existência humana e, ao mesmo tempo, participa de uma vida trans-humana, a do ou dos deuses" (ELIADE, 1999:137), portanto, tanto no nível do Profano, quanto no nível do Sagrado. Enquanto ser antropocósmico, o homem religioso é, por si só, uma hierofania, sente-se no centro, pois sua habitação, sua casa, seu corpo são, ao mesmo tempo, corpo (parte) e microcosmo (todo).

É no simbólico que o *homo religiosus* se realiza, sendo

o símbolo o meio pelo qual pode captar e comunicar o Sagrado (MARDONES,18), não por ser alienado de sua realidade, como muitos já o acusaram, pelo contrário, é capaz de assumir grande responsabilidade sobre a sociedade em que vive.

> ... seria um erro acreditar que o homem religioso das sociedades primitivas e arcaicas recusa-se a assumir a responsabilidade de uma existência autêntica. Pelo contrário, ele assume corajosamente enormes responsabilidades. (...) Trata-se de uma responsabilidade no plano cósmico, diferente das responsabilidades de ordem moral, social ou histórica, as únicas conhecidas pelas civilizações modernas. (ELIADE, 1999:83)

O homem a-religioso da atualidade é descendente do *homo religiosus*, na verdade, foi construído por ele.

> ... homem profano, queira ou não, conserva ainda os vestígios do comportamento do homem religioso, mas esvaziado dos significados religiosos. (ELIADE, 1999:166)

A não percepção da condição do *homo sapiens* como *homo religiosus* foi totalmente alienante para o homem contemporâneo, segundo Eliade, pois fê-lo reproduzir esquemas religiosos sem saber o que estava fazendo ou criar, por exemplo, estados totalitários com propostas messiânicas, como foi o caso da Alemanha Nazista ou do Império Soviético.

5.1. O Resgate do Sagrado

Resgatar a percepção do *homo religiosus* de sua capacidade de apreender e de comunicar o Sagrado, foi a tarefa de Otto, como visto. Todavia, deve-se salientar que, assim como há pessoas com maior capacidade auditiva, visual ou olfativa, também existem as com uma maior predisposição para captar e apreender o Sagrado.

> A numinosidade pode estar inserida num fenômeno numinoso, ou manifestar-se por ele, mas nunca é expe-

> rimentada isoladamente de fenômenos que são numinosos. Tudo depende de quem está olhando. Nem todos experimentam fenômenos numinosos e, dentre aqueles que o fazem, algumas pessoas são mais sensíveis ou têm mais receptividade do que outras. Qualquer coisa e tudo pode ser numinoso, mas nada é necessariamente numinoso. Algumas coisas são numinosas para algumas pessoas, mas não para outras. E uma pessoa pode experienciar um fenômeno como numinoso em algumas ocasiões, mas não em outras. No geral a numinosidade é uma categoria de valor que a psique ou alma tem capacidade de oferecer a algumas de suas experiências. (MERKUR, 1996:113,114)

O Numinoso é a propriedade fundamental do Sagrado, do totalmente outro, é um Nível de Realidade diferente do Profano que se torna manifesto, como já mencionado, através das Hierofanias. O ser humano só é capaz de captá-lo porque é dotado de um sistema (de)codificador próprio do *homo religiosus*.

A capacidade para o simbólico da psique humana parece ser o aparato (de)codificador do *homo religiosus*, pois só a partir da atribuição de significado o homem compreende algo. É pela interpretação dos sentimentos numniosos que o Homem atribui forma e valor ao Cosmo.

A capacidade para o Sagrado se dá primeiramente pela possibilidade de apreendê-lo de forma emocional, para só depois expressá-lo de forma simbólica e analisá-lo de forma racional. É por isso que Otto considera o Sagrado uma categoria composta. (OTTO, 1985:111) O símbolo é o conector, receptáculo, hierofania, o *mirum*[2] que mantém uma ressonância atrativa entre o *tremendum*, elemento repulsivo, que se esquematiza pelas idéias racionais de justiça e vontade moral, e o *fascinans*, elemento cativante, que se esquematiza pelos sentimentos de bondade, misericórdia e amor. (OTTO, 1985:119) Essa tensão é expressa no termo "sublime", que não é do domínio religioso.

A tensão ressonante, que é encontrada nessa característica *sui generis* do Sagrado, passa de um lado para outro,

---

[2] Do latim perfume.

entre o temor e o fascínio, pela "lei da associação de sentimentos". O elemento ressonante não está, obviamente, na qualidade de oposição entre os termos, mas naquilo que é o sublime em seu caráter inefável, assemelhando-os paradoxalmente.

> É uma lei fundamental e bem conhecida da psicologia que as idéias se atraem, que uma excita a outra e a faz parecer na consciência contanto que haja alguma semelhança entre elas. (...) O sentimento pode fazer um outro sentimento vibrar e pode receber vibração dele, contanto que seja um sentimento similar. (OTTO, 1985: 48)

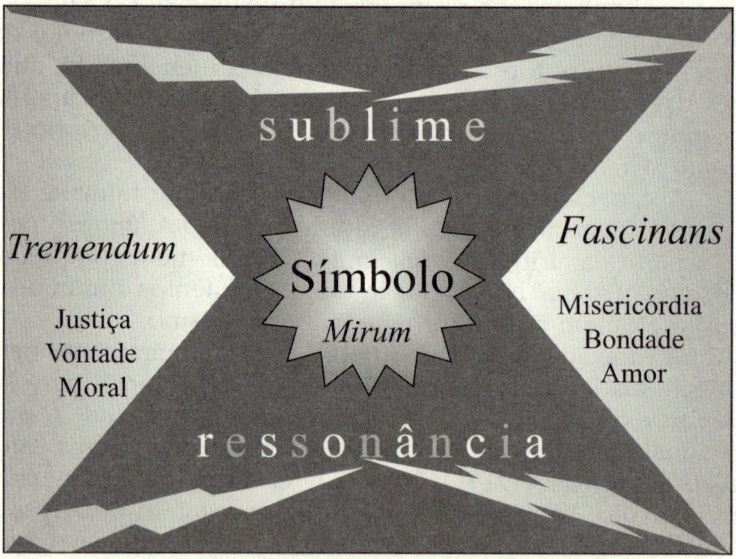

GRÁFICO 4 - LEI DA ASSOCIAÇÃO DE SENTIMENTOS

Assim, o homem religioso é aquele consciente de sua dualidade, Sagrada e Profana, integrada pela capacidade de conciliar os opostos através da ressonância percebida pela Lei de Associação de Sentimentos. É o homem que sabe cuidar e é responsável, que percebe a integração de tudo, pois vive a partir do reconhecimento do *Vortex* Sagrado-Profano.

5. O Sagrado é um Nível de Realidade ou Zona de não-Resistência Absoluta?

O Sagrado é um Nível de Realidade ou a Zona de não-Resistência que conecta todos os níveis como um *bootstrap*[3]?

Segundos os autores estudados (Otto e Eliade), a fenomenologia da religião, descreve a existência de dois dos níveis que compõem a realidade, com suas leis de funcionamento, passíveis de apreensão pelo aparato humano de percepção emocional, pois a lógica desse nível é a-racional. Nesta perspectiva, o Sagrado enquanto Nível de Realidade, reinou supremo durante a maior parte da história do homem, e o nível Profano, no caso científico, surge a partir da razão e, portanto, da lógica clássica, de maneira reativa contra os abusos cometidos em nome do Sagrado.

Embora com muitos elementos de aproximação, a abordagem transdisciplinar parece se opor à formulação de Otto e Eliade de que o Sagrado é um Nível de Realidade, pois ao apresentar o Sagrado como aquilo que resiste, como uma zona de não-resistência absoluta que surge num movimento que sobe e desce pelos níveis de Realidade e percepção, Nicolescu (2002:61) configura o Sagrado como uma "zona [que] está além dos níveis de Realidade e de percepção, no entanto é um além que está conectado aos níveis", o que, portanto, se oporia à descrição anterior.

É possível uma aproximação? Penso que sim, considerando a descrição que se fez do Sagrado enquanto Numinoso, *sui generis,* capaz de ser percebido pela lógica não-racional do emocional de maneira transcultural; considerando que o contato com o Sagrado leva o ser humano a vivenciar uma alteração de estado de consciência descrita em diferentes textos simbólicos das inúmeras Tradições; considerando, ainda, que as manifestações Hierofânicas do Sagrado são de ordem cultural. Afirma-se que tais características configuram-se como manifestações das "Leis" que regem o Sagrado e que, assim sendo, trata-se de um Nível de Realidade conforme a formulação transdisciplinar.

Todavia, esse Nível de Realidade diferencia-se dos de-

---

[3] Do inglês 'cordão de amarrar sapato'. Trata-se de um conceito teórico formulado por Nicolescu capaz de explicar a interconexão dos diferentes Níveis de Realidade.

mais por um outro aspecto próprio do Nível, que é sua capacidade de estar presente e interconectar diferentes níveis, resistindo à apreensão; portanto, o Sagrado é um Nível de Realidade transversal ou vertical aos demais níveis.

Enquanto Nível de Realidade que permite a criação de zonas de não-resistência nos demais níveis, o Sagrado também tem sua própria zona de não-resistência, é através dela que ele se manifesta ao Ser Humano e aqui foi apresentada como *Vortex* Sagrado-Profano.

A importância de se "resgatar" esse conceito, através do *homo religiosus* é fundamental para a coexistência humana, uma vez que seu atributo conector, não-resistente, permite o diálogo entre as Tradições, entre as culturas e destas com a ciência, o que nos conecta a todos em uma grande fraternidade trans-humana.

REFERÊNCIAS BIBLIOGRÁFICAS:

BEGER, Peter L. & LUCKMANN, Thomas. *A Construção Social da Realidade.* 6ª ed., Petrópolis: Vozes, 1973.

BERTOLUCCI, Eliana. *Psicologia do Sagrado.* São Paulo: Ágora, 1991.

CAMPBELL, Joseph. *O Poder do Mito.* São Paulo: Palas Athena, 1990.

DAVID, Sérgio Nazar. *Freud e a Religião.* Rio de Janeiro: Jorge Zahar Editor, 2003.

ELIADE, Mircea. *O Sagrado e o Profano.* São Paulo: Martins Fontes, 1999.

_______. *Tratado de História das Religiões.* São Paulo: Martins Fontes, 1998.

_______. *Imagens e Símbolos.* São Paulo: Martins Fontes, 1996.

_______. *História das Crenças Religiosas.* Tomo I, Rio de Janeiro: Zahar, 1976.

FREUD, Sigmund. *Totem e Tabu.* Obras Completas vol. XIII, Rio de Janciro: Imago, 1969.

_______. *O Futuro de Uma Ilusão.* Obras Completas vol. XXI, Rio de Janeiro: Imago, 1969.

IDINOPULOS, Thomas & YONAN, Edward. *The Sacred and Its Scholars.* New York: E. J. Brill, 1996.

KUJAWSKI, Gilberto de M. *O Sagrado Existe.* São Paulo: Ática, 1994.

MARCONDES, José M. *As Novas Formas de Religião.* Coimbra, Editorial Verbo Divino, s.d.

MORIN, Edgar. *Cultura de Massas no Século XX, Vol 1: Neurose.* 8ª ed., Rio de Janeiro/São Paulo: 1990.

_______. *Terra Pátria.* Lisboa: Instituto Piaget, 1993.

_______. *Complexidade e Transdisciplinaridade*. Natal, EDUFRIN, 1999.

_______. *Os Sete Saberes Necessários à Educação do Futuro*. São Paulo: Cortez, UNESCO, 2000.

_______. *A Religação dos Saberes*. Rio de Janeiro: Bertrand Brasil, 2001.

NICOLESCU, Basarab. Fundamentos Metodológicos para o Estudo Transcultural e Transreligioso. In *Educação e Transdisciplinaridade II*. São Paulo: TRIOM/UNESCO, 2002.

_______. *O Manisfesto da Transdisciplinaridade*. São Paulo: TRIOM, 1999.

_______. *Aspectos Gödelianos da Natureza e do Conhecimento*, http://www.cetrans.futuro.usp.br/godelianos.htm.

OTTO, Rudolf. *O Sagrado*. São Bernardo do Campo: Imprensa Medodista, 1985.

PALS, Daniel L. *Seven Theories of Religion*. New York, Oxford Press, 1996.

PAUL, Patrick. *Os Diferentes Níveis de Realidade entre Ciência e Tradição*. http://www.cetrans.futuro.usp.br/diferentes_niveis.html.

RAPHAEL, Melissa. *Rudolf Otto and The Concept of Holiness*. New York: Oxford Press, 1997.

SMART, Ninian. *Dimensions of the Sacred*. London, Fontana Press, 1997.

VAN DER LEUW, Gerardus. *Sacred and Profane Beauty*. New York/ London, Weildenfeld and Nicolson, 1983.

Mariana Guimarães Masset Lacombe

Doutora em Educação na área de Educação, Cultura e Sociedade, pela UNICAMP 2003, Campinas. D. E. A.. em Filosofia da Educação pela Universidade de Lyon 2, Lumière, França. Mestre em Filosofia da Educação pela Universidade Lyon 2, Lumière, França. Atualmente iniciando estudos de Pós Doutorado sobre o tema Filosofia para crianças em situação de dificuldade escolar e exclusão social (parceria USP/França). Autora de livros didáticos de Filosofia para criança, editados pela editora Filosofart, de Curitiba. Professora de Filosofia da Educação, de Filosofia e Ética, Filosofia para crianças e Psicologia das Organizações na UNIFIEO, Osasco. Responsável pela integração inter e transdisciplinar do Centro Universitário UNIFIEO, Osasco, no qual leciona desde 1994, nos cursos de Administração de Empresas, Pedagogia, Turismo, Hotelaria e Psicopedagogia. Membro fundador do CETRANS – Centro de Educação Transdisciplinar, e Coordenadora do grupo em 2004, no setor de Comunicação; atualmente, Coordenadora Adjunta no setor de Pesquisa 2005. Membro do CIRET. Paris. Professora de Políticas Educacionais e Gestão Escolar na Faculdade de Filosofia do Mosteiro de São Bento, São Paulo.

mariana@cetrans.com.br

O Papel Ético dos Objetos de Saber na Pesquisa Transdisciplinar

Nous sommes confrontés au risque schizoide d'une société et des structures de formation et d'éducation qui suggèrent de faire ce qu'elles disent, qui ne disent pas toujours ce qu'elles font et qui font rarement ce qu'elles disent. Car la dimention experientielle, intuitive, imaginative, inconsciente voire réactive, conflictuelle est laissée pour compte. (Somos confrontados ao risco esquizóide de uma sociedade e de estruturas de formação e de educação que sugerem fazer o que elas dizem, que, no entanto, nem sempre dizem o que elas fazem, e que fazem raramente o que elas dizem. Pois a dimensão experiencial, intuitiva, imaginativa, inconsciente e até mesmo reativa, conflitual é deixada de lado.)

Patrick Paul, *Formation du sujet et transdisciplinarité: Histoire de vie professionnelle et imaginale.*

Antes mesmo do contato com o conceito de transdisciplinaridade, minha pesquisa no campo da Filosofia aplicada à Educação, à Sociedade e à Cultura, tinha por objetivo "a meta-avaliação das atitudes não intencionais" que ocorrem durante uma relação pedagógica – troca complexa de episteme e sofia – relação esta que tem por missão a transmissão das leis, dos valores e dos conteúdos de saber oriundo da cultura Ocidental. As relações pedagógicas que pude vivenciar e estudar se deram tanto no contexto da educação formal, na escola e na Universidade, quanto no contexto da educação não formal, durante, por exemplo, a concepção de um projeto de Eco-formação para a região da Chapada Diamantina, no Nordeste do Brasil, ou com o acompanhamento da criação de um Núcleo de Educação Indígena para os índios Guaranis, ou ainda em situações dificilmente descritíveis, como um breve diálogo rizomático, no corredor da Universidade com um colega ou com um estudante, após uma aula ou antes de uma reunião do Colegiado.

Meu estudo, que se desenvolveu durante uns onze anos, primeiramente na França e em seguida no Brasil, teve por origem o aprendizado de um processo de formação metacognitivo, que defino como meta-disciplinar: Isto é um processo que observa, questiona e analisa, de dentro, o processo, enquanto este se desenrola: "Como aprendo o que aprendo? Como ensino o que ensino? Para quê? Quais as estratégias calculadas e as táticas intuitivas que uso durante um processo de formação? Qual o sentido de minha presença e de minha atuação nas organizações que frequento? E qual o sentido destas organizações humanas? Sendo que o objetivo desta meta-avaliação seria clarear as relações entre a consciência do ser humano e o conhecimento que ele "perlabora" sozinho ou em grupo, numa tentativa de se compreender, se conhecer melhor e poder fazer frente aos desafios e aos problemas colocados pelo nosso processo de desenvolvimento individual e coletivo.

Foi assim que comecei a me interessar pelas atitudes não intencionais que acontecem durante o processo de desenvolvimento humano e que podem interferir como elemento paralisador, dificultador ou facilitador do processo de auto e co-formação, conforme estas atitudes são acolhidas e avaliadas. De fato as atitudes não intencionais expressam a interação entre subjetividade e a consciência intencional e volitiva de cada um de nós, no contexto de um percurso de formação. Seu surgimento parece desencadear o que Paul Ricoeur chama de julgamentos "prima-facie"[1], julgamentos ultra-rápidos que expressam a desejabilidade ou a indesejabilidade de uma ação ou de uma intenção. Elas podem se manifestar das mais variadas formas: E. Lévinas as define como "passividade, medo, tremor".[2] S. Freud fala de "resistências" que surgem sob medo de "lapsos, bloqueios, denegações, agressividade em direção aos outros ou a si próprio".[3]

No entanto se percebemos a riqueza destas atitudes não intencionais que revelam a interação entre nossa consciência e nosso discurso inconsciente, podemos compreendê-las como indicadores de uma nova linguagem, mais pesso-

---

[1] *Soi même comme un autre*, Paul Ricoeur.
[2] *Entre nous ou Essai sur le penser à l'autre*, Emmanuel Levinas.
[3] *O Mal Estar na Civilização*, Sigmund Freud.

al, como uma mancha pode virar figura ou borrão no desenho que se transforma em rosto. As atitudes não intencionais podem apontar também para descobertas inesperadas, intuições, ousadias que nos indicam que podemos transgredir os lugares marcados por avaliações intimidadoras e castradoras, nos colocando em movimento, em direção a uma compreensão melhor do valor possível de nossas produções individuais ou com outros.

Neste sentido, ao invés de dificultar ou lentificar o processo pedagógico, quando as atitudes não intencionais ocorrem num espaço no qual a liberdade de expressão convive harmonicamente com a adesão a paz, isto é, a suspensão de qualquer manifestação de violência física e psicológica, elas podem trazer à superfície a riqueza imaginal, rizomática, contida na subjetividade de cada um durante seu percurso de formação: "como cada um vive o processo; o que ele descobriu, ao que ele resiste e por quê? o que o seduz, o que o apavora, o que o ajuda, ao que ele contribui, ao que ele participa ou do que ele se exclui...?"

Foi neste contexto que me interessei pela pesquisa transdisciplinar, pois o conceito de "transdisciplinaridade" me remeteu ao conceito de "Espaço Vazio" imaginado por Peter Brook, isto é um local pacificado, que permite a expressão solta, sem nenhum tipo de pré-julgamento, censura ou interpretação psicologizante, de nossa diversidade, de nossa mutltirreferencialidade, de nossa multidimensionalidade. A sala de aula, como a página do livro, pode ser concebida como espaço vazio, suporte de um diálogo com um pouco menos de censura, de máscaras, com a alteridade, a nossa e a dos outros. Neste espaço vazio, pontos de vista que remetem a lógicas diferentes podem tentar se articular juntos e configurar novas representações, novas percepções do mundo.

Atualmente demonstrei em minha tese de Doutorado, aceitando o risco do filosofar, que as atitudes não intencionais nos remetem

1) à supervalorização do desejo humano durante um processo de hetero-formação;

2) à desvalorização do desejo humano durante um processo de hetero-formação;

3) ao diálogo com seu desejo e o desejo dos outros no contexto de uma auto-formação, através da elaboração con-

junta de um objeto de saber;

4) à descoberta e à transformação do sentido, tornadas possíveis pelo diálogo entre vários membros de um grupo, entre vários grupos diferentes ou simplesmente pelo exercício de uma meta-disciplinaridade, que consiste num diálogo metacognitivo de uma pessoa com ela mesma, durante o qual é feita uma meta-avaliação das diferentes manifestações da subjetividade.

Acredito que seja este caminho difícil do diálogo autêntico conosco mesmo e com os outros, que possa nos conduzir a uma "concordia mundi", isto é a um acordo momentâneo entre grupos e pessoas inicialmente em posição de conflito e de insatisfação umas com as outras.

A supervalorização do desejo no contexto da hetero-formação

Baseando-me na definição do desejo formulada por Jacques Lacan em seus Ecrits, o desejo parece traduzir-se pela "diferença entre a necessidade e a demanda".[4] De fato o desejo humano é complexo, o que justifica em parte a dificuldade de inclui-lo em nossas reflexões filosóficas, e a tentação até de aboli-lo de nossas definições; gostaríamos de acreditar que somos, antes de mais nada, "racionais". Segundo Lacan, o desejo expressa concomitantemente as necessidades vitais de todo e qualquer organismo vivo (proteção, nutrição, sexualidade etc) e uma demanda de sentido, de compreender e ser compreendido, racionalmente. Ora, o desejo humano é supervalorizado pelo sujeito ou pelo grupo, quando ocorre uma supervalorização da demanda de sentido, a despeito da satisfação das necessidades básicas do organismo físico, desrespeitando, desta forma, as leis da vida (nutrição, descanso, gozo).

A preferência incondicional dos outros a si próprio, da felicidade do coletivo à felicidade individual, espelha uma reflexão ética milenar, que nos convida às ações desinteressadas, ao esquecimento de si, à aceitação do não reconhecimento, à primazia da moral sobre o material. E. Levinas define esta reflexão ética como " uma outra forma de ser ou

---

[4] *Ecrits*, Jacques Lacan.

ir além da essência"[5], ou seja um ideal de "santidade" que conduz o ser humano a esvaziar-se, a desapegar-se e a descentrar-se para ceder seu lugar ao outro, individual ou coletivo.

Esta postura admirável e elevada foi adotada por heróis célebres ou desconhecidos, em contextos nos quais a sobrevida dos valores humanos que garantem a transmissão de uma lei e de uma cultura que tem por sentido a humanização do ser humano, estava ameaçada. Refiro-me tanto à célebre tomada de posição de uma Joana D'Arc, quanto a todos os combatentes anônimos que resistiram aos regimes totalitários durante o século passado, por exemplo, aceitando arriscar a desobediência civil, ou os que foram suas vítimas, como Edith Stein ou Olga Benário. Esta difícil tomada de posição a favor dos valores humanos pode, em certas circunstâncias, encobrir uma outra postura menos louvável. O sacrifício pode também ser por vezes uma postura ambígua e desnecessária, que precisa ser repensada, em nome de todas as guerras, os genocídios, os mal entendidos e as mortes inúteis que ela desencadeou e continua a desencadear.

Se, à primeira vista, a preferência incondicional do outro a si próprio, parece uma postura absolutamente generosa, ela pode conter, no entanto, os vestígios em nós da escravidão, ser o início de um processo de desvalorização e de autodestruição que constitui uma fuga ou uma negação de nosso próprio desejo, uma incapacidade, por vezes covarde, de assumir o que realmente queremos, pois somos inibidos por uma autoridade senhorial diante da qual parece mais cômodo se submeter. No caso da produção do conhecimento brasileiro, poderíamos falar dos vestígios "casa grande e senzala". De fato esta postura levanta uma serie de problemas, quando ela se torna um "imperativo categórico", um dever de sacrifício, quando ironicamente o amor incondicional vira condição, a despeito da saúde física e mental de um ser humano, em contextos absolutamente triviais como uma prova, um trabalho de conclusão de curso, ou um concurso público de ingresso a uma Universidade famosa. Assistimos ou participamos de ritmos de trabalhos

---

[5] *Entre nous ou Essai sur le penser à l'autre*, Emmanuel Levinas.

desenfreados, contribuímos para a formação de grupos de elites, onde apenas os mais dóceis ou politicamente articulados, conseguem sobreviver. Experienciamos avaliações e trabalhos como ritos sacrificiais que conduzem ao sofrimento e a exclusão de muitos e a exaltação narcísica de outros... G. Deleuze vai até descrever o sistema educacional como "um processo de endividamento que se desenrola num teatro de crueldade".[6] Ora esta relação de endividamento, que nos ata uns aos outros, instala uma relação ao conhecimento de reprodução do sentido do discurso dominante, "politicamente correto", de fabricação burocrática, pseudo-objetiva, quase que mecânica de um conhecimento aceito por uma Academia muitas vezes passiva e assustada, o que constitui atualmente um serio obstáculo à descoberta de novos significados.

A desvalorização do desejo

Ao contrário da situação anterior, e como resposta a ela, a desvalorização do desejo nos remete à supervalorização das necessidades egóicas do ser humano, a despeito da sua possibilidade de elaborar um sentido coletivo de sua existência. A dimensão sacrificial que se introduziu não intencionalmente na ética Ocidental foi duramente criticada por F. Nietzsche, que incentiva o trabalho "magistral" do instinto de sobrevivência, o ultrapassamento de si por si, possível por causa de uma mente sã, num corpo são e que produz o advento de uma "Gaia Ciência". O filosofo escreveu "fazer do desprezo do corpo a salvação da alma constitui a receita segura para nossa decadência".[7]

No entanto, a transgressão da dimensão sacrificial da ética que nem sempre conduz a uma nova filosofia, sua "filosofia do martelo", como ele mesmo a denominou, abriu para Nieztsche e seus seguidores um caminho fecundo, procurando reintroduzir na Universidade a dimensão do prazer, da alegria, o espírito da águia que se compraz no movimento de superação durante o processo de elaboração do

6 *O que é a Filosofia?*, Gilles Deleuze.

7 *Oeuvres Complètes*, Friedrich Nietzsche.

conhecimento. Ora, ao longo de um percurso de formação, quando por uma serie de motivos (confessáveis ou não) o desejo não consegue alcançar e elaborar um sentido com os outros, a pulsão que move este desejo pode se voltar contra si próprio ou contra estes outros (e até desencadear um movimento simultâneo de destruição de si e dos outros). Os objetos da agressão são, no caso, os representantes da lei e da cultura Ocidentais. Assistimos, então, durante o processo de hetero-formação, a um movimento de desvalorização dos outros, de si próprio ou dos valores veiculados pela cultura Ocidental, pois, por inúmeros motivos, o sentido destes valores e os fundamentos desta cultura não são aceitos, nem compreendidos, por causa dos sacrifícios e dos abusos que ela autoriza, e, no entanto, os contestadores não conseguem nem ultrapassar, nem renovar o sentido que contestam; fogem, adoecem, agridem, se agridem, se perdem no caminho ou se anestesiam no álcool, nas *raves*, no esoterismo ou nos programas de televisão. A classe morre.

Para que possamos perlaborar[8] juntos, a partir de desejos diferentes, o sentido de um processo de co-formação, algumas constatações são necessárias e importantes para todos aqueles que vivem, enquanto educadores e educandos, uma relação pedagógica, isto é, uma história, no Ocidente, e também em outros contextos culturais, no Oriente, na África etc.

a) O desejo humano é simultaneamente portador de um desejo de compreender e ser compreendido, porém também de satisfazer às necessidades básicas do organismo humano. Portanto, quando autorizamos a expressão do desejo no contexto formativo, devemos levar em conta a complexidade e a riqueza de sua estrutura. Esta estrutura atesta da existência, segundo Melanie Klein, na origem do desejo de uma "pulsão epistemofílica"[9], isto é uma pulsão humana que deseja produzir sentido, compreender o mundo, a si mesmo e aos outros. Ora em função de seu reconhecimento ou de seu desconhecimento, seja pelo ser humano que acompanha ou por aquele que experiencia o processo de forma-

---

[8] Perlaborar: termo definido in Lacombe, Mariana. Os descolecionadores: uma pedagogia do risco. Tese de Doutorado defendida na Unicamp em 2003, na Faculdade de Educação, na área de concentração Educação Cultura e Sociedade, sob a orientação da Sra. Profa. Dra. Elisa Angotti Kossovitch.

[9] Conceito definido e aprofundado na tese de Doutorado da autora, capítulo 2 (disponível no site www.cetrans.com.br).

ção, esta pulsão pode se converter em pulsão de vida ou pulsão de morte. A demanda de sentido presente no desejo humano e que nos remete à existência desta pulsão epistemofílica, só consegue se expressar e interagir dialogicamente com outras demandas no contexto de uma suspensão da agressão física e psicológica. Esta segurança é indispensável para a elaboração serena da linguagem que vai permitir, a cada um de nós, resolver a difícil equação levantada pelo seu desejo, através da produção de um conhecimento que, ao invés de nos ajustar a um sistema, como se fossemos máquina, parte ou peça de uma engrenagem, nos permita verdadeiramente diferir e compor **o papel ético dos objetos de saber na pesquisa transdisciplinar.**

b) A estrutura complexa do desejo humano nos conduz, portanto, a fazer uma série de observações: por um lado não devemos omitir que o organismo vivo que expressa uma demanda de sentido e que deseja compreender e ser compreendido, possui também necessidades físicas, é regido pelas leis do vivo que precisam ser satisfeitas, pois sem este equilíbrio, este diálogo com nossa natureza, não haverá possibilidade de elaboração de conhecimento novo a longo prazo, como advertiu Nietzsche. Por outro lado, parece cada vez mais absurdo, injustificável e doloroso reprimir as necessidades vitais de um organismo humano ou feri-lo, agredi-lo psicologicamente, inibi-lo, coagi-lo, enganá-lo, manipulá-lo, afim que a demanda de sentido, contida nas leis, nos valores e nos saberes de uma determinada cultura, seja reproduzida arbitrariamente.

No entanto, como educar sem reprimir o desejo humano? Minha hipótese, deveras ousada e contestada, é que devemos tentar "canalizar" nossos desejos, reconhecendo e dando lugar para nossa pulsão "epistemofílica" através da mediação dos objetos de saber elaborados dialogicamente. O desejo, no contexto da auto ou co-formação, pode virar obra de arte, ciência, impulso de pesquisas e descobertas, de cantos, de danças, enfim de belos e inesquecíveis encontros, mediados pelo conhecimento de uma determinada área. De fato, neste contexto em que o desejo é canalisado para a perlaboração do sentido, as leis e os valores que tornam a perlaboração possível, assim compreendidos, libertam e autorizam, pois permitem ao ser humano se estruturar no espaço coletivo, sem, no entanto, se anular ou se envaidecer, escapando a dupla armadilha da escravidão ou da soberba.

De fato, o objeto de saber perlaborado coletivamente vai assumir um papel ético de mediação entre posturas assimétricas, que expressam nosso grau de subjetividade ou de objetividade em face dos temas abordados, e constituir deste modo um terceiro lugar, vazio, pacificado, uma zona de não resistência (8), que se situa na zona proximal de desenvolvimento dos atores implicados numa relação de trans-formação. São estes objetos mediadores, perlaborados em conjunto que podem permitir o avanço da pesquisa meta, inter e transdisciplinar, pois sua circulação em meios ainda avessos e resistentes ao cruzamento dos saberes, que coloca a questão da busca autentica de seu sentido, dará testemunho da concretude, da autenticidade e da pertinência de nossos diálogos transdisciplinares. Entendo por ética, o exercício da busca mútua, coletiva, em espaços pacificados, abertos, dos diferentes códigos morais histórica e geograficamente situados.

O pensamento começa quando o desejo de saber se esvazia de toda propensão a dominação.

Michel Serrès, *Le Tiers Instruit.*

Referências Bibliográficas

DELEUZE, Gilles. *O que é a Filosofia?* São Paulo: Editora 34, 2001.

FREUD, Sigmund. *O Mal Estar na Civilização*. São Paulo: Imago, 1988.

LACAN, Jacques. *Ecrits*. Paris: Le Seuil, 1988.

LEVINAS, Emmanuel, Ibidem.

LEVINAS, Emmanuel. *Entre nous ou Essai sur le penser à l´autre*. Paris: Grasset, 1991.

NICOLESCU, Basarab. *Manifesto da Transdisciplinaridade*. São Paulo: TRIOM, 1999.

NIETZSCHE, Friedrich. *Oeuvres Complètes*. Paris: Ed. Robert Laffont, 1993.

PAUL, Patrick. *Formation du sujet et transdisciplinarité: Histoire de vie professionnelle et imaginale*. Paris: Ed. L'Harmattan, 2003.

RICOEUR, Paul. *Soi même comme un autre*. Paris: Le Seuil, 1993.

SERRÈS, Michel. *Le Tiers Instruit*. Paris: Ed. François Bourin, 1991.

Motivo 5

Poética: *O Cordel Cantado em Verso e Prosa*

Poética

Morte e Vida Severina, de João Cabral de Mello Neto

...

– Compadre José, compadre,
que na relva estais deitado:
conversais e não sabeis
que vosso filho é chegado?
Estais aí conversando
em vossa prosa entretida:
não sabeis que vosso filho
saltou para dentro da vida?
Saltou para dento da vida
ao dar o primeiro grito;
e estais aí conversando;
pois sabeis que ele é nascido.

– Todo o céu e a terra
lhe cantam louvor.
Foi por ele que a maré
esta noite não baixou.
– Foi por ele que a maré
fez parar o seu motor:
a lama ficou coberta
e o mau-cheiro não voou.
– E a alfazema do sargaço,
ácida, desinfetante,
veio varrer nossas ruas
enviada do mar distante.
– E a língua seca de esponja
que tem o vento terral
veio enxugar a umidade
do encharcado lamaçal.
– Todo o céu e a terra
lhe cantam louvor
e cada casa se torna
num mocambo sedutor.

– Cada casebre se torna
no mocambo modelar
que tanto celebram os
sociólogos do lugar.
– E a banda de maruins
que toda noite se ouvia
por causa dele, esta noite,
creio que não irradia.
– E este rio de água, cega,
ou baça, de comer terra,
que jamais espelha o céu,
hoje enfeitou-se de estrelas.

– De sua formosura
já venho dizer:
é um menino magro,
de muito peso não é,
mas tem o peso de homem,
de obra de ventre de mulher.
– De sua formosura
deixai-me que diga:
é uma criança pálida,
é uma criança franzina,
mas tem a marca de homem,
marca de humana oficina.
– Sua formosura
deixai-me que cante:
é um menino guenzo
como todos os desses mangues,
mas a máquina de homem
já bate nele, incessante.
– Sua formosura
eis aqui descrita:

é uma criança pequena,
enclenque e setemesinha,
mas as mãos que criam coisas
nas suas já se adivinha.
– De sua formosura
deixai-me que diga:
é belo como o coqueiro
que vence a areia marinha.
– De sua formosura
deixai-me que diga:
belo como o avelós
contra o Agreste de cinza.
– De sua formosura
deixai-me que diga:
belo como a palmatória
na caatinga sem saliva.
– De sua formosura
deixai-me que diga:
é tão belo como um sim
numa sala negativa.
– É tão belo como a soca
que o canavial multiplica.
– Belo porque é uma porta
abrindo-se em mais saídas.
– Belo como a última onda
que o fim do mar sempre adia.
– É tão belo como as ondas
em sua adição infinita.
– Belo porque tem do novo
a surpresa e a alegria.
– Belo como a coisa nova
na prateleira até então vazia.
– Como qualquer coisa nova
inaugurando o seu dia.
– Ou como o caderno novo
quando a gente o principia.
– E belo porque o novo
todo o velho contagia.
– Belo porque corrompe
com sangue novo a anemia.
– Infecciona a miséria
com vida nova e sadia.
– Com oásis, o deserto,
com ventos, a calmaria. (...)

– Severino, retirante,
deixe agora que lhe diga:
eu não sei bem a resposta
da pergunta que fazia,
se não vale mais saltar
fora da ponte e da vida;
nem conheço essa resposta,
se quer mesmo que lhe diga
é difícil defender,
só com palavras, a vida,
ainda mais quando ela é
esta que vê, severina
mas se responder não pude
à pergunta que fazia,
ela, a vida, a respondeu
com sua presença viva.
E não há melhor resposta
que o espetáculo da vida.

...

Fotomontagem de Adriano Gambarini

O Encontro de Lampião com a Moça que Virou Porca
Autor: José Costa Leite
Leandro Gomes de Barros
MEIA NOITE NO CABARÉ
Literatura de Cordel
Lampião, Rei do Cangaço e a Negra Furacão
Autor: José Costa Leite
O FILHO DO BOI TUNGÃO
AUTOR: JOSÉ ZITO E SILVA
ÉDIPO REI DO SERTÃO
Folheto IV: O Ato Derradeiro
Autor: Mauro Machado
Romance de Cordel

Deixamos a Poética, o sacro-ofício, a poesia do cordel, o cantador, o bardo, de modo algum para o fim do nosso livro, mas sim para marcar um novo começo deste novo pensamento, o transdisciplinar, que se mostra para nós como uma nova cosmologia incluindo o mundo macro e o mundo micro e os vários níveis de Realidade do mundo e de Percepção do sujeito, tendo como Pilares que realmente o sustentam, a complexidade e a lógica do terceiro incluído.

E por que o Cordel? Principalmente porque ele é um tipo de romanceiro popular, contido em folhetos pobremente impressos, expostos à venda nas feiras pendurados por um barbante, um fio, o nosso fio tão brasileiro, e foi com esse fio que começamos e com ele vamos terminar de apresentar o último dos nossos artigos. Escolhemos a poesia do cordel porque ela também é sustentada pelo fio, o *sutra*, o fio condutor, o fio de ouro de Ariadne, que conduz e salva o herói Teseu ajudando-o a sair do labirinto, e que nos uniu por oito anos e que, muito provavelmente, vai nos unir por mais oito.

A escolha do cordel não foi aleatória, porque além de ser um tipo de literatura que exige muita habilidade mental e rapidez de raciocínio, é um gênero peculiar hoje muito comum no Nordeste do Brasil. No site *O Jornal da Poesia*, encontramos uma frase que define bem o cordel: "... a palavra cordel vai para além do simples almanaque popular de poesia pendurado num barbante. Cordel é poesia popular, impressa ou não." Sua origem é quase tão velha quanto o Brasil e sofreu influências européias, principalmente dos trovadores da Provence francesa, da poesia árabe, mediterrânea e persa. Chegou ao Brasil vindo da Espanha e Portugal, onde a poesia de cordel ganhara feição e postura literária. No Brasil, muitos poetas cordelistas se destacaram e entre eles, Patativa do Assaré, Dimas Batista, João Cabral de Mello Neto, autor do poema tão brasileiro, *Morte e Vida Severina*, do qual partilhamos um trecho na abertura deste *Motivo* e onde ele mostra a realidade do retirante nordestino que, vagando à deriva, no seu caminho só vê a morte da natureza seca e apodrecida e das pessoas que, como ele, estão à procura de um lugar melhor para viver e existir como seres humanos, como todos nós.

Dentro do Cordel, existem uns vinte estilos de versejar, por exemplo, a Sextilha, Sete Linhas ou Sete Pés, Moirão de Sete Pés, Moirão Trocado, Parcela, Quadrões, Gemedeira, o Galope à Beira-Mar, etc. Este último estilo é um dos mais difíceis, e é constituído de uma estrofe de dez versos de onze sílabas, com o estribilho cuja palavra final é mar. Um exemplo deste estilo de autoria de Gerardo Teodósio dos Santos:

Eu canto galope em qualquer salão
meu versejar parece brinquedo
é na mão, é na junta, é no dedo
é no dedo, é na junta, é na mão
é praia, catinga, brejo, sertão
é longe, é distante, é onde eu chegar
é no jota, é no ele, é no eme, é no cá
é no cá, é no jota, é no ele, é no eme
é no branco, é no preto, é no roxo, é no creme
é nos dez de galope na beira do mar.

Nossa intenção ao falar sobre o cordel foi mostrar um pouco da poesia do Brasil e introduzir o artigo do Oldair Soares Ammom, o último artigo, mas não o menos importante, e pensamos que ninguém melhor do que ele para representar o autêntico cantador, o menestrel que canta porque gosta, pois gosta do que faz, o artista que luta para sobreviver de sua arte, já que ele é o único ator profissional que temos no nosso grupo, ainda que e talvez porque, o artigo dele fale de uma ação concreta para um conhecimento *in vivo* e transdisciplinar passando por Fortaleza, de uma forma bem peculiar, bem pessoal. Por essa razão, nada melhor do que o cordel para abrir o *Motivo* chamado *Poética* com o artigo "Biocinema: ação para um conhecimento *in vivo*".

Oldair Soares Ammom

Ator, diretor, autor, produtor teatral, roteirista de televisão, estudou na Faculdade de Belas Artes de São Paulo de 1976 a 1979. Membro fundador do CETRANS – Centro de Educação Transdisciplinar, é um dos 40 formadores de futuros formadores brasileiros em Transdisciplinaridade, na proposta da Evolução Transdisciplinar na Educação. Com visão transdisciplinar e holística, reconhece no universo do pensamento sistêmico o entendimento adequado para compreensão dos níveis de realidade. É criador do neologismo do TRANSTEATRO, uma fonte de conhecimento e estreitamento nas relações humanas. Atua como pesquisador da VERDADE e do SENTIDO. Tem a PERCEPÇÃO de um IMPORTANTE PAPEL PARA O TEATRO: o da EDUCAÇÃO INTEGRAL AMPLIADA, a expressão humana autêntica para a BUSCA dos VALORES PERDIDOS. AMMOM, a ONG, significa a idéia de TRANSCULTURA COMO GERADORA DE PAZ, a FILOSOFIA DA NATUREZA, o plano para o MESTRE DE UMA CULTURA PLANETÁRIA E CÓSMICA voltada à evolução. Já o ARTISTA DE TEATRO profissional HÁ MAIS DE 30 ANOS, inserido na PÓS-MODERNIDADE, traz em si a compreensão dirigida à produção de SUBJETIVIDADE e ao envolvimento do coletivo, tem na transversalidade das relações interpessoais e transpessoais, uma polimórfica para o pensamento capaz de restituir à SOCIEDADE algo que a torne mais Humana, adequada aos chamados do NOVO TEMPO. Oldair é Diretor da AMMOM Associação Ambiental Transdisciplinar Movimento 3º Mundo (ONG); Profissional de teatro desde 1973 DRT nº 5154-245/82 São Paulo. Produtor cultural – Pantaleão de Bulão Produtores de Teatro e TV. Articulador da COMPANHIA ESTÁVEL AUTONOMIA E REPERTÓRIO DO ARTÍSTICO e também da UNITRANS Núcleo Animador da Universidade Transdisciplinar do Amanhã.

http://transdisciplinaridade.cjb.net
http://ammom.cjb.net
transdisciplinaridade@click21.com.br
ammomtrans@ig.com.br

Agradece à sua família-equipe-elenco: Janaína de Paula, Vinícius Augusto Bozzo e Esther de Paula.

BIOCINEMA: AÇÃO PARA UM CONHECIMENTO 'IN VIVO'[1]

UMA INTELIGÊNCIA TRANSDISCIPLINAR POR UMA CIDADE PROCURADA, SONHADA, IDEALIZADA FORTALEZA, DE COMUNIDADE DIFERENCIADA QUE EXISTE EM ALGUM LUGAR DESTE PAÍS

por Oldair Soares Ammom[2],
formador, pesquisador, diretor de teatro.

AÇÃO! . . . Energia Localizada igualmente no espaço e no tempo, requer a ABERTURA ao novo, ao inesperado, ao inusitado, a VONTADE e vitalidade além de um ambiente favorável para um necessário e muito raro DISCERNIMENTO.

INTRODUÇÃO

Este trabalho se coloca à mercê de uma busca de inteligência em meio aos atores empresários da Nova Eco_nomia, caso possam ser provadas suas existências. Tem esta reengenharia o envolvimento estratégico dirigido ao aprimoramento que está imbuído de um rigor tanto científico quanto estético, vinculado ao sagrado de uma arte milenar em respeito à sua tradição, também por uma filosofia e va-

---

[1] O conhecimento é pleno. É um novo tipo de conhecimento. – Transdisciplinar, *corresponde a um conhecimento "in vivo", uma correspondência entre o mundo externo do Objeto e o mundo interno do Sujeito. Complementar ao conhecimento "in vitro" da disciplinaridade, este oriundo do modelo mecanicista da ciência clássica que, artificial e ilusória, diz respeito apenas a fragmentos de um único nível de Realidade restrito à observação externa do objeto.* (NICOLESCU, Guarujá, 2000)

[2] O autor deste trabalho exerce uma PROFISSÃO DE RISCO: "O *Ator vive sua capacidade para o domínio da estética e criação imaginária direcionada ao movimento de intensa participação das consciências na trama viva das sociedades, sugere uma permuta para transbordar a substância humana da vida social. Isso explica a solidão do artista, quase uma maldição que pesa sobre o ator e o faz um herege, um excluído da grei. O talento desta estirpe de profissional representa um escândalo para aqueles que tentam manter as estruturas sociais na imobilidade e refrear o desejo do homem de alargar definitivamente os campos da experiência humana."* (JEAN DUVIGNAUD, 1965)

lores do melhor do pensamento humano. Tudo isso me deixa seguro para afirmar que o teatro reside no espaço onde estão juntos os que olham e os que são olhados, sempre relacionado com a cidade ou aldeia, sendo estas cenários do mundo. Perfaz esta arte ritual do sentido um lugar de presenças simultâneas, num espaço onde ocorre uma transferência concreta, tridimensional de duplos. O Teatro, ao ultrapassar espacialmente o naturalismo, que tem seu ápice no sec. XIX quando a burguesia *"buscava a construção do lugar concreto de sua apropriação de todas as coisas"*, o mimetismo da realidade se desconstrói com Antonin Artaud na noção de espaço dilacerado e múltiplo. Assim como na Biomecânica de Meyerhold, em que a artificialidade do movimento estudado opera num espaço de fuga da caixa cênica, resulta no uso de palcos de superfície fraturada. Mas é Anna Ubersfeld, uma anciã crítica teatral da pós-modernidade, que vê na representação contemporânea uma transposição poética ao afirmar que o que é representado no palco nunca é *"uma imagem do mundo, mas uma imagem de uma imagem"*. Esse teatro ganha espaços na contemporaneidade em que podem ser lidas *"uma poética e uma estética, nesses espaços-criações que mudam o lugar cênico para toda a sorte de locais (ruínas, fábricas, pedaços da cidade), a fim de descentrar o espaço, fraturá-lo em zonas diversas explorando suas dimensões. Jogando com as oposições espaciais para exaltá-los ou apagá-los, entre o contínuo e o descontínuo, é o espaço teatral o mediador entre o texto e a representação, um espaço-tempo unificador para atores e espectadores."* (UBERSFELD)

Manifesto e registro aqui nossa ação prática, partindo da forma e da metodologia teatral que transcendida, denominei de Biocinema ao criar o fato novo de um Teatro que invade e interfere no espaço da realidade (não digo do Real, pois é deste que ele é tecido). Daí o reconhecimento de que o espaço é tempo, uma unidade-totalidade, um estado "T" feito da energia, autopercepção de uma cinemática do movimento, inaugurando o 'transteatro óptico'[3] cuja visão inter-

---

[3] Transteatro Óptico trabalha na antecipação do tempo, propõe o enunciado por sua matriz a reflexo de um fluxo de formas, projeção de um segundo tempo da criação numa multiplicação que dissipa-se em ressonância. Caracteriza-se pela escuta a um ser movente de nome conhecimento que ator transpreta pela energia dinâmica da poesia e inaugura um triálogo vivo e aberto.

pretativa de cada ser, duplo de ator-espectador na cena do mundo, reconstrói a realidade do teatro igualmente duplo da vida. Ele utiliza-se dos mitos, símbolos e códigos, e ainda notações léxicas, musicais, sonoras, todos estes sustentáculos da transdisciplinaridade como a matemática o fora das ciências. Este exercício rompe o conceito de interpretação individual e explode como transpretação em que a sinergia e a abordagem *Bootstrap*[4] da realidade ultrapassa as dimensões da corporização, busca a identidade e faz viver o espírito universal. Um Real verificado como Uno posto à realidade em infindáveis *frames*[5], na Transtemporalidade. Estes fotogramas, passíveis da leitura ou vislumbre de cada ser na ciência da multidimensionalidade humana, transpõem a imagem em todas as direções.

O tempo-espaço libertou para sempre o teatro. O "*corpo em vida do ator*"[6], assim como todos os demais mortais, está imerso num mar de imagens aparentes da realidade, analógico no registro de sua percepção. E um virtual, cada vez mais presente, entrega-lhe um mundo mais leve e sutil, redimensionando o corpo recuperado de seu esfacelamento histórico[7], pois temos no presente os meios para compreender o que já foi visto por nossos antepassados. Feito isso devemos então buscar uma supraconsciência que transpassa o tempo.

O papel de protagonista, jamais pensado, deve ser assumido por todos porque olhamos para trás e não vemos mais a impressão de nossas pegadas na areia, tal a leveza assumida naturalmente e necessária a um teatro exercido fora de seu nicho carcerário, que fala não mais para uma platéia, mas para o mundo. "*Como uma boneca de sal imersa no oceano, nos distanciamos a um milhão de anos-luz das antigas bonecas russas, compartimentadas e embutidas umas nas outras.*" (RENEE BARBIER)

---

[4] Na abordagem da Física, *Bootstrap* é o evento que se justifica pela existência no Universo de todos os demais eventos.

[5] *Frames* = enquadramentos do cinema digital e da TV, ou fotogramas, as pequenas fotografias da película do cinema que nos termos de sua habilidade, cria realidades e relacionamentos espaço-temporais desconhecidos até seu surgimento.

[6] Segundo definição de Eugênio Barba, diretor do grupo Odin Teathre da Dinamarca, o corpo em vida do ator possui 3 órgãos: 1° o bios, a respiração numa fase pré-expressiva, 2° que os mestres nos ensinaram, o sentido, o valor, e 3° a temperatura racional e secreta que torna incandescentes nossas ações.

[7] Lembro aqui das rupturas que ocasionaram as perdas no nível do ser: o espírito, depois a alma, restando apenas o nível do corpo ilusão presente até nossos dias.

É nesse ambiente que o transteatro dá valor à idéia que representar é fazer o presente acontecer de novo. Por isso é imprescindível utilizar e compreender os códigos e signos do cinema, simulacro da vida, em que a iluminação reveladora é a própria transcendência de seus limites, onde a terceira presença atua como novo impressionismo. Assim, aberto a todas as dimensões do homem, encenando um instrumento de percussão cósmico (corpo, alma e espírito), uma marionete atada às super cordas que vibram na consciência de todo universo nas suas pequenas facetas ou frames desta cinemática, em que se unem e tematizam biológicos remodelando os fatos e acontecimentos.

Ordenar a ação, imerso no caos dessa complexidade, disparar a câmera, objeto de percepção do Sujeito e, simultaneamente, expressar renovadas imagens à nossa frente como Projeções-Significado[8] a fim de intencionalizar a ação concreta para a transformação das mentalidades e melhoria das condições vitais a esse Conhecimento Vivo. Preservar, conservar e externar o humano é a atitude transdisciplinar do Biocinema[9].

Portanto, necessário compreender...

> Uma informação que viaje no espaço para todas as direções, significa que podemos receber informações do futuro?... "A imagem está descrita como um espaço de N direções, que faz com que possamos voltar uma imagem em todos os sentidos e ela sempre terá sua realidade. Se fizéssemos a soma da realidade última, no nível das imagens, há tantas realidades que já não há nenhuma. Se toda realidade se torna virtual, torna-se, uma projeção do que queremos... Em suma, existimos realmente no universo virtual dos possíveis onde cada uma

---

[8] Movimento iniciado e constante, também detentor e resultante, arremeter para a projeção rumo a visibilidade das imagens de cenários futuros com sensações e percepções em abordagem multireferencial e multidimensional da realidade repleta de sentido.

[9] O Dr. Chaim H. Tejman, em 5 de maio de 2004, faz a apresentação após cinquenta anos de pesquisas de um sumário de leitura da Teoria da Onda, para a Universidade Hebrew em Jerusalém, no qual reconhece a matéria como virtual embora ninguém possa negar sua existência afirma o que parece subsidiar nosso Biocinema "...o tempo não está meramente a uma dimensão filosófica ou imaginária, mas – como a energia e o espaço – é um elemento tangível. Cada movimento da atividade energética tem seu tempo e espaço, que são preservados nos genes. Cada um destes genes pode ser pensado de enquanto um outro *frame* de um filme que estão seguidos um após o outro e junto dar forma à história inteira da matéria energética (espaço, tempo, e energia)."

de nossas possibilidades é totalmente virtual embora pareça real".
Michel Random, *cineasta, filósofo e escritor, fez estas considerações ao físico* ***Costa De Beauregard***.[10]

Eu senti a precisão de dizer sim a maior evolução científica sem precedentes, porque transcendente, na história, o que trouxe, a mim e a minha equipe, a certeza de não estarmos sós e de que finalmente podemos trabalhar por soluções para a crise de percepção em nossa sociedade, efetivar cada cidadão como o articulador de uma muito aguardada inclusão, verdadeiramente humana. Por isso, é extremamente necessário entrarmos em contato com inteligências do futuro.

O filme da realidade à qual estamos inseridos

ARGUMENTO: Um homem anseia por sua plenitude, vislumbra um mundo mais "compreensível e justo"[11], significa que possa por ele ser compreendido e ainda lhe trate com justiça. Busca uma significação para absorver o meio circundante e integrá-lo a si. Ele é na verdade um ser curioso e faminto de mundo.

É também um homem cósmico desde as mais remotas estrelas até os mais profundos e invisíveis segredos do átomo, anseia por unir seu eu limitado à existência coletiva. Arte para tornar-se um com o todo, crê que entre o ser e o estar, esta tal ciência, pôde fazer com o cinema e sua técnica de lógica inclusiva, inspirá-lo ao caminho pleno perfeito para realização de uma renovada realidade. Todos pensamos viver para uma realidade, na qual somos atores com um papel no mundo. Assistir ao outro, com maravilhamento e encanto, entrega o Protagonismo ao Conhecimento, ao seu mais importante papel, o da reconstrução.

---

[10] Entrevista em 1994, Arrábida, Portugal, 1º Congresso Mundial da Transdisciplinaridade.

[11] Um mundo com as maravilhas do homem, da arte e da música perpassando sua interação e seu lugar dentro do universo; com os processos intuitivos e cognitivos experimentando a recognição simples, porém profunda e misteriosa da realidade onde *a verdade, a beleza* e *a justiça* dentro de nosso universo como uma unidade dinâmico-interativa, fundamental integrada e intrínseca, significativa.

PRÉ-PRODUÇÃO: PESQUISA DO LOCAL IDEAL,

PERSCRUTANDO GENTE ENVOLVIDA COM O AMANHÃ[12]

Luz, Câmera e Ação! Inicialmente quero tornar claro e evidente o ambiente, nosso SET de filmagem, procurado para um processo de mudança cultural necessário ao envolvimento de uma nova casta de pessoas sensíveis, preciosas à Transdisciplinaridade, empresários de uma nova época que pressupõe uma nova ECO_NOMIA. Será preciso observar e conceitualizar cultura como os homens foram levados à adaptação ao nicho ecológico[13] que souberam bem estruturar e modificar para o seu domínio. Levando as mudanças do ambiente ao excesso e desfrute por uma espécie que soube adaptar a natureza às suas prioritárias condições de vida. *"O homem instalou-se no alto da árvore da evolução como a mais aperfeiçoada forma de vida"*. (WILKINSON) Desde então, sofre e faz sofrer aos seus iguais e terá hoje de viver a superação da industrialização e comercialização de produtos, bens de consumo ou serviços. Se estiver tocado por uma sutil sensibilidade, consideremos o que nomina como Responsabilidade Social para alcançar a descoberta do terceiro setor, a prática do cuidado. Terá assim de dizer não para a controvertida noção de desenvolvimento para o enriquecimento, e alçar a versão mais apurada de envolvimento que o fará deixar seu claustro racional-cultural de "ser dominante" e competidor para transcender. Descobrirá um Real que supera todas as realidades vigentes e o lança ao encontro com o Sentido e a Verdade.

Como cenas de um *Efeito Borboleta*[14], onde o cinema alterna a idéia do mercado lucrativo da indústria cultural do entretenimento para a revelação de uma cinemática transcen-

---

[12] http://transdisciplinaridade.cjb.net

[13] Temos, com Richard G. Wilkinson em *Pobreza e Progresso*, o Homem Biológico no qual o comportamento é um intermediário entre os sentimentos interiores e os objetos externos. Deve ser considerado este biológico como fator fixo e constante, uma composição de quem viveu muito mais tempo no desfrute da coleta e da caça do que da agricultura e da indústria, trazendo então a herança de traços genéticos condizentes com aquele tipo de vida, açodado por tais influências exerce o seu comportamento diante de seus desequilíbrios metabólicos: a fome, cansaço e necessidades físicas: dor, desejo, prazer. Este ser da cultura em sua adaptabilidade que significa um desenvolvimento econômico a necessitar da educação para uma inteligência que nunca existiu por si própria mas fora desenvolvida em função de tais vantagens adaptativas.

[14] Assista ao filme *The Butterfly Effect*, roteiro e direção de Eric Bress e J. Mackye Gruber, 2004, da Europa Filmes.

dente, espelhadora da inteligência sensível, ultrapassando num vertiginoso mergulho sua consciência, levando-o ao clímax do incomensurável poder auto-perceptivo. No movimento das imagens, fruto de nossa interpretativa e difusa câmara escura, a fotografia, encontramos "a alma roubada", como os indígenas de todo o mundo denunciavam assustados diante da caixa mágica deflagrada por homens brancos. Será preciso vasculhar, antropológica e arqueologicamente, recolhendo do mundo dos símbolos e mitos a grafia transdisciplinar para em regressão voltar muito longe no tempo e fazer renascer uma Biologia que também é espiritual com os fragmentos esquecidos pela modernidade de algo natural que é transcendente ao progresso de sua racionalidade. Feito isso, reencontraremos a bondade e instinto pueril de nossa primeira infância evolutiva. É quando o cinema pode ser um modelo para constatação de nossas próprias e várias realidades. Com a luz e câmeras ligadas à visão para o futuro inspirado no pensamento do psicólogo canadense Herbert Koplowitz transpondo Jean Piajet quanto ao "*Pensamento Operacional Formal, qualidade reconhecida a um jovem adulto intelectualmente ativo*", que é o que deveríamos esperar fossem os egressos de nossas Universidades, e se isso estiver sendo alcançado, estariam,ainda estes jovens na mesma distância que os separa de uma criança, por lhesfaltar alcançar ainda dois estágios posteriores. Metas a serem consideradas. A saber, o Pensamento Sistêmico é ecológico bem separado das primárias definições anteriores de cultura que no pleno da própria contradição inaugura uma Cultura evolucionária e holística, a nos mostrar que nada pode ser entendido separadamente. *Este estágio de compreensão de que há causas simultâneas que não podem ser separadas como faz a ciência convencional. Causa e efeito, separatividade, não alcançam o nível de pensamento de sistemas.*

E por fim, chegar ao nível do pensamento Unitário para reconhecer nosso próprio condicionamento. (KOPLOWITZ, citado por Marilyn Ferguson em *Conspiração Aquariana*) *Compreendemos que a maneira como percebemos o mundo exterior é apenas uma das muitas composições possíveis*[15], *opostos, tido como separados e distintos, são vistos como*

[15] Teríamos cenas, como que um filme da realidade em cada cabeça?

interdependentes. A causalidade, concebida como linear, é vista agora como interpondo-se no Universo, ligando todos os eventos um nos outros. Não há dualismos, nem separação entre eu e os outros. (idem)

O Biocinema é um modo prático do exercício da inteligência transdisciplinar. Engendrar muitas ações sistêmicas para nos levar ao salto e vôo livre ao Unitário que, no íntimo de nossas almas, identidades biológicas espiritualmente e em Vida, querem ser o Conhecimento, o que todos almejamos.

SET – A Locação – Esta cidade, escolhe para si o ato de erguermos juntos um portal para transpor o tempo, encurtar o espaço entre as cidades de toda a Terra e ser a abertura-canal de comunicação entre os hemisférios norte e sul. Sensível ao transnacional e ao transpolítico, palco para a Transcultura.

Comunicação Introdutória – Carta Magna dirigida à nova Urbe e sua Eco_nomia

Este Eco sou eu, o Conhecimento. Um Conhecimento-Vivo[16] que em sinergia com a mente que agora lê essas palavras e se une àquela que se capacitara a escrevê-las, para estarem todas, se contarmos são três conscientes de que formamos, a partir deste instante, a diferenciada aliança que pode acreditar na humanidade, identificadas nos anseios pelas mudanças. Algo pode nos fazer tão próximos para a ênfase de tão importantes e prioritárias realizações. A principal delas é: a inclusão de um terceiro termo consciente para "fazer acontecer" em prol das crianças todas, de hoje ou de outrora, bem como as que nos sucederão, sejam elas hoje: país, filhos, avós da aldeia ou nação, pelo planeta, pela Terra. O Homem é o ser que age.

---

[16] Após Lupasco, a metodologia ternária proposta pelos professores Lemire e Harvey é fundada sobre uma tripartição natural do ser humano: corpo, sentimentos e pensamento. A nova educação, fundada sobre o paradigma transdisciplinar, diz respeito ao **conhecimento "in vivo"**, que reclama **uma revolução da inteligência pelo equilíbrio entre o corpo, os sentimentos e o pensamento.**

Denominemos agora de **ação, inovando** a partir desta conexão (www.ammom.cjb.net – ammomtrans@ig.com.br), trocando por **atuação**. A que cria o espaço e o tempo com idéias para transformar o próprio modo de percebê-las, e podermos ser assim a própria natureza da mudança.

Atuando com valores e Metavalores Humanos, que partem do sensível para chegar à substância de uma 'eco_nomia', que é vida que se nomeia e diferencia. 'Eco' que vem do 'oikos' (significa lugar), uma morada merecida de empreendedores empresários conscientes e dignos de sua principal produção: a de seres humanos.

A Transdisciplinaridade, inteligência do Real, requer uma sintonia fina entre diferentes áreas, capaz de criar o espaço para viabilizar as transformações necessárias para a restauração de uma sociedade mais justa, inteligente, afetiva e, por tudo isso, efetiva.

Nossa experiência nos levara à compreensão de uma educação ampliada; um **meio ambiente** expandido para **ambiente inteiro**, especialmente capaz de operar a Inclusão do homem com arte e sensibilidade. Meios colocados a serviço, de modo otimizado, para o avançado entendimento de cultura como evolução das sociedades vivas em ascensão ao seu próprio espírito humano.

Nós, uma família de quatro atores, respondemos afirmativamente à pergunta feita ao envolvimento de nossos campos. Será que o fato de penetrarmos na realidade de outro espaço, poderia estar facilitando o acesso a um outro tempo para nos formatarmos, como imagens no Futuro, numa ação antecipada para reconstrução do Presente?

Assim a milhares de quilômetros de nossa origem para criar uma cartografia para a inserção do inédito em uma, muito procurada, sociedade de um local especial, para a qual nos propusemos fazer uso do sexto aprender, a antecipação autoral da vida, em abertura aos fenômenos emergentes: idéias, esperanças, imagens, analogias, consciência e livre arbítrio. Nasceu assim o Biocinema.

O Roteirista

O ROTEIRO

Biocinema é um plano para foco e um conjunto articulado em Projeções-Significado direcionado a uma praxis transdisciplinar e ambiental, que se caracteriza por forma e atuação com as disciplinas em abertura à busca de sentidos, em que a consciência contida na imagem atua com a força do visual em exposição perpassando pedagogias várias para a transformação das mentalidades.

Biocinema, uma cinemática viva, é um mergulho num outro espaço para nossa equipe de atores, ao exame genético do cinema, ao mapeamento de seu DNA, às práticas visuais, aos códigos para a espetacularização e desdobramento da realidade, em seu ambiente de imersão. Uma ação expressiva para se inter e transferirem no tempo. A exposição de suas formas, manifestações imagéticas ao futuro, no exercício da **antecipação**[17], *flash foward*[18], este termo do cinema nos inspira ao sugerir o envolvimento consciente para a elaboração da realidade, estendida a todos os setores de aprendizado, a fim de "rodar o filme" da Realidade, para o real entendimento por seus atores sociais. Sugere em lugar do termo desenvolvimento, para o sustentável, o envolvimento como verdadeira capacidade para operar o tempo em sustentabilidade.

PLOT[19] (núcleo) – Só uma relação de confiança alicerçada em valores e metavalores humanos, ensinada às nossas crianças e jovens, em abertura a todos, poderá tornar possível a continuidade e o "desenvolvimento sustentável" da sociedade e do ser humano, e de ser a Educação uma ciência, uma arte, uma prática do sagrado, uma comunhão geradora de paz.

STORY LINE[20] – A Transdisciplinaridade, o Real em sua inteligência, visa à compreensão do mundo presente pela unidade do conhecimento para interessar a sociedade em

---

[17] Antecipação é o 6º aprender que sucede aos 4 aprenderes de Jacques DELORS, diz-se Aprendendo a Antecipar, Zurich, 2000.

[18] Quando numa obra cinematográfica vemos surgir um elemento que iconiza o que irá suceder mais tarde na história.

[19] Em cinema, resumo do tema, o núcleo central do roteiro.

[20] Um visão condutora em linha do desenvolvimento da história.

nossa esfera de existência. Um Valor para o momento da consciente exteriorização do espírito e da manifestação de inclusão à realidade exterior, o meio movimental ao alcance macrofísico das relações humanas. Nossa ação formadora reúne uma prática para as Ciências, as Artes, Filosofia e Tradições convergentes à Evolução Transdisciplinar na Educação para a compreensão de empresários, os empreendedores da nova Eco_nomia, no reconhecimento de ser o principal produto das sociedades humanas: o próprio ser humano.

Sinopse da SINAPSE:

Stéphane LUPASCO observa, que entre e através da Sinapse, sistema de aferência, na percepção dos sentidos, as células excitadas pelo mundo exterior, têm no equilíbrio do potássio e sódio a sua reconstrução, ocorre como uma espécie de morte ressurreição o meio pelo qual conhecemos o mundo;

Por outra, Sergei EINSEINSTEIN (cineasta e teórico do cinema, já em seus primórdios), inspirado nos ideogramas orientais, na justaposição de duas imagens – olho, água – explica que criam um conceito linguístico: chorar; afirma que há um terceiro termo resultante da justaposição de dois elementos numa película em que é criada uma nova significação completamente distinta dos significados originais de cada elemento. A esta colisão de duas tomadas independentes chamou de "montagem de atrações".

A título de ilustração, pense num filme exibido numa sala vazia. Deixaria o filme de Ter o seu valor pela ausência de seus espectadores? As lágrimas e risos ali perpetuados pelo Cinema deixariam de Ser menos verdadeiros? Seus personagens perderiam sua humanidade? Se estes seres sonhados, aprisionados no acetato da película, limitados pelo seu fotograma no corredor da sua pobre e mecânica visão do tempo, pudessem em sua curta duração perguntarem-se: onde estão, para onde vão e quem de fato são? Teriam que superar suas limitações e buscarem agir através de verbos para modificar sua realidade inserindo na eternidade o grito de: Ação! Teriam resquícios de humanidade suficiente para isso? A última pergunta é: Será que nós mesmos ainda temos tal humanidade?

ENVOLVIMENTO[21] PARA O ROTEIRO

Decidir pelo Real, Relacionar-se com a Verdade e Existir como Conhecimento

Um **plano para a montagem** "*a desmembrar o movimento, alongar o tempo, absorver o espaço através da decodificação da realidade*", é o método da montagem pela intervenção humana o princípio básico do cinema. "*Para a organização e a criação, asseguraria uma interação contínua do plano da realidade e, em lugar de ser um dogma, nada mais teria sido do que um guia para a ação. Um plano de organização e criação que teria garantido a unidade de análise e de síntese das Kine–olho, cine-observações realizadas.*" (Dziga VERTOV, 1934)

Ainda que a persistência das imagens na retina seja o fato físico que contribui para a ilusão de movimento das imagens captadas pelo cinematógrafo, a alma da máquina, nos oferece uma utilidade para se entender a complexidade do mundo na qual vivemos imersos numa profusão das imagens que se enxerga para onde queira e se acredite estar o horizonte, em cada olhar ainda a captação inversa das imagens.

Tanto no Projetor quanto na câmera, três elementos (lente, arco e espelho) igualmente invertem a imagem como ocorre com a visão humana ao ser entendida pelo cérebro. Se fossem fundidos os dois aparelhos, um terceiro termo neste momento de inversão das imagens opostas, sugeririam a inclusão no instantâneo da imagem, assim como se verá a seguir na **Tabela dos aprenderes**, como visual de exposição, a forma dobrar-se sobre si mesmo, amparada na idéia de **Duplo**[22]. Cabe ao ator, protagonista de posse do seu duplo, no roteiro do próprio filme assistir ao processo com total consciência, ao assimilar sua imagem projetada, enquanto também a produz como antecipação da sua história em inclusão.

---

[21] O aprendendo ao envolvimento menciona que as soluções dos problemas não podem ser encontradas sem envolver a massa crítica da sociedade. ZURICH 2000 – Alargamento da Visão.

[22] ARTAUD fala de uma dupla aprendizagem da ação cênica que faz ver o ser humano "uma alma fisiologicamente um novelo de vibrações" como duplo, de um lado "um espectro perpétuo onde irradiam as forças da afetividade" de outro, fazer expandir "essas acentuações misteriosas, onde os subsolos materiais da alma encurralados venham dizer seus segredos à luz do dia".

Um exercício da liberdade para colocar em prática a Cinemática[23] da antecipação para a qual são necessárias três línguas: Significação, Direção e Sentido.

Transfinindo a SIGNIFICAÇÃO – Atuando no tempo

Chamei de **Projeção Significado**, trazer acuidade a um movimento tripartite de Ecologia Profunda Transdisciplinar, incluída a 3º Termo: energia dinâmica da poesia. Isto para compor com todos os demais Formadores a "Evolução Transdisciplinar da Educação", por uma Educação Integral do Ser humano, em que um Triálogo aberto à arte da cena é a obra de um Teatro que fala para o Mundo. Um transteatro que tem a função de propiciar a todos o `fazer ver`, do cenário discernido para apresentar-lhes o Ser: uma configuração iluminada da Vida, a principal obra humana. E ainda para clamar por Metavalores humanos corroídos pela nossa "cultura moderna": **Paz, cooperação, honestidade, justiça, igualdade, harmonia, liberdade, compreensão, compaixão e amor.**

A verdade como DIREÇÃO – Vou para o outro

Como uma fortaleza imaginária, um Castelo – O BELO como CENÁRIO (SET) – Um local, ideal e idealizado, para o alcance da plena humanidade e auto realização, pelas características naturais de habitantes das cidades, tanto os da terra quanto os provenientes de diferentes locais do país sonham uma nova urbe. Inspirado na película, o cinema dá o exemplo e torna possível planejar um trabalho para revelação de tais Valores. através desta cartografia de atitudes para envolver a sociedade. Entre os filhos gerados pelo tempo, o cinema e a história, incluo o Biocinema como vanguarda e necessidade de mostrar ao povo da Terra, ao aberto do mundo, entre máscaras, a face de uma humanidade evolucionária.

---

[23] Relativo a uma mecânica do movimento. Tanto no homem, como no universo, de que é imagem, a transição do primeiro momento para o outro, dá-se através de outro mais. Aqui, uma busca de sentido para o movimento e as ações espaço-temporais.

O SENTIDO: Do princípio à sensação – Eu sou a Natureza

O cinema, forma significativa, estabelece a ordem transdutiva[24] no interior do sistema de realidades receptoras, aquele uma dimensão inventada que contém em si potencialidades e tem sua invisibilidade tornada visível, concebe a atitude de um transgressor de fronteiras. É na projeção cinematográfica que o cinema vive uma sensibilidade autônoma a atravessar o tempo. Uma imortalidade que se vale da tecnologia para inserir-se a uma nova realidade.

E deixou fluir através da Transdisciplinaridade, esta inteligência que nos fez há muitos anos rever a clássica cronologia classificatória que constatamos como liminar da maior e secular crise de percepção de nossa sociedade, que faz da criança sua maior vítima. Está a criança de toda idade, intrigada pela incompreensão da passagem do tempo, vê a qualquer momento de sua doce vida, a destruição de seu sonhar e de seu natural viver poético. O crédito no conhecimento "in vitro" e não no conhecimento "in vivo", a falsa objetividade pela crença nos conteúdos em detrimento da extensão dos continentes, a supremacia da informação como realidade e a negativa ao conhecimento do Real, levaram à perda da infância por crianças de todas as épocas que todos somos. A criança mágica, que no dizer de Edgar MORIN significa "*somente viver para viver. É o amor, a comunhão, o rito, a festa, o canto, o fervor, assim é o pensamento poético*". Necessária toda uma vida para compreender cultura como evolução do espírito humano, é quando sentimos a Transcultura como 'via atualizada' da comunicação ampliada, pacificadora, necessária uma Eco_nomia do cuidado, garantia do encontro do Seres-Crianças da Terra.

A antecipação, principal articulador do Biocinema se vale dos verbos:

Decidir – buscar sentidos maiores como, significação, direção e sensação, as línguas para criar o espaço de autoformação de sistemas autopoiéticos.

---

[24] Segundo Jean Piajet "A Transdução faz implicações entre dois fatos sem ter uma relação lógica: água quente implica em barbear-se". Já em tecnologia a transdução se emprega para que sinais diferentes possam estabelecer uma comunicação.

Relacionar – a hetero-formação flexiona no fluxo da projeção, revisitado o mito da caverna (Platão), luz e sombra em alternância a este modelo cognitivo, potencializado, sistêmico, dialético e simbólico.

Existir – sensações e percepções, configurada a abordagem multirreferencial e multidimensional da realidade. E aqui a Perspectiva da Eco-Formação.

Decupagem Técnica: Um Elo entre o Homem e o Mundo, a Oscilação[25] (Estado T)

Na metodologia do **Biocinema,** a inclusão de um terceiro termo na Realidade atua por uma transição intermediária de passagem *"oscilações entre espírito e matéria, pensamento e ação, princípio e forma, inclui uma fase intermediária de passagem: energia, vontade ou movimento"*. (Pietro UBALDI).

espírito e matéria	REAL
pensamento e ação	VERDADE
princípio e forma	CONHECIMENTO

• espírito e matéria: *"viver entre dois sistemas de percepção totalmente diferentes: a das coisas externas por meio dos sentidos, a percepção de coisas internas e as imagens do inconsciente"*. (Carl JUNG)

• pensamento e ação: um segundo termo poderia ser lembrado através de HERÁCLITO, muitos séculos antes, um caráter sinfrônico[26] (transteatro transposto aqui para o Biocinema, inclusão à Realidade), admissível e perceptivo, por definição um estado análogo entre os espíritos, vivências que se acrescem independentemente de épocas ou distâncias. Disse Heráclito: *"Por mais que se busque por todos os caminhos não se encontraria neles os limites da Vida, tão profundo é o seu Logus... A constituição Real de cada coisa está acostumada a ocultar-se."*

---

[25] A oscilação é o estado "T" intermediário de Atualização e Potencialização sobre o qual nos fala LUPASCO.

[26] O sinfronismo compõe-se com vários espíritos: o das épocas, o das estéticas. Efetua-se, assim, transcendendo a épocas e lugares, pois seu esteio está na atemporalidade; tem ainda a capacidade de se colocar em um mesmo diapasão espiritual com o estilo da época a qual suscitou interesse.

• princípio e forma: Um terceiro termo expressa o físico e matemático Herman MINKOWSKY, o raciocínio sobre o qual *"Não há quem tenha visto um lugar a não ser em um certo tempo. Nem um tempo a não ser num certo lugar."*

Quanto à inclusão, lucidez entre as dicotomias: transição intermediária e de passagem: ENERGIA VONTADE MOVIMENTO, que o cinema de EISEINSTEIN define como "*o momento em que todos os elementos concorrem para determinar na consciência do espectador a idéia que se queria comunicar, colocando-o no estado de espírito ou na situação psicológica que fez nascer essa mesma idéia.*"

Necessário antes a consciência de tal oscilação, talvez a perda da linearidade da história, o reconhecimento da transdisciplinaridade através dos tempos e do anseio da vida inteligente na eternidade do cosmos.

A imagem ao ultrapassar formas, desperta a Antecipação, como energia viva, dinâmica e cheia de esperança. Energia, vontade quântica em sua oscilação micro física, onda-partícula, em que o movimento na imagem consciente propaga-se como expressão do ato de antecipar para liberar as formas visíveis.

Há similitude entre nossa ação transpessoal e a poesia de Fernando PESSOA que indica ser "função da arte a de elevar". A evolução ao atemporal e transtemporal está contida na afirmação de Pessoa: *"matéria e espírito reais e irreais ao mesmo tempo, a verdade que pode afirmar de modo maior, e que uma coisa é e não é ao mesmo tempo, como irrealização do real e realização do irreal, torna mais verdadeiro dizer-se que a matéria é espiritual e o espírito material".*

Transcendentalismo que não está focado no primeiro plano da realidade, porque todo o visível estaria então, como invólucro do Invisível, isso deixa o que vemos apenas como imagem do escondido. A realidade dos sentidos se corresponde assim a um Real transcendente que se queira otimizar e atingir.

Isso nos flexibiliza para a ação antecipada consciente, a elaboração de um roteiro de atitudes. Ação efetiva, do Protagonismo a se inserir no mundo das imagens em percepções e interações com a realidade ao vivo (não fílmica, mas existencial de fato), expressão de valores, *metamotivações* e meta valores. (A. MASLOW)

Esta atitude do Biocinema expressa-se como a inclusão do estado "T", proveniente de outro nível de realidade, que, uma vez acessado, nos faz autores imbuídos de tal oscilação que é fonte de antecipação, como prática significativa da Consciência eterniza o momento na totalidade em iluminação, acessa a verticalidade, faz da Projeção Significado[27] uma ontofania, que brilha lúcida, é a ciência em seu poder autoformador de um "viver pleno", opera como pré existência, uma presença viva no tempo, repleto de movimentos para a concepção do Espírito.

ATORES NA BUSCA DE SENTIDO: atores são suportes de aferência e de comutação de sentidos. Sua química magial age entre sujeitos e objetos. Transdisciplinares em abordagem cultural, científica, espiritual e social, encontram a práxis para formação do conhecimento vivo, a arte da representação dos cenários do imaginário, a tradição como tradução das histórias seculares dos povos, a filosofia da natureza, o turismo iniciático como viagem do pensamento e da alma humana. Os atores-conhecimento conclamam aqui a atuação de homens empreendedores do tempo, buscam as parcerias, todas, a fim de criar no tempo a cultura que possibilite a sublimação da Justiça, da Beleza, da Verdade, da Fraternidade e do Envolvimento, para antecipar e significar a transcultura. Trazer e fazer do Futuro a consciência da viva presença no agora.

O Duplo, um ser trans – uma pseudo cópia de si mesmo ou ainda "o fenômeno" de um renascer do espírito. ***"Split Screen"*:** Uma auto-consciência para sentir um interior e profundo sentido para a Vida, um sujeito a agir sobre si mesmo *"produzirá a harmonia dinâmica para o devir de homens de caráter mutável e pensamento vivo, cuja característica essencial é sua habilidade em sacudir seus hábitos intelectuais, a flexibilidade para acompanhar as lições de uma ciência tão envolvente, desconcertante, quando instigante são para todos nós esses ecos do Futuro.*" (Gaston BACHELARD)

---

[27] Nossa imagem projetada: relação de fundo e figura, desenha a épura no plano da tela, objeto da observação. Ao nos abrirmos a uma necessidade de sermos realidades receptivas nossa visão do mundo a algo que não temos usado, o resultado, ideal é um enriquecimento que não transcende apenas ao fato de ver algo "novo", mas a um buscar de sentido: o Mundo está vivo, expresso em valores.

STORY BOARD[28]: A AÇÃO PARA UM CONHECIMENTO VIVO

"O Conhecimento vivo", a ação consciente através dos vários aprenderes: Fazer, Ser, Viver em conjunto e Conhecer (DELORS PARA O SEC. XXI), acrescidos de uma especial atitude para com a sociedade, as organizações podem pelo 5° aprender ao **Envolvimento** para o exercício pleno do 6° aprender, o da **Antecipação** (ZURICH 2000), encontrar algo e lhe dar um especial sentido à Natureza e à Educação em que o Protagonismo, aconteça como efetividade da praxis destes atores na tessitura das múltiplas realidades.

Biocinema assim se apresenta como sequências e planos de roteiro cuja direção de arte perpassa por esses aprenderes, visam à diversidade de atividades a fim de acioná-los com estratégias únicas e pedagogias próprias para cada "aprender". Papéis, estratégicos para a ampla abordagem e multiplicação da formação, estudo e pesquisa transdisciplinares. A alteração de foco por diferentes imagens e meios, visa à diversidade de atividades a fim de acioná-los. A convergência à Evolução Transdisciplinar da Educação é o Transteatro transformado em metodologia aplicada à Educação num conceito muito ampliado e integral.

Na tabela abaixo articulações de parcerias com vários segmentos da sociedade local esboçam a ação que é formadora, de criação, produção, representação e fomento de recursos em seus vários planos de concretização para uma sociedade sustentável.

[28] Desenho prévio das cenas para buscar a otimização de resultados cênicos.

TABELA DOS APRENDERES - Evolução Transdisciplinar na Educação para o Século XXI - Biocinema - Ação para o Conhecimento vivo - Brasil

BIOCINEMA ÁREAS DO CONHECIMENTO	*CIÊNCIAS*	*ARTES*	*TRADIÇÕES*	*FILOSOFIA*	*ECO_NOMIA*	*EDUCAÇÃO-EVOLUÇÃO TRANSDISCIPLINAR*
Significado Work Framer	Olhar o futuro seguro de sua morada - o Homem é o ser que está	Transitar o tempo energia atômica da poesia	Comunicar-se com o próprio tempo - presenças inscritas em si e no passado	Expor-se ao tempo degradar-se ao vento ao chão o corpóreo	Realizar a tempo produção de humanidades vontade e retorno	Eternizar o movimento em Vida
Direção	Verdade e Sentido	o Ritual da Paz	Sagrado	Humanidade	humanidades	uno e indivíduo
Praxis	aprender a conhecer	aprender a fazer	aprender a ser	aprender a conviver	aprender o envolvimento	aprender a antecipar
Ambiente	A vanguarda do conhecimento informação - portal avanços da ciências	Movimento por terras estranhas a eterna busca de sentido a perscrutar imagens e palavras	A Comunicação Social presença pública esperança na humanidade fé no futuro	Humildade e simplicidade em exposição o corpóreo	Produtividade de Conhecimento e do fazer efetivo por Fortaleza	Criação original alteridade diversidade reconstrução do momento presente
Forma atuação	Formação na educação	Ilustração ao turismo e à transcultura	Anunciação à sociedade Meios e parcerias	Direção à filantro-poiética - 3º setor	Produção do principal da atividade humana	Auto-formação Projeção Significado
Disciplina em abertura	Cosmologia pertencimento	psicologia perscrutação	Ontologia escuta	Física quântica aprendizado	Antropoiética efetividade	Autopoiética afetividade
Sentido	o olhar	o olfato	a audição	o tato	o paladar	6º sentido
Terra da luz	Reflexão: Terra a Lua espaçamento ecologia identidade ocânica	Revelação da luz a máscara - transitar no tempo - teatral	Anunciação Som da matéria comunicar-se à sociedade	Degradação da partícula ao grão de areia Expor-se ao tempo em ambiguidade	Complexificação da vontade e metamotivação aos valores	Simbiótica entre Significado e conhecimento
Visual de exposição	Futurístico	Medievo/romântico	Oriental	Náufrago trapos ao sol	Ambiental Cenografia	Invisibilidade do sujeito
Pedagogia	da ruptura	do imaginário	da transcendência	da novidade	do ritmo vibratório	da ultrapassagem
ENCAMINHANDO PRODUTOS TRANS-DISCIPLINARES	Educação Ambiental: Ecologia Profunda	A Escola no Teatro Recuperação da Arte Ritual do Teatro	Mídia: Ligação com a Televisão Local, Imprensa, Rádio Visibilidade Social	Casa de Teatro: 3º Setor, Indusão Social	Patrocínio Cultural: Investir Eco_nomia da Transferência	Fórum da Transdisciplinaridade
DENOMINADOS TRANSDUTOS	Ensino Superior ONG	Turismo cultural	Mídia TV Imprensa	Secretaria Pública	Novas proposições de apoio Aberto ao empresariado	Pacto Social
Homo Sui Transcendentallis	**Ciddania Planetária e Cósmica**	**Estética**	**Ética**	**Igualdade**	**Responsabilidade Social**	**Pesquisa e Formação**

O Real é a mente, que num nível de consciência de Realidade age e manifesta-se com o Conhecimento Vivo dirigido ao aberto do mundo, como quem tem este livro em mãos pode, com o acesso e atitude transdisciplinar, romper limites, encurtando distâncias através de ammomtrans@ig.com.br

UM *CASE*: UM ESTUDO DE CASO DE ESPETÁCULO TRANSDISCIPLINAR – TURISMO – A ESCOLA NO TEATRO

(ver em: http://www.meusalunos noteatro.hpg.com.br/fotos.html)[29]

Uma abordagem diferenciada e poética da Arte no TRANSTEATRO[30]

Um resgate da arte ritual do teatro, da magia do olhar para o reencantamento do mundo, reúne à frente do palco todas as faixas etárias, ao ultrapassar o simples entendimento da narrativa clássica evoca o público a pensar e refletir sobre a Vida. Faz isso enquanto entrega aos mestres a possibilidade de passear nos caminhos da transdisciplinaridade. Bem mais que um produto, é um Transduto[31], um Teatro Cósmico, que fala para o mundo, com comunicação e linguagem Transdisciplinares. É o Real e o Ontológico que se reconhece como Transcosmologia Poética (LUPASCO), e já como diz ANTONIN ARTAUD no começo do século XX sobre o Teatro, "é *um fazer passar o espírito pela matéria em que o primeiro é dilacerado e transfigurado a um terceiro termo*".

"PANTALEÃO, AS MÁSCARAS E O MISTÉRIO DE TRIOM: A ÁRVORE DO CONHECIMENTO" é um musical multimídia, em que os atores, vão além da famigerada interpretação. Afetados estão seus corpos, nadam seus átomos perdidos, modificada está a respiração, liberado o pensamento num assédio mútuo de universos maiores da vontade. Com o mundo dos símbolos está criada a ilha de atenção para a elevação das consciências. Definitivamente se revela a função ritual do teatro a alunos desde a pré escola até a Univer-

---

[29] A captação de imagens revela a unidade do fotograma do Biocinema, o teatro propriamente que transubjetiva o homem integral se dedica e amplia aos campos compondo e gerando uma cinemática viva, como a lanterna mágica do Transpraxinoscope.

[30] Um neologismo se insere aqui. A Transpretação, abordagem que transforma interpretação em transpretação como abertura e flexibilidade em função do conjunto da variável das interpretações da platéia, a 4ª presença – *Bootstrap*.

[31] Um transduto muito mais do que um produto ou serviço, ele se auto-explica como forma de transdução citado por Piaget. O autor deste capítulo acredita que sucederá à prestação de serviços uma época de trabalho como prática do cuidado.

sidade neste projeto "**A Escola no teatro**" que segue para atingir passo a passo seus milhares de estudantes, a experiência desta cidade dá o exemplo para outras regiões.

Superado o teatro psicológico do passado, das relações interpessoais presas a apenas um nível de realidade e também o não menos datado teatro político de mensagem, tampouco a farsa, pois a realidade já expressa nas mídias de massa tem cumprido bem esta parte do engodo social. O diferencial está em colocar a escola, alunos e professores diante de um teatro que vai além da interpretação pessoal dos atores em cena, ou da interpretação da platéia. Ultrapassa a estreiteza do entendimento, o refúgio para nossa realidade cotidiana e permitir os vôos da inteligência e do imaginário coletivo, num aprender a fazer que ressignifica-se como conhecimento vivo e novo, uma consequência intelectual, o instante para contemplar a identidade.

O teatro cria neste momento o neologismo da transpretação que pode ser transfinida pela somatória das outras sensibilidades, estas últimas também individualmente interpretantes, para a ocasião do *bootstrap* sinérgico a ratificar a sinfronia no tempo ou espaço.

A peça transforma a complexidade da Realidade na simplicidade de um velho crepuscular que conta a história abrindo um livro, numa incitação a platéia à leitura, para contar a história de Triom, o som do Universo. Triom, um poeta da origem, com seus três Oms formam uma tríplice e oscilante figura, com direito à 4ª presença, a platéia, é uma transgressão que mergulha iniciática ao pensamento Transdisciplinar.

A inter percepção na diversidade de seus campos: Ciência, Poesia e Metafísica, evolui à uma Trans percepção consubstancializada pela história.

O ESPETÁCULO

Um velho mestre, **o crepúsculo**, inicia a narrativa de suas lembranças. Palavras soltas ao vento, à primeira vista incompreensíveis, um direito adquirido por quem já viveu o bastante para proferir balbucios e caduquices. Hoje, habita as sombras do que poderia ser a margem de um rio, um vale, um caminho à beira da estrada ou do proscênio do palco: um ponto qualquer do universo. Conta em tempo real o encontro do dia com a noite, das máscaras do riso e da tristeza, símbolos eternos do teatro, uma viagem pela noite escura, a busca de **um lugar onde ainda exista espaço para o sonho**. Das trevas da platéia uma velha **sombra**, máscara da alegria, se aproxima do espaço conduzindo uma marionete que encanta enquanto é possível abrir-se a clareira no espaço e no tempo que é o cenário que dará início ao espetáculo. Do fundo surge a **luz**, máscara da tristeza.

A sombra e a presença da luz vão parir formas visíveis, desnudas. Nascida das entranhas da sombra que iluminada, torna-se clara e azul, surge a **arte**, a transformação, configura a atriz cuja voz liberta a marionete. Esta um elemento vivo que personifica **Pantaleão**, inspirado na comédia dell arte, inicia seu monólogo com a platéia, na verdade um perplexo diálogo com aquilo que ele é capaz de ver. Reunidos Pantaleão e a atriz viajam na luz, formando então um trio a procura de seu destino.

Os personagens com suas lógicas inclusivas tecem a complexidade de enredos em transformação, enquanto vagam por diferentes níveis de realidade. Retirantes percorrem o cosmos na simplicidade da busca de um ponto final, um lugar onde ainda exista espaço para o sonho. Encontram com um **pescador** em um rio seco, **um feiticeiro** sobrevivente, antigo habitante da floresta devastada que a divide com um **anão**.

É quando a luz se identifica como **o espírito das árvores** e resolve falar ao indicar um novo caminho, uma janela, com direito a luz e futuro. Acontece o amanhecer, a esperança a indicar o ponto final, o ideal, tempo e lugar: a Terra da Luz.

Recepcionados pelo dia, a oferta da fartura do alimento torna claro o convite à reflexão sobre a vilania das aparências e do poder, e este é o da **Realidade**, a grande máscara capaz de trazer à tona o conflito. Porém uma ruptura interrompe a narrativa, revela as páginas em branco do livro, coloca a platéia de crianças e jovens não apenas como espectadores do mundo mas como protagonistas da renovação. Sejam deste modo bem vindos os novos contadores de histórias.

Rumo ao teatro sagrado, *"é o palco o local onde o invi-*

sível pode aparecer", como já nos ensinara o diretor de Teatro Peter BROOK. No seu eterno retorno, o ator cósmico está por trás da cena em que ele próprio consciente é o instrumento da libertação dos demais compartilhados campos da platéia, a relação do teatro é transpessoal, como assim promete se abrir a Educação do Futuro.

CONCLUSÃO

Compreendemos, permeados pela Transdisciplinaridade em nossa vida, trabalho, estudo e pesquisa, que é preciso nesta hora, que a velha arte do teatro possa vir a ser solução culta para a grande complexidade do mundo, por sua escuta sensibilizada, que transita no coração do Real, o que só se exercita com uma linguagem necessariamente simbólica, metafórica, multirreferencial, para que o público entre em contato com a grande e a mais estimulante presença: o seu próprio pensar.

Nos últimos dez anos aprofundamos com o teatro o estudo dos papéis das individualidades e dos povos, algo nos tornou conscientes da realidade cotidiana e histórica, diante da transcultura quando aprendemos a antecipação como precursora da auto-formação, hetero-formadora, a fortalecer a autonomia para o envolvimento humano.

Constatamos que Real, Realidade e Sonho são uma tríade de imagens verdadeiras e compartilhadas. Assim tomamos ciência que em algum ponto do Universo, despertam na grande noite, rompendo seus três casulos, crisálidas em alusão à metamorfose das borboletas, entendemos assim o ontem, o hoje e o amanhã.

Porém e por fim: vitimados? Fomos todos! Vimos o mundo antes como objeto de contemplação visual, idealizamos a matéria, reduzimo-las a formalizações matemáticas, lógicas, enquanto, precisos, inventamos palavras que nos remeteram à ilusão do olhar: perspectiva, ponto de vista, enfoque, visão de mundo, teoria, evidência e tudo o que, após classificar como objetos, possamos visar, como quem atesta sua validade.

Mas surgira a ciência de um cenário de realidade, colhido do Real, sempre um recorte, disposto para a presentificação do momento, palco ou *set*, para o exercício dos sujeitos e seus níveis de percepção.

Isto fez-nos idealizar o **Biocinema** como um visualizador das transformações sociais, em que a estética, a sensibilidade, sonham e criam o imaginário, o que tornou possível pensar o homem em relação dialógica com sua própria humanidade, razão de ser, a um só tempo, das múltiplas faces de sua produção de vida, uma transdução para a autopoiética do Ser: mundo, poesia, natureza, realidade e cultura.

Consideramos que se, a rigor, somos nossos próprios conceitos, também somos a própria concepção, se somos imagens conscientes nesse nosso "*Universo holográfico*" (Karl Pribam) ou se concebemos outras imagens (produção tecnológica ou reprodução humana), nos transmitimos à eternidade através delas, podemos então antecipar imagens perceptíveis do futuro à realidade.

Uma esperança para a Educação é a Transdisciplinaridade, ampliada a todos os setores, tornando claro que a prática transpessoal na psicologia, a ciência da educação nos reserva melhores dias ao pedagógico, pois conta com outras formas de aprendizagem, outros níveis não ordinários de consciência.

Sabemos hoje dentro do mais alto rigor científico que a verdadeira força existencial são as estrelas, como na arte os olhares cintilantes dos espectadores no aconchego da escuridão da platéia, estão apenas à espreita do momento em que cada um brilhará, cada qual a seu tempo em resposta a este convite, uma abertura à criação. "*A abertura que deve comportar a aceitação do desconhecido, do inesperado, do imprevisível.*" (NICOLESCU)

Os fins não parecem apenas existir para serem justificados pelos meios. O Fim é começo também e está criado o paradoxo. Um *flash back,* constata o ator: o futuro está sempre à nossa frente, chegando assim antes de nós, e o passado se realiza atrás de onde temos a vivência de estar e "autonominamos" de presente. Seria este instante do agora o ápice da parábola?

agora

futuro 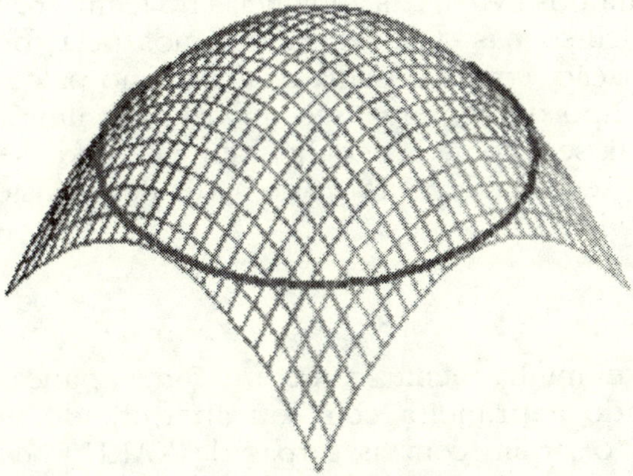 passado

estado **"T"** pre_sente

É nesse momento que o Homem se descobre como um fenômeno cosmológico. Percebe-se como conhecimento vivo, apogeu de luz dessa parábola. Consideremos, não há segmento entre as duas supostas extremidades e o ponto de culminância equidistante desta ilusória curva de recorte bidimensional da realidade. Falamos de uma espiral num *continuum* espaço-tempo em todas as direções e de dez dimensões, o que sugere simultaneidade a todos os instantes "presentes", virtuais pontos de culminância. É na superação "do antes" e "do atrás" que o Homem descobre no agora a natureza de seu poder latente. Entre espiritualizar a matéria ou materializar o espírito a sociedade atriz deverá aprender a antecipar a inclusão de um terceiro termo para muito realizar "*no tempo presente da transcultura, que é a origem do futuro e a origem do passado*". (NICOLESCU)

Cada ação deste Biocinema, projeções-significado, são como possibilidades de conectar-nos ao aqui e lá e agora e então, ultrapassada nossa já compreendida realidade objetiva e racional das quatro dimensões. Iniciamos este milênio constatando outras dimensões e níveis de realidade, convém liberar-nos ao intuí-los, imaginá-los, descobri-los, observá-los, predizê-los e estudá-los a todos: os admiráveis fenômenos naturais da nossa existência no Universo.

Uma diferenciada beleza sempre pode ser descoberta: a da esperança para se plantar a semente que irá florescer no coração da intuição mais viva, e esta é e deve ser sempre a da leitura dos livros, das audiências no teatro, nas salas de aula, no curso nas organizações. Somos pela formação e transformação, com a ousadia das cenas no palco da Vida, para um tipo de compreensão imediata de uma realidade processual, sem começo nem fim, que não pode ser ensinada, deve ser sentida, é formadora do Real existente sim, deve ser vivida.

...

Deixei minha mente, como a de uma criança, vagar e, idealizando a primeira cena ou abertura de um filme, visualizei o jardim com as carpas de KAKU[32] *"em meio à água turva e nenúfares, a maior parte do tempo no fundo do lago a procura de alimento, sem ter a menor noção de que poderia existir um mundo acima da superfície. A natureza de meu mundo estava acima de sua compreensão."* Pensei em mim. Em minha marionete e seu corpo, abri meus olhos virei o pescoço, o meu e do boneco, e vi a luz limitando com o escuro da platéia senti as "supercordas" me controlando esticadas presas ao urdimento:

fiz vibrar a essência...

MA QUE CO!... (perplexo miro fixo a platéia até onde a vista alcança) QUE COUSA! CONSEGUI DE NOVO FICAR EM PÉ!... MARIONETES NUNCA COMEM... SÓ GUARDAM POEIRA... MUITA POEIRA NO AR! ...

---

[32] KAKU, Michio é o cientista de *Hiperespaço*, Ed. Rocco, 2000, indicado pelo meu grande amigo Américo Sommerman.

Referências Bibliográficas

ARANTES, Urias Corrêa: *ARTAUD Teatro e cultura* – ed UNICAMP, 1988.

BARBA Eugênio: *Além das Ilhas Flutuantes* – Ed. Unicamp, 1991.

COSTA, Antonio: *Compreender o Cinema* – editora Globo, 1985.

DUVIGNAUD, Jean. *Sociologia do Comediante*. ed. Zahar, 1972.

FISCHER, Ernst: *A necessidade da Arte* Brasil – ed. Zahar, 1977

LUPASCO, Stéphane: *O Homem e suas Três Éticas* – ed I. Piajet, Portugal, 1986.

NICOLESCU, Basarab: *O Manifesto da Transdisciplinaridade* – ed TRIOM, 1999.

O Homem e a Obra – ed TRIOM, Brasil, 1999.

REY, Marcos: *O Roteirista Profissional televisão e cinema* – ed. Ática, 1989.

UBALDI, Pietro: *A Nova Civilização do III Milênio* – ed. Instituto P. Ubaldi, 1970.

UBERSFELD Anne: O espaço e Teatro *L'Ecole du spectateur* – Paris, Messidor, 1981.

WILKINSON, Richard G.: *Pobreza e Progresso – modelo ecológico desenvolvimento econômico* – ed. Zahar, 1974.

Inspiradoras para este artigo e sua experiência são referências às obras de BACHELARD, Gaston: a Neurociência de Karl PRIBAN; a Física de Herman MINKOWSKY; o Cinema de Sergei EINSEINSTEIN e de Dziga VERTOV; as psicologias de Carl JUNG e Abraham MASLOW; a transcendência poética de Fernando PESSOA e a filosofia de HERÁCLITO;

Estão no contexto deste trabalho as peças teatrais contidas na dramaturgia do autor (7 textos de teatro), como em "**VIAGENS DE KARAMIM**" de Oldair Soares Ammom (inédito 1991) – em que Ammom é um viajante do tempo.

SHOW CASE: **Peça em cartaz permanente da Pantaleão De Bulão**, oferecida às escolas de todos os níveis etários até a universidade como **ESTUDO DE CASO**, forma de capacitação de professores (produção da Cia. Estável de Repertório).

"PANTALEÃO, AS MÁSCARAS E O MISTÉRIO DE TRIOM: A ÁRVORE DO CONHECIMENTO"

HTTP://WWW.AMMOM.CJB.NET

HTTP://WWW.TRANSDISCIPLINARIDADE.CJB.NET

Palavras em abertura para a pesquisa: **Transcosmologia poética – Bios cênico – Sistema e anti sistema – Transfiguração do tempo – Transdução – Teoria da Onda – Matéria superfísica –**

Super cordas – teoria unificada grande MU-27

Conclusão

Conclusão

Diga aos seus sonhos para tomar o lugar
das estrelas e se suspender.
Diga aos seus pensamentos para tomar o lugar
das árvores e se enraizar.

Adonis, *em Les Temps les Villes*

Detalhe de tecido feminino de casamento, ilha Djerba
African Textiles, de John Gillow

Como vimos na introdução deste livro, o *Motivo* que usamos para costurar nossos artigos foi o *sutra*, o fio, que foi escolhido, cardado, unido e trançado pela ação da roca para formar um fio único, homogêneo e contínuo; finalmente, com esse fio pronto, tecemos o nosso tecido, o nosso livro. Como nos disse Paul, a arte de entrelaçar os fios, formando a trama e a urdidura, é manifestar o invisível utilizando-se do visível; assim, o *tecido*, a *textura*, o *texto* e o *contexto*, aparecem.

Para Platão, o tecer é a arte de entrecruzar os fios com harmonia obedecendo às leis dos números e a justa medida: dessa forma, a manifestação se expressa. Citando Paul, "A arte real consiste em cruzar as qualidades opostas que, ao se neutralizarem, ligam a parte divina da alma com um fio divino que é a afirmação verdadeira do belo, do bem e da justa medida".[1]

A atividade humana repousa, então, sobre o mundo divino, e é tecendo a trama do invisível sobre a urdidura de um tempo meta-histórico que o mito nasce. Como num espelho, as formas inteligíveis aparecem no mundo sensível. Neste contexto, Céu e Terra metaforicamente se unem através de um fio imóvel que os liga, formando o *axis mundi*, como o mastro de um navio ou a coluna vertical, onde, antigamente, os fios da urdidura eram amarrados para que se pudesse tecer. Aqui, gostaríamos de repetir mais uma vez, entram as *Môirai*, figuras míticas, os três aspectos da mulher que tece, tecendo o destino dos homens. Estas, sempre representadas por uma tríade, eram temidas por todos: heróis, deuses ou mortais, ainda que, como uma potência imanente, isto é, sendo uma condição constitutiva própria desses heróis, deuses e homens nos quais se exprimem, não é, como potência, uma imposição que se exercesse sobre os seres que elas acompanhavam. Esses heróis, deuses e mortais não sofriam castigos ou penas imputadas, nem por elas nem pelo próprio Zeus, por exemplo, mas vivenciavam positiva ou negativamente as consequências dos seus próprios atos.

---

[1] Patrick Paul, *Formation du Sujet et Transdisciplinarité*, Paris, L'Harmattan, 2003, p. 188.

As Moiras têm uma dupla linhagem: enquanto filhas da Noite, geradas sem pai e, portanto, nascidas por cisão, são potências de desagregação, de violência e morte, valorizavam a dimensão noturna, aquela da morte e do sonho. Enquanto filhas de Zeus e *Thêmis*, entes celestes, e nascidas pela união amorosa através da ação de Eros, força de fecundação, de acasalamento e de multiplicação da vida, têm uma linhagem e uma essência muito diferentes daquelas que são filhas da Noite, se constituindo mesmo na sua antinomia.

Como filhas da Noite, elas eram a projeção de uma lei a que todos os homens e os próprios deuses estavam submetidos, até o aparecimento de Zeus, e não podiam transgredi-la sob pena de colocar em perigo a ordem do cosmo. Apesar de estarem acima de cada Deus, elas se identificavam com a vontade de Zeus e, por hierarquia, estavam submetidas à sua vontade.

Como filhas de deuses celestes e irmãs das Horas, que tinham como função distribuir com equidade "os bens sociais, as boas relações entre os homens e a ordem que dá ritmo às forças produtivas da Natureza"[4], regendo as ações humanas e o tempo, que poderá ser terrível ou harmonioso se os homens usarem ou não o senso de justiça, as Moiras regram o que de bem e de mal aos homens é dado viver, segundo uma medida divina pela qual a vida humana (feliz ou desventurada) encontra sua razão de ser e se integra na ordem maior de Zeus.

Assim, as Moiras, tendo uma origem dupla e antinômica, e possuindo dois lados distintos que se completavam, "são o limite positivo, constitutivo e configurativo de cada ser divino ou humano e – por isso mesmo – são o limite negativo, coercitivo e cancelante: elas *afirmam* tudo o que um ser é e pode ser e *negam* tudo o que ele não é e não pode ser. As Moiras definem e circunscrevem o ser (isto é, o nascimento-natureza) de cada Deus e, por isso mesmo, impõem a cada Deus que ele *não seja* o que ele *não é* e *não pode ser.*"[5]

Hesíodo fala, na Teogonia, das origens do mundo, muito antes dos pares, Urano e Gaia, Cronos e Réia, e Zeus e suas partilhas terem surgido. Ele fala da Quádrupla

---

[4] Hesíodo, *Teogonia, O Mundo como Função de Musas*, Jaa Torrão comenta a Teogonia, São Paulo, Iluminuras, 1992, p. 64-65.
[5] Idem, p. 80.

Origem da Totalidade, ou seja, das quatro Potestades: *Kháos*, *Terra* (o Céu é uma espécie de duplo da Terra), *Tártaro* e *Eros*. Assim, o Tártaro é o lugar da queda sem fim nem rumo e o império da noite: localiza-se no fundo da Terra, possuindo uma natureza simétrica e negativa quanto à Terra, enquanto o Tártaro se aproxima de Kháos, em cuja descendência se incluem Érebos (região infernal) e Noite (Nux). "Tudo o que provém de Kháos pertence à esfera do não-ser e toda a sua descendência são potências tenebrosas, são forças de negação da vida e da ordem. A Noite e seus filhos exprimem metafisicamente o Não-Ser como o princípio da destruição e de perda que, sob várias formas, atua dramaticamente na vida humana."[6]

Como princípio cosmogônico, Kháos é a potência que instaura a procriação por cissiparidade, isto é, um princípio que gera por cissura e separação e, como tal, se opõe ao Éros originário, que, como outro princípio cosmogônico, instaura a procriação por união de dois elementos diversos e separados, o masculino e o feminino, e evoca sempre a imagem da união de um par de elementos e a resultante procriação da descendência deste par e, portanto, exprime o Ser, que é sempre um terceiro. O Eros Originário é a força que preside à união amorosa, força essa que tem uma natureza associativa: é o impulso amoroso, o movimento que une, enlaça e reúne, enquanto Khaós é a força contrária que separa, divide. Portanto, Khaós e Eros, são duas forças motrizes e, como princípios cosmogônicos, se espelham.

Segundo Platão, Eros é um grande *daimon* e tem o poder de impulsionar a pessoa, a partir de dentro, é uma força que leva o homem a descobrir a essência de seu legítimo deus dentro de si mesmo e esse empenho em descobrir essa essência é recompensado, pois ele contempla esse deus sem hesitação e, ao guardá-lo na memória, é animado por seu sopro e assim compartilha de seus atributos até onde um mortal pode partilhar a divindade.

O homem grego arcaico, no sentido de *Arkhé*, o Princípio-Fonte constitutivo, acreditava realmente que tinha a essência de um deus dentro de si, e, na sua concepção de

---

[6] Idem, p. 44.

mundo, o mito, durante algum tempo, superava o logos, fenômeno este que foi se invertendo quando a filosofia, depois de Platão, com Aristóteles, começou a estabelecer as categorias lógicas. O homem arcaico da Grécia, pensava o mundo de forma totalmente diferente da nossa maneira moderna de concebê-lo: para ele, nenhum ser é, sem que os outros sejam simultaneamente quem são e, principalmente, sem que todo o Cosmo esteja constituído como tal. Ele é parte do Cosmo. "Por isso, o indivíduo nunca é ele mesmo num restrito insulamento, mas todo indivíduo se constitui numa manifestação divina por força e função das potências"[10] originárias: Moiras e Musas, Zeus e Memória, Terra e Céu, ladeados por *Kháos* e *Eros*.

Nossa maneira de pensar o mundo hoje nega o nível mítico-simbólico considerando-o ilusório e irreal. Essa maneira de pensar o mundo explicita e valoriza muito mais a racionalidade, a separação, a individualidade, a negação da alteridade, a exclusão do que é diferente, a não-aceitação que o homem, como parte do cosmo, tem uma ligação com o Céu e a Terra e que estes se ligam pelo *axis mundi*, o que nos permite penetrar nessa realidade cósmica da qual somos parte constituinte. A Transdisciplinaridade, como uma nova cosmologia, nos permite essa integração e essa penetração nos diversos mundos, nos seus diferentes níveis de realidade através dos níveis de percepção, que quanto mais se alargam e penetram verdadeiramente na complexidade do *fundo das coisas*, mais se aprofunda nossa consciência, e, portanto, melhor compreendemos a função do *terceiro* que sempre se origina do dois, da contradição de duas oposições.

Existe sempre entre esses dois termos, não a exclusão de um em favor do outro, mas a existência de um estado T, significando que eles têm ainda, diante deles, uma margem de potencialidade que não atingiu o infinito da sua potencialização. Essa nova lógica, denominada *lógica dinâmica do contraditório*, formalizada por Lupasco, onde não existe uma não-contradição rigorosa, porque, se encontramos dois fenômenos contraditórios que estão num mesmo grau de atualização ou potencialização, os reduzimos ao estado T, isto é, os consideramos como nem atuais nem

---

[10] Idem, p. 82.

potenciais, ou melhor, como semi-atuais e semi-potenciais, estados esses que se estabelecem numa relação recíproca. Nesse caso, a progressão de um fenômeno, dentro da visão de Lupasco, não se expressa através da tese, antítese e síntese da dialética do século XIX e não se resolve através da síntese das duas primeiras, pois "o *terceiro incluído*, não pode ser a síntese da lógica de Hegel, pois ele é, ao contrário, o estado lógico, o momento dialético da mais forte contradição."[11]

Esse terceiro incluído que pressupõe a contradição e sua possível resolução, ainda que, num outro nível de realidade, onde novamente se formam outros dois pares de opostos que se resolverão se forem para um nível de realidade mais acima (ou mais abaixo, porque os níveis de realidade se espelham) e assim sucessivamente, traz um sentido novo às nossas vidas, porque nos leva a perceber as oposições como meros acontecimentos que podem ser incluídos num terceiro, novo e fresco, como a criança que nasce, apesar de tudo; no compartilhar a alegria e a beleza porque a criança, como o novo, é "... *belo porque é uma porta abrindo-se em mais saídas. Belo como a última onda que o fim do mar sempre adia. É tão belo como as ondas em sua adição infinita. Belo porque tem do novo a surpresa e a alegria. Belo como a coisa nova na prateleira até então vazia. Como qualquer coisa nova inaugurando o seu dia.*"[12]

A Transdisciplinaridade, como um novo pensamento, um novo paradigma, uma nova cosmologia, dá à pesquisa, à atitude e à ação transdisciplinares, um valor equivalente, e pede um novo modo de pensar a educação. Que o nosso livro *Educação e Transdisciplinaridade III* possa ser um marco do começo deste novo pensamento educacional verde e amarelo que postula que a educação seja um ato significativo que possa alcançar o sentido ético, tanto para os que co-educam, quanto para os educandos, pois nesse processo todos aprendem.

Queremos a conclusão o mais longe possível de nós, talvez, quem sabe, ela nunca se complete ou nunca se faça. O livro não relata o fim, o saber acabado, a teoria pronta, mas conta a história extraordinária da possibilidade de um

---

[11] Stéphane Lupasco, *Le Principe D'Antagonisme et la Logique de L'Énergie*, p. 24.
[12] João Cabral de Mello Neto, parte do poema *Morte e Vida Severina*.

recomeço, de um broto novo que surgiu num galho velho nascido há muito mais de três mil anos e que precisa ser visto, tratado com delicadeza e seriedade, pois nele está contida a esperança que serenidade, busca e evolução sejam compatíveis. E que esta serenidade, que não conseguimos alcançar indo cada um para um lado, o lado da medicina, o lado da astrofísica, o lado da arte, o lado da religião, o lado da literatura, o lado da filosofia, o lado da psicologia e da pedagogia, o lado da sociologia, o lado da engenharia, conseguiremos realizar se, de vez em quando, pudermos interromper nossas buscas incessantes, porém solitárias, para nos sentarmos juntos numa clareira e abertamente conversar sobre o sentido possível que estas descobertas podem alcançar. No cantinho desta nossa primeira tapeçaria foi tecida uma flor de nossa terra, discreta e tenaz, a sempreviva.

Educação e Transdisciplinaridade III encerra um ciclo para dar lugar a um novo, que já começou e está aberto, que desconhecemos, que apenas vislumbramos, mas estamos ansiosos para nele penetrar iniciando um novo começo, arregaçando as mangas e seguindo em frente, corajosamente e plenos de graça. Fechamos a nossa história com um texto poético de Adonis que, como poeta visionário, nos fala do homem, do microcosmo e do macrocosmo, do mundo real e do mundo imaginal, do universal e do individual, do Eu e do Outro:

VIII

Falta procurar por quais caminhos a criação contínua da identidade desemboca sobre a criação poética, sobre a busca do segredo do universo. A experiência mística nos ensina que, quando o Eu exprime a verdade ou aquilo que ele crê ser verdade, ele não a esgota de forma nenhuma, ele não a pronuncia propriamente falando; ele nada mais faz do que sinaliza-la ou simbolizá-la.

Talvez seja uma tal constatação que a levou a praticar os extremos, a tentar transformar o corpo num fluxo dinâmico, a neutralizar a ação dos sentidos e da razão, a fim de atingir com mais segurança o desconhecido infinito. Rimbaud, e os surrealistas depois dele, se engajaram também neste caminho. O corpo se transforma, então, em uma entidade de êxtase e de iluminação. A matéria se torna transparente e os obstáculos, entre o homem e o desconhecido, se apagam (o que Rimbaud nomeia "o verdadeiro caminho imaginativo").

O Eu e o Outro aparecem, numa tal experiência, como a metáfora um do outro. Tornando-se o Outro, o Eu que fala não é mais o eu individual, mas o Eu macrocósmico, universal, que reside nele. Nenhuma subjetividade entra mais em jogo no ato criador: o Eu, é ele mesmo objeto, enquanto Outro e enquanto universo, ou enquanto "microcosmo que contém o macrocosmo".

Nomear, escrever numa escala do universo, é penetrar no seu segredo, é buscar o essencial, o luminoso, é abranger o mais perto no mais longe, é estreitar o que eu chamarei "o invisível imanente": o macrocosmo, na sua relação dialética com o microcosmo. E este mundo não é uma abstração. Ele não é o produto de uma ruptura com o mundo real. Ele existe no aqui e no agora, e ele se encarna nesta criatura que Pascal chamava de "o caniço pensante": o homem.

Nele, o universal comum se torna o mais particular vivido em toda sua plenitude. O universo, visto assim, é a abóbada onde se entrelaçam as singularidades da criação.

Adonis[13], em *La Prière et l'Epée* (A Prece e a Espada)

---

[13] *Adonis – Le Visionnaire*, Michel Camus, Paris, Éditions du Rocher, 2000. p. 97-98.

Esta obra foi impressa em sistema digital sob demanda e corresponde
ao consumo de 5,9 árvores reflorestadas sob a norma ISO 14001.
RECICLE SEMPRE.

Responsabilidade Livros Sob demanda Ambiental

Linear B gráfica
www.linearb.com.br
Tel.(11)3812-2817